全国船舶工业职业教育教学指导委员会推荐教材

船舶电力拖动

主　编　陈双全　邓　颖
副主编　姜春萌　徐　鑫
主　审　祝　福

哈尔滨工程大学出版社
Harbin Engineering University Press

内容简介

本书依据船舶电工岗位中电机和低压电器控制电路的工作内容编写，全书采用项目化、理实一体化的架构，突出船舶电工操作技能的培养，注重电机及拖动学科知识体系的完整性。书中列举了多个工作场景，覆盖了船舶电工日常工作的大部分。学生经过理论和实践学习，可达到中级船舶电工水平。全书突出能力训练，着力培养学生分析和解决实际问题的能力。全书共分 5 大项目，共 16 个任务，内容覆盖变压器、船舶直流电机、船舶交流电机、船用锚机、船舶电动起货机等相关知识。每个项目有德育启迪，每个任务配有随堂练习用以巩固知识。此外，每个任务在任务实施中有明确的步骤，可在理论和实践之间构建有机的联系。本书理论以够用为原则，删除了繁杂的公式推导，但兼顾了知识的体系化；以项目驱动组织教学内容，以培养高技能型人才的实践能力为重点，突出实用性。

本书可作为船舶电气类专业高职、中职、成人大专、职工培训的教材，也可作为从事船舶电气工程技术人员自学参考用书。

图书在版编目(CIP)数据

船舶电力拖动 / 陈双全，邓颖主编． ―― 哈尔滨：哈尔滨工程大学出版社，2023.10
 ISBN 978-7-5661-3973-3

Ⅰ．①船… Ⅱ．①陈… ②邓… Ⅲ．①船舶-电力拖动 Ⅳ．①U665.1

中国国家版本馆 CIP 数据核字(2023)第 197133 号

船舶电力拖动
CHUANBO DIANLI TUODONG

选题策划	史大伟
责任编辑	关 鑫
封面设计	李海波

出版发行	哈尔滨工程大学出版社
社　　址	哈尔滨市南岗区南通大街 145 号
邮政编码	150001
发行电话	0451-82519328
传　　真	0451-82519699
经　　销	新华书店
印　　刷	哈尔滨午阳印刷有限公司
开　　本	787 mm×1 092 mm　1/16
印　　张	15.5
字　　数	372 千字
版　　次	2023 年 10 月第 1 版
印　　次	2023 年 10 月第 1 次印刷
书　　号	ISBN 978-7-5661-3973-3
定　　价	49.80 元

http://www.hrbeupress.com
E-mail:heupress@ hrbeu.edu.cn

前　言

《中华人民共和国职业教育法》规定，职业教育是与普通高等教育具有同等重要地位的教育类型。当前职业教育已经从规模扩张进入全面深化教育教学改革和提质培优的新阶段。本书正是在这样的大背景下，为适应我国对船舶工程技术技能型人才培养的需要而开发的，是符合船舶电工职业岗位培养目标和教学改革要求的一套新形态活页式教材。

本书按照"项目导向，任务驱动"的教学模式编写，根据船舶电工岗位需求，选取了5个典型项目。结合项目特点，每个项目分为若干任务，且每个任务由任务描述、随堂练习、任务实施等部分组成。此外，每个项目还有配套作业。

本书以祝福主编的《船舶电力拖动》为基础，在充分研究了船舶制造业、航运业技能型人才对岗位知识和技能需求前提下改编而成。在项目任务选取中，本书尽量做到覆盖变压器，船舶交、直流电机，锚机和起货机的全部知识点，并结合武汉船舶职业技术学院"教-学-做"一体化的教学资源，结合船舶电工职业技术新工艺，对教材内容、教学资料、实训资源进行了整合。本书是一本基于生产过程，以能力培养为特色，同时也是知识体系较为完备的应用型教材。

本书重点关注以下方面：

第一，理论以够用为原则，删除了繁杂的公式推导，但是考虑了知识的连贯性。

第二，将知识点以模块化、活页式的形式展现，增加了教材容量。

第三，以任务驱动组织教学内容，将理论和实践有机结合，做到理实一体化。

第四，以培养高技术、技能型人才为重点，突出实用性。

本书主要阐述了变压器的拆装与检测、船舶直流电机的勘验与故障排除、船舶交流电机的拆装与故障排除、船用锚机的拆装与调试、船舶电动起货机的拆装与故障排除等内容，对技能培养主要集中在装备的拆装、测试、故障判断及排除等方面。

本书可作为船舶电气类各专业高职、中职、成人大专、职工培训教材，注重培养学生分析问题和解决问题的能力，可使学生掌握基本技能和基本理论知识。

本书由武汉船舶职业技术学院陈双全、邓颖主编，祝福主审，姜春萌、徐鑫任副主编。其中，陈双全、邓颖编写了项目1~项目4；姜春萌、徐鑫编写了项目5；黄金花、周民、扬帆集团李晓松高级工程师参与了部分任务的编写与指导。此外，本书在编写的过程中还得到了船舶电气自动化教研室的王高阳、郑智等老师的大力帮助，在此一并表示感谢！

由于编者水平有限、经验不足，书中难免会存在一些不足，诚挚希望广大读者批评指正。

编　者

2023年3月

目　　录

项目 1　变压器的拆装与检测 ·· 1
　　任务 1.1　变压器的拆卸和装配 ··· 2
　　任务 1.2　变压器绕组的绕制和测试 ··· 16
　　任务 1.3　变压器故障测试与排除 ·· 33
　　项目作业 ·· 50

项目 2　船舶直流电机的勘验与故障排除 ·· 51
　　任务 2.1　船舶直流电机的勘验 ··· 52
　　任务 2.2　船舶直流电机的绕制和组装 ··· 63
　　任务 2.3　直流电机系统故障诊断及排除 ··· 74
　　项目作业 ·· 88

项目 3　船舶交流电机的拆装与故障排除 ·· 90
　　任务 3.1　船舶交流电机的拆装和勘验 ··· 91
　　任务 3.2　船舶交流电机绕组的重绕 ··· 105
　　任务 3.3　船舶交流电机的维护和运行监视 ··································· 116
　　任务 3.4　船舶交流电机的常规故障排除 ······································· 128
　　项目作业 ·· 143

项目 4　船用锚机的拆装与调试 ·· 145
　　任务 4.1　船用锚机低压控制电器的拆装 ······································· 146
　　任务 4.2　船用锚机单元控制电路的拆装 ······································· 166
　　任务 4.3　船用锚机整体控制电路的安装和调试 ··························· 181
　　项目作业 ·· 192

项目 5　船舶电动起货机的拆装与故障排除 ·· 194
　　任务 5.1　船舶电动起货机低压电器的拆装和检测 ······················· 195
　　任务 5.2　船舶电动起货机控制单元电路的拆装 ··························· 209
　　任务 5.3　船舶电动起货机控制系统的故障诊断与排除 ··············· 221
　　项目作业 ·· 235

附录　随堂练习参考答案 ·· 236
参考文献 ·· 239

项目1 变压器的拆装与检测

【德育启迪】

国之重器,无须仰人鼻息

"特高压±800 kV直流输电工程"是目前世界上最先进的输电技术工程。而作为输电系统的"枢纽",±800 kV换流变压器长期处于交直流电场等复杂应力作用下,运行工况苛刻,是难度最大、价值最高的核心设备。

2014年以前,全世界仅ABB、西门子等少数国外企业掌握该类型换流变压器的设计制造技术。如果要自研,则需要突破绝缘设计、出线装置、温升控制、制造工艺四大关键技术,解决绝缘受限、材料特性、精确计算、精准工艺等技术难题。

三峡水电站的电力输送工程最初都是采用ABB、西门子的设备。如果不打破涉及超大型装备研发、系统稳定等一系列关键技术的封锁,则后续所有相关的工程都要付出高昂的成本。

经过十余年的不懈努力,2021年,中国电力科学研究院(简称"中国电科院")牵头完成了关键技术研究及工程应用,组织建立了全套具有自主知识产权的±800 kV换流变压器生产工艺体系及质量控制规范。这标志着我国全面掌握了±800 kV换流变压器制造的核心技术,成为世界上第三个掌握±800 kV换流变压器全套知识产权并实际应用的国家。"±800 kV换流变压器自主化研制与应用"项目的落地应用提升了我国变压器行业硅钢片、绝缘材料、电磁线、出线装置等相关组件的整体水平,建立了完整的产业链,促进了我国乃至世界电力科技水平的升级进步。

【知识目标】

1. 了解磁场的基本物理量及单位;理解磁路的基本特性;了解导磁材料。
2. 了解变压器的基本结构和工作原理。
3. 掌握电产生磁和磁感应电的基本定律及基尔霍夫磁路定律。
4. 掌握变压器的特性及简单计算。

【能力目标】

1. 培养学生按照逻辑来认知事物的能力。
2. 能拆卸不同类型的变压器并完成安装。
3. 能根据不同的工况选择变压器并对其进行测试。
4. 能对变压器的不同故障进行判断、定位并排除故障。

任务1.1　变压器的拆卸和装配

【任务描述】

船舶上使用的变压器类型很多,有配电变压器、电力变压器、电抗器等,不同类型变压器的结构大同小异,功能差别不大。本任务从拆解一台小型干式变压器入手,学习拆解变压器的安全注意事项、工具使用,识读变压器的铭牌数据,认知变压器的内部结构和分类等,达到掌握变压器相关的磁、磁性材料、变压器铭牌数据及内部组成等知识,提升其动手维修、维护、保养变压器的能力的目的。

1.1.1　物质的导磁特性

变压器是利用电磁感应原理来改变交流电压的典型代表,因此研究变压器离不开认识磁场和磁性材料。

1. 磁感应强度(B)

磁场中垂直于磁场方向的通电导线所受的磁场力 F 与电流 I 和导线长度 L 的乘积的比值称为磁场的磁感应强度,也称磁通密度,是描述磁场内部某点的磁场强弱及方向的物理量,用符号"B"表示。

磁感应强度的定义式为

$$B = \frac{F}{IL} \quad (1-1-1)$$

磁感应强度的单位是特斯拉(T),简称特。有时我们也用高斯(Gs)作为其单位,1 T=10^4 Gs。通常以形象的曲线描绘磁场的分布特点,这类曲线称为磁感线。实际上,磁感线并非真实存在的。磁感线是闭合曲线,在磁铁外部由 N 极指向 S 极,在磁铁内部则相反。磁场中某点的磁感应强度的大小与磁感线的密度成正比,方向与磁感线切线方向相同,是矢量。

条形磁铁周围磁感线的分布如图 1-1-1 所示,图中任意一点的磁感应强度的方向可以用带箭头的切线表示,大小用线段的长短表示。

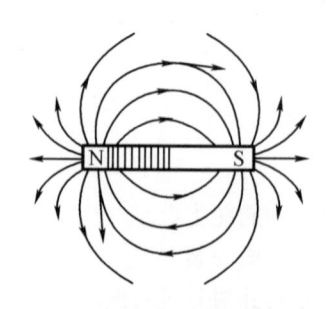

图 1-1-1　条形磁铁周围磁感线的分布

2. 磁场强度(H)

磁场强度是描述磁场的一个辅助量,通常用 H 表示。磁场强度与磁感应强度一样,也是一个矢量。在均匀的媒介质中,它的方向是和磁感应强度的方向一致的。在国际单位制中,它的单位为安/米(A/m),工程技术中常用辅助单位为安/厘米(A/cm)。

磁场中某点的磁场强度可以用磁感应强度 B 与介质磁导率 μ 的比值表示:

$$H = \frac{B}{\mu} \tag{1-1-2}$$

需要注意的是,式(1-1-2)常用于磁场强度和磁感应强度的相互换算。实际上,磁场强度的大小只与产生磁场的电流的强弱和导体的形状有关,而与磁介质的性质无关。

3. 磁导率(μ)

人们发现自然界中不同物质的导磁性能不同,根据导磁性能的不同,可将物质分为3种类型:反磁性物质、顺磁性物质、铁磁性物质(即铁磁材料),各种物质的导磁特性如表1-1-1所示。有时候为了分析方便,将物质分为两大类——非导磁性物质和铁磁性物质。

表 1-1-1　各种物质的导磁特性

物质名称	相对磁导率 μ_r	产生磁场的强弱	典型材料
反磁性物质	小于1	比真空弱一些	铜、石墨、银、锌等
顺磁性物质	大于1	比真空强一些	空气、铂、锡、铝等
铁磁性物质	远大于1且不是常数	比真空强几千到几万倍	铁、钢、钴、镍及某些合金等

磁导率是描述物质导磁性能的物理量,通常使用符号 μ 表示。磁导率的变化范围很大,人们常将真空中的磁导率定义为 μ_0,$\mu_0 = 4\pi \times 10^{-7}$,单位为亨/米(H/m)。

任意一种物质的磁导率与真空磁导率之比称为相对磁导率,用 μ_r 表示(表1-1-1),因此描述某种物质的磁导率 $\mu = \mu_0 \mu_r$。

(1) 非导磁性物质

真空中,磁场强度 H 与磁感应强度 B 成正比,即

$$B = \mu_0 H \tag{1-1-3}$$

其他非导磁性物质也存在类似的特性,即

$$B = \mu_0 \mu_r H \tag{1-1-4}$$

真空与非导磁性物质的磁导率较小,在不同的磁场强度下几乎不变,因此由式(1-1-3)和式(1-1-4)可以看出,磁感应强度和磁场强度呈线性关系(图1-1-2为真空的 B-H 曲线)。这类物质的缺点是导磁性能太差,无法用于导磁。

(2) 铁磁性物质

传统铁磁性物质,常见的主要有铁、镍、钴等。这类物质的导磁性能好,相对磁导率 μ_r 较大。随着科技的发展,通过人工合成了更多的高导磁合金材料。由图1-1-3所示几种铁磁性物质的 B-H 特性曲线,结合公式 $B = \mu_0 \mu_r H$ 可知,铁磁性物质的磁导率并非定值,即在不同的磁场强度下,磁导率不同,而且磁导率具有随着磁场强度的增强而逐渐减小的趋势。

图1-1-4是硅钢片的 B-H 曲线,由图可知,在起始阶段,磁感应强度随磁场强度的增强而逐渐增强,近似成正比;在后期,磁感应强度随磁场强度的增强而缓慢增强甚至不变,这种现象称为磁饱和。在变压器等设备的设计和制造过程中,应使磁路工作在线性区域,避开饱和区。

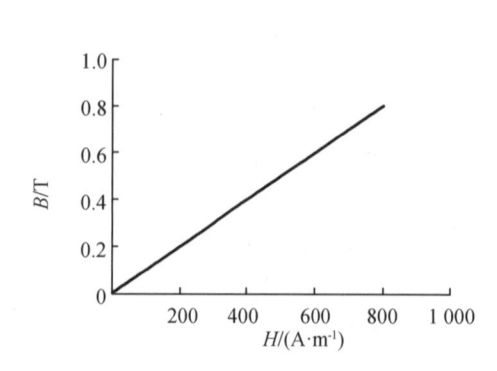

图 1-1-2　真空的 B-H 曲线

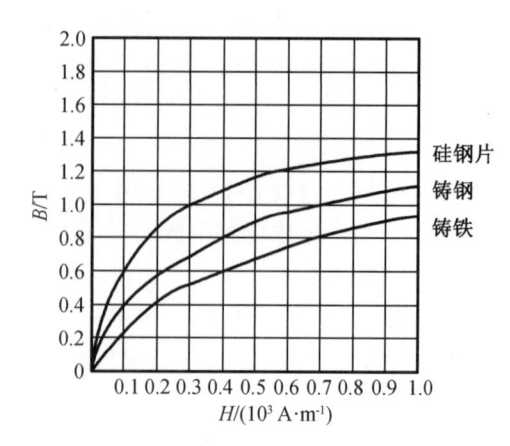

图 1-1-3　几种铁磁性物质的 B-H 曲线

(3) 铁磁性物质的磁滞特性

铁磁性物质具有很强的导磁能力,相对磁导率可达几百、几千甚至几万。在外磁场的作用下,其内部的磁感应强度会大大增强,这是由于铁磁性物质的内部存在许多磁化小区,这些磁化小区被称为磁畴。

每个磁畴就像一块小磁铁,在无外磁场作用时,这些磁畴的排列是不规则的,对外不显示磁性(图 1-1-5(a))。在一定强度的外磁场的作用下,这些磁畴将顺着外磁场的方向趋向规则排列(图 1-1-5(b)),产生一个附加磁场,使铁磁性物质内的磁感应强度大大增强,这种现象称为磁化。在外磁场消失后,这些小磁畴并不会完全恢复成原状,我们称之为剩磁。剩磁可以通过高温或振动消除。

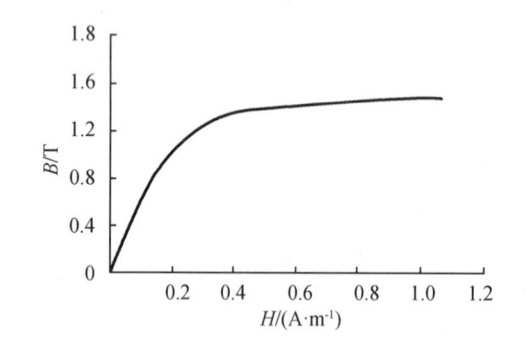

图 1-1-4　硅钢片 B-H 曲线

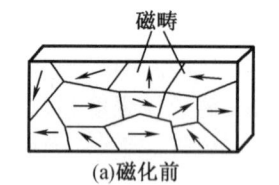

图 1-1-5　铁磁性物质的磁化过程

铁磁性物质的磁化和去磁特性曲线往往并不重合,我们将铁磁性物质的 B 的变化滞后于 H 的现象称为磁滞,图 1-1-6 所示曲线称为磁滞回线。同一铁磁性物质在不同极限磁场中反复磁化,获得的磁滞回线在第一象限中的顶点连线称为平均磁化曲线,在工程中广泛用于解决 B-H 曲线的多值函数问题。

(4) 铁磁性物质的分类

铁磁性物质按其磁性能可分为软磁材料、硬磁材料、矩磁材料 3 种类型。不同类型的铁磁性物质及其磁滞回线各有不同。

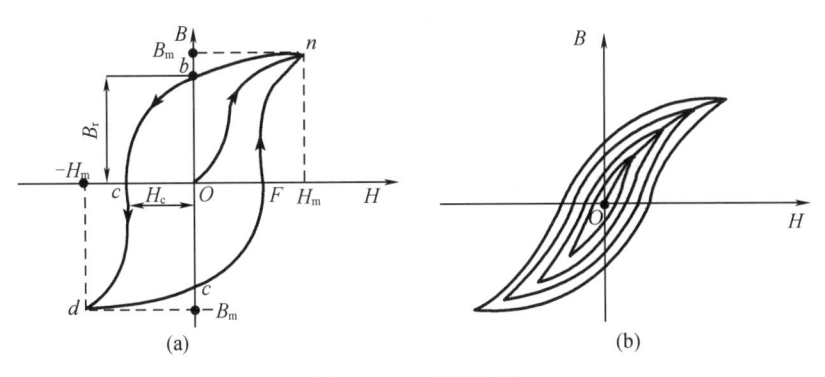

图 1-1-6 磁滞回线

①软磁材料(磁滞回线如图 1-1-7(a)所示):极易磁化,又容易退磁,一般用于有交变磁场的场合,如用来制造镇流器、变压器、电动机的铁芯。常见的软磁材料有纯铁、硅钢、合金材料等。

②硬磁材料(磁滞回线如图 1-1-7(b)所示):剩磁和矫顽力较大,磁滞回线形状较宽,所包围的面积较大;适用于制作永久磁铁,如扬声器、耳机、电话机、录音机(不容易轻易消磁)。常见的硬磁材料有碳钢、钴钢、铁镍铝钴合金等。

③矩磁材料(磁滞回线如图 1-1-7(c)所示):剩磁很大,接近饱和磁感应强度,但矫顽力较小,易于翻转;常在计算机和控制系统中用作记忆元件(汽车上的机油更换提醒装置)及开关元件(声控开关、光控开关)。注意:矫顽力是指磁性材料在饱和磁化后,当外磁场降为零时其磁感应强度 B 并不降为零,只有在原磁化场相反方向加上一定大小的磁场才能使磁感应强度降为零,该磁场称为矫顽磁场,其磁场强度称为矫顽力。

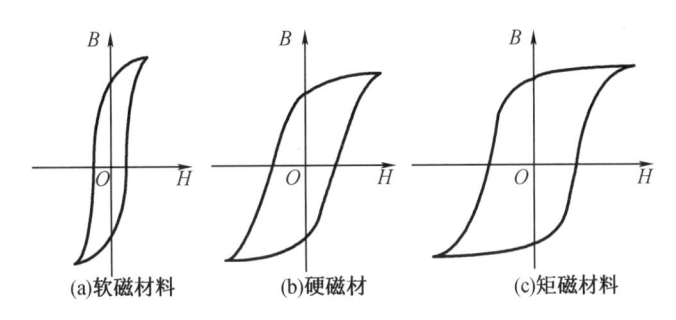

图 1-1-7 3 种磁铁性物质的磁滞回线

1.1.2 变压器的结构、分类及电气符号

变压器是利用电磁感应的原理来改变交流电压的装置,主要构件是初级线圈、次级线圈和铁芯(磁芯)。其主要功能有:电压变换、电流变换、阻抗变换、隔离、稳压(磁饱和变压器)等。

变压器按用途可以分为:配电变压器、电力变压器、全密封变压器、组合式变压器、干式变压器、油浸式变压器、单相变压器、电炉变压器、整流变压器、电抗器等,图 1-1-8 和 1-1-9 是两种常见的变压器。

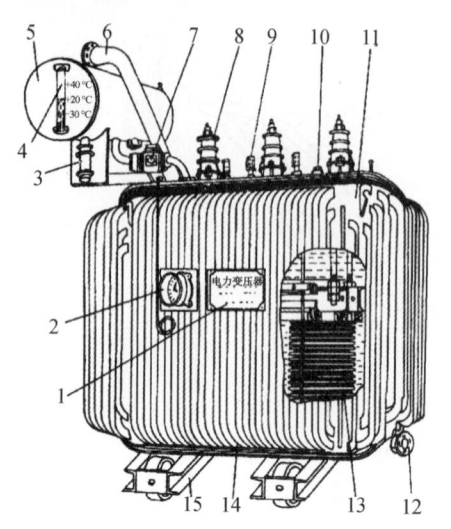

1—铭牌;2—温度计;3—吸湿器;4—油表;5—储油柜;
6—安全气道;7—气体继电器;8—高压套管;
9—低压套管;10—分接开关;11—油箱;
12—放油阀门;13—器身;14—接地板;15—小车。

图 1-1-8　油浸式电力变压器的外形结构图

图 1-1-9　大型船用变压器的外形图

1. 变压器的结构

变压器主要由铁芯和原、副绕组构成。大、中容量的电力变压器为了散热的需要,将变压器的铁芯和绕组浸入封闭的油箱中,对外线路的连接由绝缘套管引出,因此电力变压器还有绝缘套管、油箱及其他附件。

(1) 铁芯

铁芯是变压器的磁路系统,同时又是绕组的支撑骨架。

铁芯由铁芯柱和铁轭两部分组成,如图 1-1-10(a) 所示。铁芯柱上套绕组,铁轭将铁芯柱连接起来形成闭合磁路。对铁芯的要求是导磁性能好,磁滞损耗和涡流损耗尽量小,因此铁芯采用硅钢片制成。目前国产低损耗节能变压器均用有取向的冷轧硅钢片制成,厚度一般为 0.28~0.35 mm,叠片的两面均涂以绝缘漆使片间绝缘,用以减小涡流损耗。另外,为减小磁阻与励磁电流,铁芯中不能有明显的间隙,叠片每层的接缝需要相互错开。随着技术的进步,目前已有采用铁基、铁镍基等非晶体材料来制作变压器的铁芯,这种铁芯具有体积小、效率高、节能等优点,极有发展前途。为了保证硅钢片能紧密地接触在一起,大型变压器的铁芯还需利用夹件进行固定(图 1-1-10(b))。

①变压器的铁芯结构有壳式和芯式两类。

壳式结构的特点是铁芯包围绕组的顶面、底面和侧面,如图 1-1-11(a)所示,芯式结构的特点是铁芯柱被绕组包围,如图 1-1-11(b)所示。壳式结构的机械强度好,易散热,但制造复杂,铁芯用材料较多,一般小型干式变压器多采用这种结构。芯式结构简单,绕组装配和绝缘比较容易,电力变压器中的铁芯主要采用芯式结构。

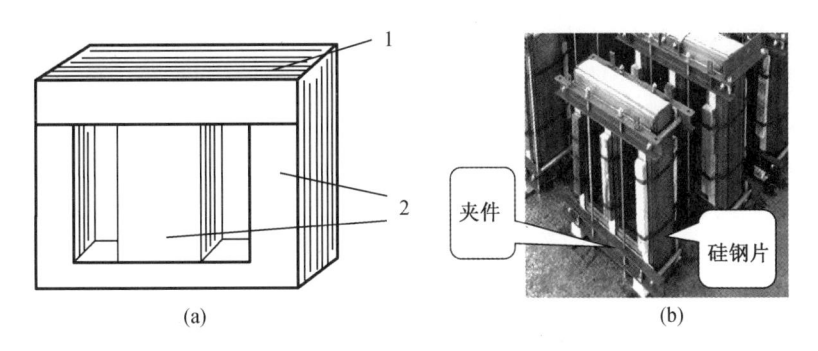

1—铁轭；2—铁芯柱。

图 1-1-10　变压器的铁芯

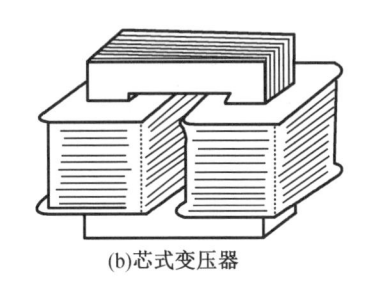

(a)壳式变压器　　(b)芯式变压器

图 1-1-11　单相变压器结构

②根据变压器制作工艺，铁芯可分为叠片式和卷绕式两种。

叠片式应用于芯式变压器。叠片一般用"口"字形或斜"口"字形硅钢片交叉叠成(图1-1-12(a)、图1-1-12(b))；壳式变压器的叠片一般用 E 形或 F 形硅钢片交叉叠成(图1-1-12(c)、图1-1-12(d))所示。为了减小铁芯磁路的磁阻，要求在装配铁芯时，接缝处的气隙越小越好。

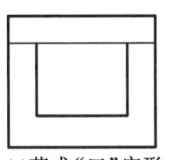

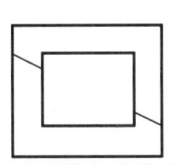

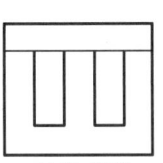

(a)芯式"口"字形　(b)芯式斜"口"字形　(c)壳式E形　(d)壳式F形

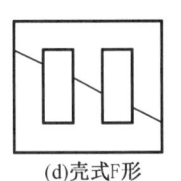

图 1-1-12　常见变压器铁芯形式

卷绕式铁芯常用于中小型变压器(1 000 kVA 以下)、互感器、磁放大器及漏电保护器之零序电流互感器等。卷绕式铁芯是沿着硅钢片(或矽钢片)的最佳导磁方向卷绕而成，充分发挥了取向的优越效能，磁路畸变小，因此比叠片式铁芯的空载损耗和空载电流都要小(叠片式铁芯因有叠片接缝，此处会有磁路畸变)，所以从节能效能上来说，这就是卷绕式铁芯的优势。但卷铁芯工艺要求高，制造较叠片式铁芯度大，可维修性较后者弱，因此在船舶上应用较少。

(2)绕组

变压器中的线圈通常称为绕组，它是变压器的电路部分，由漆包铜或铝导线绕制而成，容量稍大的变压器常用到扁铜线或扁铝线。在变压器中，连接高压电网的绕组称为高压绕组或一次侧绕组(原边)，接到低压电网的绕组称为低压绕组或二次侧绕组(副边)。按照高压绕组和低压绕组的相互位置及形状的不同,绕组可以分为同芯式和交叠式两种。

①同芯式绕组

同芯式绕组的高、低压绕组同心地套在铁芯柱上,如图1-1-13(a)所示。小容量单相变压器一般采用此种结构,为了便于绝缘,低压绕组靠近铁芯柱,高压绕组套在低压绕组的外面,两个绕组之间留有油道。同芯式绕组有两种形式:圆筒形绕组和螺旋形绕组。

圆筒形绕组是一个圆筒形螺旋体,其线匝是用扁线彼此紧靠着绕成的。圆筒形绕组可以绕成单层,也可以绕成双层。

螺旋形绕组是沿径向由一根导线压着一根导线叠起来绕成的。各个螺旋不是像圆筒形绕组那样彼此紧靠着,而是中间留有一个空沟道。

②交叠式绕组

交叠式绕组是把原、副绕组按一定的交替次序套在铁芯柱上,这种绕组由于高、低压绕组之间的间隙较多,绝缘复杂,故包扎很不方便,但它具有机械强度高的优点,一般在大型壳式变压器(如大容量的电炉变压器和电焊机变压器)中采用,如图1-1-13(b)所示。

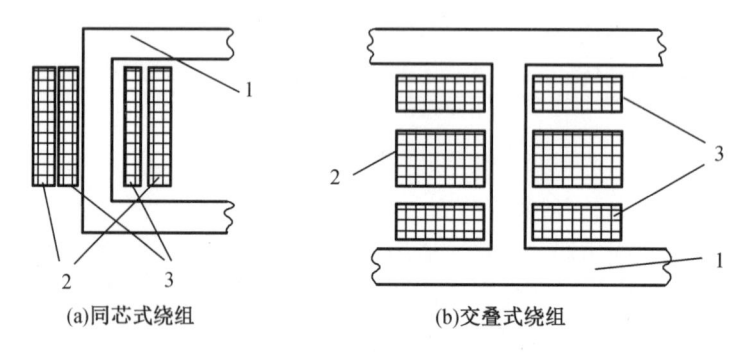

(a)同芯式绕组　　　(b)交叠式绕组

1—铁芯;2—高压绕组;3—低压绕组。

图1-1-13　变压器绕组类型

2. 变压器的分类

变压器的种类很多,可以按用途、绕组数、相数、结构、冷却方式等进行分类。

按用途,可分为电力变压器(主要用在输配电系统中,又分为升压变压器、降压变压器和配电变压器)及特种变压器(如仪用变压器、实验变压器、电炉变压器、电焊变压器等)。

按绕组数,可分为单绕组(自耦)变压器、双绕组变压器、三绕组变压器和多绕组变压器等。

按相数,可分为单相变压器(用字母D表示)、三相变压器和多相变压器(用字母S表示)。

按铁芯结构,可分为芯式变压器和壳式变压器。

按绝缘介质和冷却方式,可分为空气自冷式(或称为干式)变压器、油浸式变压器和充气式变压器。各种不同冷却方式包括油浸自冷(ONAN)、油浸风冷(ONAF)、强迫油循环风冷(OFAF)、强迫油循环水冷(OFWF)、强迫导向油循环风冷(ODAF)、强迫导向油循环水冷ODWF)。例如,ONAN/ONAF变压器装有一组风扇,在大负载时,风扇可投入运行,在这两种冷却方式下,油流均按热对流方式循环。

电力变压器按容量大小通常又分为小型变压器(容量为10~630 kVA)、中型变压器(容量为800~6 300 kVA)、大型变压器(容量为8 000~63 000 kVA)和特大型变压器(容量在

90 000 kVA 及以上)。

3. 变压器的电气符号

变压器的电气符号类别很多,绕组数、抽头不同,其电气符号差异很大。大多数单相变压器的符号较为简单,但是在三相变压器里面,由于原、副边的接法差异很大,因此符号类型繁多。常见的变压器电气符号如图 1-1-14 和图 1-1-15 所示。

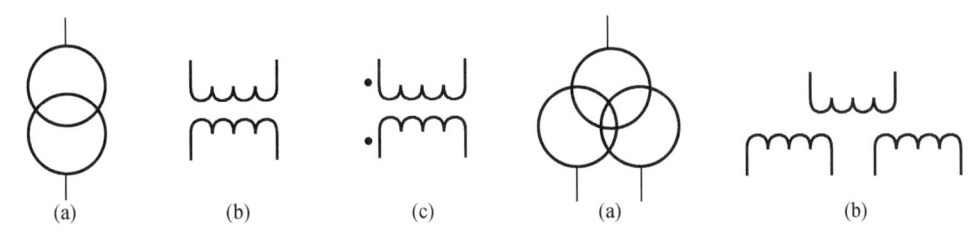

图 1-1-14　单相变压器的一般符号

图 1-1-15　三相变压器的一般符号

有些三相变压器在图形符号中还可以体现出变压器的连接方式,在线路中最常用的就是 Y/Y 接法,即初级绕组和次级绕组均用星形(Y)的连接方式。除此之外,还有如图 1-1-16(a)所示的星形/三角形(Y/△)接法,而且在不同的接法里面还有不同的连接组别如 Y/Y-1(图 1-1-16(b))等,需要仔细识别。

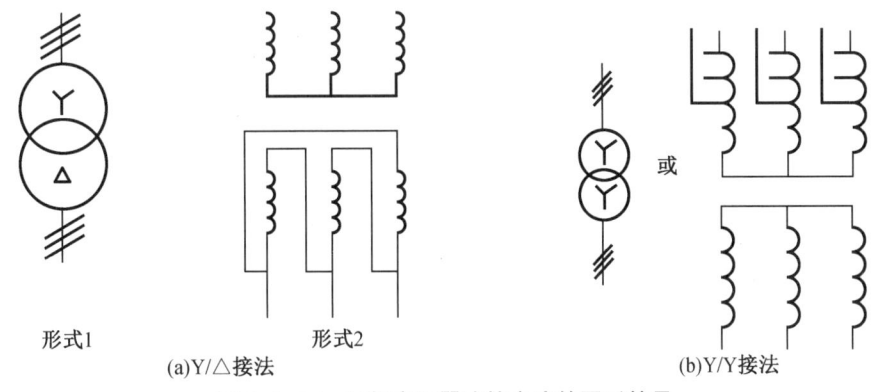

图 1-1-16　三相变压器连接方式的图形符号

1.1.3　变压器的技术参数

要保证变压器正常工作,并能使其具有一定的使用寿命,必须充分了解变压器的技术指标和额定值,以确保变压器在安全的指标下运行。变压器的参数很多,对于不同类型的变压器,在使用时通常关注的参数也不一样。

1. 变压器的额定参数

(1)产品型号

图 1-1-17 为 SCB11-630/10 型变压器的铭牌。变压器的型号分两部分:前一部分由汉语拼音字母组成,代表变压器的类别、结构特征和用途;后一部分由数字组成,表示产品的容量(kVA)和高压侧绕组电压(kV)等级。常见字母的含义如下:

相数:D 表示单相(或强迫导向),S 表示三相。冷却方式:J 表示油浸自冷,F 表示油浸风冷,FP 表示强迫油循环风冷,SP 表示强迫油循环水冷。电压级数:S 表示三级电压,无 S 表示两级电压。其他:O 表示全绝缘,L 表示铝线圈或防雷,O 表示自耦(在首位时表示降压自耦,在末位时表示升压自耦),Z 表示有载调压,TH 表示湿热带(防护类型代号),TA 表示干热带(防护类型代号)。

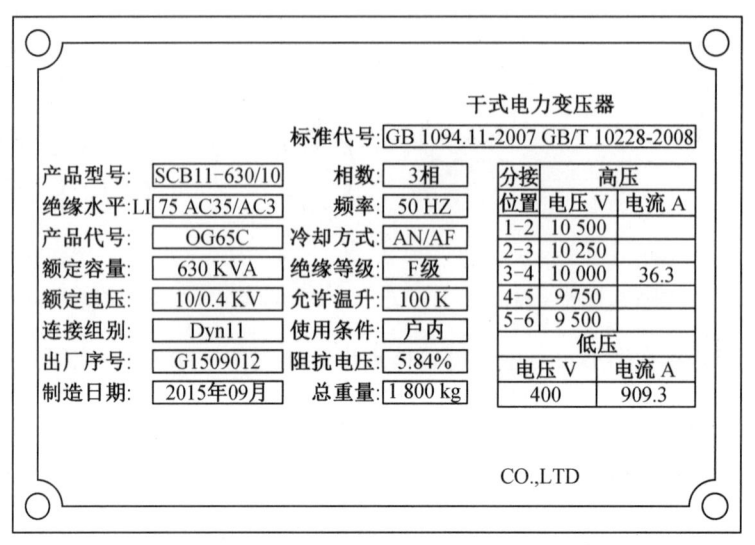

干式电力变压器						
标准代号:	GB 1094.11-2007 GB/T 10228-2008					
产品型号:	SCB11-630/10	相数	3相	分接	高压	
绝缘水平:LI	75 AC35/AC3	频率	50 HZ	位置 电压 V	电流 A	
产品代号:	OG65C	冷却方式:	AN/AF	1-2 10 500		
额定容量	630 KVA	绝缘等级	F级	2-3 10 250		
额定电压	10/0.4 KV	允许温升	100 K	3-4 10 000	36.3	
连接组别	Dyn11	使用条件	户内	4-5 9 750		
出厂序号	G1509012	阻抗电压	5.84%	5-6 9 500		
制造日期	2015年09月	总重量	1 800 kg	低压		
				电压 V	电流 A	
				400	909.3	
				CO.,LTD		

图 1-1-17 SCB-630/10 型变压器的铭牌①

例 1-1-1 试说明图 1-1-17 中变压器型号 SCB11-630/10 表示的意义。

答 S 表示三相;
C 表示此变压器的绕组是环氧树脂浇注成型;
B 表示变压器箔式绕组;
11 表示节能水平代号,数字越大则损耗越小;
630 表示额定容量为 630 kV·A;
10 表示高压侧额定电压为 10 kV。

(2)绝缘水平

图 1-1-17 中绝缘水平中镌刻为 LI 75 AC35/AC3。此项主要表示产品的绝缘性能,也是产品在实验时的电压参数。LI 75 表示高压侧雷电冲击耐受电压为 75 kV;AC35/AC3 表示工频耐受电压 AC(交流)35 kV/低压侧工频耐受电压 AC(交流)3 kV。

(3)产品代号

产品代号是厂家自行编制的代码,通常是根据产品目录管理而编制的代码。

(4)额定容量 S_N

变压器的额定容量是指变压器在额定电压和额定电流下,连续运行时能输出的容量(变压器容量通常使用"V·A"或"kV·A"等进行标识,读为"伏安"或"千伏安")。我国现今使用的变压器容量规格有 100 V·A、125 V·A、630 kV·A 等。

额定容量常使用符号 S_N 表示,通常又称为变压器输出的额定视在功率。变压器额定容量的计算公式如下:

---

① 铭牌中的"KVA"有时为大写,在国际标准单位制中,词头"千"应为小写字母"k",应注意区分。

单相变压器：
$$S_N = U_{1N}I_{1N} = U_{2N}I_{2N} \tag{1-1-5}$$

三相变压器：
$$S_N = \sqrt{3}U_{1N}I_{1N} = \sqrt{3}U_{2N}I_{2N} \tag{1-1-6}$$

式中，U_{1N}、I_{1N} 分别为一次侧绕组的额定电压、额定电流；U_{2N}、I_{2N} 分别为二次侧绕组的额定电压、额定电流。

变压器的额定容量包括两部分：一部分称为有功功率 P_N，单位为瓦(W)或(kW)；另一部分称为无功功率 Q_N，单位为乏(var)或千乏(kvar)。

$$S_N = \sqrt{P_N^2 + Q_N^2} \tag{1-1-7}$$

通常将有功功率和额定视在功率的比值称为变压器的功率因数，用下式表示：

$$\cos\varphi = \frac{P_N}{S_N} \tag{1-1-8}$$

(5) 额定电压

变压器的额定电压是指一次侧和二次侧的额定电压。一次侧额定电压 U_{1N} 是指接到变压器一次绕组端点的额定电压；二次侧额定电压 U_{2N} 是指当一次绕组所接的电压为额定值时，二次侧空载时的电压。变压器额定电压的单位是 V 或 kV，单相变压器的输入只有一相，所以额定电压指相电压，三相变压器的额定电压均指线电压。

(6) 原边额定电流

变压器一、二次侧的额定电流 I_{1N}、I_{2N} 是指在额定电压和额定环境温度下使变压器各部分不超温的一、二次绕组长期允许通过的线电流，单位以 A 或 kA 表示。

(7) 额定频率

额定频率(f_N)指电源的工作频率。我国的工业额定频率是 50 Hz。我国船舶上都使用 50 Hz 的工频交流电，国外船舶通常使用 60 Hz 的工频交流电，遇到时请注意识别。

(8) 变压器的效率

变压器的效率(η_N)指变压器的输出功率 P_{2N} 与对应的输入功率 P_{1N} 的比值，通常用小数或百分数表示。

$$\eta_N = \frac{P_{2N}}{P_{1N}} \times 100\% \tag{1-1-9}$$

(9) 连接组别

图 1-1-17 中的"Dyn11"表示一、二次侧的接线方式，其中 D 表示一次侧采取三角形接法，y 表示二次侧采取星形接法，n 表示有中性点引出，11 代表一、二次侧线电压的相位差。

例 1-1-2 有一台三相油浸自冷式铝线变压器，$S_N = 180$ kV·A，Yyn 接法，$U_{1N}/U_{2N} = 10/0.4$，试分别求一、二次侧绕组的额定电流。

解
$$I_{1N} = \frac{S_N}{\sqrt{3}U_{1N}} = \frac{180 \times 10^3}{\sqrt{3} \times 10 \times 10^3} = 10.4 \text{ A}$$

$$I_{2N} = \frac{S_N}{\sqrt{3}U_{2N}} = \frac{180 \times 10^3}{\sqrt{3} \times 0.4 \times 10^3} = 259.8 \text{ A}$$

2. 变压器的标幺值

(1)标幺值的定义

变压器的使用中,特别是涉及和变压器相关的电路计算时,通常需要求解电压、电流和功率等,例如,负载电流 200 A,工作电压 380 V 等。这些量可以准确表达当前变压器的工作状态,但是如果不了解变压器的额定工况,往往无法判断出此时变压器是处在轻载、重载还是其他工作状态。这时往往需将计算值和额定值进行比较。在工程中,为了更为直观地了解变压器的工作状态,引入了"标幺值"这个概念。

在电力系统计算中,将变压器的额定电压、电流、功率等带有单位的物理量统称为有名值,也称为变压器的基准值,将变压器实际工作状况的电压、电流、功率等称为实际值,将二者的比值称为标幺值。

标幺值的计算公式如下:

$$标幺值 = \frac{实际值}{基准值}$$

为了方便使用者将标幺值和基准值相区别,通常用 * 进行标识,如 I^*、U^* 等就是标幺值。

例如,某变压器的额定负载电流 I_{2N} = 100 A,但是实际工作中测得其负载电流为 I_2 = 120 A。在工程中,常常说变压器的标幺值为 1.2,由于数值大于 1,显然此时变压器处于过载状态。

计算方法:

$$I_2^* = \frac{I_2}{I_{2N}} = 1.2$$

(2)采用标幺值的优点

①采用标幺值时,一次侧和二次侧的各物理量可不需要再进行折算(对于"折算"概念,读者可以自行查阅相关资料,本书不进行详细描述)。这是因为用标幺值表示时,折算值和未折算值相等。

②采用标幺值后,各物理量的数值简化了。例如,用标幺值表示的电压、电流等物理量的额定值等于 1。另外,采用标幺值后,可使原本不相等的物理量具有相同的标幺值。

③采用标幺值表示的某些物理量还具有相同的数值。

④不论变压器的容量相差多大,用标幺值表示的参数及性能数据的变化范围很小,这便于对不同容量的变压器进行比较。

需要注意的是:三相变压器的标幺值和基准值均以每相计算;标幺值与基准值本身都是标量,用标幺值表示的电压、电流相量,其幅值即为有效值的标幺值,其相角为该物理量实际值的相角。

【随堂练习】

选择题

(1)因为有了变压器,交变电流得到了广泛应用。下列选项中,利用变压器不可能做到的是( )。

A. 增大电流　　B. 升高电压　　C. 降低电压　　D. 增大功率

(2)根据高、低压绕组排列方式的不同,绕组分为( )和交叠式两种。

A. 同芯式　　　　B. 混合式　　　　C. 交叉式　　　　D. 异芯式

(3)变压器的额定容量是指(　　)。

A. 一、二次侧容量之和

B. 二次绕组的额定电压和额定电流的乘积所决定的有功功率

C. 二次绕组的额定电压和额定电流的乘积所决定的视在功率

D. 一、二次侧容量之和的平均值

(4)变压器铭牌上标有额定电压 U_{1N}、U_{2N},其中 U_{2N} 表示(　　)。

A. 原边额定电压,副边满载时的副变电压

B. 原边额定电压,副边空载时的副变电压

C. 原边额定电压,副边轻载时的副变电压

D. 原边额定电压,副边过载时的副变电压

(5)变压器的容量,即(　　)功率,其单位是(　　)。

A. 有功;kW　　B. 视在;kW　　C. 视在;kV·A　　D. 无功;kV·A

(6)变压器铭牌上,相数用(　　)表示三相。

A. S　　　　B. D　　　　C. G　　　　D. H

(7)SFZ-10000/110 表示三相自然循环风冷有载调压,额定容量为(　　)kV·A,高压绕组额定电压 110 kV 电力变压器。

A. 10 000　　　B. 36 500　　　C. 8 000　　　D. 40 000

(8)油浸式变压器中的油能使变压器(　　)。

A. 润滑　　　B. 冷却　　　C. 绝缘　　　D. 冷却和增加绝缘性能

(9)电力变压器的基本结构是由(　　)组成的。

A. 铁芯和油箱　　B. 绕组和油箱　　C. 定子和油箱　　D. 铁芯和绕组

(10)绕组是变压器的(　　)部分,一般用绝缘纸包的铜线绕制而成。

A. 电路　　　B. 磁路　　　C. 油路　　　D. 气路

【任务实施】

1. 实训内容

变压器的拆卸和安装是变压器日常维修和维护中的一项重要工作。通过对干式变压器的拆装,可获得比较直观的变压器内部构造的相关知识,是认识和使用变压器的重要一步。拆装变压器时需要遵循相关的注意事项和实训要点。

2. 准备工作

(1)拆卸前需确保安全。施工人员需持有高压电工进网作业许可证,或在教师指导下作业。

(2)工具和装备的准备。施工中,施工人员必须戴绝缘手套,熟练使用扭力扳手、活动扳手、双向棘轮扳手、手扳葫芦、橡皮锤等。

3. 变压器拆装操作步骤

(1)检查变压器及附件,拆卸掉所有接线。大型油浸式电力变压器拆卸前需进行放油操作。

(2)拆卸螺栓等零件时需注意力度,防止滑丝,拆卸下的螺栓必须清洗干净并分类妥善保管,若有损坏应进行更换和记录。

（3）拆卸变压器辅助部件时需谨慎。各类仪表、套管及大型组件按照"先小后大"的原则进行拆卸，易碎元件要小心轻放，注意拆卸和安装顺序相反。

（4）从变压器外壳中抽出变压器铁芯和绕组。小型变压器较易抽取，大型变压器需要利用手扳葫芦或其他吊装设备辅助抽取（图1-1-18）。

图 1-1-18　利用吊装设备抽取油浸式铁芯

（5）铁芯部位的拆装。

小型变压器，可以利用台钳将变压器铁芯夹住（图1-1-19），注意不是全夹，夹住大部分即可，留出若干片铁芯（3～5片）不夹。利用起子别住最外面的一两片铁芯，用橡胶锤敲打起子，注意不要使用蛮力。在铁芯两端敲击后，最外侧的铁芯开始松动，逐步拆卸下铁芯和线圈，检查铁芯、夹具、线圈，完成拆卸并做好记录。大型变压器，需要按照变压器设备的操作规程进行拆卸。

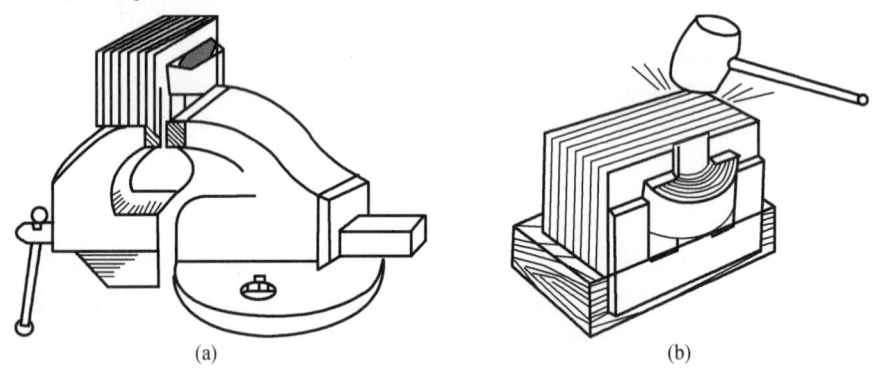

图 1-1-19　利用台钳夹住铁芯

（6）组装过程。

先组装铁芯、线圈、安装夹具。小型变压器可直接安装，大型变压器则需要利用吊装设备将铁芯等部件安装进变压器外壳内。

然后组装变压器辅助部件，连接好各部分的接线。组装好的变压器的各零部件应完整无损，无零件剩余。

（7）认真做好现场工作记录。

4. 记录表格(表1-1-2、表1-1-3)

表1-1-2 变压器拆装训练记录

步骤	拆卸记录	拆卸内容记录	操作人员	零件检修情况
1	拆卸螺栓			
2	变压器小型仪表、套管			
3	变压器冷却器拆卸			
4	拆卸内部铁芯和线圈			
5	组装铁芯和线圈			
6	组装冷却器			
7	组装各辅助部件及螺丝			

训练所用时间： 　　　　参加训练者:(签字) 　　　　202 年 月 日

表1-1-3 训练评分记录表

训练任务	
班级	
组名	
小组成员	
评价人签名:(组长)	评价时间:

评价项目	评价内容 (评价标准:很好A　较好B　一般C　较差D　很差E)	项目自评	项目互评	教师评价
敬业精神	1. 不迟到、不缺课、不早退			
	2. 学习认真,责任心强			
	3. 积极参与完成项目的各个步骤			
操作技能	4. 干式变压器的拆卸、装配和实验的步骤			
	5. 勘验、拆卸工艺、技术要求			
	6. 组装后的实验方法			
方法能力	7. 语言表达能力			
	8. 信息的收集、整理能力			
	9. 提出有效工作方法的能力			
社会能力	10. 团队沟通能力			
	11. 团队协作能力			
	12. 互相帮助意识			
	13. 安全、环保意识			
综合评价:				

任务1.2 变压器绕组的绕制和测试

【任务描述】

虽然船舶上使用的变压器种类很多,但是各种变压器内部主要结构类似,工作原理基本相同,都是利用电磁感应原理进行工作的。本任务通过绕制一台小型干式变压器的原边和副边绕组线圈,完成一台小型变压器的制作过程,学习变压器的绕制工具的使用方法、工艺标准,并对变压器成品进行电路测试等,从而获得变压器工作原理等相关知识和提升实际动手制作小型变压器的操作技能。

1.2.1 磁场的基本物理量

1. 磁通(Φ)

磁通又称磁通量,是指通过任意给定面的磁感线的数量。在匀强磁场中,磁感应强度 B 与垂直于磁场方向的面积 S 的乘积,称为通过该面积的磁通,符号用 Φ 表示。磁感应强度 B 在数值上可以看成与磁场方向垂直的单位面积中所通过的磁通(图 1-2-1),故又称为磁通密度。

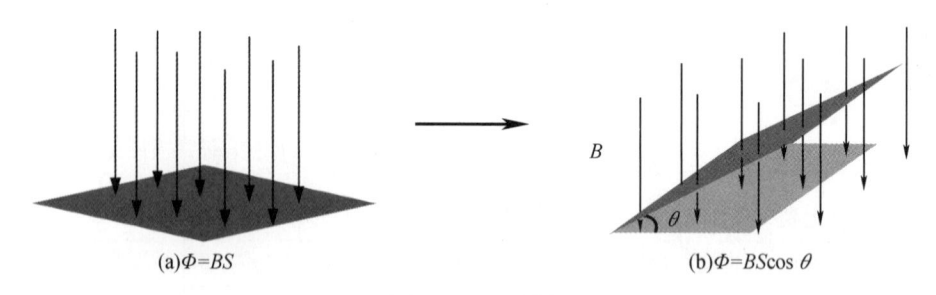

(a)$\Phi = BS$ (b)$\Phi = BS\cos\theta$

图 1-2-1 磁通

磁通的单位:韦伯(Wb),简称韦。

基本计算公式:$\Phi = BS\cos\theta$(仅适用于均匀磁场)

若磁场并非均匀的,而且并非平面的,则可以通过查阅相关资料利用积分方法进行计算。

2. 磁链(Ψ)

磁链是导电线圈或电流回路所链环的磁通之和。磁链等于导电线圈匝数 N 与穿过该线圈各匝的平均磁通的乘积,故又称为磁通匝。当只有一匝线圈的时候,磁链与磁通在数值上是相等的。当有 N 匝线圈的时候,因为电压的累加所以就有如下关系:

$$\Psi = N\Phi \tag{1-2-1}$$

线圈磁路中磁链和电感有如下关系:

$$\Psi = LI$$

式中 L——线圈电感;

I——线圈中的电流。

3. 磁势(F)和磁阻(R_m)

磁势也称为磁动势、磁通势,是磁路中的一个物理量,类似于电学中的电动势,是某些物质或现象能够给予磁场应力的一种属性。磁动势的表示形式有如下3种:

(1)作用在磁路上的磁势 F 等于磁路内的磁通 Φ 与磁阻 R_m 的乘积。

$$F = \Phi R_m \tag{1-2-2}$$

式中 $R_m = \dfrac{L}{\mu A}$,其中 L 表示磁路长度,A 表示磁路横截面积,μ 磁路磁导率。

(2)通电线圈产生的磁势 F 等于线圈的匝数 N 和线圈中所通过的电流 I 的乘积,单位是安匝(At)。

$$F = NI \tag{1-2-3}$$

式中 N——线圈匝数;
I——线圈中的电流。

(3)磁势 F 是磁场强度 H 在磁路 L 上的线积分,即

$$F = \oint H \mathrm{d}l \tag{1-2-4}$$

式中 H——磁场强度,与磁密度 B 和磁路材料等有关;
若磁场强度是均匀的,则式(1-2-4)可写成 $F=HL$。

1.2.2 磁路和磁路的基本定律

1. 磁路

为了得到较强的磁场,在电机及变压器等装置中,通常用导磁性能好的铁磁材料制成一定形状的铁芯,之后再将线圈绕在铁芯上。当线圈中通过电流时,线圈内部产生励磁磁场,铁芯被磁化,使得其中的磁场大大增强。通电线圈产生的励磁磁通主要集中在由铁芯构成的闭合路径内传递,这种磁通通过的路径便称为磁路。

图1-2-2中的磁路的主要通道为铁芯,励磁线圈产生的磁通绝大部分通过该回路,通常称其为主磁通。由于磁场也能通过空气等非磁性物质传播,因此励磁磁通会有一部分经由气隙传播,俗称漏磁通。

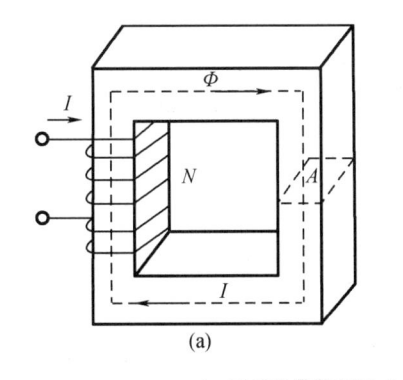

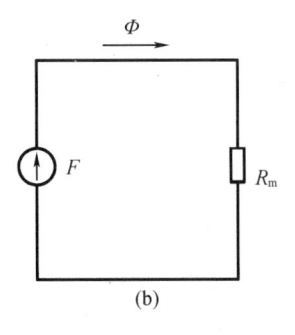

A—磁路的横截面积;I—电流;Φ—磁通;
R_m—磁阻;F—磁势;N—线圈匝数。

图1-2-2 磁路模型

磁路分为直流磁路和交流磁路。直流磁路中磁通恒定,无铁芯损耗;交流磁路中磁通随时间交变,会在激磁线圈内产生感应电动势,有铁芯损耗。磁饱和现象会导致电流、磁通和电动势产生波形畸变。

2. 磁路的欧姆定律

在忽略漏磁通的情况下,图1-2-2(a)中的磁路可以模拟为图1-2-2(b)中的电路模型。假设铁芯线圈匝数为N,在线圈中通入电流I时,在铁芯中产生磁势F,若已知磁路的横截面积A、磁路长度L、磁路材料的磁导率μ,并且假设铁芯内部磁感应强度均匀且垂直于图中所示横截面,利用前面磁路基本物理量之间的关系可得

$$F = NI = HL = \frac{BL}{\mu} = \Phi \frac{L}{\mu A} = \Phi R_m \qquad (1-2-5)$$

式(1-2-5)称为磁路的欧姆定律,与电路具有极为相似的特点。为了便于读者理解磁路,将磁路和电路中相似含义的物理量列于表1-2-1中,读者可参照表1-2-1进行对照理解。

表1-2-1 磁路和电路对照表

磁路	电路
磁通 Φ	电流 I
磁感应强度(磁通密度)B	电流密度 J
磁势 F	电动势 E
磁阻 $R_m = \frac{1}{\mu A}$	电阻 $R = \rho \frac{1}{A} = \frac{1}{\gamma A}$
磁导率 μ	电导率 $\gamma = \frac{1}{\rho}$
磁导 $\Lambda = \frac{1}{R_m}$	电导 $G = \frac{1}{R}$
磁位降 $HL = R_m \Phi$	电压降 RI

3. 全电流定律

全电流定律又称为安培环路定律,即设空间中有n根载流导体,导体中的电流分别为$I_1, I_2, \cdots, I_n$,则沿任意可包含所有这些导体的闭合路径l,磁场强度H的线积分等于这些导体电流的代数和,有

$$\oint H dl = \sum I \qquad (1-2-6)$$

例1-2-1 图1-2-3中的3根导线中分别通入电流I_1、I_2、I_3,若图中周长为l的圈上各点磁场强度相等,试应用全电流定律计算图中圈上各点磁场强度的大小。

解 利用公式

$$\oint H dl = I_1 + I_2 - I_3$$

由各点磁场强度相等可得

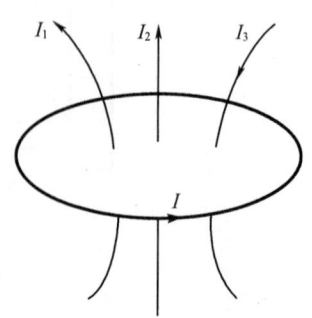

图1-2-3 全电流定律应用示意图

$$Hl = I_1 + I_2 - I_3$$

所以
$$H = \frac{I_1 + I_2 - I_3}{l}$$

4. 电磁感应定律

(1) 运动导体的电磁感应

在固定匀强磁场中,让导体做垂直切割磁感线运动,将这种运动导体在磁场中产生电动势的现象称为电磁感应,产生的电动势称为感应电动势。感应电动势的大小可以通过下式计算:

$$E = Blv \tag{1-2-7}$$

式中 E——运动导体的感应电动势,V;
  　l——磁场中运动导体的长度,m;
  　v——运动导体的相对速度,m/s。

(2) 法拉第电磁感应定律

英国物理学家法拉第通过图 1-2-4 所示的实验发现了关于电磁感应的定律,即导体回路中感应电动势 ε 的大小与穿过回路的磁通的变化率成正比:

$$\varepsilon = N\frac{\mathrm{d}\varphi}{\mathrm{d}t} \tag{1-2-8}$$

式中 N——线圈匝数;
  　$\dfrac{\mathrm{d}\varphi}{\mathrm{d}t}$——磁通变化率,感应电动势的方向和磁通变化率相反。

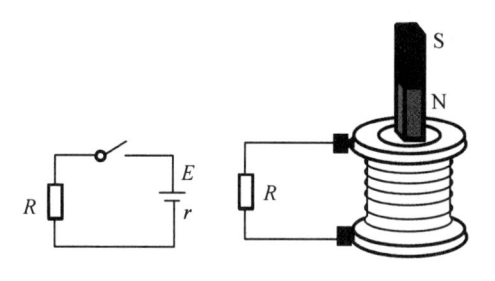

图 1-2-4 法拉第实验原理图

在电磁研究发展过程中,为了保证法拉第电磁感应定律与其他电磁学理论的统一和协调,在上述电磁感应定律中添加了一个负号,即

$$\varepsilon = -N\frac{\mathrm{d}\varphi}{\mathrm{d}t} \tag{1-2-9}$$

例 1-2-2 有一个 50 匝的线圈,如果穿过它的磁通的变化率为 0.5 Wb/s,求感应电动势的大小。

解
$$\varepsilon = -N\frac{\mathrm{d}\varphi}{\mathrm{d}t} = -50 \times 0.5 = -25 \text{ V}$$

5. 磁路的基尔霍夫第一定律

磁路的基尔霍夫第一定律又称磁通连续定律,即穿出或进入任一闭合面的总磁通恒等于零,或者说,进入任一闭合面的磁通恒等于穿出该闭合面的磁通。

$$\sum \Phi = 0 \qquad (1\text{-}2\text{-}10)$$

图 1-2-5 是带有分支的磁路,磁路中磁场的走向如图所示,取图中闭合面(类似于电路中的节点),若已知进入该闭合面的磁通 Φ_1、Φ_2 和穿出该闭合面的磁通 Φ_3,取进入的方向为正、穿出的方向为负,则

$$\Phi_1 + \Phi_2 - \Phi_3 = 0$$

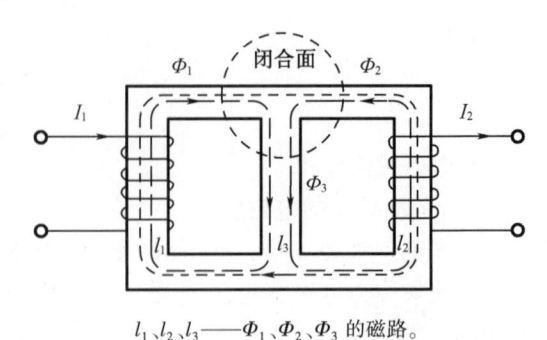

图 1-2-5 磁路的基尔霍夫定律

l_1、l_2、l_3——Φ_1、Φ_2、Φ_3 的磁路。

6. 磁路的基尔霍夫第二定律

任一闭合磁路,各磁势的代数和等于各段磁位降的代数和,这就是磁路的基尔霍夫第二定律。应用该定律时与应用电路基尔霍夫电压定律类似,需要选一参考绕行方向,当磁通的参考方向与绕行方向一致时磁压降取正号,否则取负号;线圈中电流方向与绕行方向符合右手螺旋定则时取正号,反之取负号。即

$$\sum NI = \sum HL \qquad (1\text{-}2\text{-}11)$$

例 1-2-3 图 1-2-6 中的磁路由两块铸钢铁芯及它们之间的一段空气隙构成。各部分尺寸为:$l_0/2 = 0.5$ cm,$l_1 = 30$ cm,$l_2 = 12$ cm,空气隙截面积 $A_0 = A_1 = 10$ cm²,$A_2 = 8$ cm²。线圈中的电流为直流电流 I。要求在空气隙处的磁感应强度 $B_0 = 1$ T。求:

(1)磁路中的磁通。
(2)各段磁路的磁感应强度。
(3)各段磁路的磁场强度。

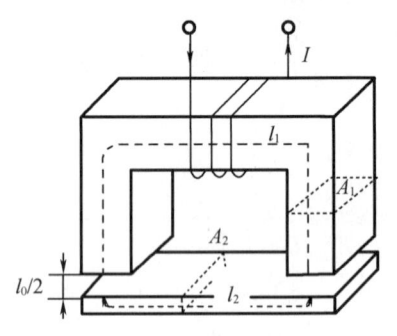

图 1-2-6 磁路的计算

解 (1)磁路中的磁通为

$$\Phi = B_0 A_0 = 1 \times 0.001 = 0.001 \text{ Wb}$$

(2)各段磁路的磁感应强度为

$$B_0 = 1 \text{ T}$$

$$B_1 = \frac{\Phi}{A_1} = \frac{0.001}{0.001} = 1 \text{ T}$$

$$B_2 = \frac{\Phi}{A_2} = \frac{0.001}{0.0008} = 1.25 \text{ T}$$

(3)各段磁路的磁场强度为
对于空气隙:

$$H_0 = \frac{B_0}{\mu_0} = \frac{1}{4\pi \times 10^{-7}} = 796\,000 \text{ A/m}$$

由于铸钢铁芯的磁化曲线并非线性,因此需根据磁感应强度查阅图 1-1-3,可得

$$H_1 = 9.2 \text{ A/cm}$$
$$H_2 = 14 \text{ A/cm}$$

1.2.3 变压器的基本原理

变压器是以磁场为媒介,通过电磁感应作用,将一种电压等级的交流电转换成同频率的另一种电压等级的交流电的电气设备。理想变压器的工作原理图如图 1-2-7 所示。一次侧施加交流电压 U_1,产生流过一次绕组的电流 I_1,该电流在铁芯中会产生交变磁通 Φ,一次绕组和二次绕组通过磁通 Φ 产生磁的联系。根据电磁感应原理,交变磁通穿过原边和副边两个绕组时就会感应出电动势(e_1、e_2),其大小与绕组匝数、主磁通的最大值成正比,匝数多的一侧感应电动势大,匝数少的一侧感应电动势小,由此实现变压。(二次绕组相应各物理量下标和。)

$$U_1 = e_1 = -N_1 \frac{d\Phi}{dt}$$
$$U_2 = e_2 = -N_2 \frac{d\Phi}{dt}$$

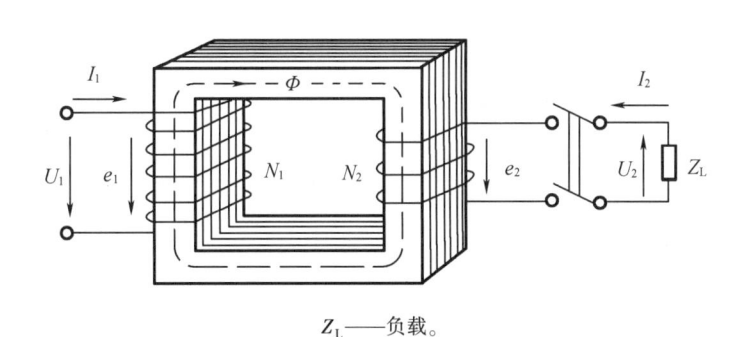

Z_L——负载。

图 1-2-7 理想变压器的工作原理图

在实际应用中,对于变压器的工作原理,需根据变压器的空载和带载两种不同工作状态分别进行分析。由于变压器在工作中,电压、电流、磁通及电动势的大小和方向都随时间在不断地变化,为了能正确表达它们之间的关系,必须规定它们的参考方向。参考方向原则上可以任意规定,但为统一起见,习惯上都按照电工惯例来规定参考方向,即

- 在同一支路中,电压的参考方向和电流的参考方向一致。
- 磁通的参考方向和电流的参考方向符合右手螺旋定则。
- 由交变磁通 Φ 产生的感应电动势 e,其参考方向与产生该磁通的电流方向一致。

1. 变压器空载状态分析

变压器一次绕组接额定交流电压,而二次绕组开路,即 $\dot{I}_2 = 0$ A 的工作方式,称为变压器的空载运行(图 1-2-8)。

(1)变压器空载运行时的电与磁转化过程

当变压器空载运行时,一次侧外加交流电压 $\dot{U}_1$ 时,一次绕组中产生电流 $\dot{I}_0$,通常将 $\dot{I}_0$ 称为一次侧空载电流。$\dot{I}_0$ 在一次绕组中产生交变磁势 $\dot{F}_0 = \dot{I}_0 N$,$\dot{F}_0$ 在铁芯中产生交变

磁通。其中一部分通过铁芯磁路的磁通，称为主磁通 Φ，其他通过空气等非磁性物质传播的磁通，称为漏磁通 $\Phi_{\sigma 1}$，$\Phi_{\sigma 1}$ 在总磁通中只占很小的一部分，即 $\Phi \gg \Phi_{\sigma 1}$。主磁通在一、二次侧分别感应出感应电动势 e_1 和 e_2，漏磁通感应出电动势 $e_{\sigma 1}$，同时由于一次绕组内阻的存在，一次侧上还会产生压降 $\dot{I}_0 r_1$（r_1 为一次绕组的电阻）。

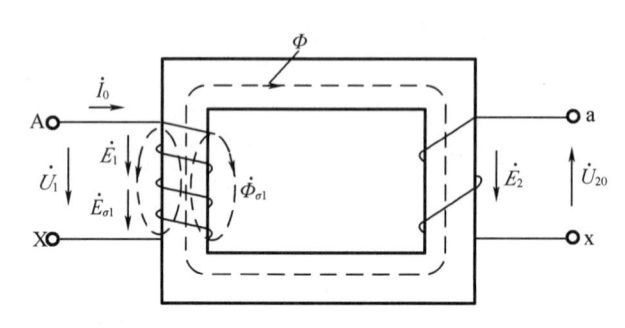

$\dot{U}_{20}$——二次侧空载电压。

图 1-2-8　变压器空载运行模型图

变压器空载运行时电与磁的关系表示如下：

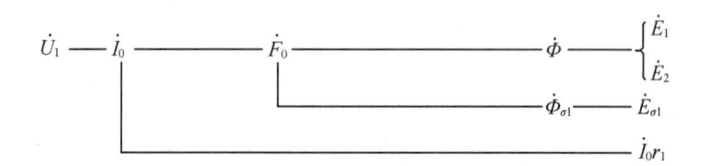

（2）变压器空载运行时的电动势与电压变比

变压器主磁通 Φ 同时穿过一、二次绕组，在一次侧和二次侧产生感应电动势 e_1 和 e_2。实际变压器在工作时，其主磁通按正弦规律变化，若假设其初始相位为零，即 $\Phi = \Phi_m \sin(\omega t)$，则原边感应电动势瞬时值为

$$e_1 = -N_1 \frac{\mathrm{d}\Phi}{\mathrm{d}t}$$

则

$$\begin{aligned} e_1 &= -N_1 \frac{\mathrm{d}}{\mathrm{d}t}[\Phi_m \sin(\omega t)] \\ &= -\omega N_1 \Phi_m \cos(\omega t) \\ &= -2\pi f N_1 \Phi_m \sin(\omega t - 90°) \\ &= E_{1m} \sin(\omega t - 90°) \end{aligned} \quad (1\text{-}2\text{-}12\mathrm{a})$$

同理可得二次侧感应电动势为

$$e_2 = E_{2m} \sin(\omega t - 90°) \quad (1\text{-}2\text{-}12\mathrm{b})$$

由此可见，当主磁通按正弦规律变化时，感应电动势也按正弦规律变化，只是感应电动势的相位比磁通滞后 90°。

结合式(1-2-12)可得原边和副边感应电动势有效值分别为

$$E_1 = \frac{E_{1m}}{\sqrt{2}} = \frac{2\pi N_1 f \Phi_m}{\sqrt{2}} = 4.44 N_1 f \Phi_m \qquad (1\text{-}2\text{-}13a)$$

$$E_2 = \frac{E_{2m}}{\sqrt{2}} = \frac{2\pi N_2 f \Phi_m}{\sqrt{2}} = 4.44 N_2 f \Phi_m \qquad (1\text{-}2\text{-}13b)$$

用相量表示主电动势为

$$\dot{E}_1 = -j4.44 f N_1 \Phi_m$$

$$\dot{E}_2 = -j4.44 f N_2 \Phi_m$$

相除得

$$\frac{E_1}{E_2} = \frac{N_1}{N_2} \qquad (1\text{-}2\text{-}14)$$

式(1-2-12)~式(1-2-14)中,下标 m 表示最大值;f 为电源频率;N 为绕组匝数。

由于空载时,电流 $\dot{I}_0$ 很小,分析时可不计一次绕组中的电阻 r_1 产生的压降及铁芯损耗,故

$$U_1 \approx E_1$$

同时空载时,二次绕组开路,故

$$U_2 = E_2$$

$$\frac{U_1}{U_2} \approx \frac{E_1}{E_2} = \frac{N_1}{N_2} = k \qquad (1\text{-}2\text{-}15)$$

式中 k——变压器的变比,是变压器中最重要的参数之一。当 $k>1$ 时,变压器是降压变压器;当 $k<1$ 时,变压器是升压变压器。因此,只要改变一次、二次绕组的匝数比 k,便可达到变换输出电压 U_2 或 I_2 大小的目的。

例 1-2-4 一台 180 kV·A 的铝线变压器,已知 $U_{1N}/U_{2N} = 10\ 000/400$ V,Yyn 接线,铁芯截面积 $S_{Fe} = 160\ cm^2$,铁芯中最大磁通密度 $B_m = 1.445$ T,试求变压器变比及一次和二次侧绕组匝数。

解 变压器变比为

$$k = \frac{U_1}{U_2} = \frac{10\ 000/\sqrt{3}}{400/\sqrt{3}} = 25$$

铁芯中磁通为

$$\Phi_m = B_m S_{Fe} = 1.445 \times 160 \times 10^{-4} = 231 \times 10^{-4}\ \text{Wb}$$

高压绕组匝数为

$$N_1 = \frac{U_1}{4.44 f \Phi_m} = \frac{10\ 000}{\sqrt{3} \times 4.44 \times 50 \times 231 \times 10^{-4}} = 1\ 125\ \text{匝}$$

低压绕组匝数为

$$N_2 = \frac{N_1}{k} = \frac{1\ 125}{25} = 45\ \text{匝}$$

(3)变压器空载运行时的电流

通过分析变压器空载运行时一次绕组中的空载电流 $\dot{I}_0$ 可以发现,$\dot{I}_0$ 中的绝大部分用

来产生主磁通,这部分电流属于无功性质,通常用励磁电流 $\dot{I}_r$ 来表示;另有很少部分用来供变压器产生铁芯损耗(如涡流损耗),这部分电流属于有功性质,用铁损分量 $\dot{I}_a$ 表示。所以空载电流 $\dot{I}_0$ 是由相位角相差90°的无功分量和有功分量两部分组成的,即

$$\dot{I}_0 = \dot{I}_a + \dot{I}_r$$

或

$$I_0 = \sqrt{I_a + I_r} \tag{1-2-16}$$

励磁电流 $\dot{I}_r$ 与其产生的主磁通同相位,铁损分量 $\dot{I}_a$ 与 $-E_1$ 同相位,这时空载电流 $\dot{I}_0$ 将超前主磁通一个相位角 α,这个角度通常称为铁损角。由于空载电流中无功分量远远大于有功分量,所以空载电流主要是感性无功性质的,它使电网的功率因数降低,输送有功功率减小,因此,变压器运行规程规定,不允许变压器长期在电网中空载运行。由于 $\dot{I}_a \ll \dot{I}_r$,所以 $\dot{I}_0 \approx \dot{I}_r$,因此常常称空载电流 $\dot{I}_0$ 为励磁电流。

(4)变压器空载运行时的电势平衡方程

实际变压器在空载运行时,其一次绕组有内阻 r_1,空载电流流过它时要产生电压降 $\dot{I}_0 r_1$,它和感应电动势 $\dot{E}_1$、漏磁电动势 $\dot{E}_{\sigma 1}$ 一起为电源电压 U_1 所平衡。

根据图1-2-8利用基尔霍夫电压定律,可列写出一次侧电势平衡方程为

$$\dot{U}_1 = -\dot{E}_1 - \dot{E}_{\sigma 1} + \dot{I}_0 r_1 \tag{1-2-17}$$

由电感的定义,一次绕组的漏感可以表示为

$$L_{\sigma 1} = \frac{N\Phi_{\sigma 1}}{I_0} = \frac{N\Phi_{\sigma 1m}}{\sqrt{2} I_0}$$

则

$$e_{\sigma 1} = -N_1 \frac{d\Phi_{\sigma 1}}{dt} = -\omega N_1 \Phi_{\sigma 1m} \cos(\omega t) = -\omega L_{\sigma 1} \sin(\omega t - 90°)$$

其相量表示形式为

$$\dot{E}_{\sigma 1} = -j\omega L_{\sigma 1} \dot{I}_0 = -jX_{\sigma 1} \dot{I}_0$$

式中 $X_{\sigma 1}$——一次侧漏电抗。

可得一次侧电压平衡方程如下:

$$\dot{U}_1 = -\dot{E}_1 + jX_{\sigma 1} \dot{I}_0 + \dot{I}_0 r_1 = -\dot{E}_1 + \dot{Z}_{\sigma 1} \dot{I}_0$$

式中 $\dot{Z}_{\sigma 1}$——变压器的漏阻抗,$\dot{Z}_{\sigma 1} = r_1 + jX_{\sigma 1}$。

在工程应用中,由于 r_1、$X_{\sigma 1}$ 均很小,而且空载电流 $\dot{I}_0$ 往往只有额定电流的2%~10%,因此对于电力变压器,空载时原边绕组的漏阻抗压降很小,一般不超过一次侧额定电压的0.2%。同时可以获得一个重要的结论:漏电抗与变压器原边匝数和几何尺寸相关。对于一台成品变压器,其漏电抗是定值,这通常是变压器的一个重要参数。

在二次绕组中,由于 $I_2 = 0$ A,因此感应电动势 E_2 等于空载电压 U_2,即

$$\dot{U}_2 = \dot{E}_2 \text{ 或 } U_2 = E_2$$

(5)变压器空载运行时的相量图及等效电路

根据前面分析,可画出变压器空载运行时的相量图(图1-2-9),由图可以直观看出变

压器空载运行时电压、电流、磁通之间的关系。画图时以主磁通 $\dot{\Phi}$ 为参考量,$\dot{E}_1$、$\dot{E}_2$ 滞后于主磁通 90°。$\dot{I}_r$ 与主磁通同相位,$\dot{I}_a$ 垂直于 $\dot{I}_r$ 并与 $-\dot{E}_1$ 同相位,$\dot{I}_r$ 与 $\dot{I}_a$ 的相量和为 $\dot{I}_0$,$-\dot{E}_1$ 加上与 $\dot{I}_0$ 平行的 $\dot{I}_0 r_1$ 和与 $\dot{I}_0$ 垂直的 $jX_{\sigma 1}\dot{I}_0$ 得 $\dot{U}_1$,$\dot{U}_1$ 与 $\dot{I}_0$ 之间的相位角差 φ_0 称为变压器空载时的功率因数角。变压器空载时,相位角接近 90°,变压器功率因数常用功率因数角的余弦表示,即 $\cos\varphi_0$ 近似等于零,由此变压器一般不允许空载运行。

在带变压器的电路分析过程中,常需要将变压器等效为一个实际电路,这样就容易将一个磁电转换装置转化成一个纯电路进行分析。结合前面分析得到的变压器电压平衡方程式 $\dot{U}_1 = -\dot{E}_1 + jX_{\sigma 1}\dot{I}_0 + \dot{I}_0 r_1 = -\dot{E}_1 + \dot{Z}_{\sigma 1}\dot{I}_0$,其中 $jX_{\sigma 1}\dot{I}_0 + \dot{I}_0 r_1$ 称为漏电抗压降,那么也可以将 $-\dot{E}_1$ 构造成一个类似的表达式:

$$-\dot{E}_1 = jX_m \dot{I}_0 + I_0 r_m = \dot{Z}_m \dot{I}_0$$

式中　　$\dot{Z}_m$——变压器的励磁阻抗;
　　　　r_m——变压器的励磁电阻;
　　　　X_m——变压器的励磁电抗。

于是,变压器的电势平衡方程可以表示为

$$\dot{U}_1 = jX_m \dot{I}_0 + r_m \dot{I}_0 + jX_{\sigma 1}\dot{I}_0 + \dot{I}_0 r_1 \qquad (1\text{-}2\text{-}18)$$

故变压器在空载时,可以看作两个阻抗电路串联(图 1-2-10)。因此,在进行变压器电路分析时,如果变压器处于空载状态,可以直接引用该等效电路。

r'_m——等效的励磁电阻;X_m——等效的励磁电抗。

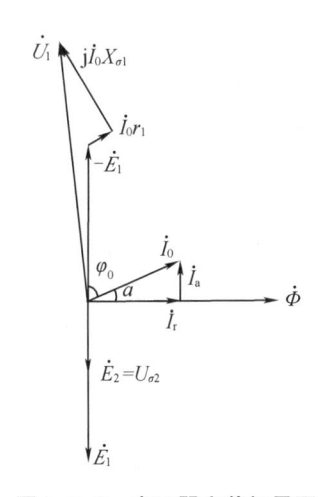

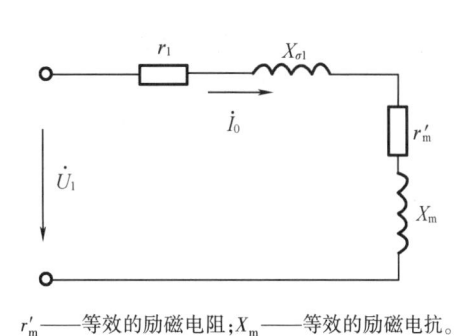

图 1-2-9　变压器空载相量图　　　图 1-2-10　变压器空载等效电路图

2. 变压器带负载运行

变压器一次绕组接入额定交流电源,二次绕组接入负载的运行方式称为变压器的负载运行,如图 1-2-11 所示。下面分别从变压器负载工作时的磁和电两方面进行分析。

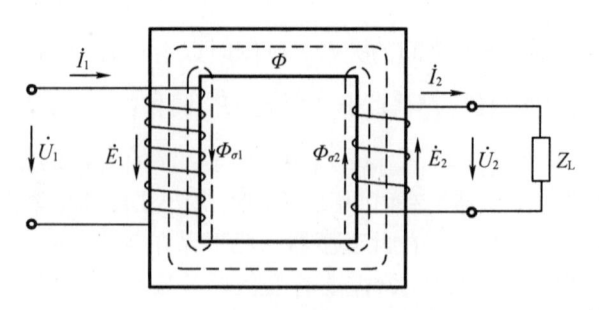

图 1-2-11 变压器负载运行原理图

(1) 负载状态的电磁过程

当二次绕组接上负载以后，便通过负载形成闭合回路，产生电流 $\dot{I}_2$，并产生磁势 $\dot{I}_2 N_2$。它也作用在变压器的主磁路上，从而改变原来的磁势平衡。这时一次绕组中的电流由 $\dot{I}_0$ 增加为 $\dot{I}_1$，以抵消二次绕组电流产生的磁势的影响，此时磁势从空载状态的 $\dot{I}_0 N_1$ 转变成 $\dot{I}_1 N_1$，负载时的主磁通由一次和二次侧的合成磁势共同决定。负载时的电磁关系如图 1-2-12 所示。

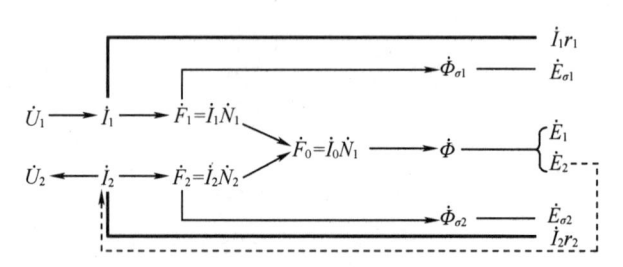

图 1-2-12 负载时的电磁关系

(2) 磁势平衡方程和变压器变比

变压器从空载到满载的过程中，当电源电压和频率不变时，可以认为主磁通和磁势基本不变，则负载状态磁势平衡方程为

$$\dot{F}_1 + \dot{F}_2 = \dot{F}_0$$

即

$$\dot{I}_1 N_1 + \dot{I}_2 N_2 = \dot{I}_0 N_0$$

简后得

$$\dot{I}_1 = \dot{I}_0 + \left(-\frac{N_2}{N_1}\dot{I}_2\right) = \dot{I}_0 + \left(-\frac{\dot{I}_2}{K}\right) \tag{1-2-19}$$

通常变压器空载运行时 $\dot{I}_0$ 很小，因此由式(1-2-19)可以得到

$$\dot{I}_1 \approx -\frac{N_2}{N_1}\dot{I}_2 \tag{1-2-20}$$

式(1-2-20)中的负号表明 I_1 和 I_2 在相位上相差 180°，二者比值为

$$\frac{I_1}{I_2} \approx \frac{N_2}{N_1} \tag{1-2-21}$$

结合前文,可以得到

$$\frac{U_1}{U_2} \approx \frac{I_2}{I_1} \approx \frac{N_1}{N_2} = k \quad (1-2-22)$$

以上分析说明,变压器负载运行时,通过磁势平衡可使一、二次侧的电流紧密地联系在一起,二次侧通过磁势平衡对一次侧产生影响,二次侧电流的改变必将引起一次侧电流的改变,电能就是这样从一次侧传到了二次侧的。由式(1-2-22)可见,普通变压器在带负载工作时,其原副边的匝数比也等于其电压比,故在通常计算中,无论变压器是空载状态还是负载状态,变压器的变比公式均适用。另外,变压器的高压侧绕组匝数多,通过的电流小,因此绕组所用的导线较细;低压侧绕组匝数少,通过的电流大,所用的导线较粗。

(3)电动势平衡方程

变压器负载运行时,一次绕组的电动势平衡方程为

$$\dot{U}_1 = -\dot{E}_1 + jX_{\sigma 1}\dot{I}_1 + \dot{I}_1 r_1 = -\dot{E}_1 + Z_{\sigma 1}\dot{I}_1 \quad (1-2-23)$$

式中　$Z_{\sigma 1}$——一次绕组中的漏阻抗,$Z_{\sigma 1} = r_1 + jX_{\sigma 1}$;
　　　r_1、$X_{\sigma 1}$——一次绕组中的电阻和漏电抗。

同样,二次绕组中也有电阻 r_1 存在,同时二次绕组中也存在漏磁通 $\varPhi_{\sigma 2}$,如图 1-2-11 所示。二次绕组中的电动势平衡方程为

$$\dot{U}_2 = \dot{E}_2 + \dot{E}_{\sigma 2} - \dot{I}_2 r_2 = \dot{E}_2 - (r_2 + jX_{\sigma 2})\dot{I}_2 = \dot{E}_2 - Z_{\sigma 2}\dot{I}_2 \quad (1-2-24)$$

式中　$Z_{\sigma 2}$——二次绕组中的漏阻抗 $Z_{\sigma 2} = r_2 + jX_{\sigma 2}$;
　　　r_2、$X_{\sigma 2}$——二次绕组中的电阻和漏电抗。

$$\dot{U}_2 = \dot{I}_2 Z_L$$

式中　Z_L——负载阻抗,$Z_L = R_L + jX_L$。

(4)变压器绕组折算和等效电路

变压器负载时,二次侧电流不为零,为了得到一次绕组和二次绕组间有电联系的等效电路,需要引入"绕组折算"的概念。

在变压器中,通常把二次侧折算到一次侧,用一个与一次绕组匝数相等的假想二次绕组来代替实际的二次绕组,且不改变变压器原有的电磁关系,即折算应遵循"等效"的原则。习惯上在原物理量的右上角加"′"来表示折算后的物理量。

在进行电流的折算时,二次绕组对一次绕组的影响是由磁势的作用而产生的,折算前后应保证二次绕组的磁势不变,则

$$N_1 \dot{I}_2' = N_2 \dot{I}_2$$

故

$$\dot{I}_2' = \frac{N_2}{N_1}\dot{I}_2 = \frac{1}{k}\dot{I}_2$$

折算后的二次侧电动势为

$$\dot{E}_2' = k\dot{E}_2$$

根据变压器的折算前后有功功率、无功功率不变的特点,可以获得折算后的阻抗为

$$\begin{cases} Z_L' = k^2 Z_L \\ r_L' = k^2 r_L \\ x_L' = k^2 x_L \end{cases} \quad (1-2-25)$$

由折算后的基本方程,可画出变压器的T形等效电路,如图1-2-13所示。T形等效电路运算较麻烦,在工程计算中往往忽略激磁电流$\dot{I}_m$,则可以将其简化成如1-2-14所示的等效电路,就可满足实际要求。图1-2-13中,$r_k=r_1+r'_L$,称为短路阻抗;$x_k=x_{\sigma 1}+x'_{\sigma 2}$,称为短路电抗;$Z_k=r_k+jx_k$,称为变压器的短路阻抗,在变压器正常工作时,通常希望其越小越好。

注:本部分关于磁通和电压之间的相量图,读者可以仿照前面关于空载的分析自行绘制。

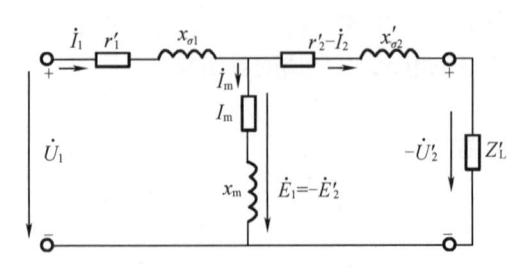

图1-2-13 T形等效电路

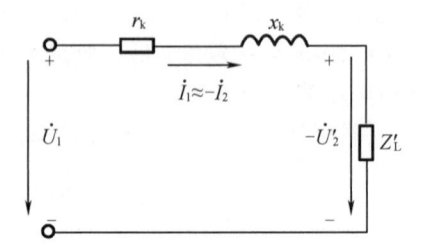

图1-2-14 简化的T形等效电路

(5) 变压器的阻抗变换应用

除了上述主要的变电压、变电流的作用外,变压器在电子电路中常用来实现阻抗变换。当变压器的二次绕组接有阻抗为Z_L的负载后,如果一、二次绕组的漏阻抗可以忽略不计,则

$$Z_L = \frac{U_2}{I_2} = \frac{\frac{N_2}{N_1}U_1}{\frac{N_1}{N_2}I_1} = \left(\frac{N_2}{N_1}\right)^2 \frac{U_1}{I_1} = \frac{1}{k^2} \cdot Z'_L \tag{1-2-26}$$

可见,负载通过变压器接电源时,相当于阻抗增加到Z_L的k^2倍。在电子技术中,经常利用变压器这一阻抗变换作用来实现"阻抗匹配"。

例1-2-5 一只电阻为8 Ω的扬声器,需要把电阻提高到800 Ω才可以接到半导体收音机的输出端,问:应该利用变比为多大的变压器才能实现这一阻抗匹配?

解 由式(1-2-26)可得

$$Z_L = \frac{1}{k^2}Z'_L$$

$$k = \sqrt{\frac{Z'_L}{Z_L}} = \sqrt{\frac{800}{8}} = 10$$

【随堂练习】

选择题

(1) 自耦变压器不能作为安全电源变压器使用的原因是(　　)。

A. 一次侧与二次侧有磁的联系

B. 一次侧与二次侧有电的联系

C. 自耦变压器的变压比太小

D. 自耦变压器公共绕组太少

(2)下面关于自耦变压器的说法中,不正确的是(　　)。
A. 自耦变压器一定有两个或两个以上的线圈
B. 自耦变压器只有一个线圈
C. 自耦变压器既可升压也可降压
D. 自耦变压器的缺点是使用时不够安全

(3)为了防止电压互感器高压侧串入低压侧危害人员和仪表,应将二次侧(　　)。
A. 接地　　　　　　　　　　B. 屏蔽
C. 设围栏加防保罩　　　　　D. 加防保罩

(4)如果电压互感器高压侧和低压侧的额定电压分别是60 000 V和100 V,则该互感器的互感比为(　　)。
A. 600/1　　B. 1/600　　C. 600/3　　D. 3/600

(5)电压互感器将系统的高电压变为(　　)V的标准低电压。
A. 100　　B. 50　　C. 36　　D. 220

(6)当变压器带纯阻性负载时,其外特性曲线是(　　)的。
A. 上升很快　　　　　　　　B. 稍有上升
C. 下降很快　　　　　　　　D. 稍有下降

(7)当变压器的铜损(　　)铁损时,变压器的效率最高。
A. 小于　　B. 等于　　C. 大于　　D. 正比于

(8)一般变压器的效率很高,通常在(　　)以上。
A. 80%　　B. 85%　　C. 90%　　D. 95%

(9)变压器的效率是变压器的(　　)的百分比。
A. 输出有功功率与输入有功功率
B. 输入有功功率与输出有功功率
C. 铁损与铜损
D. 铜损与铁损

(10)变压器的基本作用是在交流电路中变电压、变电流、变阻抗、(　　)和电气隔离。
A. 变频率　　B. 变磁通　　C. 变相位　　D. 变功率

(11)变压器原、副边的电流(　　)。
A. 与匝数成反比　B. 与匝数成正比　C. 与电压成正比　D. 与容量成反比

(12)变压器是一种(　　)的电气设备,它利用电磁感应原理将一种电压等级的交流电转变成同频率的另一种电压等级的交流电。
A. 滚动　　B. 运动　　C. 旋转　　D. 静止

(13)当交流电源电压加到变压器一次绕组后,就有交流电流通过该绕组,在铁芯中产生交变磁通,这个交变磁通(　　),两个绕组分别产生感应电动势。
A. 只穿过一次绕组
B. 只穿过二次绕组
C. 有时穿过一次绕组,有时穿过二次绕组
D. 不仅穿过一次绕组,同时也穿过二次绕组

(14)变压器一、二次侧感应电动势之比(　　)一、二次绕组匝数之比。
A. 大于　　　　B. 小于　　　　C. 等于　　　　D. 无关

【任务实施】

1. 准备的主要工具

绕线机、裁纸刀、橡皮锤、烘箱、浸漆容器、万用表、兆欧表、放线架、游标尺、线包骨架、钳子、剪刀、锉刀、榔头、台虎钳、电烙铁、烙铁架。

2. 所需材料

(1)导线:一般采用 QZ 聚酯漆包圆铜线。

(2)电话纸:用于层间绝缘。

(3)玻璃漆布:用于绕组间绝缘。

(4)绝缘纸:用于绕组外层绝缘。

(5)弹性纸:用于制作绕线骨架。

3. 组织步骤

(1)分组、布置团队工作任务。

(2)以小组为单位,分别收集、整理解决方案的资料,讨论并确定工作计划。

(3)以小组为单位,利用工具材料完成一给定小型干式变压器的制作。

(4)按照职业标准进行检查,小组讨论并总结工作完成过程中较好的部分和存在的不足。

(5)组织学生进行自评和互评,教师对学生进行评价。

4. 操作步骤与工艺要求

(1)制作绕线骨架

一般选用绝缘纸板制作无框纸质骨架,纸板厚度 τ 根据变压器的容量选取,一般为 $0.5 \sim 1.5$ mm。绝缘纸板的高度 h' 按照图 1-2-15 所示的木芯高度 h 选取;长度 L 按木芯截面的长度 a 和宽度 b 计算(分别记为 a'、b')。即

$$L = 3a' + 2b' + 4\tau$$

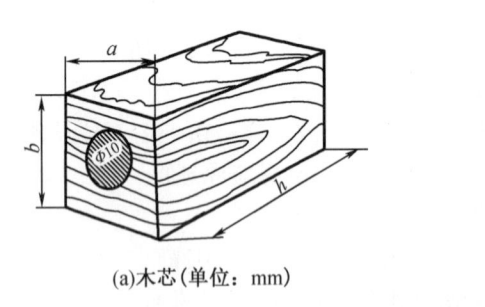

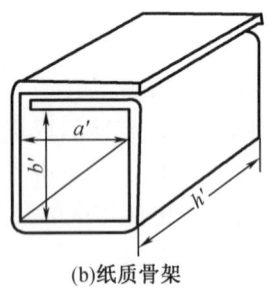

(a)木芯(单位:mm)　　(b)纸质骨架

图 1-2-15　制作无框纸质骨架

(2)用千分尺测量给定干式变压器导线直径,并记录圈数

应注意,测量一定要准确,否则绕制时线径大了,绕组的尺寸必然增大,组装时铁芯窗口将放不进绕组;线径小了,会影响变压器的电气性能,如发热、负载能力变小等。

(3)绕线

先将木芯套入骨架,然后把木芯中心孔穿入绕线机轴,计数器指针对零(图 1-2-16)。在骨架上垫上一层绝缘纸。紧固绕组的线头:如图 1-2-17(a)所示,起绕时在导线引出头

项目1 变压器的拆装与检测

压入一条绝缘带的折条,绕过7~8圈后,抽紧折条,这样往后绕时,前面已绕好的线就不会松散。紧固绕组的线尾:如图1-2-17(b)所示,离绕组绕制结束还差7~8圈时,放上一条绝缘带的折条,压住折条继续绕至结束,将线尾插入折条折缝中,抽紧折条,线尾就固定住了。

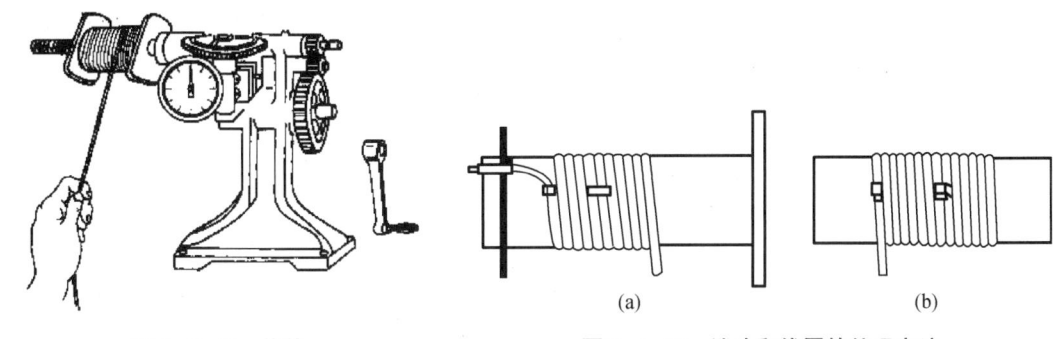

图 1-2-16 绕线　　　　　图 1-2-17 端头和线尾的处理方法

绕组的绕制顺序:先绕一次绕组,然后依次是静电屏蔽层,再绕二次各电压等级绕组,各绕组间都要垫衬绝缘,绕组间的绝缘强度要求高于层间绝缘强度,一般必须用一层绝缘纸再加上一层绝缘布。

在绕线时,导线的起点不可过于靠近绕线芯子的边缘,以免导线滑出。用左手将导线拉向绕线前进的相反方向5°左右;用右手顺时针匀速摇动绕线机手柄,并使拉线的手顺绕线前进方向缓缓移动,以始终保持5°左右的角度,这样导线就容易排列整齐。

绕组绕制好后,外层用电工纸箔包裹两层,并用胶水粘牢,以起绝缘及保护作用,引出线一般用多股软线焊接后引出,焊接处用绝缘套管封闭。

(4)浸漆

将绕组放置于烘箱中,加温至70~80 ℃,预热12 h左右,取出后立即浸入绝缘清漆中约20 min,然后取出并放通风处滴干,再放入烘箱中加热至80 ℃左右,烘24 h后取出即可。

(5)铁芯组装(图1-2-18)

插片应先插"山"字形片(图1-2-18(b)),在绕组两侧一片一片地交叉对插。当插到铁芯厚度的中部时,则要两片两片对插。在最后插片时用螺钉旋具撬开缝隙,插入片头(条形片),用木槌轻轻敲入。一般插完"山"形片再插条形片。插片完毕后,把变压器放在平板上,用木槌将硅钢片敲打整齐,然后用夹板和螺栓紧固铁芯。

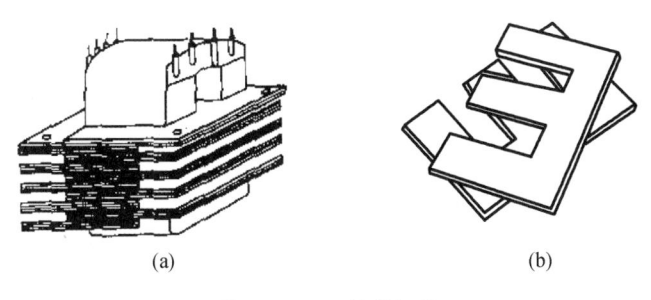

图 1-2-18 铁芯组装

(6)测试并记录

用绝缘电阻表测量各绕组之间的电阻及它们对铁芯的绝缘电阻,绝缘电阻应不低于 1 MΩ。再将交流电流表串接到变压器一次电路中,令电阻二次绕组开路,给一次绕组加额定电压,此时的空载电流不应大于额定电流的 10%。最后给变压器一次绕组加额定电压,令二次绕组空载,用万用表交流电压挡分别测量各绕组电压,通常应在额定电压的 5%~10% 范围内。要求空载测试时应无异常噪声。满足以上要求,可以确定变压器制作符合要求。

5. 记录操作要点

将操作要点记于表 1-2-2 中。

表 1-2-2　小型变压器制作记录

步骤	内容	工艺要点
1	操作前材料准备记录	1. 引出线:原绕组_____根,规格_____;副绕组_____根,规格_____。 2. 电磁线线径:原绕组 φ_____ mm,副绕组 I φ_____ mm,副绕组 II φ_____ mm。 3. 层间绝缘材料:材料种类_____,厚度_____ mm,下料尺寸为长_____ mm×宽_____ mm。 4. 静电屏蔽层:材料种类_____,厚度_____ mm,下料尺寸为长_____ mm×宽_____。 5. 硅钢片:规格型号_____,厚度_____ mm,大体片数_____
2	线包绕制	1. 绕制方法_____。 2. 原边绕组绕制数据:每层平均_____匝,绕制层数_____层,总匝数_____匝。 3. 副边绕组绕制数据 　I:每层平均_____匝,层数_____层,总匝数_____匝。 　II:每层平均_____匝,层数_____层,总匝数_____匝。 　……
3	铁芯装配	1. 插片方法:_____。 2. 共用片数:_____。
4	初步检测	1. 直流电阻:原边_____Ω,副边 I_____Ω,副边 II_____Ω,…… 2. 绝缘电阻:原边与副边 I 间_____MΩ,原边与副边 II 间_____MΩ,原边与地间_____MΩ,副边 I 与地间_____MΩ,副边 II 与地间_____MΩ,…… 3. 空载损耗功率 Δp =_____V·A。 4. 空载电流:_____A。额定输出电压:U_{21} =_____V,空载电压 U_{2N} =_____V,…… 5. 电压调整率 ΔU =_____。 6. 耐压:_____kV。 7. 温计 ΔT =_____℃。

训练所用时间:　　　　　　参加训练者:(签字)　　　　　　年　月　日

6. 成绩评定(参照表 1-1-2)

任务1.3 变压器故障测试与排除

【任务描述】

随着技术的发展,船舶上电气设备增加,船舶电力变压器在船舶上的作用日益突出,变压器的稳定运行关系到船舶航行安全。在实际运行中,变压器存在一些常见的故障,严重影响其正常使用,如变压器引线部分故障、线圈故障、绝缘下降、铁芯故障等。本任务是对一台小型干式变压器的故障进行测试和排除,通过实训对变压器的各种故障的现象和解决方法进行归纳和总结,使我们在变压器出现故障的时候,能够快速判断并准确排除故障,从而保障船舶电力系统的安全稳定运行。

分析变压器时需要知道其参数,在设计变压器时,可根据所用材料、结构尺寸等数据算出其参数。在变压器的应用过程中,也可以通过空载实验和短路实验测出前述变压器等效电路中的各种电阻、电抗或阻抗,以及变比 k 等参数。这些参数对变压器运行有直接影响。此外,合理地选择参数对变压器产品的成本和技术经济性能也有较大的影响。

1.3.1 单相变压器参数的测试

1. 变压器空载实验

变压器的空载实验又称为开路实验,单相变压器空载实验接线如图1-3-1所示。为了测量安全,实验在低压侧进行。在低压侧施加额定电压,将高压侧作为二次绕组,令输出端开路。

空载实验通过测量空载电流 I_0,一、二次侧电压 U_1、U_2 及空载功率(损耗)P_0,来求取变压器的励磁电阻 r_m、励磁电抗 X_m、励磁阻抗的模 $|Z_m|$ 及变压器变比 k。

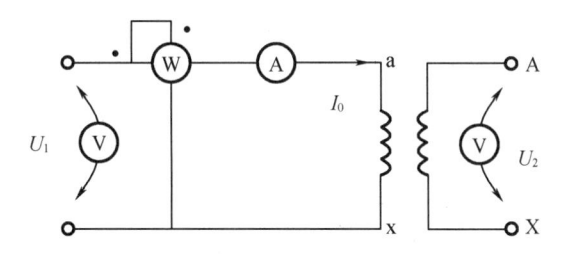

图1-3-1 单相变压器空载实验接线图

(1)变压器空载铁损(P_{Fe})

空载实验通过功率表测得的功率 P_0 包括两部分:空载铜损和铁损。其中,空载铜损是图1-3-1中一次侧线圈内阻的功率损耗,而空载运行时,一次侧空载电流 I_0 很小,一次绕组的铜损也很小;二次侧 $I_2=0$ A,二次绕组没有铜损。因此空载铜损往往可以忽略,近似认为空载实验测得的功率 P_0 等于铁损 P_{Fe},即

$$P_{Fe}=P_0 \tag{1-3-1}$$

(2) 励磁电阻(r_m)

根据测得的 P_0 及 I_0,以及前述的等效关系,可通过式(1-3-2)求出励磁电阻。

$$P_{Fe} = I_0^2 r_m = P_0$$

$$r_m = \frac{P_0}{I_0^2} \tag{1-3-2}$$

(3) 励磁阻抗的模($|Z_m|$)

由空载变压器等效电路图可知,等效电路的复阻抗为

$$Z = Z_1 + Z_m \tag{1-3-3}$$

由于 $Z_1 \ll Z_m$,所以式(1-3-3)可以写成

$$Z_m = Z$$

即

$$|Z| = |Z_m| = \frac{U_1}{I_0} \tag{1-3-4}$$

(4) 励磁电抗(X_m)

$$X_m = \sqrt{(|Z|)^2 - r_m^2} \tag{1-3-5}$$

(5) 变压器变比(k)

利用所测的两侧电压数据可求得变压器变比为

$$k = \frac{U_2}{U_1}$$

需要注意的是,由于空载实验是在低压侧进行的,所以测得的励磁参数是低压侧的,如果该变压器是一台降压变压器,低压侧是变压器的二次侧,则需要对上述数据进行折算,折算的方法是将上述参数乘以 k^2。

2. 变压器短路实验

对应于前述变压器负载运行时的等效电路,要测得变压器短路阻抗 Z_k、r_k、X_k 等参数,需通过变压器短路实验。短路实验通常是在高压侧加电压,令低压侧短路,接线方式如图1-3-2所示。短路实验测得的数据有一次绕组电压 U_k、电流 I_k 和功率 P_k。

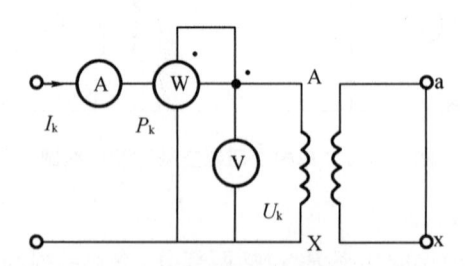

图 1-3-2 变压器短路实验接线图

由于二次侧处于短路状态,一次侧施加电压比额定电压低得多,因此主磁通很小,此时铁损远低于正常运行时的铁损,可以认为此时回路中的有功功率主要是铜损。即

$$P_{Fe} = P_k = I_k^2 r_k$$

于是可以计算出变压器短路参数如下:

$$\begin{cases} |Z_k| = \dfrac{U_k}{I_k} \\ r_k = \dfrac{P_k}{I_k^2} \\ X_k = \sqrt{(|Z_k|)^2 - r_k^2} \end{cases}$$

因电阻随温度而变,短路实验时实验室温度存在差异性,按照电力变压器的相关国家标准规定,此时应把室温 θ 时测得的短路电阻换算到标准工作温度 75 ℃时的值,而漏电抗与温度无关。

铜线电阻:

$$r_{k75} = \dfrac{234.5+75}{234.5+\theta} r_k$$

铝线电阻:

$$r_{k75} = \dfrac{228+75}{228+\theta} r_k$$

电抗不变:

$$X_{k75} = X_k$$

阻抗:

$$X_{k75} = \sqrt{(|Z_k|)^2 - r_{k75}^2}$$

由于短路实验是在高压侧进行的,对于降压变压器,高压侧就是一次侧,求得的 $|Z_{k75}|$、r_{k75}、X_{k75} 可以直接使用。如果该变压器在实际工作时,低压绕组为一次绕组,分析时应将上面测得的 $|Z_{k75}|$、r_{k75}、X_{k75} 折算至低压侧。

折算公式如下:

$$\text{折算至低压侧的参数} = \dfrac{1}{k^2} \times \text{高压侧的参数}$$

例 1-3-1 SL-100/6 型三相铝线电力变压器,其 $S_N = 100$ kV·A,$U_{1N}/U_{2N} = 6\,000/400$,$I_{1N}/I_{2N} = 9.63/144.5$,一、二次侧都接成星形,在室温 25 ℃时做空载实验和短路实验,实验数据如表 1-3-1 所示。试求折算到高压侧的励磁参数和短路参数。

表 1-3-1 实验数据

实验项目	电压/V	电流/A	功率/W	备注
空载	400	9.37	600	电源加在低压侧
短路	325	9.63	2 014	电源加在高压侧

解 根据空载实验数据,对三相变压器先求低压侧每相绕组的励磁参数:

$$Z_m = \dfrac{U_{1\Phi}}{I_{0\Phi}} = \dfrac{400}{\sqrt{3} \times 9.37} = 24.6 \ \Omega$$

$$r_m = \dfrac{P_{0\Phi}}{I_{0\Phi}^2} = \dfrac{600}{3 \times 9.37^2} = 2.28 \ \Omega$$

$$X_\mathrm{m} = \sqrt{Z_\mathrm{m}^2 - r_\mathrm{m}^2} = \sqrt{24.6^2 - 2.28^2} = 24.5 \ \Omega$$

因为

$$k = \frac{6\ 000/\sqrt{3}}{400/\sqrt{3}} = 15$$

所以折算到高压侧的励磁参数为

$$Z_\mathrm{m}' = k^2 Z_\mathrm{m} = 15^2 \times 24.6 = 5\ 535 \ \Omega$$
$$r_\mathrm{m}' = k^2 r_\mathrm{m} = 15^2 \times 2.28 = 513 \ \Omega$$
$$X_\mathrm{m}' = k^2 X_\mathrm{m} = 15^2 \times 24.5 = 5\ 513 \ \Omega$$

根据短路实验数据,计算高压侧室温下的短路参数:

$$Z_\mathrm{k} = \frac{U_{k\Phi}}{I_{k\Phi}} = \frac{325}{\sqrt{3} \times 9.63} = 19.5 \ \Omega$$

$$r_\mathrm{k} \approx \frac{P_{k\Phi}}{I_{k\Phi}^2} = \frac{2014}{3 \times 9.63^2} = 7.24 \ \Omega$$

$$X_\mathrm{k} = \sqrt{Z_\mathrm{k}^2 - r_\mathrm{k}^2} = \sqrt{19.5^2 - 7.24^2} = 18.1 \ \Omega$$

换算到标准工作温度 75 ℃时,有

$$r_{k75} = r_\mathrm{k} \frac{228+75}{228+\theta} = 7.24 \times \frac{228+75}{228+25} \approx 8.67 \ \Omega$$

$$Z_{k75} = \sqrt{r_{k75}^2 + x_\mathrm{k}^2} = \sqrt{8.67^2 + 18.1^2} \approx 20.1 \ \Omega$$

额定短路损耗应为

$$P_{kN75} = 3 I_{1N}^2 r_{k75} = 3 \times 9.63^2 \times 8.67 = 2\ 412 \ \Omega$$

阻抗电压相对值为

$$U_\mathrm{k} = \frac{U_{kN75}}{U_{1N}} \times 100\% = \frac{9.63 \times 20.1}{6\ 000/\sqrt{3}} \times 100\% = 5.58\%$$

3. 变压器的运行特性

变压器的运行特性主要有外特性和效率特性。由于变压器内部存在电阻和漏电抗,当负载电流流过二次绕组时,变压器内部将产生阻抗压降,使二次侧端电压随负载电流的变化而变化,这种变化关系用变压器的外特性来描述。

变压器的外特性是指一次绕组加额定电压,负载功率因数 $\cos \varphi_2$ 一定时,二次侧端电压 U_2 随负载电流 I_2 变化的规律,即 $U_2 = f(I_2)$,变压器的外特性曲线如图 1-3-3 所示。

变压器二次侧端电压随负载变化的程度用电压变化率 $\Delta U\%$ 来表示。所谓电压变化率是指一次绕组加额定电压,负载功率因数一定,变压器由空载至某一负载时二次侧电压的变化占二次侧额定电压的百分比。电压变化率不仅与短路参数和负载系数有关,还与负载功率因数有关。有

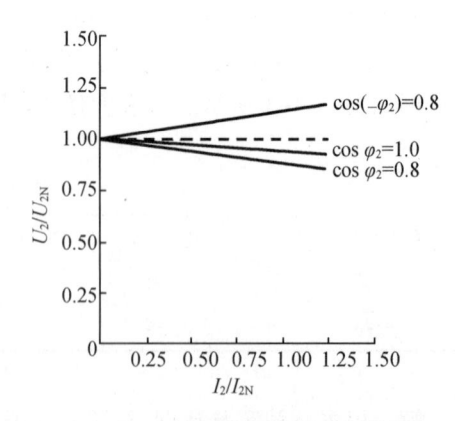

图 1-3-3 变压器的外特性曲线

$$\Delta U\% = \frac{U_{20}-U_2}{U_{2N}} \times 100\% = \frac{U_{2N}-U_2}{U_{2N}} \times 100\% = \frac{U_{1N}-U_2'}{U_{1N}} \times 100\%$$

式中　U_{20}——二次侧空载电压。

通过简化等值电路可以求得

$$\Delta U\% = \frac{U_{1N}-U_2'}{U_{1N}} \times 100\%$$
$$= \frac{I_1 r_k \cos\varphi_2 + I_1 X_k \sin\varphi_2}{U_{1N}} \times 100\%$$
$$= \frac{I_1}{I_{1N}} \left(\frac{I_{1N} r_k \cos\varphi_2 + I_{1N} X_k \sin\varphi_2}{U_{1N}} \right) \times 100\%$$
$$= \beta \frac{I_{1N} r_k \cos\varphi_2 + I_{1N} X_k \sin\varphi_2}{U_{1N}} \times 100\% \tag{1-3-5}$$

式中　β——变压器负载系数，$\beta = \frac{I_1}{I_{1N}} = \frac{I_2}{I_{2N}}$。

电压变化率 $\Delta U\%$ 是变压器的主要性能指标之一，它反映了电源电压的稳定性，并在一定程度上反映了电能的质量。一般变压器的负载均为感性，在负载功率因数为 0.8 时，中小型变压器的电压变化率为 4.0%~5.5%。

4. 变压器的效率

变压器的效率 η 是指它的输出功率 P_2 与输入功率 P_1 之比，用百分数表示，即

$$\eta = \frac{P_2}{P_1} \times 100\% \tag{1-3-6}$$

变压器的总损耗包括铁芯损耗和绕组铜损，即

$$\sum P = P_{Cu} + P_{Fe}$$

将 $P_1 = P_2 + P_{Cu} + P_{Fe}$ 代入式（1-3-6），得

$$\eta = \frac{P_2}{P_2 + P_{Cu} + P_{Fe}} \times 100\% \tag{1-3-7}$$

（1）变压器铁损

变压器是利用电磁感应工作的，当铁芯中的磁通交变时，在铁芯中会产生磁滞损耗和涡流损耗，这两项统称为铁损。

铁磁材料交变磁化的磁滞现象所产生的铁损称为磁滞损耗。它是由铁磁材料内部磁畴反复转向，磁畴间相互摩擦引起铁芯发热而造成的。铁芯单位体积内每周期产生的磁滞损耗与磁滞回线所包围的面积成正比。为了减小磁滞损耗，交流铁芯均用软磁材料制成。

由于铁磁材料不仅有导磁能力，也有导电能力，因此在交变磁通的作用下铁芯内将产生感应电动势和感应电流，感应电流在垂直于磁通的铁芯平面内围绕磁感线呈旋涡状，故称为涡流。涡流的存在会使铁芯发热，产生电能的损耗，这种功率损耗称为涡流损耗。

为了减小涡流，可采用硅钢片叠成的铁芯，它不仅有较高的磁导率，而且有较大的电阻率，可使铁芯的电阻增大、涡流减小。同时，硅钢片的两面涂有绝缘漆，彼此之间互相绝缘，可把涡流限制在一些狭长的界面内流动，从而减小了涡流损耗。所以各种交流电动机、变压器等电气设备的铁芯普遍采用硅钢片叠成。变压器铁损可由空载实验求出。在额定电

压下,忽略空载铜损时,铁损不随负载大小而改变,是常量,称为不变损耗。

(2)变压器铜损

变压器中一、二次绕组中都有一定的电阻,当电流流过绕组时,就会发热,产生损耗,这种损耗就是铜损。变压器铜损取决于负载的电流和绕组的电阻。变压器铜损可由短路实验求出,在忽略时,铜损随负载大小而改变,称为可变损耗。

对于给定的变压器,当负载功率因数 $\cos\varphi_2$ 一定时,效率只与负载系数 β 有关,我们把 $\eta=f(\beta)$ 的关系曲线称为效率特性曲线,如图 1-3-4 所示。

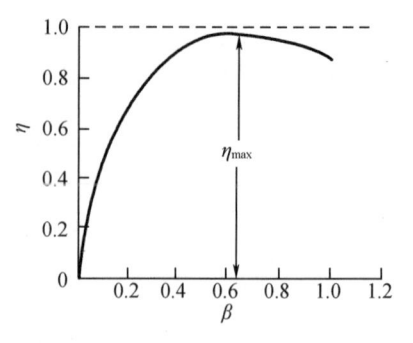

图 1-3-4 变压器的效率特性曲线

从效率特性曲线上可看出,当负载较小时,效率随负载的增大而快速上升;当负载达到一定值时,负载的增大反而使效率下降。因此,在 $\eta=f(\beta)$ 曲线上有一个最高的效率点。

由于变压器常年接在线路上,总有铁损,而铜损却随负载的变化而变化,同时,变压器不可能总在满载状态下运行,因此铁损小一些对提高全年的效率比较有利。

1.3.2 三相变压器

船舶电力系统一般采用三相制供电。在三相变压器运行时,可以将三相变压器问题化为单相变压器问题进行研究。

1. 三相变压器的磁路系统

三相变压器组是由 3 台单相变压器组成的,其磁路系统如图 1-3-5 所示。由于三相磁通各有自己单独的磁路,彼此互不相关。当对一次绕组施以对称三相电压时,各相主磁通必然对称,各相空载电流也是对称的。

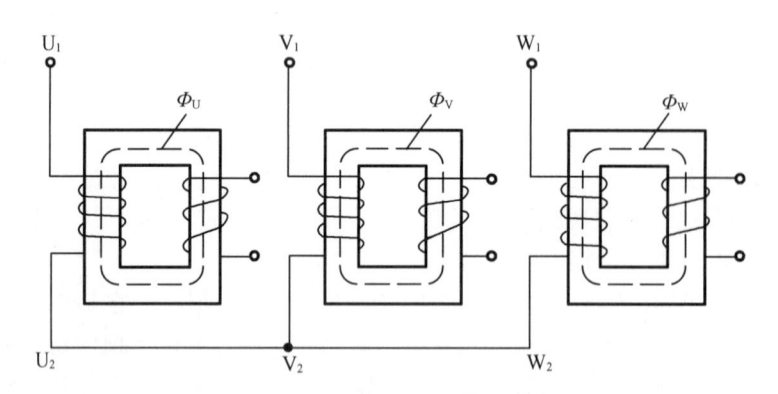

图 1-3-5 三相变压器组的磁路系统

三相芯式变压器的铁芯是由 3 台单相变压器的铁芯合在一起演变而来的,如图 1-3-6 所示。这种铁芯构成的磁路的特点是三相磁路相互关联,各相磁通要借另外两相磁路闭合。如果把三台单相变压器的铁芯按图 1-3-6(a)所示的位置靠拢在一起,外施对称三相电压,则三相主磁通是对称的,此时中间铁芯柱内的磁通为

$$\dot{\Phi}_U+\dot{\Phi}_V+\dot{\Phi}_W=0$$

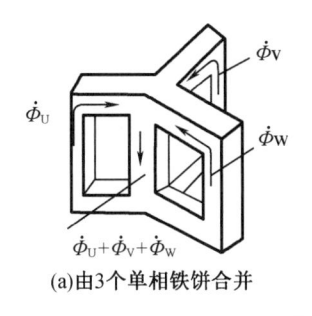

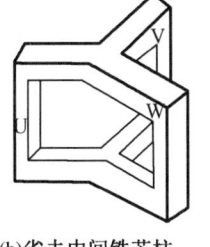

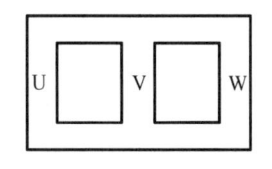

(a)由3个单相铁饼合并　　(b)省去中间铁芯柱　　(c)3个铁芯柱在同一平面内

图 1-3-6　三相芯式变压器的磁路系统

因此可以省掉中间铁芯柱,如图 1-3-6(b)所示。为了制造方便和节省硅钢片,将三相铁芯柱布置在同一平面内,如图 1-3-6(c)所示,即演变成常用的三相芯式变压器的铁芯,这种铁芯结构由于三相磁路长度不相等,中间 V 相最短,两边的 U、W 相较长,所以三相磁阻不相等。当外施对称三相电压时,三相空载电流便不相等,但由于变压器的空载电流很小,因此三相芯式变压器空载电流的不对称对变压器负载运行的影响很小,可不予考虑。

2. 变压器的绕组连接组

变压器的绕组连接是一个很重要的问题,尤其对于三相变压器,它关系到变压器电磁量中的谐波问题以及并联运行。

(1)连接法

在三相变压器中,绕组连接主要采用星形和三角形两种方法,为表明连接方法,对绕组的首端和末端标记规定如表 1-3-2 所示,早期由于三相交流电常用 A、B、C 标记,所以三相变压器首端用 A、B、C,尾端用 X、Y、Z 等符号标记,目前市面上大量书籍均使用以上两套标记符号,表达意思相同。

表 1-3-2　绕组首端和末端标记

绕组名称	单相变压器 首端	单相变压器 末端	三相变压器 首端	三相变压器 末端	中性点
高压绕组	U_1	U_2	U_1、V_1、W_1	U_2、V_2、W_2	N
低压绕组	u_1	u_2	u_1、v_1、w_1	u_2、v_2、w_2	n

三相变压器采用星形连接时,用 Y(或 y)表示,如果有中性线引出,则用 YN(或 yn)表示,如图 1-3-7 所示;三角形连接时,用 D(或 d)表示。

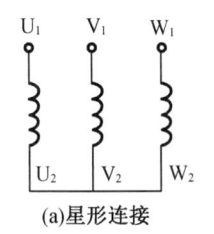

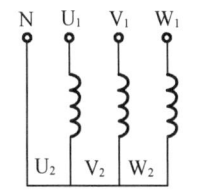

(a)星形连接　　(b)星形连接有中性线引出

图 1-3-7　三相绕组的星形连接

三角形连接可分为逆连(按 U_1—U_2—W_1—W_2—V_1—V_2—U_1 连接)和顺连(按 U_1—

U_2—V_1—V_2—W_1—W_2—U_1 连接)两种接法,如图 1-3-8 所示。

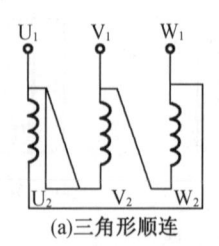

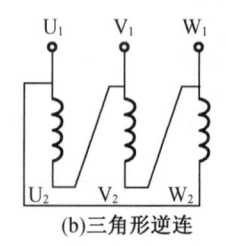

(a)三角形顺连　　(b)三角形逆连

图 1-3-8　三相绕组的三角形连接

由于三相变压器一、二次绕组中的线电动势具有不同的相位差,因此按一、二次绕组线电动势的相位关系,将三相变压器绕组的连接法分成各种不同的组合,称为三相变压器绕组的连接组。通常用"时钟法"表示,即把高压侧线电动势的相量作为钟表上的长针,始终指向"12",而把对应的低压侧线电动势相量作为短针,它所指的数字即表示高低压侧线电动势相量间的相位差,这个数字称为三相变压器连接组标号。

(2)变压器同名端

同名端是判别变压器互感线圈之间的电流或电动势相位的依据。当变压器两个互感线圈中通入电流,所产生的磁通方向相同时,两个线圈上的电流流入端称为同名端(又称同极性端);反之称为异名端。同名端通常用符号"•"标识。图 1-3-9 中是某单相变压器的一、二次绕组,图中给出了同名端,当它们被同一主磁通交链时,则一、二次绕组中感应电动势的极性和绕组的同名端相关。

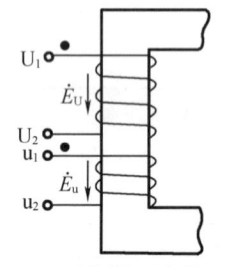

(a)同名端在同个绕组的相同端　　(b)同名端在两个绕组的不同端

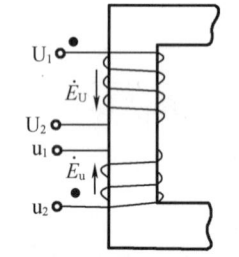

图 1-3-9　变压器绕组的极性

同名端的判别方法如下:

①绕向法识别同名端

如果两个线圈的绕向结构完全相同,则处于空间对称位置的两个端线就是同名端,这样能够直接观察出两个线圈的同名端。

②直流法测同名端

已经封装好的变压器无法从绕组外观判断同名端,可以采用图 1-3-10 的方法进行同名端的判别。图 1-3-10(a)中 E 采用一节直流干电池,电压表选用如图 1-3-10(b)所示零刻度在中间的双向电压表。按图 1-3-10(a)连接好电路后,合上开关 S,若指针向右偏,说明 e_1、e_2 方向相同,即 U_1 和 u_1 为同名端。

(a)   (b)

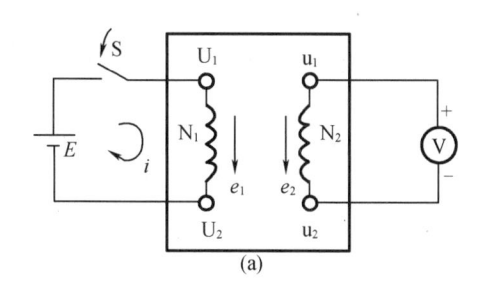

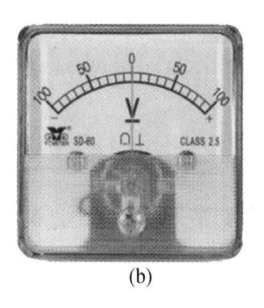

图 1-3-10 直流法测同名端电路图及选用的电压表

③交流法测同名端

图 1-3-11 中将单相变压器的两个线圈的任意两端(暂定为 2、4 端)连接,然后在变压器的一次侧线圈 1 和 2 端加一低压交流电 U,分别测出 1-3 端电压有效值 U_{13} 和 3-4 端电压有效值 U_{34}。

若 $U_{13}=U_{12}-U_{34}$,则说明 1 与 3 或 2 与 4 端为同名端。
若 $U_{13}=U_{12}+U_{34}$,则说明 1 与 4 或 2 与 3 端为同名端。对于三相变压器,判别方法同单相变压器。

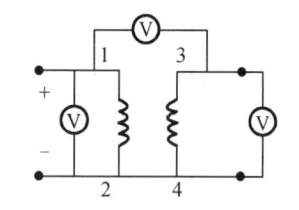

图 1-3-11 交流法测同名端

(3) 单相变压器的连接组别

单相变压器的连接组别标号反映了两侧绕组对应的电压或电动势之间的相位关系,由绕组的绕向和端头标记决定。单相变压器的同名端可能在两个绕组的相同端,也可能在绕组的不同端,取决于两个绕组的绕向是否相同。

对于单相变压器,当同名端在对应端时,如图 1-3-12(a)所示,连接组标号为 Ii0,其中 I、i 分别表示高、低压绕组,0 表示高、低压绕组电压同相位。当同名端不在对应端时,高、低压绕组电压相位相反,$\dot{E}_U$ 与 $\dot{E}_u$ 方向相差 180°,如图 1-3-12(b)所示,连接组标号为 Ii6。

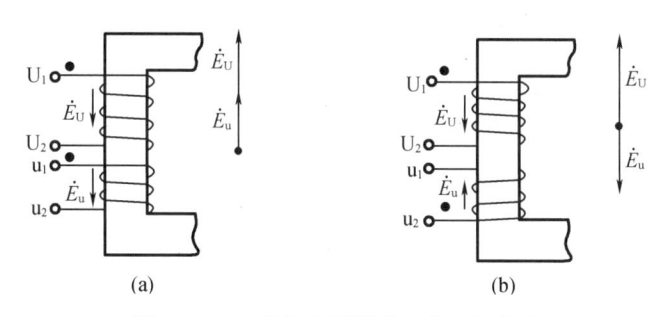

(a)   (b)

图 1-3-12 单相变压器的两种不同绕法

由以上分析可知,单相变压器一、二次侧相电动势的相位关系取决于绕组的绕向和首末端的标记。单相变压器采用 I/i-0 作为标准连接组。

(4) 三相变压器的连接组

三相变压器的连接组是由二次侧线电动势与一次侧对应线电动势的相位差决定的。它不仅与绕组的绕向和首、末端的标记有关,还与三相绕组的接法有关。连接组可归并为 Yy 和 Yd 两大类,其中 Y 和 y 表示星形,d 表示三角形,大写表示原边,小写表示副边。

例 1-3-1 试确定三相变压器 Yy 连接组标号。

解 确定的步骤如下：

①按规定绕组的出线端标志连接成所规定的连接法，画出连接图如图1-3-13(a)所示。

②作高压侧电动势的相量图，U、V、W三相成120°，任意某一线电动势的方向(如图1-3-13(b)中选用$\dot{E}_{UV}$相量)，如图1-3-13(b)所示。

③确定高、低压侧绕组对应的相电动势的相位关系(如同相位或反相位)，作低压侧电动势相量图，确定对应的线电动势相量的方向(如$\dot{E}_{UV}$的相量)。

为方便比较，将高、低压侧电动势相量图画在一起，取U与u点重合。

④根据高、低压侧对应线电动势的相位关系确定连接组标号。

图1-3-13中将一、二次绕组的同名端标为首端，这时一、二次侧对应的相电动势同相位，同时一、二次侧线电动势$\dot{E}_{UV}$与$\dot{E}_{uv}$也同相位。当$\dot{E}_{UV}$指向时钟面的"0"(也就是"12")时，$\dot{E}_{uv}$也指向"0"点，所以标号为"0"，即为Yy0连接组，相量图如图1-3-13(b)所示。

如将非同名端作为首端，如图1-3-14(a)所示，这时一、二次侧对应相的相电动势相位相反，则一、二次侧线电动势$\dot{E}_{UV}$与$\dot{E}_{uv}$相差180°，如图1-3-14(b)所示。这就是Yy6连接组。

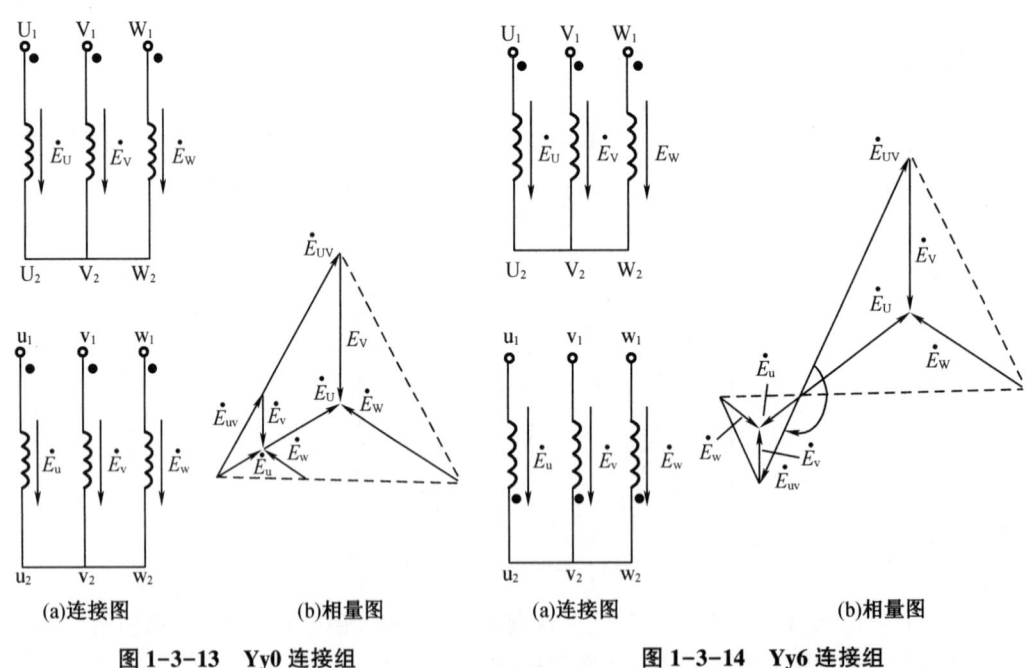

图1-3-13 Yy0连接组

图1-3-14 Yy6连接组

例1-3-2 试确定三相变压器Yd连接组标号。

解 方法步骤同例1-3-1，将一、二次绕组的同名端标为首端，二次绕组逆序角接，如图1-3-15(a)所示，这时一、二次侧对应相的相电动势同相位，但一次侧线电动势$\dot{E}_{UV}$与二次侧线电动势$\dot{E}_{uv}$的相位差为11×30°=330°，如图1-3-15(b)所示。当$\dot{E}_{UV}$指向12点时，

则 $\dot{E}_{uv}$ 指向 11 点，所以为 Yd11 连接组。

如将二次绕组改成顺序角接，如图 1-3-15(c)所示，这时 $\dot{E}_{UV}$ 与 $\dot{E}_{uv}$ 的相位差为 30°，而且 $\dot{E}_{uv}$ 滞后于 $\dot{E}_{UV}$，所以为 Yd1 连接组，其相量图如图 1-3-15(d)所示。

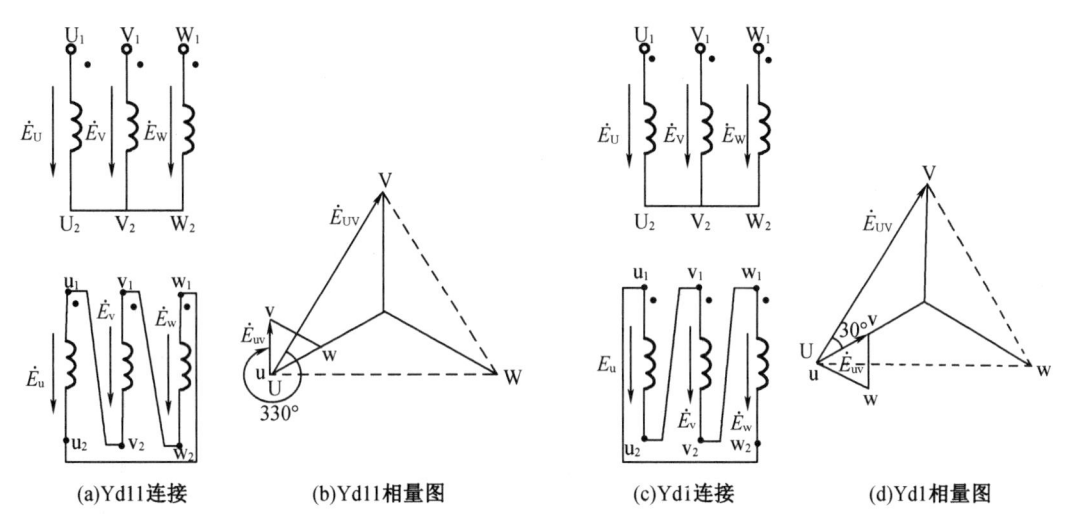

(a)Yd11连接　(b)Yd11相量图　(c)Yd1连接　(d)Yd1相量图

图 1-3-15　Yd 连接组

综上所述，用改变绕组极性或线号标记的方法可以得到不同的连接组。实际上，连接组种类很多，读者可以根据不同的连接组别进行具体分析。

3. 变压器的并联运行

变压器的并联运行是指两台或多台变压器的一、二次绕组分别接在一、二次公共母线上，同时向负载供电的运行方式。并联运行常用在船舶发电站和岸电变电所中，如图 1-3-16 所示。

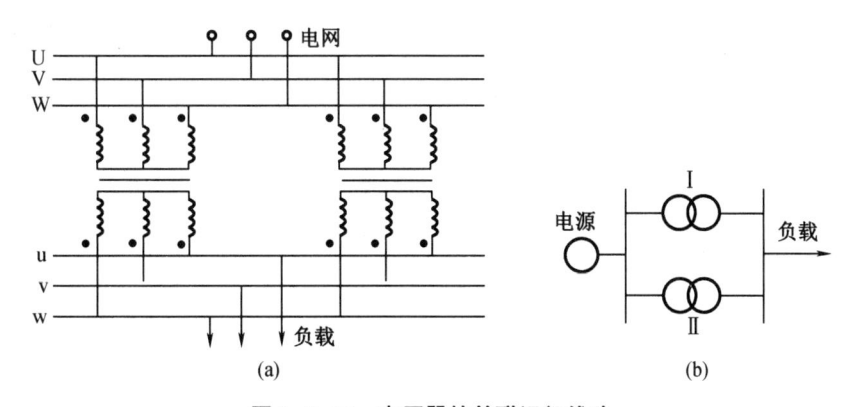

图 1-3-16　变压器的并联运行线路

（1）并联运行的优点

①提高供电的可靠性。当一台变压器发生故障或进行检修时，其他变压器仍可保证重要负载的供电。

②提高运行的经济性。可根据负载的变化，调整投入并联运行的变压器的数量，以减

少电能损耗,提高运行效率。

③减少总的备用容量,并可随着负载的增加,分期安装变压器,以减少初装投资。

(2)变压器理想的并联运行情况

变压器理想的并联运行情况是:各变压器一、二次绕组中没有环流,负载能按各变压器的容量成正比地分配,且各变压器二次电流同相位。只有这样,才能避免由并联引起的附加损耗,充分利用变压器的容量。要达到理想情况,并联运行的变压器要满足以下三个条件:

①各变压器一、二次侧额定电压分别相等,即变比相等。

②各变压器具有相同的连接组。

③各变压器短路阻抗的标幺值相等,且短路阻抗角也相等。

在实际的并联运行中,并不要求变比绝对相等,误差在-0.5%~0.5%以内是允许的,所形成的环流不大;也不要求短路电压绝对相等,但误差不能超过10%,否则容量分配不合理。只有变压器的连接组一定要相同。

1.3.3 具有特殊功能的变压器

随着电气技术应用的不断发展,不仅在船舶电气系统中大量采用双线圈的电力变压器,而且也出现了许多用于满足用户特殊要求的变压器。

1. 自耦变压器

(1)自耦变压器的结构

普通双绕组变压器的一、二次绕组之间仅有磁的耦合,并无电的联系,而自耦变压器仅有一个绕组,如图1-3-17所示。其绕组一般按同芯式放置。一次绕组的一部分兼做二次绕组(指自耦降压变压器),或二次绕组的一部分兼做一次绕组(指自耦升压变压器)。所以一、二次绕组之间既有磁的耦合,又有电的联系,因此自耦变压器不能作为安全电源变压器使用。

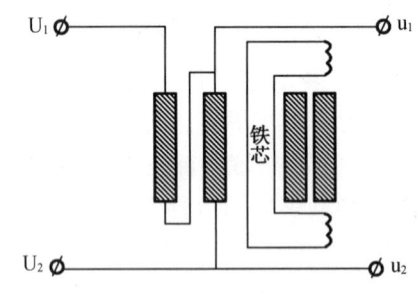

图1-3-17 自耦变压器结构示意图

(2)自耦变压器的电压、电流与容量的关系

以降压用的自耦变压器为例来分析其电压、电流和容量的关系。当自耦变压器负载运行时,如不考虑绕组漏阻抗压降,则自耦变压器的变比为

$$k = \frac{U_1}{U_2} = \frac{E_1}{E_2} = \frac{N_1}{N_2}$$

根据磁势平衡关系,负载时合成磁势建立的主磁通与空载时磁势建立的主磁通相同,所以有

$$\dot{I}_1 N_1 + \dot{I}_2 N_2 = \dot{I}_0 N_1$$

由于空载电流 $\dot{I}_0$ 很小,若忽略不计,则

$$\dot{I}_1 N_1 + \dot{I}_2 N_2 \approx 0$$

即

$$\dot{I}_1 = -\frac{\dot{I}_2}{k} \tag{1-3-8}$$

式(1-3-8)表明,忽略空载电流时,一、二次绕组的电流大小与绕组匝数成反比,相位互差180°。公共绕组中的电流应为

$$\dot{I} = \dot{I}_1 + \dot{I}_2 = \dot{I}_2\left(1-\frac{1}{k}\right)$$

对于自耦降压变压器,$I_2 > I_1$,且相位互差180°,所以公共绕组中电流的大小为

$$\dot{I} = \dot{I}_2 - \dot{I}_1 = \dot{I}_2\left(1-\frac{1}{k}\right) \qquad (1-3-9)$$

由于自耦变压器的变比 k 一般接近于1,由式(1-3-9)可知,这时 I_1 和 I_2 的数值相差不大,公共绕组中的电流 I 较小,这表明绕组公共部分的导线截面可以缩小(相对于双绕组变压器而言)。

由式(1-3-9)还可得出,$I_2 = I + I_1$,即二次绕组电流 I_2 是绕组的公共部分电流 I 和直接从电源流来的电流 I_1 的代数和。

由此得出,自耦变压器二次绕组的输出功率(视在功率)应为

$$U_2 I_2 = U_2 I + U_2 I_1 = U_2 I_2\left(1-\frac{1}{k}\right) + U_2 I_1 \qquad (1-3-10)$$

即

$$S_2 = S_2' + S_2'' \qquad (1-3-11)$$

式中 S_2'——电磁功率,$S_2' = U_2 I$,是由绕组公共部分通过电磁感应的方式传到二次绕组的一部分功率;

S_2''——传导功率,$S_2'' = U_2 I_1$,是由变压器一次绕组直接通过电传导的方式传递到二次绕组的一部分功率。

传导功率是自耦变压器所特有的。

式(1-3-11)表明,由于自耦变压器的二次绕组和一次绕组之间有电的联系,因此其功率传递的形式与普通变压器有所不同。它的二次绕组能直接由电源获取功率,而且这一部分功率并不增加绕组的容量。

(3)自耦变压器的优缺点

①优点

由于变压器的电磁功率是设计变压器的主要尺寸和材料消耗的依据,所以称为计算容量(也称为绕组容量或电磁容量)。在自耦变压器中,传导功率是一次绕组的电流 I_1 通过传导关系直接传递给负载的,不需要增加变压器的计算容量。也就是说,自耦变压器的计算容量比额定容量(即总的输出功率)小。所以在同样的额定容量下,自耦变压器的主要尺寸和质量较小,有效材料(铜线和硅钢片)和结构材料(钢材)都相应地少一些,有效材料的减少使得铜损和铁损也相应减少,故自耦变压器的效率较高。自耦变压器的变比一般在1.25~2.00之间。

②缺点

由于自耦变压器的一、二次绕组之间有电的直接联系,当一次侧过电压时,必然导致二次侧严重过电压,存在着高低压窜边的潜在危险。因此,一般情况下,一、二次侧均装有避雷器。这样,当自耦变压器用于电力系统时,其过电压保护装置比较复杂。

2.仪用互感器

在船舶系统高电压、大电流的输电设备中,通常不能直接用仪表测量其电压、电流及功

率等,而要借助于特制的仪用变压器将高电压降为低电压、将大电流变为小电流后,再进行测量,这种专门用于变换电压和电流的仪用变压器称为互感器。互感器分为电流互感器和电压互感器。

使用互感器的好处是使测量回路与被测回路隔离,保证测量人员和仪表的安全,并可使用普通量程的电压表和电流表测量高电压和大电流,扩大了仪表的量程。

(1)电流互感器

电流互感器实质上是一台二次绕组在短路状态下工作的双绕组变压器,它的一次绕组由一匝或几匝截面较大的导线构成,使用时将其串接在需要测量电流的电路中。二次绕组的匝数较多,截面较小,它与阻抗很小的负载(电流表、功率表等的电流线圈)接成闭合回路,如图1-3-18所示。

正是由于二次负载的阻抗很小,所以说电流互感器是一台处于短路状态下的单相变压器。因而有

$$I_2 = \frac{N_1}{N_2}I_1 = \frac{1}{k}$$

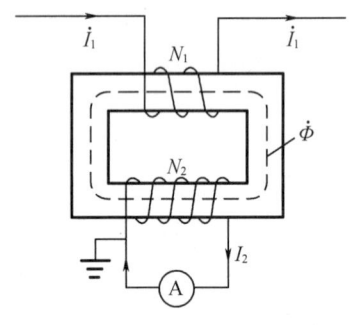

图 1-3-18 电流互感器原理图

即

$$I_2 = \frac{I_1}{k} \quad (1-3-12)$$

由式(1-3-12)可知,利用一、二次绕组不同的匝数关系,可将被测电路的大电流 I_1 变换成检测仪表上显示出的小电流 I_2。

根据检测误差的大小,电流互感器分为0.2、0.5、1.0、3.0和10.0五个等级。例如,0.5级表示在额定电流时,一、二次侧电流变比的误差不超过±0.5%。

通常电流互感器的二次侧额定电流均设计为5 A,而一次侧额定电流的范围可以为5~2 500 A,当与测量仪表配套使用时,电流表按一次侧的电流标出,即从电流表上直接读出被测电流。

电流互感器工作时,二次绕组绝对不容许开路,因为二次绕组开路时,互感器空载运行,$I_2 = 0$ A,而 I_1 为恒值。根据 $\dot{I}_1 N_1 + \dot{I}_2 N_2 = \dot{I}_0 N_1$ 可知,当 $I_2 = 0$ A 时,一次绕组中的被测大电流就完全成为励磁电流,使铁芯内的磁密比正常情况大大增加,磁路严重饱和。这样一方面会使铁损增大,使铁芯过热,毁坏绕组绝缘;另一方面,二次绕组感应出很高的电压,可能会击穿绝缘,危及仪表和操作人员安全。因此,电流互感器二次绕组中绝对不允许装熔断器;运行中如需拆下电流表等测量仪表,应先将二次绕组短路。另外,电流互感器的铁芯和二次绕组的一端必须可靠接地,以免绝缘损坏时二次侧出现高压,造成事故。

另外,在实际工作中,为了方便检测带电现场线路中的电流,工程上常采用一种钳形电流表,其外形结构如图1-3-19所示。其工作原理和电流互感器相同。其结构特点是铁芯像一把钳子可以张合,二次绕组与电流表串联组成一个闭合回路。在测量导线中的电流时,不必断开被测电路,只要压动手柄,将铁芯钳口张开,把被测导线夹于其中即可,此时被测载流导线就充当一次绕组(只有一匝),借助电磁感应作用,由二次绕组所接的电流表直接读出被测导线中电流的大小。一般钳形电流表都有多个量程,使用时应根据被测电流选择适当的量程。

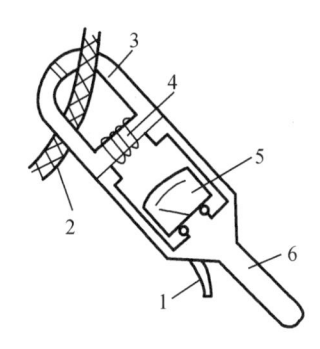

1—活动手柄;2—被测导线;3—铁芯;4—二次绕组;5—表头;6—固定手柄。

图 1-3-19 钳形电流表

（2）电压互感器

电压互感器的原理图如图 1-3-20 所示。它的一次绕组匝数很多,直接并联到被测的高压线路上;二次绕组匝数较少,接在高阻抗的电压表或功率表的电压线圈上。由于二次绕组接在高阻抗的仪表上,因此二次电流 I_2 很小。如果忽略漏阻抗压降,则有

$$\frac{U_1}{U_2}=\frac{N_1}{N_2}=k$$

即

$$U_2=\frac{U_1}{k} \quad (1-3-12)$$

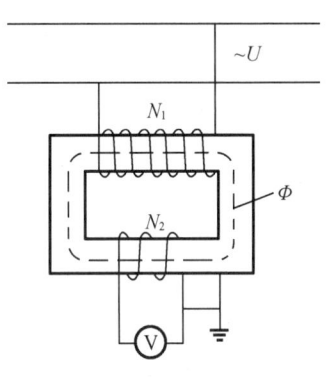

图 1-3-20 电压互感器的原理图

式(1-3-12)表明:利用一、二次侧不同的匝数比可将线路上的高电压转换成低电压。电压互感器二次侧额定电压通常设计为 100 V。

目前我国生产的电力电压互感器按准确度分为 0.5、1.0 和 3.0 三个等级。电压互感器的二次绕组不允许短路,否则会产生很大的短路电流,因此在使用时,二次侧电路中应串接熔断器作为短路保护。为了安全起见,电压互感器的二次绕组连同铁芯一起,必须可靠接地。另外,电压互感器的二次侧不宜接过多的仪表,以免电流过大引起较大的漏阻抗压降,影响互感器的准确度。

【随堂练习】

选择题

（1）一台三相变压器的连接组标号为 YNd11,其中的"11"表示变压器的低压侧(　　)。

A. 线电势相位超前高压侧线电势相位 330°

B. 线电势相位滞后于高压侧线电势相位 330°

C. 相电势相位超前高压侧相电势相位 300°

D. 相电势相位滞后于高压侧相电势相位 300°

（2）一台三相变压器的连接组为 Yyn0,其中"yn"表示变压器的(　　)。

A. 低压绕组为有中性线引出的星形连接

B. 低压绕组为星形连接,中性点需接地,但不引出中性线

C. 高压绕组为有中性线引出的星形连接

D. 高压绕组为星形连接,中性点需接地,但不引出中性线

(3)三相变压器的连接组标号为Yd11,其中"d"表示变压器的(   )。

A. 高压绕组为星形接法   B. 高压绕组为三角形接法

C. 低压绕组为星形接法   D. 低压绕组为三角形接法

(4)三相变压器的连接组表示(   )。

A. 原、副边线电压的相位关系   B. 原、副边的同名端关系

C. 原、副边相电压的相位关系   D. 原、副边电流相位关系

(5)三相变压器绕组的连接方法主要有(   )两种。

A. 三角形和星形   B. 星形和T形

C. 三角形和T形   D. Π形和三角形

(6)某三相变压器的连接组标号为Y/△-11,其含义为(   )。

A. 一次绕组星接,二次绕组角接,一、二次侧线电压差为60°

B. 一次绕组星接,二次绕组角接,一、二次侧相电压差为30°

C. 一次绕组星接,二次绕组角接,一、二次侧相电压差为60°

D. 一次绕组星接,二次绕组角接,一、二次侧线电压差为30°

(7)(多项)关于三相变压器的连接组,描述正确的是(   )。

A. 变压器的连接组是表示一、二次绕组对应线电压之间的相位关系

B. 变压器的连接组是表示一、二次绕组对应线电压之间的数量关系

C. 变压器的连接组是指一、二次绕组之间连接关系的一种代号

D. 三相变压器同一侧的三个绕组,有星形连接、三角形或曲折性连接三种接线

(8)一台三相变压器的连接组别为Yy0,其中"Y"表示变压器的(   )。

A. 高压绕组为星形接法   B. 高压绕组为三角形接法

C. 低压绕组为星形接法   D. 低压绕组为三角形接法

(9)电力变压器并联运行是将满足条件的两台或多台电力变压器(   )端子之间通过统一母线分别连线。

A. 一次侧同极型   B. 二次侧同极性

C. 一次侧和二次侧同极性   D. 一次侧和二次侧异极性

(10)不同变比的变压器并联运行会产生(   )。

A. 很大的环流   B. 很小的环流   C. 没有环流   D. 不确定

【任务实施】

1. 工具器材

螺丝刀、钢丝钳、尖嘴钳、电工刀、剪刀、试电笔、木榔头等常用电工工具,以及绕线机、兆欧表、万用表、小型变压器、滑动变阻器等。

2. 组织步骤

(1)布置团队工作任务。

(2)小组成员分别收集、整理解决方案的资料,独立思考;小组讨论并确定工作计划。

(3)小组成员利用各种教学资源独立学习,然后小组讨论并确定实施方案。

(4)按照既定的方案实施,记录实施过程中的现象和数据。

(5)按照职业标准进行检查,小组讨论并总结工作完成过程中较好的部分和存在的不足。

(6)组织学生进行自评和互评,教师对学生进行评价。

3.操作步骤与内容

(1)变压器常见故障

①绕组开路故障

当接通变压器一次绕组电源后,二次绕组无电压输出的检测方法如下:

a.断开电源,将变压器的一、二次绕组接线端从电路中断开。

b.使用万用表的"Ω"挡分别测量变压器的一次绕组及二次绕组,若电阻无穷大,则说明该绕组开路。

c.检查开路点的位置。若开路点在引出线上可以更换引出线;若开路点在绕组上,应修理或重绕绕组。

②绕组短路故障

将变压器二次侧的负载断开后,接通额定电源,这时如果一次绕组电流剧增,变压器发热,甚至冒烟,则说明变位绕组存在短路现象,可按下列方法检测故障:

a.使用电桥检测变压器一、二次绕组匝间短路。断开电源,将变压器的一、二次绕组从电路中断开。将绕组的两端用导线分别与电桥的两个外接端钮"R"和"G"相连,导线的连接处应尽量处理干净。若所测绕组电阻小于绕组电阻正常值,则说明绕组有短路现象。

b.对变压器绕组间击穿的检测。断开电源并将变压器的各绕组端头从电路中断开,将绝缘电阻表的两接线端分别与两绕组的各一端相接,摇动绝缘电阻表的手柄并观察指针。如果指针指示低于 0.5 MΩ,则说明绕组间有击穿现象。如果变压器绕组间已击穿,则应将外层绕组拆开,换上绕组间的绝缘,然后再将外层绕组重新绕上。

③变压器过热问题

此问题是指在绕组正常的情况下,变压器运行时过热。断开电源,选择一只最大量程2倍于负载额定电流的交流电流表,将其逐次串接于二次侧各绕组的负载之中,之后接通电源,观察各绕组中电流是否超过额定值,若超出额定值,则应减小负载或更换容量大一些的变压器。

(2)变压器常规检测

①开路检测。检测副边电压、原边电流以及变压器的变比,查看数据是否正常,记录数据。

②带额定负载检测。检测副边电流和电压,以及原边电流和电压,查看数据是否正常。

③变压器工作一段时间后,通过触摸感受变压器温度是否过高,仔细听变压器是否有异样声音。

由教师在变压器预设故障,也可组织学生互相交叉设置,然后布置各组或个人在规定时间内完成检修,并将检修情况记录于表1-3-3中。

表 1-3-3 小型变压器检修训练记录

步骤	故障现象	预设故障点	排除故障程序	检修结论
1	接通电源,变压器无电压输出	1. 原边绕组焊片脱落。 2. 副边绕组焊片脱落。 3. 电源线断。 4. 电源线与插座接触不良		
2	变压器过热	1. 加重变压器负载。 2. 减少铁芯叠厚。 3. 原边绕组与副边绕组短路		
3	空载电流偏大	1. 减少铁芯叠厚。 2. 减少原边绕组匝数		
4	运行中有响声	1. 调松铁芯插片。 2. 用调压器调高电源电压。 3. 加重变压器负载		
5	铁芯底版带电	1. 使引出线头碰触铁芯或底板。 2. 使绕组局部对铁芯短路		

训练所用时间:　　　　　　参加训练者:(签字)　　　　　　20　年　月　日

4. 成绩评定(参照表 1-1-2)

项 目 作 业

1-1　变压器是根据什么原理进行变压的? 它的主要用途有哪些?

1-2　变压器能否改变直流电压,为什么?

1-3　变压器铁芯的作用是什么? 为什么铁芯要用硅钢片叠成? 不用铁芯行不行?

1-4　变压器中主磁通与漏磁通的性质和作用有何不同?

1-5　变压器的效率与哪些因素有关? 变压器在什么情况下效率最高?

1-6　电流互感器和电压互感器的原理及接线有什么不同? 使用时的注意事项分别是什么?

1-7　什么是干式变压器? 什么是湿式变压器? 为什么船舶采用干式变压器?

1-8　为什么原边电流能随副边电流的增减而增减,并能保持主磁通基本不变?

1-9　变压器有哪些损耗? 这些损耗有什么不同?

1-10　电压为 7 200 V/600 V,60 Hz 的单相变压器,原绕组 A-X 和 a-x 的首端为同名端。若将其改接成 7 800 V/7 200 V 的自耦变压器,请画图说明应如何正确连接?

1-11　变压器的原、副绕组匝数比 $k=2$,原边电压为 220 V,副边接 5 Ω 负载,计算变压器的输出功率以及原、副边的电流。

1-12　有单相额定容量 250 kV·A,7 200 V/600 V,60 Hz 的三相变压器组,Y/△ 连接用于 12 470 V 的三相电源,若三相负载是 450 kV·A。计算:

(1)变压器输入和输出边的线电流;

(2)原、副边绕组的电流。

项目2　船舶直流电机的勘验与故障排除

【德育启迪】

"展风采　树楷模"

记优秀党员科技工作者——张卓然

自20世纪F-22等第四代战机相继服役,多电飞机技术已经成为现代先进战机的发展趋势。多电飞机技术是将飞机的发电、配电和用电集成在一个统一的系统内,实现发电、配电和用电系统的统一规划、统一管理和集中控制。多电飞机的主电源(电力主要来源)来自飞机发电机。大容量、高功率密度飞机发电机技术是支撑多电/全电飞机发展的关键技术基础,也是我国第四代军机实现多电化发展亟待突破的关键技术之一。

南京航空航天大学张卓然教授长期从事航空电机与电源技术研究,在双凸极无刷直流电机、混合励磁交流电机等方面取得了创新成果,为我国军机首次实现无刷启动发电一体化与容错应急发电技术做出了重要贡献。

他提出的双凸极增磁发电运行与集成控制方法,提高了发电系统稳态调压精度及动态性能,将我国军机低压直流电源最大功率从12 kW提升到18 kW。他的电压调节解耦控制方法及无刷电机转子磁分路混合励磁技术,解决了飞机交流主电源中电磁式无刷同步电机可逆运行困难、旋转整流器高温高速下可靠性低的固有问题,实现了全新航空混合励磁同步电机发电技术。

张卓然教授主持研发的12 000 r/min、6 kW永磁无刷直流发电机由中国航空工业集团贵阳航空电机有限公司生产,成功应用于我国新研制的歼31和歼轰7B等战机应急电源系统,使整流二极管电流应力降低50%,发电损耗降低35%,去除了输出功率变换器和整流电路散热器,在国内首次实现飞机容错应急发电技术。他作为第一完成人完成的"飞机应急发电系统切向磁钢永磁同步电机研究"通过国家国防科技工业局组织的科技鉴定,鉴定委员会认为该研究"在飞机应急无刷直流发电机技术方面取得重大突破,成果已成功应用于我国某型军用飞机,满足了新型战机对应急电源的迫切需求"。

【知识目标】

1. 了解直流电机的基本结构、铭牌数据。
2. 掌握直流电机的工作原理、运行特性。
3. 掌握直流电机的启动、调速方法与调速性能。
4. 掌握直流电机的机械特性和分析方法。
5. 掌握直流电机的制动方式。

【能力目标】

1. 掌握各种船舶直流电机的拆装和各种拆卸工具的使用。

2. 能利用电工仪表检测船舶直流电机的运行,并对其进行维护。
3. 能对直流电机绕组进行重绕和接线。
4. 掌握船舶电机运行故障分析和处理方法,利用各种故障现象快速定位故障。
5. 能快速排除船舶电机运行中的各种故障。

任务2.1 船舶直流电机的勘验

【任务描述】

"船舶工业4.0"为基于直流电的电力推进带来了光明的未来,随着直流电机在船舶行业中的应用越来越广泛,使用直流发电机发电、使用直流电动机推进的先进船舶日渐增多。本任务的工作场景为拆解一台小型直流电机的外壳及转子,并对电机内部工作状况进行勘验。让我们通过理论学习和动手实践,熟悉电机的拆解步骤,领会拆解直流电机的安全注意事项、工具使用,认识直流电机的铭牌数据、内部结构和分类,掌握直流电机的基本知识,为掌握维护和维修直流电机的技能奠定基础。

直流电机包括直流电动机和直流发电机。直流电动机广泛应用于船舶电力推进系统及一些对电力拖动性能要求较高的场合,如船舶上使用的起重机械、陆地上使用的电力机车、大型可逆轧钢机和龙门刨床等生产机械中。其主要优点是速度调节范围宽广、调速平滑、启动转矩较大、能适应频繁启动;缺点是结构复杂、造价高、维护不方便,尤其是电刷与换向器之间容易产生火花,故障较多,因而运行可靠性较差。但是随着无刷直流电机的发展,其应用前景越来越广泛。

直流发电机是船舶、飞机、汽车上直流电的主要来源,在工业上广泛应用在电解、电镀、充电等设备中。近年来,由于晶闸管的应用日益广泛,直流发电机的应用逐步减少。

2.1.1 直流电机的结构

直流电机由两个主要部分组成:静止部分(定子)和转动部分(转子),如图2-1-1所示。随着技术的发展,直流电机根据有无电刷分为有刷直流电机和无刷直流电机。无刷直流电机不使用机械的电刷装置,采用方波自控式永磁同步电机,通过改变电机内部绕组的极性来工作,广泛应用于吸尘器、高速车模和船模。在实际船舶上则主要使用有刷直流电机。本部分介绍的是有电刷直流电机。

如图2-1-1和图2-1-2所示,静止部分称为定子,由主磁极、换向磁极、机座和电刷等装置组成,主要用来建立磁场;转动部分称为转子或电枢,由电枢铁芯、电枢绕组、换向器、风扇、转轴等组成,是机械能转变为电能或电能转变为机械能的枢纽。在静止和转动部分之间,有一定的间隙,称为气隙。

项目2 船舶直流电机的勘验与故障排除

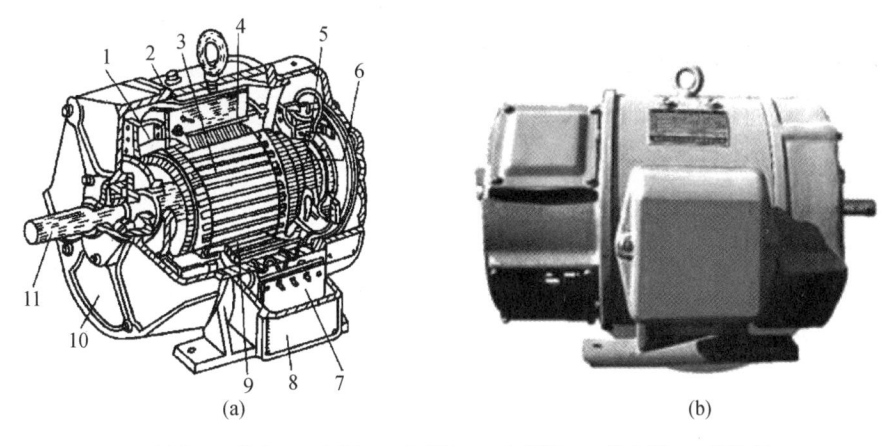

1—风扇；2—机座；3—电枢；4—主磁极；5—电刷架；6—换向器；7—接线板；
8—出线盒；9—换向磁极；10—端盖；11—转轴。

图 2-1-1 直流电机结构图及外观

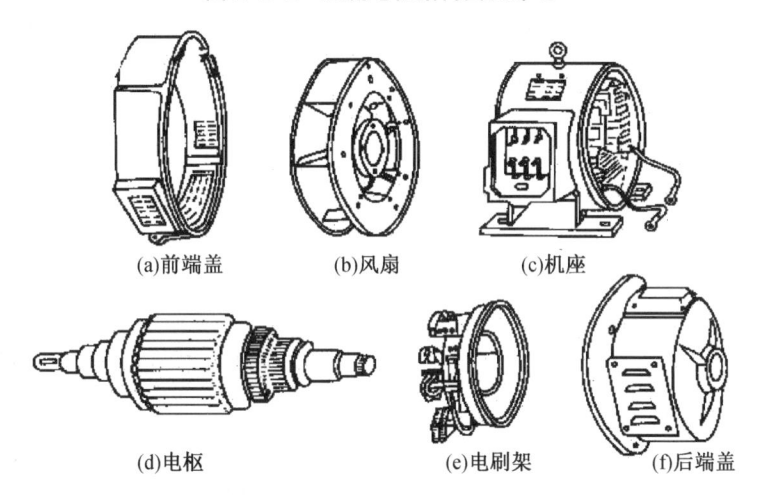

(a)前端盖　(b)风扇　(c)机座

(d)电枢　(e)电刷架　(f)后端盖

图 2-1-2 直流电机组成部件

1. 直流电机的静止部分(定子)

(1) 主磁极

主磁极(图 2-1-3)的作用是产生一个恒定的主磁场(即励磁磁场)。它由铁芯和励磁绕组组成。主磁极嵌在机座(图 2-1-4)上，总是按照 N、S 两极成对出现，并且主磁极的励磁绕组之间相互串联连接，连接时要能保证相邻磁极的极性按 N、S 交替排列。

(2) 换向磁极

换向磁极(图 2-1-5)也是由铁芯和换向磁极绕组构成的，其作用为减小电刷与换向器之间的火花，改善换向。换向磁极安装在相邻两个主磁极的中间线上，其个数和主磁极个数一致。换向磁极绕组与电枢绕组串联。

(3) 机座

机座由铸铁或铸钢制成，是电机磁路的一部分。它可固定主磁极、换向磁极和端盖等，起机械支承的作用。

· 53 ·

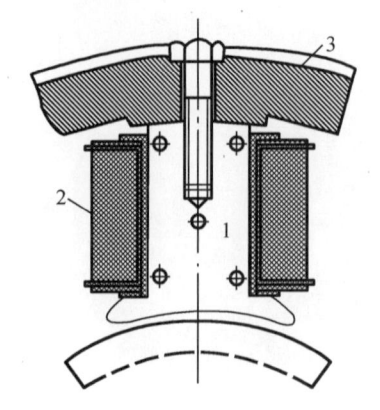

1—主磁极铁芯(主磁极铁芯用1~1.5 mm厚的钢板冲片叠压而成);2—励磁绕组;3—机座。

图2-1-3 主磁极

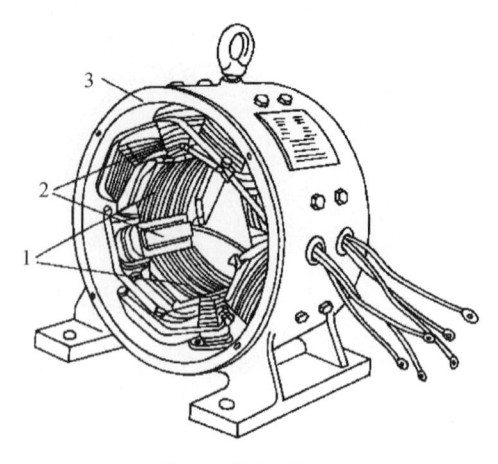

1—主磁极;2—换向磁极;3—机座。

图2-1-4 机座

(4)电刷装置

电刷装置(图2-1-6)的作用是将旋转的电枢绕组电路与静止的外部电路相连接,把直流电流引入或将直流感应电动势引出。其主要组成包括电刷、刷握、弹簧、刷杆座等部分。

电刷放置在刷握内,用弹簧压紧在换向器上。一般电刷组数与主磁极极数相等,电刷装置在换向器表面对称分布,其安放位置一般在物理中心线上(即磁感应强度等于0 T的位置),并且可以移动,用以调整电刷在换向器上的位置。

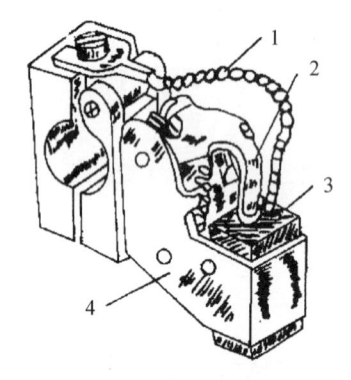

1—刷辫;2—压指;3—电刷;4—刷握。

图2-1-5 换向磁极

(a)刷架　　(b)碳刷

图2-1-6 电刷装置

2. 直流电机的转动部分(转子)

(1)电枢铁芯及绕组

电枢铁芯,是电机磁路的一部分,同时对放置在其上的电枢绕组起支承作用。为了减少涡流损耗,电枢铁芯通常采用0.5 mm厚且表面涂绝缘漆的硅钢片叠压而成。每片硅钢片周围均匀分布许多齿和槽,槽内可安放电枢绕组。其结构如图2-1-7所示。

电枢绕组(图2-1-8)是由许多按一定规律连接的线圈组成,是一个闭合的回路。它是直流电机的主要电路部分,是通过电流和电磁感应产生电动势以实现能量转换的关键部件。线圈用带绝缘的圆形或矩形截面导线绕成,嵌放在电枢槽内,上下层之间以及线圈与铁芯之间都要妥善地绝缘,然后用槽楔压紧,再用钢丝或玻璃丝带扎紧,以防止离心力将绕组甩出槽外。

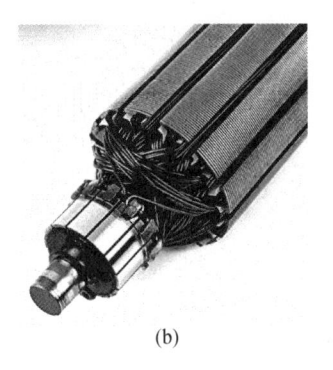

图 2-1-7 转子电枢铁芯及绕组

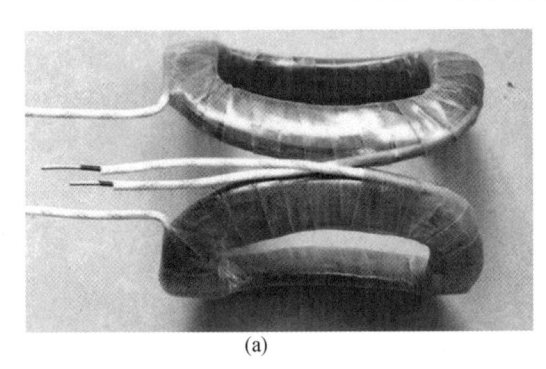

图 2-1-8 电枢绕组

(2)换向器

换向器是由许多铜质换向片组成的一个圆柱体。换向器装在电枢的一端,电枢绕组的两端分别焊接到两片换向片上,如图 2-1-7(b)所示。

换向器的作用:在直流电动机中,将外加的直流电流变为电枢绕组中的交流电流;在直流发电机中,将电枢绕组中的交变电动势变为电刷端点的直流电动势。其结构图如图 2-1-9 所示。

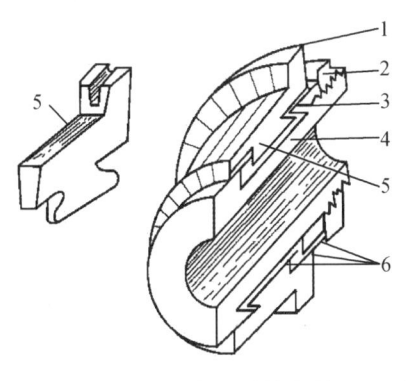

1—片间云母片;2—锁紧螺母;3—V 形环;4—套筒;5—换向片;6—云母绝缘。
图 2-1-9 换向器结构图

(3)气隙

气隙是转子和定子之间的间隙,是电机磁路的重要部分。一般小型电机的气隙为 0.5~5.0 mm,大型电机的气隙为 5~10 mm,但由于气隙磁阻远大于铁芯磁阻,对电机性能有很大的影响,因此在组装时应特别注意。

2.1.2 直流电机的工作原理

1. 直流电动机的工作原理

图2-1-10所示是直流电动机原理图,图中N和S是一对固定的磁极,用来建立恒定磁场。线圈 abcd 的终端固定在两片半圆形铜片(即换向器)上,电刷A、B分别与换向片接触并通向外电路。

阶段一:如图2-1-10(a)所示,电刷A与电源的正极相连,电刷B与电源的负极相连,电流经A—d—c—b—a—B形成回路。根据左手定则,线圈 ab 受力向右,线圈 cd 受力向左。这样就形成了一个转矩,使电枢逆时针方向旋转。

阶段二:当线圈在电动力作用下转动90°时,电刷正处在换向片缺口的位置,线圈没电,电磁转矩为零,但是线圈由于惯性的作用(实际电机中有转子铁芯,线圈是嵌在铁芯上的),也能转过一定的角度,这时线圈中电流的方向也改变了。这样使整个线圈获得同一方向的电磁转矩,继续转动。

阶段三:当电枢转过180°时,如图2-1-10(b)所示。这时电流经A—a—b—c—d—B形成回路,线圈 ab 持续受力向左,线圈 cd 受力向右,仍然形成一个逆时针转动的转矩,电枢按同一方向继续旋转。

如此重复上述三个阶段,电动机就可以连续旋转了。这种单一线圈电机存在振动较大的问题,在实际应用中往往使用多组多股线圈。

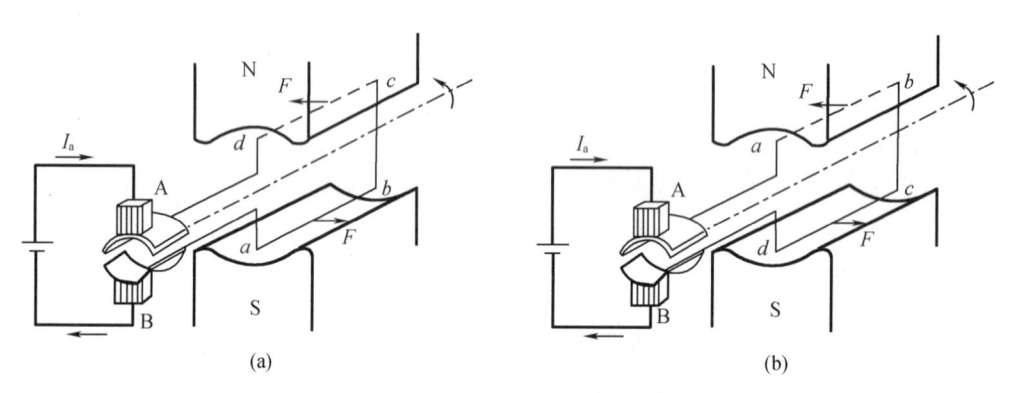

图 2-1-10 直流电动机原理图

2. 直流发电机的工作原理

直流发电机的基本结构和电动机完全相同,图2-1-11为直流发电机原理图。

阶段一:如图2-1-11所示,发电机线圈在原动机的带动下逆时针旋转时,用右手定则可以判定线圈 ab 和 cd 边切割磁感线,产生感应电动势 e,其方向为 d→c→b→a;在负载与线圈构成的回路中产生电流 I_a,其方向与电动势方向相同,电流由电刷A流出,由电刷B流回。

阶段二:当电枢转到图2-1-11(b)所示位置时,ab 边转到了S极,cd 边转到了N极。这时线圈中感应电动势的方向发生了改变,变成了 a→b→c→d。但由于换向器随之一起旋转,因此电刷A总是与N极下的导线连接,而电刷B总是与S极下的导线连接,电流 I_a 仍由A流出、由B流回,方向不变。

(a)　　　　　　　　　　　　　　(b)

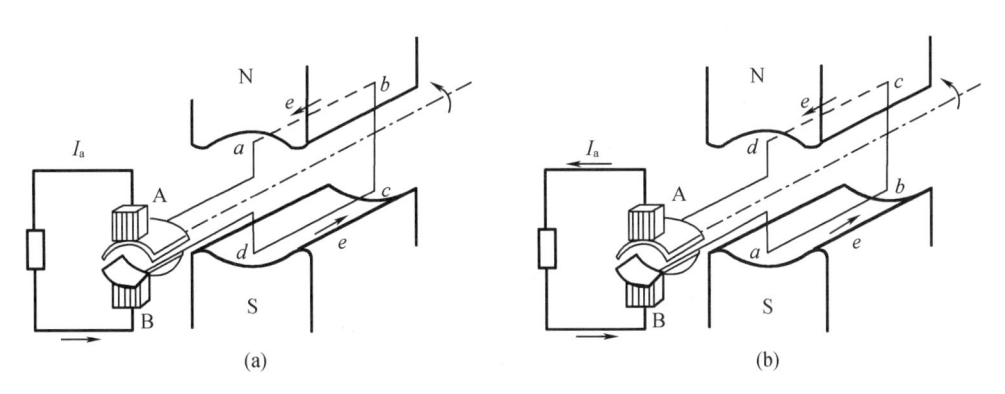

图 2-1-11　直流发电机原理图

电枢线圈每转过一圈,其感应电动势的方向就改变一次,但两电刷之间的电动势方向不变,大小在 0 与最大值之间变化,用这种直流发电机获得的直流电的电压大小是变化的,而且波动很大。

要获得方向和量值上均为恒定的电动势,就应把电枢铁芯上的槽数和线圈匝数增多,同时换向器上的换向片数也要相应地增加。实际应用的直流发电机中的线圈有很多,磁极的对数也不只一对,可以使电动势的波动很小。

2.1.3　直流电机的分类

根据用途的不同,直流电机可分为动力电机和控制电机。动力电机用于能量传递和转换,包括直流发电机或直流电动机,如电动汽车上的动力推进电机。控制电机用于信号传递和转换,包括步进电机、伺服电机等。根据励磁方式的不同,直流电机可分为他励电机、并励电机、串励电机和复励电机。

1. 他励电机

励磁绕组和电枢绕组分别由不同的直流电源供电,即励磁电路与电枢电路没有电的连接。其接线图和原理图分别如图 2-1-12(a)、图 2-1-12(b)所示。

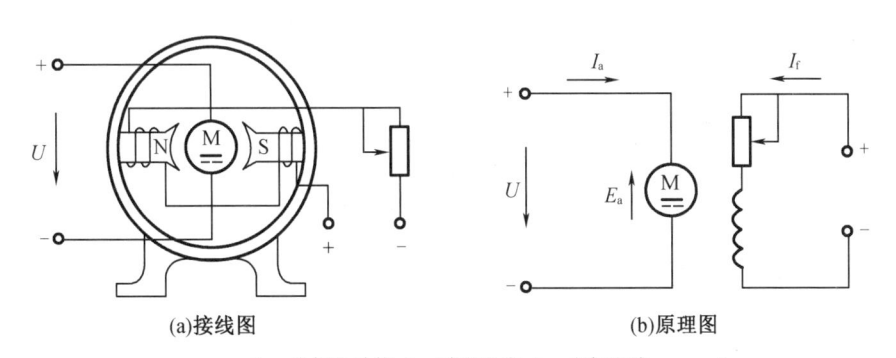

(a)接线图　　　　　　　　　　　(b)原理图

E_a—电枢电动势;I_f—励磁电流;I_a—电枢电流。

图 2-1-12　他励电机

2. 并励电机

励磁绕组和电枢绕组并联,由同一直流电源供电。励磁电压等于电枢电压,励磁绕组匝数多,电阻较大。总电流等于电枢电流和励磁电流之和,即 $I=I_a+I_f$。并励电机的接线图和原理图分别如图 2-1-13(a)、图 2-1-13(b)所示。

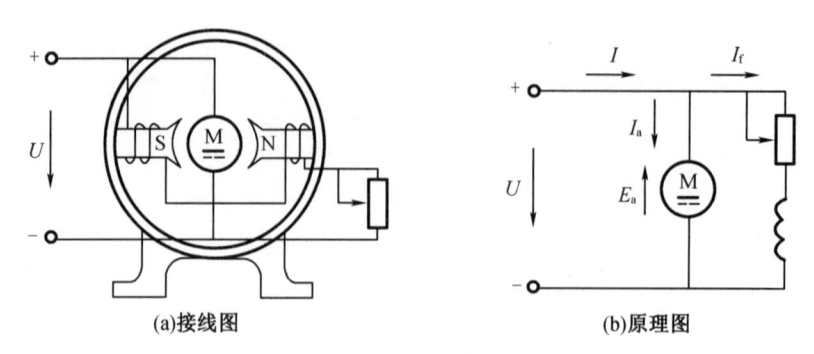

(a)接线图　　　(b)原理图

图 2-1-13　并励电机

3. 串励电机

励磁绕组和电枢绕组串联后接于直流电源上,励磁电流和电枢电流相等,即 $I_f = I_a$。其接线图和原理图分别如图 2-1-14(a)、如图 2-1-14(b)所示。

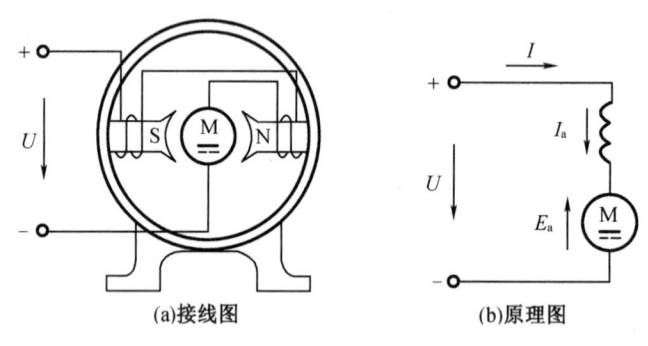

(a)接线图　　　(b)原理图

图 2-1-14　串励电机

4. 复励电机

复励电机有两个励磁绕组,一个与电枢并联,一个与电枢串联。并励绕组匝数多而线径细,串励绕组匝数少而线径粗,如图 2-1-15 所示。

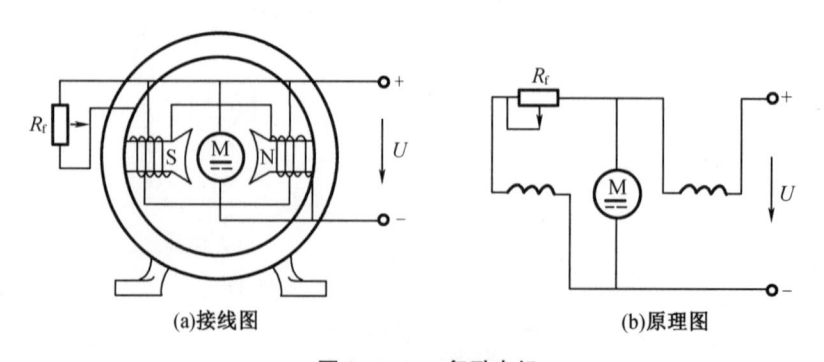

(a)接线图　　　(b)原理图

图 2-1-15　复励电机

在一些小型直流电机中,也有用永久磁铁产生磁场的,这种电机称为永磁式电机。其由于具有体积小、结构简单、效率高、损耗低、可靠性高等特点,因此应用越来越广泛。例如,兆欧表中的手摇发电机和测速发电机、汽车用永磁电机等。

2.1.4 直流电机的各类参数和特性

每一台电机的机座上都有一块铭牌,标明这台电机额定运行情况的各种数据。这些数据是正确、合理使用电机的依据,所以也称为铭牌数据。图2-1-16所示是一台直流电动机的铭牌,其额定值的意义介绍如下。

```
                    直流电动机
    型号        Z3-95          产品编号    7001
    结构类型                   励磁方式    他励
    功率        30 kW          励磁电压    220 V
    电压        220 V          工作方式    连续
    电流        160.5 A        绝缘等级    定子 B   转子 B
    转速        750 r/min      质量        685 kg
    标准编号                   出厂日期        年       月
```

图2-1-16 直流电动机的铭牌

1. 型号

国产电动机的型号一般采用大写的汉语拼音字母和数字表示电动机的结构和使用特点,如Z2-92,其说明如图2-1-17所示。Z系列为一般用途直流电动机,如Z2、Z3、Z4系列等;ZJ系列为精密机床用直流电动机;ZT系列为广调速直流电动机;ZQ系列为牵引直流电动机;ZH系列为船用直流电动机;ZA系列为防爆安全型直流电动机;ZKJ系列为挖掘机用直流电动机;ZZJ系列为冶金起重机用直流电动机。

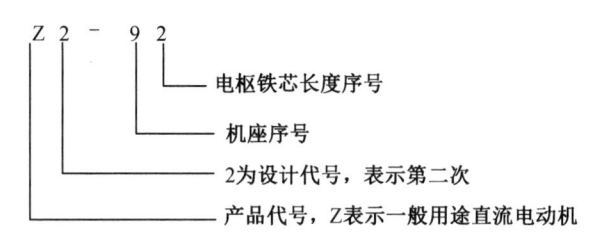

```
Z 2 - 9 2
        │ └── 电枢铁芯长度序号
        └──── 机座序号
    └──────── 2为设计代号,表示第二次
└──────────── 产品代号,Z表示一般用途直流电动机
```

图2-1-17 国产电动机型号详解

2. 额定功率(P_N)

额定功率是指电机在额定情况下允许输出的功率,单位是 W 或 kW。对于发电机,其是指向负载输出的电功率;对于电动机,其是指轴上输出的机械功率。

3. 额定电压(U_N)

在额定情况下,对于电动机,额定电压是指直流电源的电压;对于发电机,额定电压是指额定功率时的输出电压。单位是 V。

4. 额定电流(I_N)

额定电流是指电机在额定负载时允许电机长期流出或流入的电流,单位是 A。

5. 额定转速(n_N)

额定转速是指电机运行在额定电压、额定电流、额定功率下所对应的转速,单位是 r/min。

6. 励磁
励磁是指电机的励磁方式,包含他励、并励、串励、复励等。

7. 励磁电压
励磁电压是指电机在额定状态下励磁绕组两端所加的电压,单位是 V。对于自励的并励的电机,励磁电压等于电机的额定电压;对于他励电机,励磁电压要根据情况来定。

8. 励磁电流
励磁电流是指电机产生主磁通所需要的电流,单位是 A。

9. 定额
定额是指电机在额定状态下可以持续运行的时间和顺序。定额分为连续定额、短时定额、短续定额三种。例如,标有"连续"则表示电机可以不受时间限制连续运行,标有"25%"则表示电机在一个周期内工作25%的时间,休息75%的时间。

10. 温升
温升表示电机允许发热的一个限度。温升限度取决于电机所使用的绝缘材料。

【随堂练习】

1. 选择题

(1) 直流电机设置换向磁极的目的是( )。
A. 加快换向速度　B. 减小换向火花　C. 增大换向电势　D. 延长换向时间

(2) 直流电机电枢绕组是一个( )的绕组。
A. 闭合回路　B. 多路输出　C. 多相对称　D. 单相

(3) 直流发电机换向器主要起( )作用。
A. 整流　B. 变压　C. 励磁　D. 输出

(4) 通常直流电机电刷位置应调在( )线上。
A. 物理中心　B. 几何中性　C. 绕组中心　D. 元件中心

(5) 直流电机的( )部件不在定子上。
A. 主磁极　B. 换向磁极　C. 电枢绕组　D. 电刷

(6) 直流电机的( )部件不在转子上。
A. 换向磁极　B. 换向器　C. 电枢铁芯　D. 电枢绕组

(7) 直流电机的( )绕组不在定子上。
A. 励磁　B. 电枢　C. 换向磁极

(8) 下列关于直流电机的说法,正确的是( )。
A. 发电机运行时转子没有电磁转矩,而电动机运行时才有
B. 电动机运行时电枢没有电动势,而发电机运行时才有
C. 无论发电机还是电动机,运行时都具有相同性质的电动势
D. 无论发电机还是电动机,运行时都有电磁转矩,但性质不同

(9) 关于直流电动机的转动原理,下列说法正确的是( )。
A. 转子在定子的旋转磁场带动下,转动起来
B. 通电导体在磁场中受到力的作用
C. 导体切割磁感线产生感生电流,而该电流在磁场中受到力的作用
D. 穿过闭合导体的磁感应强度变化引起电磁转矩

(10) 直流电机励磁电路和电枢电路无任何电联系的励磁方式是( )。

A. 并励　　　　　B. 串励　　　　　C. 复励　　　　　D. 他励

2. 填空题

(1)改变一直流并励电动机的转向,可采用的方法是(　　　　　　　)和(　　　　　　　)单独改变。

(2)根据直流电机用途的不同,可以把直流电机分为两类:一类是进行能量传递和转换的,称为(　　　)电机;另一类是进行信号传递和转换的,称为(　　　)电机,包括步进电机、伺服电机等。

(3)直流电动机将(　　　)能转换为(　　　)能输出;直流发电机将(　　　)能转换为(　　　)能输出。

【任务实施】

1. 目的

(1)通过本任务使学生掌握船用直流电机的基本知识,学会使用、选配和维护直流电机。

(2)了解船舶行业直流电机拆卸标准和规范。

2. 器材

电工仪表、小型船用直流电机1台,电工工具。

3. 任务内容及要求

(1)按船舶行业电机作业的标准和规范操作,进行船用直流电机的拆卸。

(2)按船舶行业电机作业的标准和规范操作,进行船用直流电机组装。

(3)按船舶行业电机作业的标准和规范操作,进行船用直流电机的勘验。

4. 提交报告

(1)按操作规范要求拆卸船用直流电动机。

(2)填写船用直流电机装配验收单。

5. 组织步骤

(1)布置团队工作任务,按照工作岗位进行分工。

(2)按照既定的方案实施,记录实施过程中的现象和数据。

(3)按照职业标准进行检查,小组讨论并总结工作完成过程中较好的部分和存在的不足。

(4)组织学生进行自评和互评,教师对学生进行评价。

6. 直流电机勘验内容

(1)检查电机铭牌、绕组数据指示牌、旋转方向指针、吊攀、环首螺钉联轴器、皮带盘、轴键、风叶、防护罩、各类网罩、观察窗盖、接线盒及接线盖等是否完整。

(2)拆开联轴器及皮带盘,检查联轴器及皮带盘与轴的配合是否过松或过紧。

(3)检查防护罩及观察窗盖有无损坏、锈蚀等现象;橡皮条、羊毛毡及滤网是否完整,有无老化等现象。

(4)检查转轴轴承挡与轴承配合是否过松或过紧;轴承挡表面的粗糙度,有无锈蚀、裂纹、疤痕等现象。

(5)检查定子、转子铁芯有无相擦等现象。

(6)检查转子绕组端部钢丝箍或无纬绑扎带是否松散。

(7)检查接线板有无烧焦、碎裂等现象;接线桩头、连接片、接线是否完好、齐全。

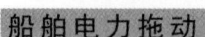

(8)检查电容器有无损坏、短路、开路或电容量变值等现象。

(9)检查换向器、集电环表面有无发黑、烧灼、凹陷、擦伤现象及表面磨损情况、粗糙度；云母片是否凸起及换向片的紧固程度。

(10)检查刷架是否松动、是否在中性面上，刷杆绝缘有无灼痕、老化，刷架连接线是否完好。

(11)检查刷握有无镀层剥落、锈蚀、变形等现象，排列是否整齐；电刷与刷盒是否过松或过紧；刷握弹簧是否齐正完好，压力是否合适均匀。

(12)检查电刷是否磨损过度、碎裂；牌号尺寸是否一致。

(13)检查制动片磨损情况；测量间隙并记录。

(14)检查制动器机械零件、刹车是否平整；制动片磨损情况，是否松动；铆钉有无缺损。

(15)检查电磁制动器绕组表面有无灼痕、焦味或高温变色等现象；绕组绝缘电阻有无短路、断路接地等现象。

(16)记录勘验结果，并填写直流电机勘验单，如表 2-1-1 所示。

表 2-1-1　直流电机勘验单

电机名称　　　　　　　　　　　　　　　　　　　　　编号

序号	零件名称	数量	勘验内容					材料规格尺寸	序号	零件名称	数量	勘验内容					材料规格尺寸
			清洁	烘漆	油漆	换新	其他					清洁	烘漆	油漆	换新	其他	
1	接线板								18	后轴承							
2	磁场绕组								19	机座							
3	串激绕组								20	换向器							
4	启动绕组								21	前轴承							
5	换向极绕组								22	后轴承							
6	电枢绕组								23	风叶							
7	电刷								24	吊环							
9	弹簧								25	联轴器							
10	刷槽								26	间隙							
11	刷杆								27	前套筒							
12	刷架								28	后套筒							
13	观察窗丝								电枢铁芯外径为(　　)mm，长度为(　　)mm，精度为(　　)						
14	前后防护罩								电枢绕组形式为(　　)，绕组节距为(　　)，换向器片数为(　　)，换向节距为(　　)，换向器外径为(　　)						
15	前轴承外盖								备注：						
16	前轴承内盖								^						
17	后轴承外盖								^						

训练所用时间：　　　　　　　参加训练者：(签字)　　　　　　　202 年 月 日

任务2.2 船舶直流电机的绕制和组装

【任务描述】

电枢绕组是直流电机的一个重要部分,电机中能量的转换就是通过电枢绕组来实现的。电枢绕组的结构对电机的基本参数和性能影响巨大。本任务是绕制小型直流电机电枢并进行电机组件的装配,让我们通过学习电机绕组的基本结构、分类、绕制工艺及绕组内各元件的接线方法等理论知识,能够在实践中运用工具将理论知识和操作工艺融于电机绕组绕制工作流程中,达到掌握知识、提升技能的目的。

电枢绕组是直流电机的核心部件,也是直流电机的能量转换中心。从任务2.1中我们已经了解到直流电机的工作原理,即电枢绕组工作时产生电动势、流过电流并产生电磁转矩,因此对直流电机电枢绕组的主要要求是:电枢回路满足电性能的要求,能感应出接近要求的电动势波形;能充分地利用绕组材料;结构简单,运行可靠,维修方便,换向良好。

2.2.1 直流电机电枢绕组简介

直流电机电枢绕组是由多个形状相同的绕组元件按照一定的规律连接而成的,根据连接的规律不同,电枢绕组可以分为单叠绕组、单波绕组、复叠绕组、复波绕组和混合绕组。

1. 元件

构成电枢绕组的线圈称为绕组元件,分单匝和多匝两种,如图2-2-1所示。

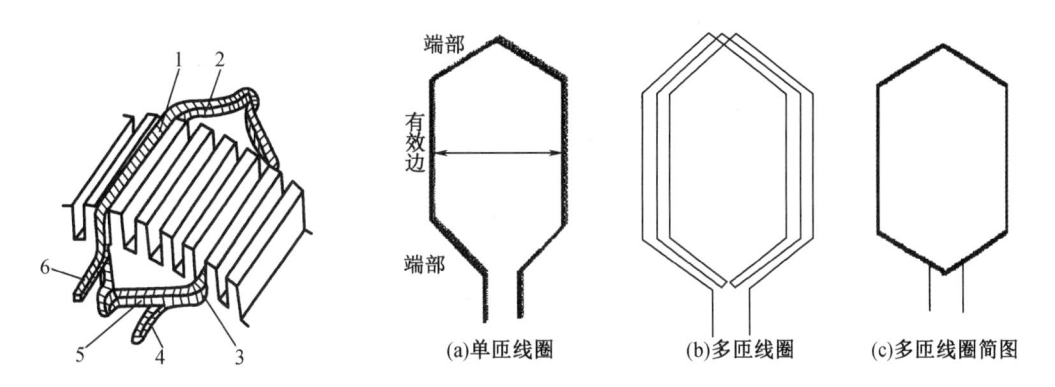

(a)单匝线圈　(b)多匝线圈　(c)多匝线圈简图

1—上层有效边;2,5—端接部分;3—下层有效边;4—线圈尾端;6—线圈首端。

图2-2-1　电枢绕组及其元件

2. 元件的首、尾端

每一个元件均引出两根线与换向片相连,其中一根称为首端,另一根称为尾端。

3. 极距

极距为相邻两个主磁极轴线沿电枢表面之间的距离(图2-2-2),用 τ 表示:

$$\tau = \frac{\pi D}{2p} \tag{2-2-1}$$

式中　D——电枢直径;

p——极对数。

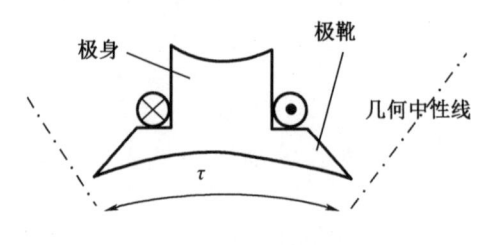

图 2-2-2 极距

4. 第一节距(y_1)

第一节距 y_1 为一个元件的两个有效边在电枢表面跨过的距离(图 2-2-3(a))。第一节距和极距相等的绕组称为整距绕组;第一节距小于极距的绕组称为短距绕组;第一节距大于极距的绕组称为长距绕组。

5. 第二节距(y_2)

第二节距 y_2 为连至同一换向片上的两个元件中的第一个元件的下层有效边与第二个元件的上层有效边间的距离(图 2-2-3(b))。

6. 合成节距(y)

合成节距 y 为连至同一换向片上的两个元件的对应有效边之间的距离(图 2-2-3(c)、图 2-2-3(d))。

单叠绕组的合成节距为

$$y = y_1 - y_2 \quad (2-2-2)$$

单波绕组的合成节距为

$$y = y_1 + y_2 \quad (2-2-3)$$

7. 换向节距 y_k

换向节距 y_k 为同一元件首、尾端连接的换向片之间的距离。

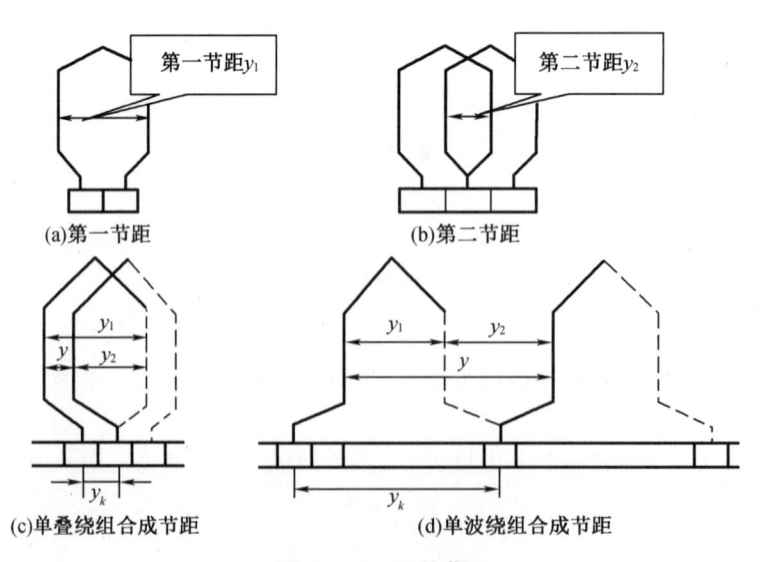

图 2-2-3 元件节距

8. 叠绕组

叠绕组指串联的两个元件总是后一个元件的端接部分紧叠在前一个元件的端接部分,整个绕组呈折叠式前进。

9. 波绕组

波绕组指把相隔约为一对极距的同极性磁场下的相应元件串联起来,呈波浪式前进。

2.2.2 直流电机绕组的基本形式

直流电机的绕组一般主要有单叠绕组、单波绕组、复波绕组、复叠绕组、混合绕组等,但在实际工作中直流电机绕组的基本形式有两种——单叠绕组、单波绕组。

1. 单叠绕组

单叠绕组的特点是相邻元件(线圈)相互叠压,合成节距与换向节距均为1,即 $y=y_k=±1$。如果 $y=y_k=1$,则绕组向右绕行,称为右行绕组;如果 $y=y_k=-1$,则绕组向左绕行,称为左行绕组。槽数 Z、元件数 S、换向片数 k 相等。下面以某槽数 $Z=16$、$p=2$ 的直流电机电枢单叠绕组绕制工艺为例,了解单叠绕组。

(1)节距计算

采用右行单叠绕组,有

$$y=y_k=1 \tag{2-2-4}$$

整距绕组的第一节距为

$$y_1=\frac{Z}{2p}=\frac{16}{4}=4$$

整距绕组的第二节距为

$$y_2=y_1-y=3$$

(2)电枢绕组连接图

先对槽和元件边进行编号,图 2-2-4 中的数字表示槽号,顺方向实线(\)表示同一元件的左右两个有效边所对应的槽。如1—5′为第1个元件跨接在第1个槽上一层和第5个槽的下一层,其他依次类推。图 2-2-4 中两元件之间的逆方向实线(/)则表示通过换向器上的一片换向片把两元件串联的连接线,即第1个元件的下元件边(第5个槽中)和第2个元件上元件边(第2个槽中)连在一起。由图 2-2-4 可见,从第1个元件出发,绕完16个元件后,又回到第1个元件而形成闭合回路,因此直流电机电枢绕组总是自行闭合的。

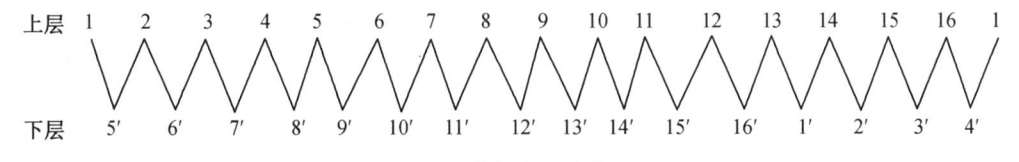

图 2-2-4 电枢绕组连接图(1)

(3)电枢绕组展开图

图 2-2-5 为电枢绕组展开图(1),图中标识了元件间的电气连接关系及主磁极、换向片、电刷间的相对位置关系。图中所示磁极在电枢绕组的上面,因此 N 极的磁感线指向纸面,S 极的磁感线从纸面穿出;左上方的箭头表示电枢绕组的旋转方向。由此运用右手定则,可确定在图示瞬间各元件边内感应电动势的方向,并且可看出电刷电位的正、负。将展

开图连接后可获得图2-2-6所示的等效电路图。因此对于直流电动机来说，输入的是直流电，但是进入绕组后可转化成方向瞬时变化的交流电。

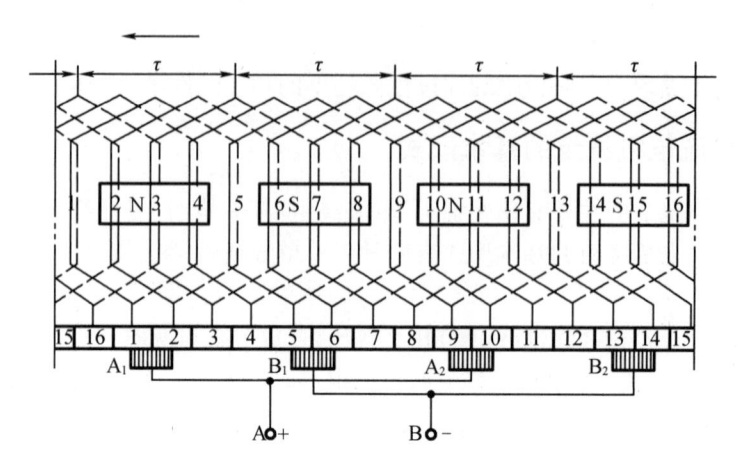

图 2-2-5　电枢绕组展开图(1)

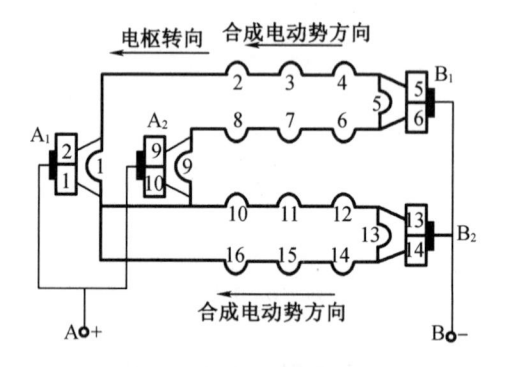

图 2-2-6　电枢绕组等效电路图(2)

(4)电刷放置

确定电刷放在换向器上的位置的原则是：空载时正、负电刷之间获得最大电动势，这时被电刷短路的元件的电动势为零。

无论是整距绕组、短距绕组，还是长距绕组，只要元件轴线与主极轴线重合，元件的电动势便为零，我们把这时元件所接两换向片的中心线称为换向器上的几何中性线，如图2-2-7所示。

通常的做法：若元件采用对称端连接，则换向器上的几何中性线与主极轴线重合，因此电刷直接放在主极轴线上。若元件是采用不对称端连接的，则换向器上的几何中性线不与主极轴线重合，而是偏离后者一个角度，因此电刷位置应相应地移过同一角度。

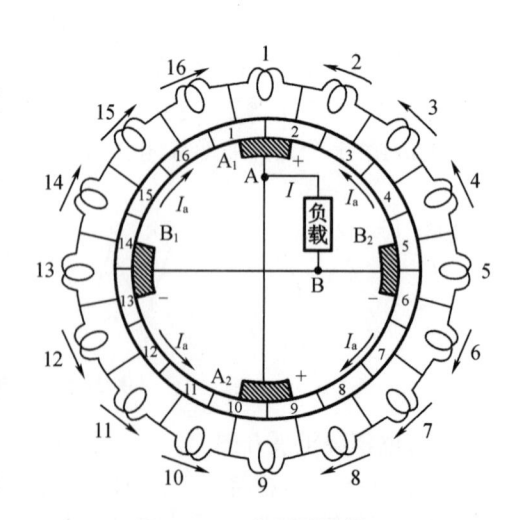

图 2-2-7　电刷放置图

(5)单叠绕组接法注意事项

①同一元件首、尾接线端连接在相邻的换向片上。

②图2-2-7中电枢的槽数 $Z=16$,元件数 $S=16$,换向片数 $k=16$。

③元件1的首端放置在槽1的上部,尾端放置在槽6的下部;元件2的首端放置在槽2的上部,尾端放置在槽7的下部;其他依次类推放置。

④同一主磁极下的元件串联成一条支路,主磁极数与支路数相同。

⑤电刷数等于主磁极数。电刷位置应使感应电动势最大。电刷间电动势等于并联支路电动势。电刷放置在几何中性线上。

⑥电枢电流等于各支路电流之和。电枢电流的方向以电刷为分界换向。

2. 单波绕组

单波绕组(图2-2-8)将所有具有相同极性的元件串联在一起,构成一条支路,特点是合成节距与换向节距相等。这时两个相串联的元件的对应边间距离(即合成节距 y)约等于2个极距(2τ)。

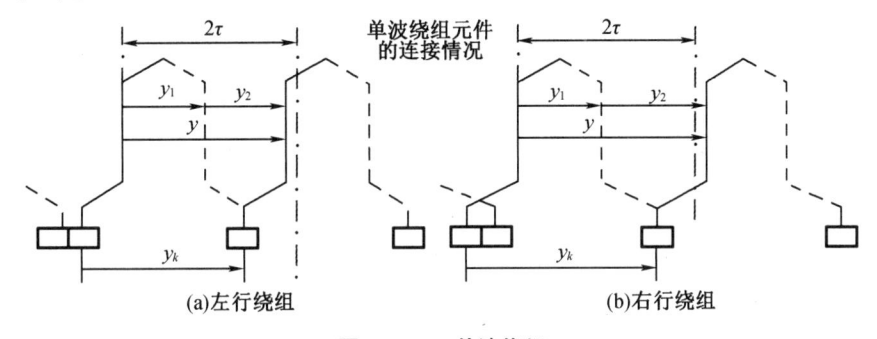

图2-2-8 单波绕组

以某槽数 $Z=15$、$p=2$ 的直流电机电枢单波绕组绕制工艺为例进行分析。

(1)节距计算

槽数为单数,采用短距绕组是波绕组常用的一种方式。

左行单波绕组:

$$y=y_k=\frac{k-1}{p}=\frac{15-1}{2}=7$$

短距绕组:

$$y_1=\frac{Z}{2p}-\varepsilon=\frac{15}{4}-\frac{3}{4}=3$$

第二节距:

$$y_2=y-y_1=4$$

(2)电枢绕组连接图

根据单波绕组将所有具有相同极性的元件串联在一起,构成一条支路,结合前述节距计算,形成图2-2-9所示的电枢绕组连接图(2)。

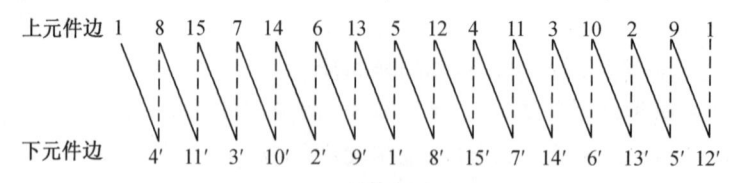

上元件边 1　8　15　7　14　6　13　5　12　4　11　3　10　2　9　1

下元件边 　4′　11′　3′　10′　2′　9′　1′　8′　15′　7′　14′　6′　13′　5′　12′

图 2-2-9　电枢绕组连接图(2)

(3)电枢绕组展开图

将两个串联元件放在同极磁极下,空间位置相距约 2 个极距。沿圆周向一个方向绕一周后,其末尾所接的换向片落在与起始的换向片相邻的位置,如图 2-2-10、图 2-2-11 所示。

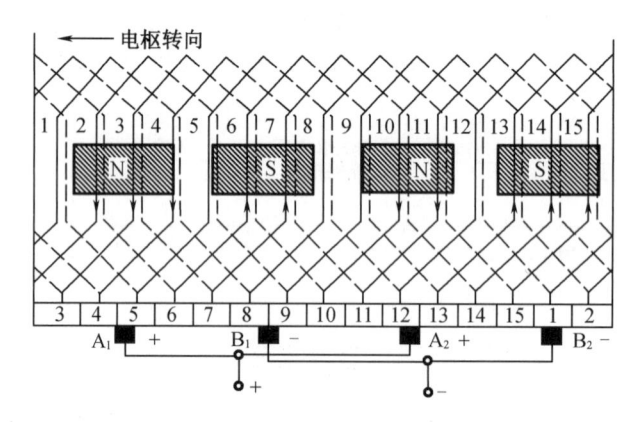

图 2-2-10　电枢绕组展开图(2)

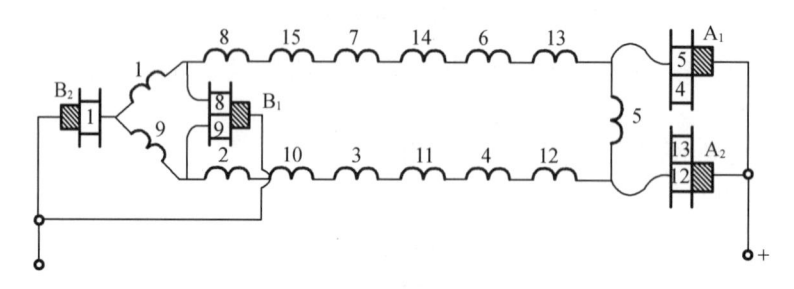

图 2-2-11　电枢绕组等效电路图(2)

(4)电刷位置和电刷组数

在叠绕组电刷放置中得出的"电刷应固定放置在换向器上的几何中性线上"这一结论也适用于波绕组。为此,可把"换向器上的几何中性线"的意义扩充为:当元件轴线与主极轴线重合时,该元件所接两换向片之间的中线便是换向器上的几何中性线。其物理意义仍然是:当电刷中心线与几何中性线重合时,被电刷短路的元件中的电动势为零或接近于零。

2.2.3　直流电动机的基本方程

1. 电动势平衡方程式

当电枢两端外加电压为 U 时,电枢电流为 I_a,电枢绕组产生感应电动势 E。根据电动机的工作原理,电枢电流方向和电源电压方向一致,感应电动势 E 和电枢电流是反向的,所以 E 也称为反电动势,则直流电动机的电动势平衡方程为

$$U = E + RI_a + 2\Delta U_b \tag{2-2-5}$$
$$E = C_e \Phi n \tag{2-2-6}$$

式中 R——电枢回路总电阻,包括电枢电阻和电枢串联附加电阻;

I_a——电机电枢回路电流;

$2\Delta U_b$——一对电刷上的接触压降,一般为 0.6~1.2 V;

C_e——电机参数,$C_e = \dfrac{pN}{60a}$,其中 p 为极对数,N 为电枢导体总数,a 为并联支路数;

Φ——主磁通;

n——电机转速。

在一般工程分析中,可以将电刷接触压降计入电枢回路压降中去,电动势平衡方程简化为

$$U = E + RI_a \tag{2-2-7}$$

2. 转矩平衡方程式

电动机的电磁转矩 T 是一个驱动转矩:

$$T = C_T \Phi I_a \tag{2-2-8}$$

式中 C_T——电机参数。

当电动机恒速运行时,T 必须与轴上的负载制动转矩 T_2 和空载制动转矩 T_0 平衡,故

$$T = T_2 + T_0 \tag{2-2-9}$$

由于空载制动转矩 T_0 的数值仅为电动机额定转矩的 2%~5%,因此在重载和额定负载下常忽略不计,即 $T \approx T_2$。

3. 功率平衡方程式

电动机将电能转变成机械能输出,不能将输入的电功率全部转换成机械功率,在转换过程中总有一部分能量消耗在电机内部,称为电机损耗。它包括机械损耗、铁芯损耗、铜损和附加损耗。

根据电动势平衡方程(2-2-7),两边同乘以 I_a,即得

$$UI_a = EI_a + RI_a^2 \tag{2-2-10}$$

式中 UI_a——电源输入功率;

EI_a——电动机电磁功率;

RI_a^2——电枢绕组上的铜损。

可以写成下式:

$$P_1 = P_M + P_{Cu} \tag{2-2-11}$$

式中 P_1——电源输入功率;

P_M——电动机电磁功率;

P_{Cu}——电枢绕组上的铜损。

对于并励电动机来讲,励磁回路消耗的功率也来自电源,因此,根据式(2-2-11),其功率关系为

$$P_1 = P_M + P_{Cu} + P'_{Cu} \tag{2-2-12}$$

式中 P'_{Cu}——励磁回路消耗的功率。

电磁功率并不能全部用来输出,它必须克服机械损耗(即摩擦损耗)、铁损(即磁滞和涡流损耗)和附加损耗(产生的原因复杂,难以准确计算,一般取额定功率的 0.5%~1%)。这

部分损耗不论电动机是否有负载始终存在,合称为空载损耗,以 P_0 表示。

$$P_M = P_2 + P_0 \tag{2-2-13}$$

式中 P_2——电动机轴上的输出功率。

将式(2-2-13)代入式(2-2-12),即

$$P_1 = P_2 + P_0 + P_{Cu} + P'_{Cu} \tag{2-2-14a}$$

$$P_1 = P_2 + \sum P \tag{2-2-14b}$$

式中 $\sum P$ ——电动机的总损耗功率。

式(2-2-14)就是电动机的功率方程,由式(2-2-14)绘出的电动机功率分配图如图 2-2-12 所示,该图可以形象地说明各功率之间的关系。

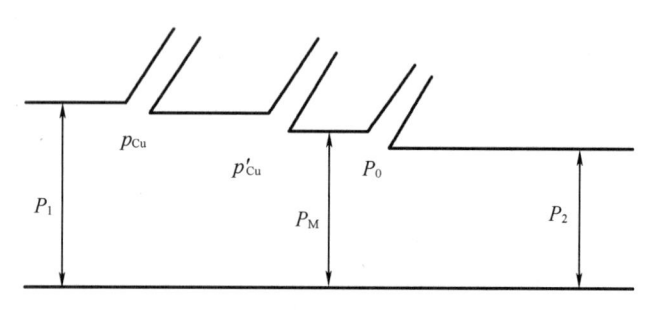

图 2-2-12 直流电动机功率分配图

4. 直流电动机输出功率和转矩之间的关系

电动机输出的电磁转矩的大小与很多因素有关,不能简单地根据公式进行换算。大多数生产机械的负载转矩特性可以归纳为以下 3 种类型。

(1)恒转矩负载特性

恒转矩负载是指负载转矩 T_L 的大小与转速 n 无关,即当转速变化时,负载转矩 T_L 为常值。根据转矩的方向是否与转动方向有关,恒转矩负载可分为反抗性恒转矩负载和位能性恒转矩负载。

(2)通风机类负载特性

通风机类负载转矩 T_L 与转速 n 的大小有关,几乎与转速 n 的平方成正比,即 $T_L = Kn^2$,其中,K 为比例系数。属于通风机类负载的生产机械有通风机、水泵、油泵等。

(3)恒功率负载特性

恒功率负载的特点是在不同转速下,负载从电动机吸收的功率 P_L 为恒定值,即

$$P_L = T_L \omega = T_L \frac{2\pi n}{60} \quad \text{或} \quad T_L = 9.55 \frac{P_L}{n} \tag{2-2-15}$$

直流电动机拖动时负载的电磁转矩计算较为复杂,涉及负载计算式,读者可以查阅相关资料,本任务中不再赘述。

例 2-2-1 一台并励电动机,拖动一恒功率负载,其额定数据如下:$P_N = 25 \text{ kW}$,$U_N = 110 \text{ V}$,$\eta = 0.86$,$n_N = 1\,200 \text{ r/min}$,$R_a = 0.04 \text{ Ω}$,$R_f = 27.5 \text{ Ω}$,试求:

(1)额定电流、额定励磁电流、额定电枢电流;

(2)铜损、空载损耗;

(3)额定转矩。

解 (1)额定功率 P_N 就是指输出的机械功率 P_2,则输入电功率为

$$P_1 = \frac{P_2}{\eta} = \frac{25}{0.86} = 29.1 \text{ kW}$$

额定电流:

$$I_N = \frac{P_1}{U_N} = \frac{29.1 \times 10^3}{110} = 265 \text{ A}$$

额定励磁电流:

$$I_f = \frac{U_N}{R_f} = \frac{110}{27.5} = 4 \text{ A}$$

额定电枢电流:

$$I_a = I_N - I_f = 265 - 4 = 261 \text{ A}$$

(2)电枢绕组铜损为

$$P_{Cu2} = I_a^2 R_a = 261^2 \times 0.04 = 2\,725 \text{ W}$$

总损耗:

$$\sum P = P_1 - P_2 = 29\,100 - 25\,000 = 4\,100 \text{ W}$$

空载损耗:

$$P_0 = \sum P - P_{Cu1} - P_{Cu2} = 4\,100 - 400 - 2\,725 = 935 \text{ W}$$

额定转矩:

$$T_N = 9.55 \frac{P_N}{n_N} = 9\,550 \times \frac{25}{1\,200} = 199 \text{ N·m}$$

【随堂练习】

选择题

(1)极数为 $2p$ 的直流电机的电枢绕组采用单波绕组时,其最大的并联支路数为( )。
A. 2　　　　　　B. p　　　　　　C. $2p$　　　　　　D. 以上都不对

(2)极数为 $2p$ 的直流电机的电枢绕组采用单叠绕组时,其最大的并联支路数为( )。
A. $2p$　　　　　　B. p　　　　　　C. 2　　　　　　D. 以上都不对

(3)直流电机换向片与电枢绕组保持相对( )关系,电刷与主磁极保持相对( )的关系。
A. 静止;静止　　　　　　　　　B. 运动;静止
C. 运动;运动　　　　　　　　　D. 静止;运动

(4)一台直流发电机,磁极固定,电枢和电刷以同一速度、同一方向旋转,则两刷间的电动势是( )。
A. 交流　　　　B. 直流　　　　C. 脉动直流　　　　D. 以上都不对

(5)在直流电机中,公式 $E = C_e \Phi n$ 和 $T = C_T \Phi I_a$ 中的 Φ 指的是( )。
A. 每极气隙磁通　　　　　　　　B. 所有磁极的总磁通
C. 主极每极磁通　　　　　　　　D. 每极电枢反应磁通

(6)直流发电机电枢导体中的电流是( )。
A. 直流电　　　B. 交流电　　　C. 脉动的直流
(7)直流电机为了在正、负电刷之间得到最大的感应电动势,下列放电刷的方法中不正确的是( )。
A. 电刷在换向器表面上位置对准主磁极的中心线
B. 被电刷短路的元件的两个元件边仍然位于几何中性线处
C. 电刷位于主磁极中心线和几何中性线之间
D. 被电刷短路的元件永远处于两个主磁极之间
(8)下面说法正确的是( )。
A. 极轴线指的是磁极之间的平分线,几何中性线指的是磁极的中性线
B. 极轴线指的是磁极的中性线,几何中性线指的是磁极之间的平分线
C. 极轴线和几何中性线都是指磁极之间的平分线
D. 极轴线和几何中性线都是指磁极的中性线
(9)为了得到最大的直流电动势,直流电机中被电刷短路的元件的元件边位于( )处。
A. 与极轴线成45°　　　　　　B. 与几何中性线成45°
C. 极轴线　　　　　　　　　　D. 几何中性线

【任务实施】

1. 目的
(1)通过本任务使学生掌握船用直流电机绕组的基本知识。
(2)掌握万用表、钳形电流表、兆欧表等电工仪表的使用方法。
(3)掌握船用直流电机绕组绕制和装配工艺、技术要求。
(4)了解船舶行业电机修理的标准和规范。

2. 器材
电工仪表、船用直流电机1台,电工工具。

3. 任务内容及要求
(1)进行船用直流电机绕组的绕制工作,并按船舶行业电机作业的标准和规范操作。
(2)船用直流电机绕组绕制和装配按船舶行业电机修理的标准和规范操作。
(3)电机装好后必须进行常规实验,要求记录实验的全部数据。

4. 提交报告
(1)填写电机装配验收单(表2-2-1)。
(2)撰写电机绕组绕制工艺要求、操作规范。

5. 组织步骤
(1)布置团队工作任务。
(2)小组成员分别收集、整理解决方案的资料,独立思考;小组讨论并确定工作计划。
(3)小组成员利用各种教学资源独立学习,然后小组讨论并确定实施方案。
(4)按照既定的方案实施,记录实施过程中的现象和数据。
(5)按照职业标准进行检查,小组讨论并总结工作完成过程中较好的部分和存在的不足。
(6)组织学生进行自评和互评,教师对学生进行评价。

6. 实训注意事项

(1)根据实测的绕组数据,准备导线,一般应采用原有的牌号、规格。在选用导线时,应选用与原截面积相同的导线,不允许减小截面积。在采用若干导线并联代替原导线时,必须保证总截面积不变且能嵌入槽内,如没有同牌号的则可选用品级高的材料。

(2)导线的绝缘层一般按原来型号、规格确定。一般可选用高强度聚酯漆包线或玻璃丝包的圆扁铜线。

(3)定子及转子绕组的绝缘,一般包括导线绝缘、匝间绝缘、层间绝缘、相间绝缘、槽绝缘、端接部分绝缘、绕组支撑绝缘。

(4)槽绝缘必须依槽的形状折好,要紧靠槽壁,两端长出槽口,并向上高出槽口适当的余量,待导线嵌入后再剪去多余部分。

(5)对于散嵌式软线圈,应先将扎线移至线圈端部,再把线理齐,从槽口顺势嵌入。必要时可使用竹片或层压板制成的理线板(注意不要碰伤绝缘层)。下线时,应注意导线排列整齐,尽量避免交叉。

(6)用压线板将槽绝缘重叠封口,然后打入槽楔。槽楔一般采用竹片或层压板条制成。槽楔大小视槽口间隙决定。

(7)根据原来的接线图,分清绕组首、尾端,轻拉线头,刮净导线端头的绝缘,绞紧接头后焊接起来,包以黄蜡绸带再套以黄蜡套管。接头部分扎线时应尽量避免重叠。

(8)绕组须配齐引出线,然后进行焊接并包以绝缘。电机引出线应选用原来的型号、规格。电缆、电机内所有连接线、引出线均应扎紧、固定。

(9)将清洗干净的电机转子、定子绕组浸漆烘焙,操作工艺按照实训要求进行。

表 2-2-1 电机装配验收单

工程总号		船名		电机名称		
功率		电压		电流		
转速		接法		电机号		
序号	检验项目及内容				合格	不合格
1	内部接线正确					
2	电机清洁无杂物,油漆光亮无剥落					
3	电刷吻合面合格,换向器平整光洁					
4	接线板、电容安装正确,接线标记清晰					
5	刷架中心位置正确					
6	电机零部件装配正确完整					
7	转子的平衡块及平衡螺丝					
8	磁极中心线与几何中性线一致					
9	电机运转灵活,轴承无杂声					
10	绕组排列正确					

表 2-2-1(续)

序号	检验项目及内容	合格	不合格
11	皮带盘或联轴器安装正确		
12	电机引出线		
13	绕组与换向器之间的焊接		
14	磁极及铁轭		
15	刷握的排列		
16	空气间隙		
17	测量绝缘电阻合格,绝缘值为_____ MΩ		
23	通电实验正常,空载电流为_____ A		
提交者	检查员	日期	年 月 日

任务2.3 直流电机系统故障诊断及排除

【任务描述】

在电推船中,直流电动机由于具有启动转矩大、调速平稳、控制简单等优点,常用作船只的主要推进装置。掌握直流电动机的机械特性,有助于更好地使用和管理电力推进器。本任务以直流电动机为例对直流电机相关知识进行讲解,选取直流电动机系统故障诊断和排除的工作场景,如电机机械特性变化引起的直流电机转速不正常、直流电动机启动转矩下降导致的无法启动或启动过热等。通过本任务的学习,让我们掌握相关知识并能动手修复直流电机故障,有助于提升其对直流电机的故障诊断和维修能力。

2.3.1 直流电动机的机械特性

直流电动机的机械特性是指电动机运行时,电动机转速 n 与转矩 T 的关系 $n=f(T)$,研究机械特性有助于了解电动机拖动负载时的实际工作状况,这样就可知道为何重载时电动机速度会下降,同时方便我们理解电动机的调速原理。

机械特性可分为固有(自然)机械特性和人为机械特性。当电动机的外加电压和励磁电流为额定值时,电枢回路没有串接任何附加电阻时的机械特性称为固有机械特性。从空载到额定负载,当电动机转速下降不多,称为硬机械特性。而负载增大,转速下降较快时,称为软机械特性。

人为机械特性是指通过改变电动机的一种或几种参数,如改变电枢回路的串接电阻、降低输入电压等,使之不同于其额定值时的机械特性。

1. 并励直流电动机的机械特性

并励直流电动机的原理图如图 2-1-13(b)所示,根据公式 $U=E+R_aI_a$、$E=C_e\Phi n$ 可以得出

$$U=C_e\Phi n+R_aI_a \tag{2-3-1}$$

$$n=\frac{U}{C_e\Phi}-\frac{R_a}{C_e\Phi}I_a \qquad (2-3-2)$$

因为转矩 $T=C_T\Phi I_a$，则

$$n=\frac{U}{C_e\Phi}-\frac{R_a}{C_e\Phi^2 C_T}T=n_0-\beta T=n_0-\Delta n \qquad (2-3-3)$$

式(2-3-3)反映了转速和转矩的关系，称为电动机的机械特性方程。n_0 叫作电动机的理想空载转速，该转速略大于电动机额定负载时的转速。$\beta=R_a/C_e\Phi^2 C_T$，叫作机械特性斜率。Δn 叫作转速降，它表示随负载增加时，转速下降的多少，一般 $\Delta n=(n_0-n_N)/n_N\times100\%$，通常为 3%~8%。

在电动机分析中，这种可较为直观地观察拖动负载时转速和电磁转矩之间的关系曲线称为并励直流电动机的机械特性曲线(图 2-3-1)。

从并励直流电动机的机械特性方程可知 $n=f(T)$，如果在电枢回路中串入不同的电阻 R_j，$\beta(\beta=(R_a+R_j)/C_e\Phi^2 C_T)$ 会随着电阻的变大而变大，其机械特性曲线如图 2-3-2 中的曲线 2、3 所示，称为电动机的人为机械特性。从图 2-3-2 中可以发现，串接的电阻 R_j 越大，曲线下垂得越厉害，通常称之为机械特性变软。

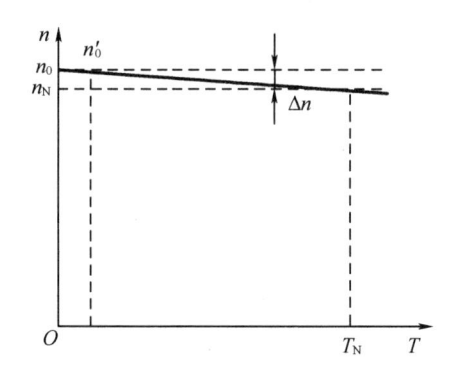

图 2-3-1 并励直流电动机机械特性曲线(1)　　图 2-3-2 并励直流电动机机械特性曲线(2)

2. 串励直流电动机的机械特性

串励直流电动机的原理图如图 2-1-14(b)所示。其励磁绕组与电枢绕组串联，励磁电流等于电枢电流，即 $I_f=I_a$，磁通随电枢电流的变化而变化。当磁路未饱和时，磁通与 I_a 成正比，即

$$\Phi=k_\Phi I_a$$

根据

$$U=E_a+R_a I_a+R_f I_f$$
$$E_a=C_e\Phi n$$
$$T=C_T\Phi I_a=C_T k_\Phi I_a^2$$

可以得

$$n=\frac{E_a}{C_e\Phi}=\frac{E_a}{C_e k_\Phi I_a}=\frac{U-(R_a+R_f)I_a}{C_e k_\Phi I_a}=\frac{U-(R_a+R_f)I_a}{T\dfrac{C_e}{I_a k_\Phi}} \qquad (2-3-4)$$

由式(2-3-4)可见，串励直流电动机在磁路不饱和时的机械特性曲线为一条双曲线，

如图2-3-3中曲线1所示,说明负载转矩增大时,转速下降得很快,特性很软。图2-3-3中曲线2、3所示是电枢回路串入不同启动电阻后的人为机械特性曲线。

从图2-3-3中可以看出,当空载时,电动机转速很高,因此串励电动机不允许空载启动和空载运行。当磁路饱和时,其机械特性与此曲线有很大区别,但转速随转矩的增加而显著下降的特点依然存在。

3. 他励直流电动机的机械特性

他励直流电动机的机械特性的分析过程与并励直流电动机基本相同,其固有机械特性相同,但是他励直流电动机还常常通过改变励磁、电源电压等方式改变其机械特性而实现调速。

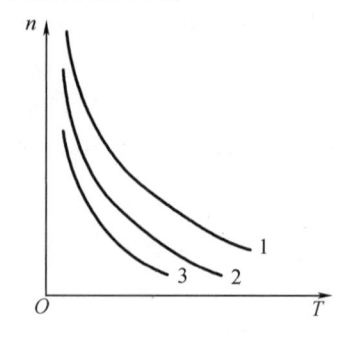

图2-3-3 串励直流电动机机械特性曲线

分析过程如下:

$$U = E_a + I_a R_a = C_e n \Phi + I_a R_a \quad (2\text{-}3\text{-}5)$$
$$T = T_2 + T_0 = C_T \Phi I_a$$

由

$$U = E_a + I_a R_a$$
$$T = C_T \Phi I_a$$
$$E_a = C_e \Phi n$$

可以得到其机械特性方程为

$$n = \frac{U}{C_e \Phi} - \frac{R_a}{C_e C_T \Phi^2} T \quad (2\text{-}3\text{-}6)$$

(1)降低电源电压时的人为机械特性

当电枢回路中没有串接附加电阻,且励磁电流为额定电流 I_N 时,降低电枢回路外加电源电压 U,此时的人为机械特性方程为

$$n = \frac{U}{C_e \Phi_N} - \frac{R_a}{C_e C_T \Phi_N^2} T \quad (2\text{-}3\text{-}7)$$

从式(2-3-7)可以看出,降低电源电压时的人为机械特性曲线的斜率 $\beta = \frac{R_a}{C_e C_T \Phi_N^2}$ 与固有机械特性曲线的斜率 β 相同,即人为机械特性曲线不改变固有机械特性曲线的硬度,但其理想空载转速 n_0 随外加电压的降低而减小,如图2-3-4中的直线2和直线3所示,图中 $U_N > U_1 > U_2$。

因为在实际利用电动机拖动时,受额定电压限制,直流电动机的电源电压一般是从额定电源电压向下调节,从而获得不同的人为机械特性。在相同的负载条件下,电动机稳定运行时的转速下降值 Δn 不随外加电压的变化而变化。所以,降低外加电源电压的人为机械特性曲线是一簇斜率相同的平行线。

(2)减弱磁通时的人为机械特性

当外加额定电压 U_N、电枢回路中没有串接附加电阻时,改变励磁电流(其相应的每极磁通为 Φ)的大小,此时的人为机械特性方程为

$$n = \frac{U_N}{C_e \Phi} - \frac{R_a}{C_e C_T \Phi^2} T \qquad (2\text{-}3\text{-}8)$$

由式(2-3-8)可以看出,改变励磁电流(即每极磁通 Φ)时,人为机械特性曲线的斜率 $\beta = \frac{R_a}{C_e C_T \Phi^2}$,随着每极磁通 Φ 的减弱而增大,此时人为机械特性曲线变陡,机械特性变软,带负载能力下降;而理想空载转速 n_0 随每极磁通 Φ 的减弱而增大,图 2-3-5 中的直线 2 和直线 3 为持续减弱磁通时的人为机械特性曲线。

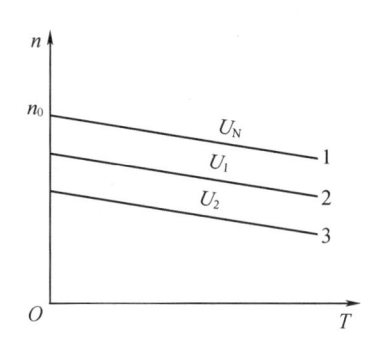

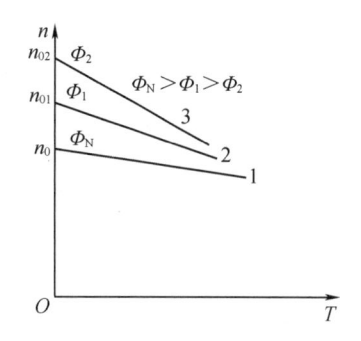

图 2-3-4 他励直流电动机的降压人为机械特性 　　图 2-3-5 他励直流电动机的弱磁人为机械特性

在实际工作中,由于电机磁场存在饱和现象,所以改变磁通一般是从额定磁通向下调节,理想空载转速也随每极磁通的减小而增大。在相同的负载条件下,由于人为机械特性曲线的斜率 $\beta \left(\beta = \frac{R_a}{C_e C_T \Phi^2} \right)$ 随着每极磁通 Φ 的减弱而增大,所以转速下降值 Δn 也会随每极磁通 Φ 的减小而增大。因此,减弱磁通时的人为机械特性曲线是一簇理想空载转速点逐渐增大而斜率也逐渐增大的直线。

2.3.2　直流电动机的启动、反转、调速和制动

1. 直流电动机的启动

直流电动机接通电源后,转子由静止状态加速达到稳定运行状态的过程称为直流电动机的启动。启动瞬间的电磁转矩称为启动转矩,启动瞬间的电枢电流称为启动电流。启动过程是一个短暂变化过程,但对电动机的运行性能、使用寿命等有很大影响,因此直流电动机的启动,一般有如下要求:

第一,要有足够大的启动转矩,以缩短启动时间并能带负载启动。

第二,启动电流要限制在一定范围内,以免对电网和电机产生有害影响。

第三,启动设备要简单、可靠。

(1)直接启动

直接启动就是把直流电动机直接接到额定电压的电源上启动,如图 2-3-6 所示为并励直流电动机直接启动接线图。

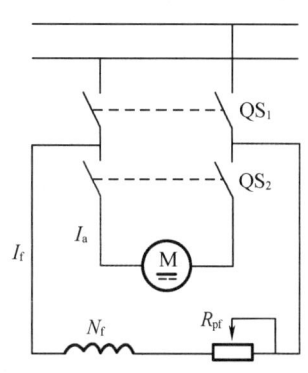

图 2-3-6　并励直流电动机直接启动接线图

启动时,将 R_{pf} 调至 0,使磁通 Φ 最大,先合上开关 QS_1 将并励绕组接入电源,再合上开关 QS_2 接通电枢回路。此时由于惯性,转速 $n=0$ r/min 电枢感应电动势 $E_a=0$ V,这时的启动电流 I_{st} 为

$$I_{st}=\frac{U-E_a}{R_a}=\frac{U}{R_a}$$

此时的启动转矩为

$$T_{st}=C_T\Phi I_{st} \tag{2-3-9}$$

由于电枢内阻 R_a 的数值很小,因此 I_{st} 很大,常常可达额定电流的 10~20 倍。此时启动转矩也很大,转速迅速上升。随着 E_a 的增加,I_a 下降,T_{st} 也下降。当电磁转矩与负载转矩平衡时,启动过程结束,电动机以一定的转速稳定运行。

可以看出,直接启动的优点是操作简单、设备简单、启动时间短,但缺点是启动电流大、启动转矩大。启动电流大,易造成电网电压波动,影响接在同一电网中的其他用电设备正常工作,同时易使直流电动机换向器与电刷之间产生强烈火花,造成二者表面受损,甚至烧毁电枢绕组,而且由于启动转矩过大,可使生产机械和传动机构受到强烈冲击而损坏。所以,直接启动方式仅适用于小容量直流电动机,一般规定启动电流 I_{st} 不得超过额定电流 I_N 的 1.5 倍。

(2)电枢回路串电阻启动

为了降低启动电流,直流电动机启动时常采用在电枢回路中串联一个可变电阻,随着启动转速的上升,将可变电阻逐步切除。图 2-3-7(a)所示为他励直流电动机的启动接线图,图中 KM_1、KM_2、KM_3 分别为短接启动电阻 R_{st1}、R_{st2}、R_{st3} 的接触器。

启动时,先接通励磁电源,合上 KM,KM_1、KM_2、KM_3 全部分断,启动电阻全部接入,此时电动机的人为机械特性如图 2-3-7(b)中曲线 1 所示。启动转矩大于负载转矩时,电动机由转速 $n=0$ r/min 开始启动。随着电动机不断加速,转速上升至 n_1,即图 2-3-7(b)中的 a—b,接触器 KM_1 闭合,R_{st1} 被短接。电枢回路中由于串接电阻减小,对应的人为机械特性发生变化,特性曲线切换到曲线 2,此时由 b 点切换到 c 点,电磁转矩增大,转速沿曲线 2 上升到 d 点。随着接触器 KM_2、KM_3 闭合,依次切除启动电阻,电动机的工作点就会沿着图 2-3-7(b)中箭头所指方向上升,最后稳定运行在固有机械特性的 h 点,此时电磁转矩与负载转矩相等,电动机的启动过程结束。

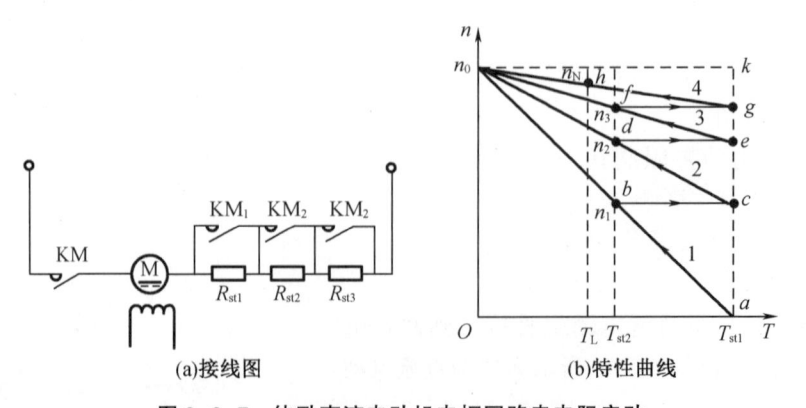

(a)接线图 (b)特性曲线

图 2-3-7 他励直流电动机电枢回路串电阻启动

(3) 降压启动

当他励直流电动机的电枢回路由专用的可调直流电源供电时,通过调节加到电枢上的电压也可限制启动电流。

图 2-3-8 给出了他励直流电动机降压启动过程的机械特性曲线。启动前,调节好励磁电流,然后令电枢电压由低到高逐步增大,电动机的转速也将逐步增大,同时使启动电流限制在一定范围之内。

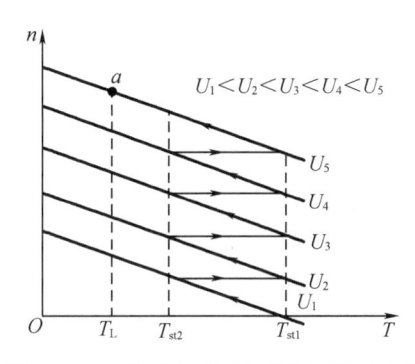

图 2-3-8 降压启动过程的机械特性曲线

降压启动是一种比较理想的启动方法,启动过程中损耗小,启动比较平稳,但须有专用的可调直流电源,多用于要求经常启动的场合和大中型电动机的启动,如实际使用的直流伺服系统就多采用降压启动方法。

例 2-3-1 $P_N = 10 \text{ kW}, U_N = 220 \text{ V}, I_N = 53.8 \text{ A}, R_a = 0.286 \text{ }\Omega, n_N = 1\,500 \text{ r/min}$ 的他励直流电动机。求:

(1) 若直接启动,则启动电流是多少?
(2) 若要求启动电流限制在额定电流的 2.5 倍,采用降压启动,则启动电压是多少?
(3) 如果要求启动电流限制在额定电流的 2.5 倍,电枢回路串电阻启动,则启动开始时应串入多大阻值的启动电阻?

解 (1) 直接启动时的启动电流为

$$I_{st} = \frac{U_N}{R_a} = \frac{220}{0.286} = 769.2 \text{ A}$$

(2) 减压启动时的启动电流为

$$I_{st} = 2.5 I_N = 2.5 \times 53.8 = 134.5 \text{ A}$$

减压启动时的启动电压为

$$U_{st} = I_{st} R_a = 134.5 \times 0.286 = 38.5 \text{ V}$$

(3) 电枢回路串电阻启动时的启动电流为

$$I_{st} = 2.5 I_N = 2.5 \times 53.8 = 134.5 \text{ A}$$

电枢回路串电阻启动时的启动电阻为

$$R_{st} = \frac{U_N}{I_{st}} - R_a = \frac{220}{134.5} - 0.286 = 1.35 \text{ }\Omega$$

2. 直流电动机的反转

直流电动机的反转有以下两种方法:

(1) 改变励磁电流方向

保持电枢两端电压极性不变,将励磁绕组反接,使励磁电流方向改变,电动机反转。

(2) 改变电枢电流方向

保持励磁绕组电流方向不变,将电枢绕组反接,使电枢电流改变方向,电动机反转。

应用中大多采用改变电枢电流的方向来实现电动机反转。因为励磁绕组匝数较多,电感较大,在电枢电流反向时将产生很大的感应电动势,可能造成励磁绕组的绝缘击穿。需要注意的是,若上述两种电流方向同时改变,则电动机旋转方向不变。

3. 直流电动机的调速

直流电动机的转速公式为

$$n = \frac{U-(R_a+R)I_a}{C_e\Phi} \quad (2\text{-}3\text{-}10)$$

由式(2-3-10)可知,当电枢电流 I_a 不变时,只要改变电枢电压 U、电枢回路的附加电阻 R、励磁磁通 Φ 中的任一项,都会引起转速变化。因此,他励直流电动机有3种调速方法,分别是电枢回路串电阻调速、降低电源电压调速和改变励磁磁通调速。

(1) 衡量指标

电动机调速性能的好坏,常用下列各项指标来衡量:

① 调速范围

调速范围是指电动机拖动额定负载时,可能运行的最大转速 n_{max} 与最小转速 n_{min} 之比,通常用 D 表示,不同的生产机械要求的调速范围是不同的,如车床要求为 20~100,龙门刨床要求为 10~40,轧钢机要求为 3~120。

$$D = \frac{n_{max}}{n_{min}} \quad (2\text{-}3\text{-}11)$$

② 相对稳定性(静差率)

相对稳定性(静差率)是指负载变化时转速变化的程度。若转速变化小,则相对稳定性好。相对稳定性用 δ 表示,n_0 为理想空载转速,n_N 为额定负载转速,则

$$\delta = \frac{n_0-n_N}{n_0} \times 100\% = \frac{\Delta n}{n_0} \times 100\% \quad (2\text{-}3\text{-}12)$$

③ 调速的平滑性

调速的平滑性是指在一定的调速范围内,调速的级数越多,调速就越平滑。相邻两级转速之比称为平滑性系数,用 φ 表示,即

$$\varphi = \frac{n_i}{n_{i-1}} \quad (2\text{-}3\text{-}13)$$

φ 越接近于1,则平滑性越好;$\varphi=1$ 时,称为无级调速。

④ 调速的经济性

调速的经济性是指调速所需的设备和调速过程中的能量损耗,以及电动机在调速时能否得到充分利用。

(2) 电枢回路串电阻调速

对于他励直流电动机,可在电源电压和励磁磁通不变的情况下,改变电枢回路中的电阻,达到调速的目的,其原理与串电阻启动基本相似。

图 2-3-9 为电枢回路串电阻调速。在图 2-3-9(a)中,附加电阻 $R_{ad1}<R_{ad2}<R_{ad3}$,假定电

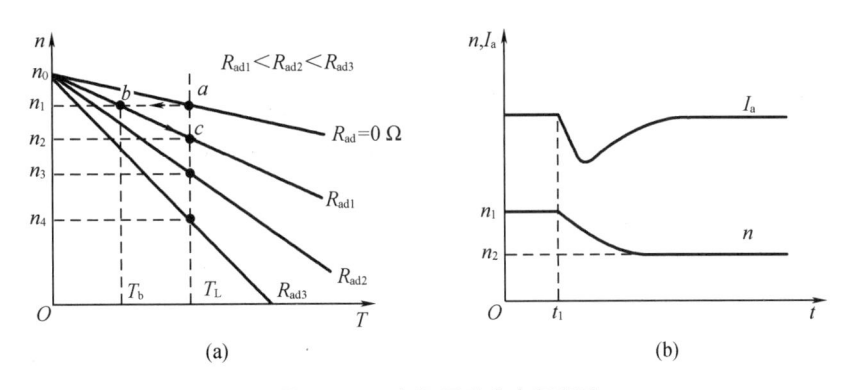

动机拖动恒转矩负载 T_L，则相应的转速为 n_1、n_2、n_3、n_4，且 $n_1>n_2>n_3>n_4$。当电枢回路电阻串联附加电阻 R_{ad1} 时，由于机械惯性，转速 n_1 和感应电动势 E_a 不能突变，电动机的工作点由原来的 a 点水平跃变到 b 点，但是电枢电流 I_a 和电磁转矩 T 要相应减小，此时电磁转矩 $T_b<T_L$，使系统减速。随着转速下降，感应电动势 E_a 也下降，使减小的电枢电流 I_a 和电磁转矩 T 又增大，即工作点由 b 点向 c 点移动。当系统转速达到 n_2（工作点到达 c 点）时，电磁转矩 $T_c=T_L$，转矩达到新的平衡状态，调速过程结束，系统将稳定运行在 c 点。调速过程中，电枢电流和转速 n 随时间的变化如图 2-3-9(b) 所示。

图 2-3-9 电枢回路串电阻调速

电枢回路串电阻调速的优点是设备简单、操作方便；缺点如下：
①由于电阻只能分段调节，因此调速的平滑性差。
②低速时，调速电阻上有较大电流，损耗大，电动机效率低。
③轻载时调速范围小，且只能从额定转速向下调，调速范围一般为小于或等于 2。
④串入电阻越大，机械特性越软，稳定性越差。
因此，电枢串电阻调速多用于对调速性能要求不高的生产机械上，如起重机、电车等。

(3) 降低电源电压调速

降低电源电压调速需要有专用可调压直流电源，而且其调速性能取决于可调压直流电源的性能，目前用得较多的可调压直流电源为晶闸管可控整流装置或大功率晶体管整流装置。

如图 2-3-10(a) 所示，当电动机在额定电压下稳定运行于固有机械特性的 a 点时，转速为 n_1，电磁转矩 $T_a=T_N$。将电枢电压降至 U_1，因机械惯性，转速 n_a 不能突变，则 E_a 不能突变，电动机运行状态由 a 点移动到人为机械特性的 b 点，此时 $T_b<T_N$，电动机开始减速。随着转速的减小，E_a 减小，I_a 和 T_b 增大，工作点沿曲线由 b 点移动到 c 点，达到新的平衡，电动机以较低的转速稳定运行。调速过程中，电枢电流和转速 n 随时间的变化如图 2-3-10(b) 所示。

降低电源电压调速的优点如下：
①电源电压便于平滑调节，调速平滑性好，可实现无级调速。
②调速前、后机械特性斜率不变，机械特性硬度高，速度稳定性好，调速范围广。
③降压调速是通过减小输入功率来降低转速的，故调速时损耗减小，调速经济性好。

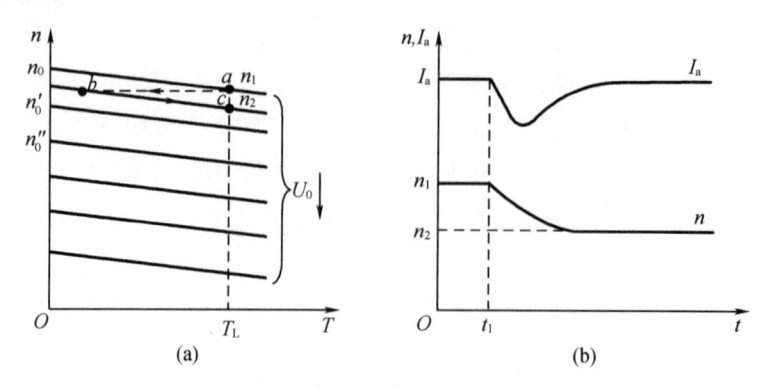

图 2-3-10 降低电源电压调速

例 2-3-2 一台他励直流电动机,其额定值如下:$U_N=220$ V,$I_N=68.6$ A,$n_N=1\ 200$ r/min,$R_a=0.225$ Ω。将电压调至额定电压的一半,进行调速,磁通不变,若负载转矩为恒定,求它的稳定转速。

解 根据电动势平衡方程 $U=E_a+R_aI_a$ 可知,调速前的感应电动势为

$$E_{aN}=U_N-R_aI_N=220-68.6\times0.225=204.6\text{ V}$$

调速稳定后负载转矩未变,磁通未变,故电枢电流也未变,因此有

$$I_a=I_N=68.6\text{ A}$$

$$E_a=U-R_aI_a=\frac{220}{2}-0.225\times68.6=94.6\text{ V}$$

根据公式 $n=E_a/C_e\Phi$ 可知,电枢电动势与转速成正比,降低电压后的稳定转速为

$$n=\frac{E_a}{E_{aN}}n_N=\frac{94.6}{204.6}\times1\ 200=555\text{ r/min}$$

(4)改变励磁磁通调速

根据机械特性方程可以知道,当 U 为恒定值时,调节励磁磁通 Φ 也可以达到调节电动机转速的目的。额定条件下运行的电动机,其磁路已基本饱和,因此改变磁通只能从额定值往下调,在励磁电路中接入调速变阻器 R_c,通过改变励磁电流 I_f 来改变磁通 Φ 进行调速。其调速过程如图 2-3-11(a)所示。调速过程中电枢电流 I_a 和转速 n 随时间的变化如图 2-3-11(b)所示,图中 I_{a1} 指调速前与 n_1 相对应的稳态电枢电流,I_{a2} 指调速后与 n_2 相对应的稳态电枢电流。由于励磁回路的电感较大,因此磁通不可能突变,电磁转矩的实际变化如图 2-3-11(a)中曲线 3 所示。

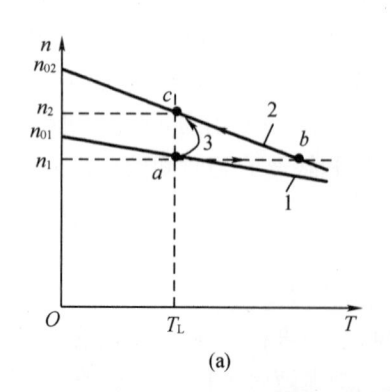

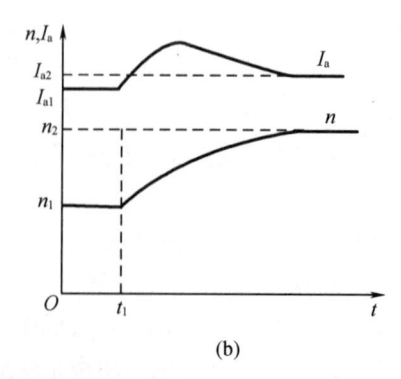

图 2-3-11 改变励磁磁通调速

改变励磁磁通调速的优点如下：

①调速平滑，可实现无级调速。

②励磁电流小，能量损耗少，调速前后电动机的效率基本不变，经济性比较好。

③机械特性较硬，转速稳定。

改变励磁磁通调速的缺点是：转速只能调高，但同时又受到换向能力和机械强度的限制，因此调速范围不大，一般 $D \leq 2$。

为了得到较大的调速范围，常常把降低电源电压调速和改变励磁磁通调速两种方法结合起来，在额定转速以下采用降低电源电压调速，在额定转速以上采用改变励磁磁通调速。

4. 直流电动机的制动

(1) 能耗制动

图 2-3-12 是他励直流电动机的能耗制动原理图。电动机运行时，开关置于位置 1 上，如图 2-3-12(a)所示，此时转速为 n_1，电磁转矩为 T，转速和电磁转矩方向相同，电动机带负载稳定运行。

制动时，励磁回路不断电，开关由位置 1 转向位置 2，如图 2-3-12(b)所示。这时直流电动机的电枢电源被断开，电枢绕组通过制动电阻 R_z 形成闭合回路。由于转子惯性的作用，制动瞬间转速仍为 n_1，电动机此时作为发电机运行，电枢绕组中产生感应电动势 E_a，在闭合回路中产生和制动前方向相反的感应电流 I_a，形成和转速相反的电磁转矩，从而达到制动的目的。

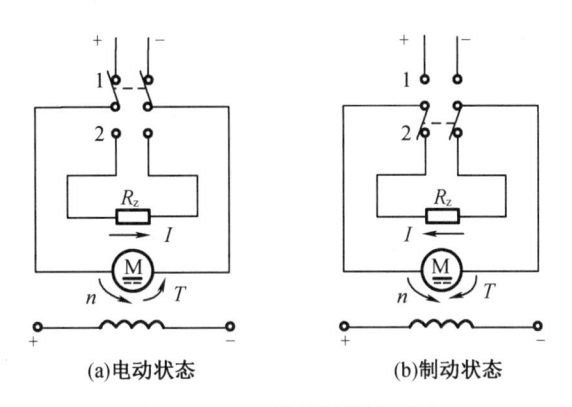

图 2-3-12 能耗制动原理图

制动时电枢电流为

$$I_a = \frac{E_a}{R_a + R_z} = \frac{C_e n \Phi}{R_a + R_z} \qquad (2-3-14)$$

式(2-3-14)计算的电枢电流的方向与原来电动机运行状态下电流的方向相反，这个电流叫作制动电流。

制动时电磁转矩为

$$T = C_T \Phi I_a = \frac{C_e C_T \Phi^2}{R_a + R_z} n \qquad (2-3-15)$$

对于能耗制动，在利用电动机的机械特性分析时，需要注意电动状态和制动状态的曲线有所不同，在本任务中不再赘述，读者可以查阅相关资料自行完成。

(2)反接制动

图 2-3-13 所示为反接制动原理图。反接制动就是制动时将电源电压极性反接,产生制动转矩的制动方法。开关置于位置 1 时,如图 2-3-13(a)所示,电动机电枢绕组与电源相接,此时转速为 n_1,电磁转矩为 T,转速和电磁转矩方向相同,电动机处于稳定运行状态。

制动时,开关置于位置 2,如图 2-3-13(b)所示,此时电动机电枢绕组中串入制动电阻 R_z,电枢绕组中的电压由原来的正值变为负值。制动瞬间由于惯性的作用,转速仍为 n。但在电枢回路中,电源电压 U 与感应电动势 E_a 方向相同,产生很大的反向电流,而反向电流产生很大的反向电磁转矩 T,T 和 n 的方向相反,从而达到制动的目的。

反接制动时,电枢电流由电源电压 U 和感应电势 E_a 之和决定,所以电枢电流很大。为了限制过大的电流,必须在电枢回路中串接制动电阻 R_z,一般使 $I_a \leqslant 2.5I_N$,R_z 大约为启动电阻的 2 倍。

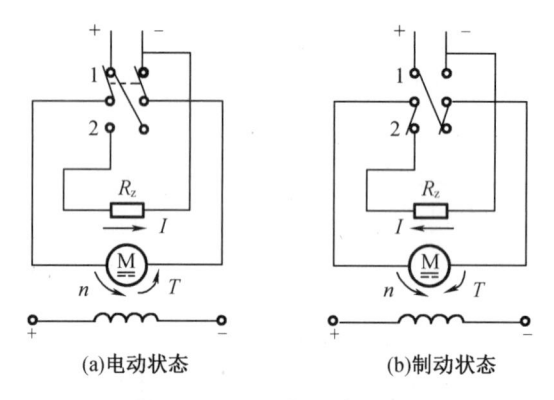

(a)电动状态　　　　　　　　(b)制动状态

图 2-3-13　反接制动原理图

(3)回馈制动

电动机在运行时,由于某种客观原因(如电车下坡等),其实际转速超过原来的空载转速,则电动机处于发电状态下运行,从而产生与转速相反的电磁转矩,达到制动的目的。此时,电动机处于发电状态,向电源回馈电能,所以称为回馈制动,也称为再生制动。它分为正向回馈制动和反向回馈制动两种。

①正向回馈制动

电动机拖动电车下坡的过程就属于正向回馈制动,如图 2-3-14 所示。图 2-3-14(a)表示电动机拖动电车正常行驶,电磁转矩 T 与负载转矩 T_L 相平衡,电动机以匀速旋转。此时,电动机工作在如图 2-3-14(c)机械特性所示 a 点,电机处于电动状态。图 2-3-14(b)表示电车下坡时,此时电车重力产生的位能负载转矩 T'_L 与反抗性负载转矩 T_L 方向相反,使电动机的转速增大。当转速超过理想空载转速 n_0 时,电动机的感应电动势 $E_a > U$,使电枢电流改变方向,电磁转矩 T 也改变方向,起制动作用。当电磁转矩 T 与位能负载转矩 T'_L 相平衡时,如图 2-3-14(c)所示 b 点,电动机以转速 n_b 稳定运行,此时,电动机进入发电状态,将轴上输入的机械功率大部分回馈给电网,小部分消耗在电枢回路的电阻上。在制动过程中,由于转速 $n>0$,所以称之为正向回馈制动。

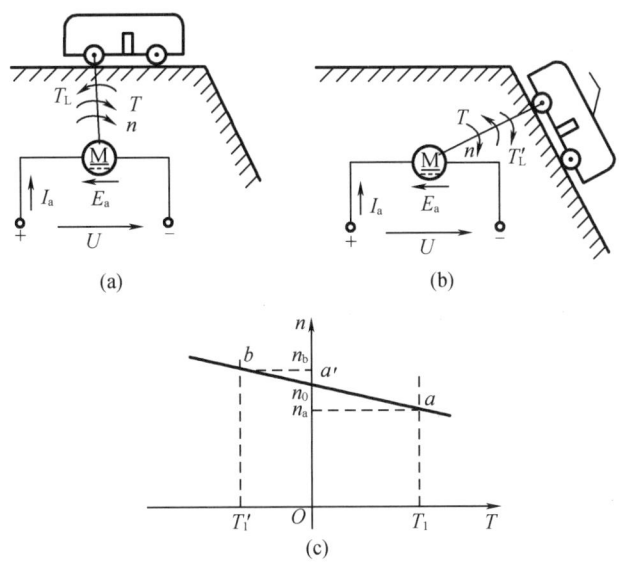

图 2-3-14　回馈制动原理图

②反向回馈制动

反向回馈制动往往出现在电枢反接制动过程中,当电动机拖动位能负载下落,位能负载的作用使电动机的转速超过反向拖动转速时,电动机的感应电动势使电枢电流方向改变,因此电磁转矩也改变方向,电动机进入反向发电状态的工作状态。反向回馈制动分析过程较为复杂,在职业运用中所见不多。

【随堂练习】

选择题

(1)某直流电动机铭牌值:$U_N = 220$ V,$n_N = 1\ 000$ r/min,$I_N = 40$ A,电枢电路电阻 $R_a = 0.5\ \Omega$。假若电枢回路不串启动电阻而在额定电压下直接启动,则启动电流为(　　)。

A. 480 A　　　　　　　　　　　B. 440 A

C. 5~7 倍的额定电流　　　　　　D. 80 A

(2)直流电动机除极小容量外,不允许(　　)启动。

A. 降压　　　　　　　　　　　B. 全压

C. 电枢回路串电阻　　　　　　D. 降低电枢电压

(3)直流电动机常用的启动方法有:(　　)、降压启动等。

A. 电枢串电阻启动　　　　　　B. 变频启动

C. 弱磁启动　　　　　　　　　D. 星三角启动

(4)下列关于直流电机的电动势的表达式中正确的是(　　)。(式中,C_e 为电机结构常数;I_a 为电枢电流;T 为电机电磁转矩;Φ 为电机主磁极磁通;n 为电机转速)

A. $E = C_e T \Phi$　　B. $E = C_e I_a \Phi$　　C. $E = C_e \Phi n$　　D. $E = C_e I_a n$

(5)他励直流发电机的空载特性是指转速为额定值,发电机空载时,电枢电动势与(　　)之间的关系。

A. 端电压 B. 电枢电压
C. 励磁绕组两端电压 D. 励磁电流

(6)直流电动机的机械特性硬度越硬,表明(　　)。

A. 转矩变化越大、转速变化越大 B. 转矩变化越小、转速变化越大
C. 转矩变化越小、转速变化越小 D. 转矩变化越大、转速变化越小

(7)他励直流电动机的机械特性是(　　)。

A. 一条向上倾斜的直线 B. 一条向上倾斜的曲线
C. 一条向下倾斜的直线 D. 一条向下倾斜的曲线

(8)(多选)根据他励直流电动机机械特性方程,改变电机人为机械特性的方式有(　　)。

A. 改变串入电枢回路的电阻 B. 改变电枢供电电压
C. 改变主磁通 D. 改变电枢极性

(9)串励直流电动机的机械特性是(　　)。

A. 一条直线 B. 双曲线 C. 抛物线 D. 圆弧线

(10)他励直流电动机的人为特性与固有特性相比,其理想空载转速和斜率均发生了变化,那么这条人为特性一定是(　　)。

A. 串电阻的人为特性 B. 降压的人为特性
C. 弱磁的人为特性 D. 以上都不是

(11)在他励直流电动机的机械特性曲线中,与固有特性曲线相比,保持 n_0 不变的有(　　)。

A. 电枢串电阻 B. 电枢串电阻又降压
C. 减小励磁 D. 降低电压

(12)日常电动自行车上使用的电动机是(　　)。

A. 交流电动机 B. 直流电动机
C. 直线电动机 D. 直流发电机

【任务实施】

1. 目的

(1)了解船舶行业电机修理的标准和规范。

(2)掌握万用表、钳形电流表、兆欧表等电工仪表的使用方法。

(3)掌握船用直流电机系统常见故障。

(4)掌握船用直流电机修复后的实验方法。

2. 器材

电工仪表、船用直流电机1台、电工工具。

3. 任务内容及要求

(1)按船舶行业电机作业的标准和规范操作,进行船用直流电机的检修工作。

(2)诊断故障,按船舶行业电机修理的相关标准和规范进行修理。

(3)电机修理好后必须进行常规实验,要求记录实验中的全部数据。

4. 提交报告

(1)按操作规范要求拆卸船用直流电机。

(2)填写船用电机修理记录单(表2-3-1)。

(3)提交船用直流电机实验报告。

5. 组织步骤

(1)布置团队工作任务。

(2)小组成员分别收集、整理解决方案的资料,独立思考;小组讨论并确定工作计划。

(3)小组成员利用各种教学资源独立学习,然后小组讨论并确定实施方案。

(4)按照既定的方案实施,记录实施过程中的现象和数据。

(5)按照职业标准进行检查,小组讨论并总结工作完成过程中较好的部分和存在的不足。

(6)组织学生进行自评和互评,教师对学生进行评价。

6. 实训注意事项

(1)若电枢电路开路或接触不良,应测量换向器片间电阻,检查电枢电路有无开路或熔断器是否熔断、电刷与换向器是否接触不良。

(2)若励磁回路开路,回路电阻过高或接触不良,应检查励磁线圈是否开路或启动器、励磁回路中各连接处是否接触不良。

(3)若电枢绕组或励磁绕组匝间短路或接地,可通过测量电枢及励磁线圈的直流电阻进行检查。

(4)若电枢和换向器短路或接地,可将电枢线圈通以直流电,测量各相邻两换向片之间的直流电压降,以检查是否短路。

(5)若复励电动机串励线圈接反,应更正串励线圈接线。

(6)若励磁绕组中,个别励磁线圈极性接反或短接,应更正接线或测量励磁线圈的直流电阻。

(7)若刷握接地异常,应检查接地点。

(8)若控制器问题,应检查修复。

表 2-3-1 电机修理记录单

船名		编号		电机名称			
型号		功率		电压		电流	
频率		相数		接法		转速	
励磁电压		励磁电流		温升		绝缘等级	
绝缘测量	内容	修理前			修理后		
	定子线圈(机座)	热态			冷态		
	转子线圈(机座)						
	滑环(机座)						
	匝间耐压				相间耐压		

表 2-3-1(续)

拆检时损坏情况	说明损坏的程度、尺寸、规格、数量	外观		前轴承	
		定子		后轴承	
		转子		联轴器	
		滑环		前端盖	
		出线头		后端盖	
		电刷架		轴	
		电刷		风罩	
		接线盒		冷却风叶	
实验记录	空载电流	启动		转速		进箱时间		出箱时间	
		运转							
	其他记录:								
主修			实验			日期			

项 目 作 业

2-1 他励直流电动机稳定运行时,其电磁转矩和电枢电流的大小与哪些因素有关?如果负载转矩不变,改变电枢回路电阻,或改变电源电压,或改变励磁电流,对电枢电流的大小有什么影响?

2-2 试利用前述降压启动的机械特性分析降压启动的物理过程。

2-3 如何区别电动机是处于电动状态还是电气制动状态?

2-4 当起重机下放重物时,要使他励电动机在低于理想空载转速下运行,应采用什么制动方法?要在高于理想空载转速下运行,又应采用什么制动方法?

2-5 调速的静差率与机械特性的硬度有何关系,又有何区别?

2-6 什么叫机械特性上的额定工作点?什么叫额定转速降?

2-7 电动机的实际输出是取决于负载还是取决于调速方法?

2-8 一台他励直流电动机,已知额定功率为 10 kW,额定电压为 220 V,额定电流为 53.4 A,电枢电阻为 0.4 Ω,额定转速为 1 500 r/min。忽略电刷的接触压降。试求:

(1) 额定该电动机在条件下运行时的电磁转矩、输出转矩和空载转矩;

(2) 理想空载转速和实际空载转速;

(3) 转速为 1 600 r/min 时的电枢电流。

2-9 一台他励直流电动机,已知额定功率为 30 kW,额定电压为 220 V,额定转速为 1 000 r/min,额定电流为 158.5 A,电枢电阻为 0.1 Ω,负载转矩为额定转矩 0.8 倍。试求:

(1) 电动机的转速;

(2) 电枢回路中串入 0.3 Ω 电阻时的稳定转速;

(3) 电压降至 188 V 时,降压瞬间的电枢电流和降压后的稳定转速;

(4) 将磁通减弱至额定磁通的 0.8 倍时的稳定转速。

2-10　一台他励直流电动机,已知额定功率为40 kW,额定电压为220 V,额定电流为207.5 A,电枢电阻为0.067 Ω。试问:

(1)直接启动时,启动电流是额定电流的多少倍?

(2)若将启动电流限制为额定电流的1.5倍,则此时应在电枢回路中串接阻值为多大的电阻?

2-11　一台他励直流电动机,已知额定功率为2.5 kW,额定电压为220 V,额定电流为12.5 A,额定转速为1 500 r/min,电枢电阻为0.8 Ω。试问:

(1)当电动机以1 200 r/min的转速运行时,采用能耗制动停车,若限制最大制动电流为额定电流的2倍,则应在电枢回路中串接阻值为多大的电阻?

(2)若负载为位能性恒转矩负载,负载转矩为额定转矩0.9倍,采用能耗制动使负载以120 r/min的转速稳定下降,则应在电枢回路中串联阻值为多大的电阻?

2-12　一台他励直流电动机,已知额定功率为29 kW,额定电压为440 V,额定转速为1 000 r/min,额定电流为76 A,电枢电阻为0.377 Ω。假设忽略空载损耗。试问:

(1)若电动机以500 r/min的转速吊起 $T_L=0.8T_N$ 的负载,则应在电枢回路中串接阻值为多大的电阻?

(2)有哪几种方法可以使电动机以500 r/min的转速下放 $0.8T_N$ 的负载?各种方法中分别应在电枢回路中串接阻值为多大的电阻?

(3)若以500 r/min的转速吊起 $0.8T_N$ 的负载,采用电枢反接制动,使电流不超过额定电流的2倍,则电动机稳定下放负载时的转速是多少?

项目3　船舶交流电机的拆装与故障排除

【德育启迪】

中国的"电磁弹射之父"

2022年6月,我国第三艘航空母舰福建舰正式下水,相比于辽宁舰和山东舰,福建舰装设了三套电磁弹射系统,是全世界除美国福特级航母外,唯一使用电磁弹射系统的航母。

其实电磁弹射器的原理并不复杂:通过强电和强磁场环境打造一个超级弹弓,把舰载机弹射出去即可。但要想让二三十吨重的舰载机在短短几十米距离上达到起飞所需的速度,要求电磁弹射器的瞬间功率要到几万千瓦,这才是最难的。因此需要掌握两项核心技术:综合电力推进系统和飞轮储能技术。前者提供大功率电能支持,后者在完成能量储存后瞬间释放能量,提供瞬间高达数百兆焦的能量。

在"深蓝"领域,马伟明院士是当之无愧的国宝级专家。从20世纪90年代初,他在恩师张盖凡的指导下,在洗漱间改造成的简陋实验室里开展研究,用仅有的3.5万元制造出两台小型十二相发电机,突破了国外的技术封锁。在随后的6年里,在对数十万组数据综合分析的基础上,马伟明院士和同事们成功研制出带稳定绕组的多相整流发电机,从根本上解决了电机"固有振荡"这道世界性难题。

到今天,经过30多年的奋斗历程,从5个人的研究小组,到今天百人的研究团队,马伟明院士和同事们日复一日,瞄准的大多是国人尚未涉及的技术"无人区"。面对成绩和荣誉,马伟明院士向来都是绕着走。作为团队的核心人物,马伟明院士俯下身子给学生们"打工",为年轻人出想法、经费、课题,让他们在重大课题中施展才华。近10年来,他从未在自己领衔研发的科研成果报奖时署名。他的团队培养出的400多名学生中,有不少已经在国际上崭露头角。

用马伟明院士自己的话说,他心甘情愿"做一匹驾辕拉套的马",为了国家利益和国防事业鞠躬尽瘁,死而后已。他在舰船动力和电气工程方面几十年的艰苦攻关,使我国海军舰艇拥有了由中国人自己设计制造、有完全自主知识产权的"中国心",在电磁弹射、全电力推进系统等先进军事技术上写下了中国人的名字,让我国在这些领域完成了从"跟跑者"到"领跑者"的转变。

【知识目标】

1. 了解交流异步电机的铭牌、结构、分类。
2. 掌握交流异步电机的旋转磁场分析方法和电机旋转原理。
3. 掌握交流异步电机的绕组电路结构及分析方法。
4. 掌握交流电机启动、制动、机械特性的计算和分析方法。

【能力目标】

1. 培养学生按照逻辑来认知事物。
2. 能拆卸不同类型的交流电机并完成组装。
3. 能对不同的电机进行勘验和测试。
4. 能对交流异步电机的不同故障进行判断并能排除故障。
5. 能对故障异步电机的绕组进行重绕。

任务3.1 船舶交流电机的拆装和勘验

【任务描述】

交流电机在船舶业中的应用非常广泛,船舶上需要用电机做动力的机械基本都采用交流异步电机,如船舶上的各种泵、起重机械、锚等。本任务的工作场景是船舶上某一电机出现故障,导致设备无法正常运行,以排除电机故障为导向,拆解电机的外壳及转子,然后对电机各部位进行勘验,获得电机的各种参数,为后续定位故障及排除故障做相应的技术准备。拆解交流电机需熟悉电机拆装的工艺及安全事项,勘验需识读电机的铭牌数据、电机的内部结构和分类。本任务通过理论学习和实践操作,让学生达到掌握交流异步电机的基础知识和提升操作技能的目的。

船舶甲板、舱室中的锚机、舵机及船舶管路系统中使用的各种泵,广泛采用交流异步电动机拖动。不仅在船舶上,在工业自动化系统中,交流电动机与直流电动机相比,具有运行稳定可靠、效率高、结构简单、价格便宜、维护简便等优点,常用于拖动各种机械负载。

交流异步电动机[①]的种类很多,从不同的角度看,有不同的分类方法:按定子相数分为单相异步电动机、两相异步电动机、三相异步电动机;按转子结构分为绕线型异步电动机、鼠笼式(笼型)异步电动机;按电动机定子绕组所加电压大小分为高压异步电动机、低压异步电动机;按机壳的防护形式分为防护式、封闭式、开启式和防爆式等。

3.1.1 三相异步电动机的结构

与其他旋转电动机不同,三相异步电动机具有结构简单、制造成本低廉、使用和维修方便、运行可靠且效率高等优点,被广泛应用于船舶、工农业生产中的各种水泵、通风机、锻压和铸造机械、传送带、起重机及家用电器、实验设备中。

三相异步电动机主要由定子和转子两大部分组成。图3-1-1为三相笼型异步电动机的整体外观及分解图,图3-1-2为三相笼型异步电动机的结构。其定、转子之间有气隙。

---

① 本项目所提"异步电动机"均指"交流异步电动机"。

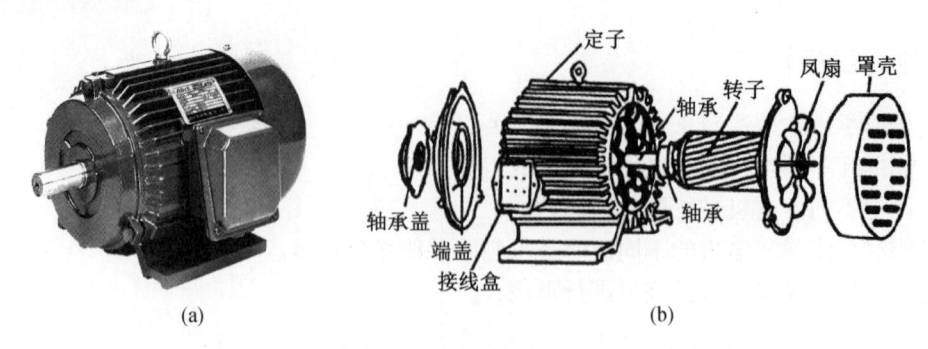

图 3-1-1 三相笼型异步电动机的整体外观及分解图

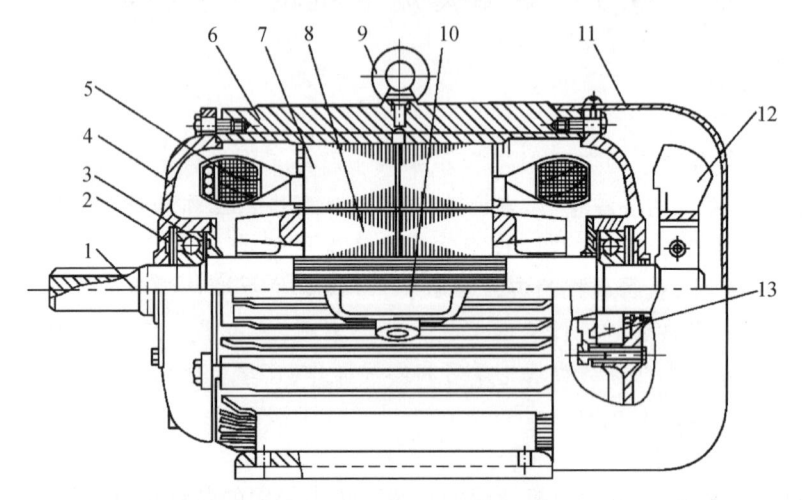

1—轴;2—弹簧片;3—轴承;4—端盖;5—定子绕组;6—机座;7—定子铁芯;
8—转子铁芯;9—吊环;10—出线盒;11—风罩;12—风扇;13—轴承端盖。

图 3-1-2 三相笼型异步电动机的结构

1. 三相异步电动机的定子

三相异步电机的定子(图 3-1-3(a))主要由 3 部分组成,即机座、铁芯和绕组。

(1) 机座

机座(图 3-1-3(b))既是电动机的支架也是其散热部件,主要是为了固定与支撑定子铁芯,具有足够的机械强度和刚度。中小型异步电动机通常采用铸铁机座;大型电动机一般采用钢板焊接的机座。

(2) 铁芯

铁芯(图 3-1-3(c))是异步电动机主磁通磁路的一部分。为了减少旋转磁场在铁芯中引起的涡流损耗和磁滞损耗,定子铁芯由导磁性能较好、厚度为 0.5 mm 且冲有一定槽形的硅钢片(图 3-1-3(d))叠压而成。对于容量较大(10 kW 以上)的电动机,在硅钢片两面涂以绝缘漆,作为片间绝缘。

在定子铁芯内缘开有均匀分布的槽,槽内放置定子绕组(图 3-1-3(e))。图 3-1-4 为定子槽,其中图 3-1-4(a)是开口槽,用于大中型容量的高压异步电动机中;图 3-1-4(b)是半开口槽,用于中型 500 V 以下的异步电动机中;图 3-1-4(c)是半闭口槽,用于低压小型的电动机中。

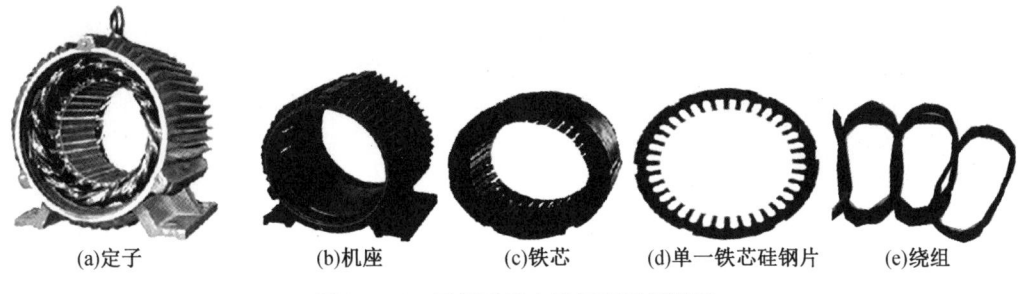

(a)定子　　　(b)机座　　　(c)铁芯　　　(d)单一铁芯硅钢片　　　(e)绕组

图 3-1-3　三相异步电动机定子拆解图

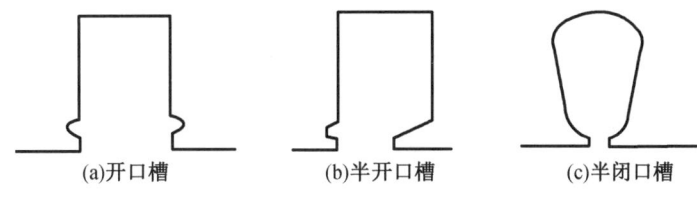

(a)开口槽　　　(b)半开口槽　　　(c)半闭口槽

图 3-1-4　定子槽

(3)绕组

定子绕组是异步电动机定子的电路部分,由许多线圈按一定的规律连接而成。其中,能分散嵌入半闭口槽的线圈由高强度漆包圆铜线或圆铝线绕成;放入半开口槽的成型线圈用高强度漆包扁铝线或扁铜线,或由玻璃丝包扁铜线绕成。开口槽中亦放入成型线圈,其绝缘通常用云母带。放置线圈的槽壁之间必须隔有槽绝缘,以免绕组在电动机运行时出现击穿或短路故障。

三相异步电动机的定子绕组是一个三相对称绕组,它由3个完全相同的绕组组成,每个绕组即一相,3个绕组在空间上相差120°电角度,每相绕组的两端分别用 A-X、B-Y、W_1-W_2 表示,可以根据需要接成星形或三角形,如图3-1-5所示,图中上面代表内部绕组接法,下面是电动机接线盒中接线柱的连接。

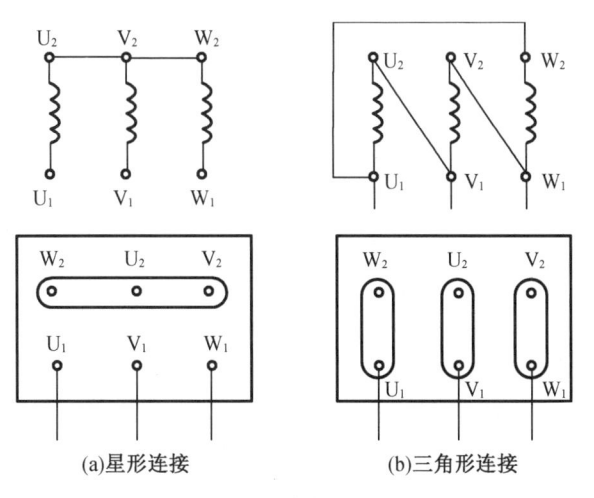

(a)星形连接　　　(b)三角形连接

图 3-1-5　三相异步电动机定子接线图

2. 三相异步电动机的转子

（1）转子的基本作用

转子的基本作用是产生感应电动势、流过电流并产生电磁转矩。转子分为鼠笼式（笼型）和绕线型两类。

（2）转子铁芯

转子铁芯与定子铁芯相同，一方面作为电动机磁路的一部分，另一方面用来安放转子绕组。它用厚0.5mm且冲有转子槽形的硅钢片叠压而成。中小型电动机的转子铁芯一般都直接固定在转轴上，而大型异步电动机的转子则套在转子支架上，然后将支架固定在转轴上。

① 笼型转子

笼型转子分为单笼型、双笼型、深槽式。其中单笼型又分铜排转子和铸铝转子，如图3-1-6所示。笼型转子绕组在转子铁芯的每一个槽内插入一铜条，在铜条两端各用一铜环把所有的导条连接起来，称为铜排转子，如图3-1-6(a)所示。或者用铸铝的方法，将导条、端环和风扇叶片一次铸成，称为铸铝转子，如图3-1-6(b)所示。100 kW以下的异步电动机一般采用铸铝转子。笼型转子结构简单、制造方便、成本低、运行可靠，因此得到广泛运用。

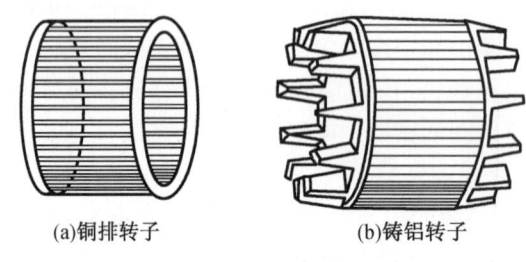

(a)铜排转子　　　　(b)铸铝转子

图3-1-6　三相异步电动机笼型转子外观

② 绕线型转子

绕线型异步电动机的转子绕组是与定子绕组具有相同极数的三相对称绕组。其内部采取星形连接形式，尾端接在一起，首端接到转轴上的滑环上，再通过定子端盖上的电刷与外电路相连。绕线型转子外观与外加变阻器的连接如图3-1-7所示。

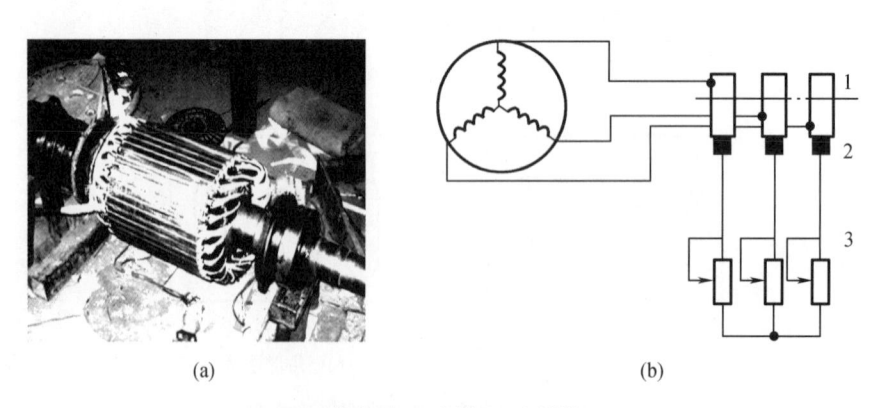

(a)　　　　(b)

1—集电环；2—电刷；3—变阻器。

图3-1-7　绕线型转子绕组外观与外加变阻器的连接

绕线型转子绕组的特点：3根引出线分别接到转轴上的3个与转轴绝缘的集电环上，通过电刷装置与外电路相接。如图 3-1-7(b)所示,它可以把外接电阻串联到转子绕组的回路中去,以便改善异步电动机的启动及调速性能。为了减少电刷引起的损耗,中等容量以上的电动机还装有一种提刷短路装置。

3. 其他部分及气隙

除了定子、转子外,三相异步电动机的结构中还有端盖、风扇等。端盖除了起防护作用外,还装有轴承,用以支撑转子轴。风扇则用来通风冷却。

异步电动机的定子与转子之间的气隙,比同容量直流电动机的气隙小得多,一般为 0.2~2 mm。气隙的大小,对电动机的运行性能影响很大。气隙越大,由电网供给的励磁电流也越大,则功率因数 $\cos \varphi$ 越小。要提高功率因数,气隙应尽可能地减小,但由于装配上的要求及其他原因,气隙又不能过小。

4. 三相异步电动机的铭牌数据及型号

我国生产的三相交流异步电动机的类型、规格及特征代号主要由汉语拼音字母和数字结合表示。例如,"Y"表示"异步电动机";"R"表示"绕线型"。

常用的有:Y—笼型异步电动机、YR—绕线式异步电动机、YD—多速电动机、YZ—重冶金用异步电动机、YQ—高启动转矩异步电动机等。

某三相异步电动机的铭牌数据如图 3-1-8 所示。

图 3-1-8 某三相异步电动机铭牌

(1) 额定功率(P_N)

额定功率 P_N 是指电动机在额定运行时转轴上输出的机械功率,单位是 kW。

三相异步电动机的额定功率与其他额定数据之间有如下关系式:

$$P_N = \sqrt{3} U_N I_N \cos \varphi_N \eta_N \qquad (3\text{-}1\text{-}1)$$

其中 $\cos \varphi_N$——额定功率因数;

U_N——额定电压;

I_N——额定电流;

η_N——额定效率。

(2) 额定电压(U_N)

额定电压 U_N 是指在电动机额定运行时,电网加在定子绕组上的线电压,单位是 V 或 kV。

部分电机在铭牌上标识"额定电压 380/220 V,接法 Y/△"字样时是指当电网电压为 380 V 时采用 Y 接法,为 220 V 时采用△接法。

(3)额定电流(I_N)

额定电流 I_N 是指电动机在额定电压下,输出额定功率时,定子绕组中的线电流,单位是 A。

(4)额定转速(n_N)

额定转速 n_N 是指电动机在额定运行时的转速,单位是 r/min。

(5)额定频率(f_N)

额定频率 f_N 是指电动机所接电源的频率,单位是 Hz。我国的工频频率为 50 Hz。

(6)绝缘等级

绝缘等级决定了电动机的允许温升,有时也不标明绝缘等级而直接标明允许温升。

(7)接法

接法用 Y 或 D 表示,表示在额定运行时,定子绕组应采用的连接方式是星形还是三角形。

(8)转子绕组的开路电压

转子绕组的开路电压是指定子电压为额定电压,转子绕组开路时的转子线电压,单位是 V。

(9)转子绕组的额定电流

转子绕组的额定电流是指定子电压为额定电压,转子绕组开路时的转子线电流,单位是 A。

3.1.2 三相异步电动机的基本工作原理及计算公式

当异步电动机的定子绕组接上电源以后,由电源供给励磁电流,建立磁场,依靠电磁感应作用,使转子绕组感生电流,产生电磁转矩,实现机电能量转换。因其转子电流是由电磁感应作用而产生的,故也称作感应电动机。三相异步电动机转子之所以会旋转、实现能量转换,是因为转子气隙内有一个旋转磁场。下面来讨论旋转磁场的产生。

1. 三相异步电动机的旋转磁场

下面以两极(极对数 $p=1$)三相异步电动机为例进行分析。图 3-1-9 所示为 U_1-U_2、V_1-V_2、W_1-W_2 三相定子绕组,为分析方便选用单根绕组,在空间彼此相隔 120°,接成星形。三相绕组的首端 U_1、V_1、W_1 接在三相对称电源上,有三相对称电流 i_U、i_V、i_W 通过三相绕组。

$$i_U = I_m \sin(\omega t)$$
$$i_V = I_m \sin(\omega t - 120°)$$
$$i_W = I_m \sin(\omega t + 120°)$$

式中,I_m 为电流最大值。为了分析方便,假设电流为正值时,在绕组中从首端流向尾端,其首端用⊗、尾端用⊙表示电流流向;电流为负值时,在绕组中从尾端流向首端,其首端用⊙、尾端用⊗表示电流流向。

当 $\omega t = 0°$ 时,$i_U = 0$ A,i_V 为负,i_W 为正,根据上述规定,由图 3-1-9(a)中⊗和⊙标识的电流流向,采用右手螺旋定则,三相电流将在铁芯内部空间产生一个如图 3-1-9(a)所示的方向向下的合成磁场。

当 $\omega t = 90°$ 时,i_U 为正,i_V、i_W 为负,由图 3-1-9(b)中标识,三相电流将在铁芯内部空间产生一个如图 3-1-9(b)所示的方向向左的合成磁场,此时磁场方向和上图比较可以发现,顺时针旋转了 90°。

应用同样的方法,分别可以分析出 $\omega t = 180°$、$\omega t = 270°$、$\omega t = 360°$ 时的合成磁场的方向

(图3-1-9(c)~(e)),从中我们会发现:交流电变化一个周期,磁场也旋转了一周。由此得出如下结论:在极对数 $p=1$ 的对称三相绕组 U_1-U_2、V_1-V_2、W_1-W_2 中通入对称三相电流所形成的合成磁场,是一个随时间变化的旋转磁场,此时旋转磁场的转速 n 等于电源的电流频率 f,即磁场转速和电流频率一致,以工频交流电为例,$n=50$ r/s 或者 $n=3\,000$ r/min。

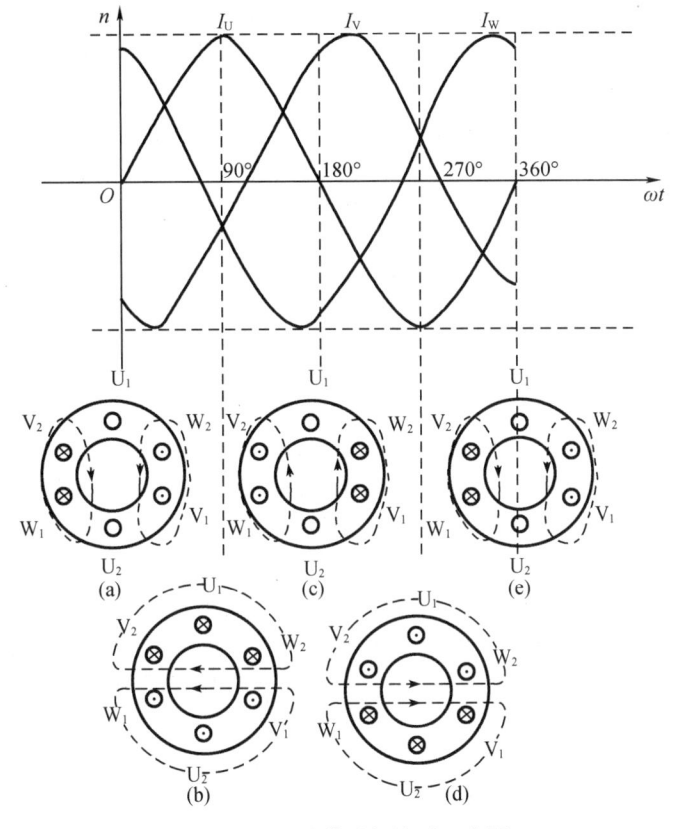

图 3-1-9 旋转磁场波形示意图

当定子绕组连接形成的是两对磁极时($p=2$),运用相同的方法可以分析出此时电流变化一个周期,磁场只转动了半圈,即转速减慢了一半。由此我们获得了一个旋转磁场的转速计算式(为了和转子转速符号相区别,后面磁场转速均用 n_1 表示;电流频率用 f_1 表示):

$$n_1=\frac{60f_1}{p} \tag{3-1-2}$$

进一步对图 3-1-9 进行分析,如果将图 3-1-8 中任意两相电源交换输入电枢,我们会发现得出的合成磁场的旋转方向跟本次分析结果相反,这样我们得出了一个重要的结论:普通三相异步电动机要使电动机反转,只要交换其中任意两相即可。

2. 三相异步电动机的转动原理

图 3-1-10 绘出了三相异步电动机工作原理示意图。其中 N-S 是前述旋转磁场的一对磁极,在两个磁极中间装有一个能够转动的圆柱

图 3-1-10 三相异步电动机工作原理示意图

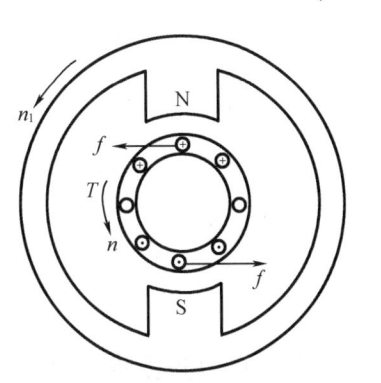

形铁芯,在铁芯外圆槽内嵌有导体,导体两端各用一个圆环把它们连在一起。

如磁极以 n_1 的速度逆时针旋转,形成旋转磁场,转子导体就会切割磁感线并产生感应电动势 e。用右手定则可以判定,在转子上半部分的导体中,感应电动势的方向为⊗,下半部分导体的感应电动势的方向为⊙。在感应电动势的作用下,导体中就有电流流通,若不计电动势与电流的相位差,则电流 I 与电动势 e 同方向。载流导体在磁场中将受到电磁力 F 的作用,由左手定则可以判定电磁力 F 所形成的电磁转矩 T,该转矩使转子以速度 n 旋转,旋转方向与磁场的旋转方向相同,这就是感应电动机的基本工作原理。

旋转磁场的旋转速度 n_1 又称同步转速。转子转动的方向与磁场的旋转方向是一致的,如果 $n=n_1$,则磁场与转子之间就没有相对运动,它们之间就不存在电磁感应关系,也就不能在转子导体中产生感应电动势、电流和形成电磁转矩。所以,感应电动机的转子速度不可能等于同步转速,异步电动机由此得名。

转子转速 n 与同步转速 n_1 之差称为转差 Δn。转差 Δn 与同步转速 n_1 之比称为转差率 s,即

$$s = \frac{n_1 - n}{n_1} \quad (3-1-3)$$

转子转速为额定转速时的转差率称为额定转差率,通常用 s_N 表示。转差率 s 是异步电动机的一个重要参数,对电动机的运行有着极大的影响,它的大小同样也能反映转子的转速,即

$$n = n_1(1-s) \quad (3-1-4)$$

由于异步电动机工作在电动状态时,其转速 n 与同步转速方向一致,但是低于同步转速。如果以同步转速 n_1 的方向为正方向,则 $0<n<n_1$,可得转差率的范围为 $0<s<1$。在特殊情况下,异步电动机也可能工作在 $n>n_1(s<0)$ 和 $n<0(s>1)$ 的情况下,它们分别是回馈制动状态和反接制动状态。

对于普通异步电动机,为了使其在运行时效率较高,通常使它的额定转速略低于同步转速,故额定转差率 s_N 很小,一般为 2%~5%。

例 3-1-1 某三相 50 Hz 异步电动机的额定转速 $n_N = 720$ r/min。试求该电动机的额定转差率及极对数。

解

同步转速:

$$n_1 = \frac{60f_1}{p}$$

当极对数 $p=1$ 时,$n_1 = 3\,000$ r/min;当 $p=2$ 时,$n_1 = 1\,500$ r/min;当 $p=3$ 时,$n_1 = 1\,000$ r/min;当 $p=4$ 时,$n_1 = 750$ r/min;当 $p=5$ 时,$n_1 = 600$ r/min;……

由于额定转速略低于同步转速,所以同步转速应比 $n_N = 720$ r/min 略快,即 $n_1 = 750$ r/min。根据 $n_1 = \frac{60f_1}{p}$,其极对数 $p=4$

其额定转差率

$$s_N = \frac{n_1 - n_N}{n_1} = 0.04$$

3.1.3 单相异步电动机

单相异步电动机,即使用单相交流电工作的异步电动机。其特点是:功率一般较小(通

常小于600 W),体积小,结构简单,价格低,广泛用于船舶机舱中的家用电器(电风扇、电冰箱、洗衣机等)、空调设备、电动工具(如油泵、砂轮机)、医疗器械及轻工设备中。其缺点是:启动能力和过载能力较小,功率因数和效率偏低,工作稳定性稍差。

1. 单相异步电动机的结构

与三相异步电动机相似,单相异步电动机的结构(图3-1-11)主要包括定子和转子两大部分。其转子结构都是笼型的,定子铁芯由硅钢片叠压而成。定子铁芯上嵌有定子绕组。单相异步电动机正常工作时,一般只需要单相绕组即可,但单相绕组通以单相交流电时产生的磁场是脉动磁场(也称脉振磁场),单相运行的电动机没有启动转矩。为使电动机能自行启动和改善运行性能,除工作绕组(又称主绕组)外,其定子上还安装了一个辅助的启动绕组(又称副绕组)。两个绕组在空间中相距90°或一定的电角度。

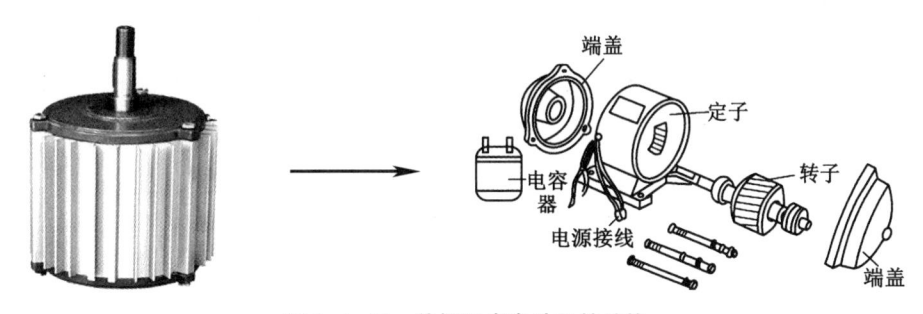

图 3-1-11　单相异步电动机的结构

2. 脉振磁场及相应的特性

单相异步电动机利用单相交流电流励磁,若只有一套主绕组分布于定子空间一周,则通电后产生的磁场如图3-1-12所示。

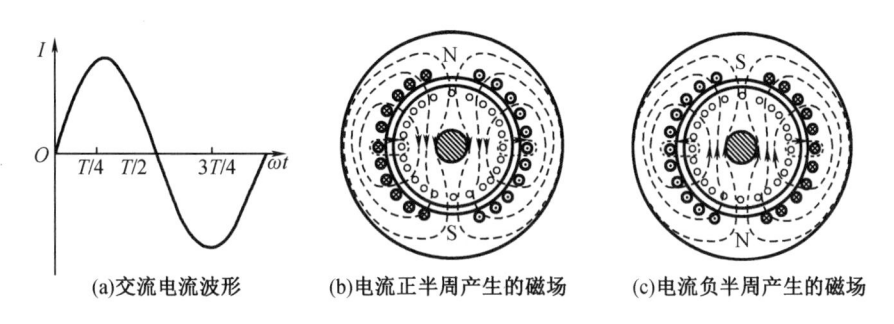

(a)交流电流波形　(b)电流正半周产生的磁场　(c)电流负半周产生的磁场

图 3-1-12　脉振磁场

在方向和大小都周期性变化的正弦交流电流的作用下,磁场沿图3-1-12中垂直方向周期性改变,磁场大小按正弦规律变化,相当于磁场在垂直方向上做周期性振动,所以称为脉振磁场。磁场大小及方向随电流的变化而变化,但磁场的轴线却固定不变,磁场只是脉振而不旋转,电动机无法转动起来。

如图3-1-13所示,脉振磁场可分解为两个磁势幅值及转速值相同但转向相反的旋转磁场,它们共同作用于同一个转子。单独考虑正向或反向旋转磁场对转子的作用时,会发现其与三相异步电动机的旋转磁场情况完全相同,故单相异步电动机模型相当于两个同轴连接但旋转磁场方向相反的三相异步电机。

3. 单相异步电动机的工作原理

对于单相异步电动机来说,要使其启动,关键是需要给予足够的启动转矩。故单相异步电动机的定子绕组由轴线在空间上错开一定角度的两套绕组构成,分别为主绕组和启动绕组(图3-1-13(a))。

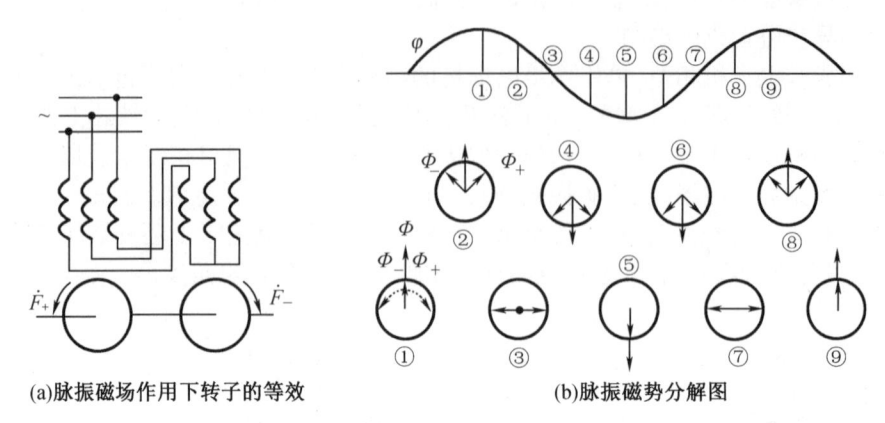

(a)脉振磁场作用下转子的等效

(b)脉振磁势分解图

图 3-1-13　脉振磁场的作用原理

理论分析证明:当两套绕组通入相位不同的正弦交流电流后,将会在铁芯中产生一个类似三相异步电动机的合成旋转磁场(图3-1-14(b))。两相绕组形成的磁势相量顶点的轨迹一般为椭圆,旋转方向由电流相位超前的那个绕组所在的空间位置转向另一个绕组所在的空间位置,椭圆形磁势也可分解为两个转速值相同、转向相反但幅值不同的圆形旋转磁场的合成,这样就解决了启动问题,电动机就持续转动起来(可采用任务3.3中机械特性知识分析)。单相异步电动机一般不能改变转速方向,若要改变转速方向,需对调两个绕组之一的首尾端。

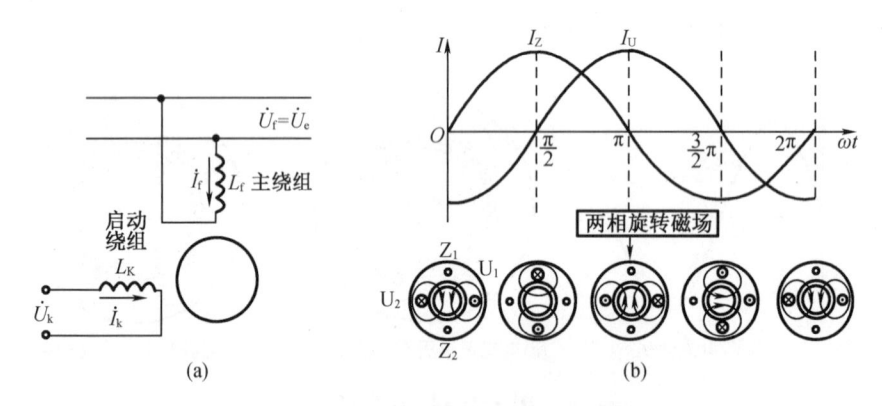

图 3-1-14　单相异步电动机的绕组和旋转磁场

【随堂练习】

选择题

(1)三相异步电动机具有的优点不包括(　　)。
A. 结构简单　　　B. 价格低廉　　　C. 调速性能好　　　D. 使用维护方便

(2)下列(　　)电器用的电动机不是三相异步电动机。
A. 起重机　　　B. 机床　　　C. 鼓风机　　　D. 电动自行车

(3)三相异步电动机铭牌上标明:"额定电压380/220 V,接法Y/△"。当电网电压为380 V时,这台三相异步电动机应采用(　　)。

A.△接法　　　　B.Y接法　　　　C.△、Y都可以　　D.△、Y都不可以

(4)异步电动机铭牌上所标的转速是指(　　)。

A.同步转速　　　　　　　　B.额定运行时转子的转速

C.转子转速　　　　　　　　D.旋转磁场转速

(5)三相绕组在空间中位置应互相间隔(　　)。

A.180°　　　　B.120°　　　　C.90°　　　　D.360°

(6)三相异步电动机铭牌上的额定功率指的是(　　)。

A.电动机额定运行时转子上的输出机械功率

B.电动机额定运行时定子上的输入功率

C.电动机额定运行时转子上的电磁功率

D.电动机额定运行时转子上总的机械功率

(7)三相6极异步电动机接到频率为50 Hz的电网上额定运行时,其转差率 $s_N=0.04$,则额定转速为(　　)。

A.1 000 r/min　　B.960 r/min　　C.40 r/min　　D.0 r/min

(8)一台50 Hz三相异步电动机的转速 $n=720$ r/min,该电动机的磁极数和同步转速分别为(　　)。

A.4极,1 500 r/min　　　　　B.6极,1 000 r/min

C.8极,750 r/min　　　　　　D.10极,600 r/min

(9)国产额定转速为1 450 r/min的三相异步电动机为(　　)极电机。

A.2　　　　　B.4　　　　　C.6　　　　　D.8

(10)如果某三相异步电动机的磁极数为4极,同步转速为1 800 r/min,那么三相电流的频率为(　　)。

A.50 Hz　　　B.60 Hz　　　C.45 Hz　　　D.30 Hz

(11)在三相异步电动机中,转子的转向取决于旋转磁场的转向。下列有关旋转磁场的说法中正确的是(　　)。

A.只要在定子绕组中通入三相交流电即可产生旋转磁场

B.只要向在空间上相差120°的定子绕组中通入三相交流电就可产生旋转磁场

C.只有向在空间上相差120°的电角度的定子绕组中通入时间上相差120°的三相交流电才能产生旋转磁场

D.以上都不对

(12)三相异步电动机的转差率的变化范围是(　　)。

A.0≤s≤1　　B.0<s≤1　　C.0<s<1　　D.0≤s<1

(13)在进行三相异步电动机实验时,若发现电动机转向不符合要求,则可以(　　)。

A.调换任意一相绕组的两端　　　B.调换任意两根引出线

C.调换任意两相绕组的两端　　　D.降低三相电源电压

(14)若三相4极50 Hz异步电动机的转差率 $s=0.2$,则其转速为(　　)r/min;若转差率 $s=1$,则其转速为(　　)r/min。

A.1 470,0　　B.1 500,0　　C.1 470,1 470　　D.30,0

【任务实施】

1.目的

(1)通过项目的实施使学生掌握船用交流电机的基本知识,学会电机的使用、选配和维

护方法。

(2)了解船舶行业交流电机拆卸标准和规范,掌握交流电机的拆卸过程及安全注意事项。

2. 器材

常用电工仪表(万用表、兆欧表等),船用交流电机1台,电机拆卸工具,常用电工工具。

3. 项目内容及要求

(1)按船舶行业电机作业的标准和规范操作,进行船用交流电机的拆卸。

(2)按船舶行业电机作业的标准和规范操作,进行船用交流电机的组装。

(3)按船舶行业电机作业的标准和规范操作,进行船用交流电机的勘验。

4. 提交报告

(1)提交拆卸船用交流电机的步骤及操作规范、勘验过程报告。

(2)提交船用交流电机勘验单。

5. 组织步骤

(1)布置团队工作任务,按照企业工作岗位进行分工。

(2)按照既定的方案实施,记录实施过程中的现象和数据。

(3)按照职业标准进行检查,小组讨论并总结工作过程中较好的部分和存在的不足。

(4)组织学生进行自评和互评,教师对学生进行评价。

6. 交流电机的勘验

(1)交流电机的拆卸和安装的准备

①备齐拆装用具。万用表、兆欧表、钳形电流表、三相笼形异步电动机、撬棍、拉具、厚木板、划线板、绕线机、竹签、沙带、铜线、绝缘材料等专用工具。

②选好适合拆装电机的场地,并事先清洁和整理好。

③熟悉被拆电机的结构特点、拆装要领及所存在的缺陷。

④拆卸电机引线,做好标记。一般拆卸电机时,先拆卸电机的引线,记录三相绕组是Y接法还是△接法。拆线前必须先切断三相电源线,即关闭电源开关。拆线时,每拆下一个线头,应用绝缘带包好线头并用白布做好标记,以免接线时弄错。

⑤拆除电源线和保护接地线。

⑥拆下地脚螺母,将电机拆离基础并运至解体现场。若机座与基础之间有垫片,应做好记录并妥善保存。

(2)交流电机的拆卸步骤

①拆下皮带轮(或联轴器),卸下电机尾部的风罩。在拆卸皮带轮(或联轴器)之前,最好在皮带轮(或联轴器)的轴头上做好记号,或者测量皮带轮(或联轴器)到端盖之间的距离并记录下来,使装配时有依据。拆卸时,首先应将皮带轮(或联轴器)上的固定螺丝或销子松脱,再用专用工具抓手,把皮带轮(或联轴器)慢慢拉出。使用抓手时要顶正,抓手螺杆中心线要对准电动机轴的中心线,并注意抓手和皮带轮(或联轴器)的受力情况,不要将轮缘拉裂或把抓手扳裂。如遇拆不下来的情况时,可以渗入煤油再拉,或用喷灯加热,再趁热迅速下拉。不需清洗的轴承或有轴承套的电机,有时可不拆卸皮带轮(或联轴器)。

②拆下电机尾部扇叶。

③拆下前轴承外盖和前、后端盖紧固螺钉。在拆卸滑动轴承端盖前,应先将油放出。在拆卸滚动轴承端盖时,必须在机壳和端盖上做记号,以免装配时弄错位置。拆卸时,可先拆卸小盖,然后松下大螺丝,再拆卸大盖。一般小型电机都只拆风扇一侧的端盖,将另一侧的轴承盖螺丝拆下,并将转子、端盖、轴承盖和风扇一起抽出。

④用木板(或铅板、铜板)垫在转轴前端,用木榔头敲打转轴前端,将转子和后端盖从机

座中敲出。

⑤从定子中取出转子。小型电机的转子可用手取出,注意不要擦伤铁芯和绕组。转子风扇若大于定子内孔,则应从有风扇一侧取出。

⑥用木棒伸进定子铁芯,顶住前端盖内侧,用榔头将前端盖敲离机座。最后拉下前后轴承及轴承内盖。

电机拆卸操作示意图如图 3-1-15 所示。

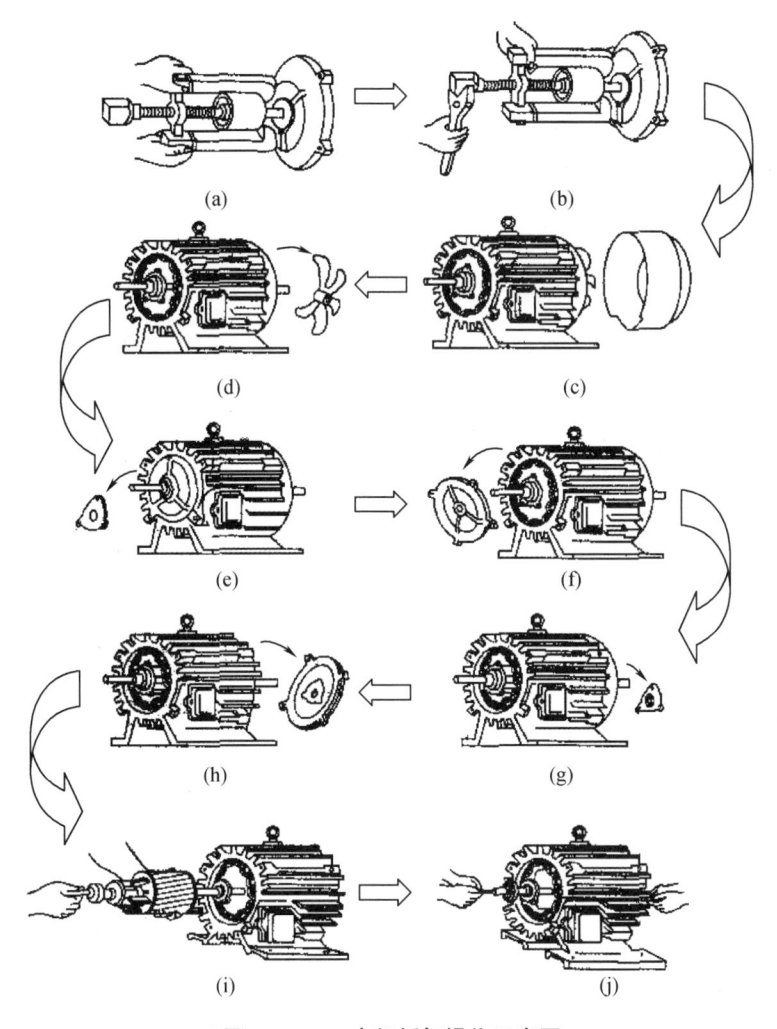

图 3-1-15 电机拆卸操作示意图

(3)交流电机及其绕组的勘验和保养

①交流电机的勘验内容(填写表 3-1-1)

a. 外观检查。电机各部件外观完整,螺丝钉紧固,转子转动灵活自如,摩擦力小。可用千分尺检查轴的径向偏摆及轴向游隙。检查引线及线端标志是否牢固、清楚。

b. 测量绝缘电阻。使用兆欧表测量各相对地绝缘电阻和相间绝缘电阻,应不低于 5 MΩ。

c. 相间电阻测定。利用电桥测量三相绕组的电阻,各相阻值相差不超过 5%。

d. 空载实验。用钳形电流表分别测量三相电流,看三相电流是否平衡,各相电流相差不超过10%。

②交流电机的保养

船舶电机长时间使用后其绕组上常有油垢、海盐和灰尘,引起绕组绝缘下降。应对电机绕组进行清洗。清洗的方法有两种:一种是用化学剂清洗;另一种用高温高压淡水冲洗。

做法1:当电机绕组绝缘电阻很高,绕组上仅有灰尘和油污时,通常采用电机清洁剂并用毛刷进行刷洗,对于毛刷触及不到的地方用喷枪冲洗。由于电机清洁剂含有害的高挥发性气体,因此应在通风条件好的地方进行。

做法2:当电机绕组绝缘电阻低时,一般绕组中含有盐分。这时只能用高温高压淡水冲洗,把盐分及油垢等污物冲走。

表3-1-1 船用交流电机勘验

序号	零件名称	数量	清洁	烘漆	油漆	换新	其他	材料规格尺寸	序号	零件名称	数量	清洁	烘漆	油漆	换新	其他	材料规格尺寸
1	接线板								12	电机绕组							
2	前后防护罩								13	机座							
3	前轴承外盖								14	后套筒							
4	前轴承内盖								15	转子							
5	后轴承外盖								16	皮带盘							
6	前轴承								17	刹车绕组							
7	后轴承								18	摩擦片							
8	风叶								19	刹车内齿轮							
9	吊环								20	刹车外齿轮							
10	联轴器								21	刹车端盖							
11	前套筒																

绕组数据:

1. 定子绕组

定子铁芯外径为_____mm,铁芯内径为_____mm,铁芯长度为_____mm,槽数为_____,绕组形式为_____,绕组数目为_____,每个线圈匝数为_____,线圈节距为_____,并联支路数为_____;导线型号和规格为_____。

2. 转子绕组

转子铁芯外径为_____mm,铁芯长度为_____mm,槽数为_____,绕组形式为_____,线圈数目为_____,每个线圈匝数为_____,线圈节距为_____,并联支路数为_____,导线型号和规格为_____。

备注:

训练所用时间: 　　　　参加训练者:(签名) 　　　　20 　年 　月 　日

任务3.2　船舶交流电机绕组的重绕

【任务描述】

交流电机是船舶上应用较为广泛的一类电机,通常较少出现故障,一旦出现故障,往往是由于电机温升异常,电机的励磁绕组绝缘层被烧坏,此时需要更换电机或者对其绕组进行重绕,以保证设备的正常运行。本任务以电机绕组重绕创设工作场景,让学生首先熟悉电机绕组的基本知识和概念,然后通过动手操作拆除电机的旧线圈、记录电机的原始数据、清洗定子槽、制作绕线模、绕制线圈、嵌放线圈、连接线圈、进行绕组试验以及浸漆和烘干等工序,达到掌握交流电机绕组的基础知识、提升电机维修和维护的操作技能的目的。

交流绕组是交流电机实现机电能量转换的核心部件,对发电机而言,定子绕组的作用是产生感应电动势和输出电功率;而对电动机而言,定子绕组的作用是输入电功率以建立旋转磁场,该磁场与转子绕组相互作用产生电磁转矩,使电动机旋转,从而输出机械功率。因此,要深入理解交流电机的原理和运行问题,就要对交流绕组的构成和连接规律有一个基本了解。

3.2.1　三相交流绕组的基本概念

1. 三相交流绕组的构成原则

(1)三相绕组对称,即各相绕组结构相同、阻抗相等,并且在空间中彼此相距120°的电角度,以获得对称的三相感应电动势和磁势。

(2)在导体数一定的情况下,力求获得较大的基波电动势和基波磁势。

(3)绕组的合成电动势和合成磁势的波形尽可能接近正弦波形。

(4)端部连线应尽可能短,以节省用铜量;绕组的绝缘要可靠,机械强度和散热条件要好;工艺要简单,以便于制造、安装和检修。

2. 三相交流绕组的分类

三相交流绕组的种类很多,可按槽内绕组层数或绕组绕法来分类。其按槽内绕组层数可分为单层绕组和双层绕组。按绕组绕法分类,单层绕组可分为同芯式绕组、链式绕组和交叉式绕组;双层绕组可分为叠绕组和波绕组。

单层绕组由于感应电动势的波形不好,一般适用于10 kW以下的小型异步电动机。汽轮发电机和大、中型异步电动机的定子绕组一般采用双层叠绕组,水轮发电机的定子绕组和绕线型异步电动机的转子绕组常采用双层波绕组。

3. 三相交流绕组的常用名词

(1)电角度

电机定子内圆一周的几何角度是360°,称为机械角度。从电磁角度来看,若磁场在空间中按正弦波分布,导体切割这个磁场,经过一对N、S磁极,导体中感应电动势变化一个周期,即360°电角度,所以一对磁极占有的空间电角度为360°。若电机有p对磁极,则电机内圆的一周的电角度是$p×360°$电角度,即

$$电角度 = p × 机械角度$$

(2) 极距(τ)

相邻两个磁极轴线沿定子铁芯内圆之间的距离称为极距 τ，即

$$\tau = \frac{\pi D}{2p} \tag{3-2-1}$$

式中，D 为定子铁芯内圆直径；p 为电机的极对数。

若用槽数表示，极距为

$$\tau = \frac{Z}{2p} \tag{3-2-2}$$

式中，Z 为定子总槽数。

(3) 线圈与节距

线圈是组成交流绕组的基本单元。线圈有单匝的，也有多匝的，如图 3-2-1 所示。每个线圈有两个直线边，称为有效边，分别放置在定子铁芯的两个槽内。一个线圈的两个有效边沿定子铁芯内圆之间的跨距称为线圈的节距，用 y_1 表示，一般单位为槽数。为使线圈获得较大的感应电动势，节距 y_1 应接近极距 τ，$y_1 = \tau$ 的绕组称为整距绕组，$y_1 < \tau$ 的绕组称为短距绕组，$y_1 > \tau$ 的绕组称为长距绕组。采用短距绕组和长距绕组可以改善电动势和磁势的波形。为节省端部铜材料，通常选用短距绕组。

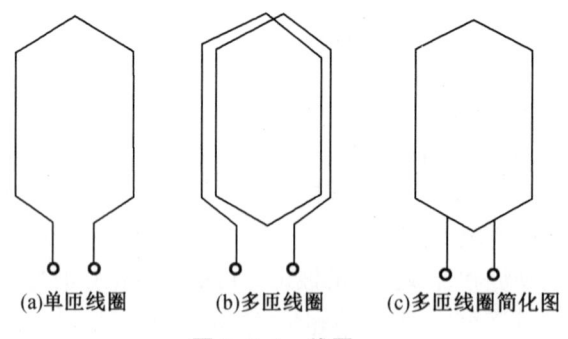

(a) 单匝线圈　　(b) 多匝线圈　　(c) 多匝线圈简化图

图 3-2-1　线圈

(4) 槽距角(α)

沿定子铁芯内圆相邻两槽之间的电角度称为槽距角 α，由于定子槽沿定子圆周是均匀分布的，因此

$$\alpha = \frac{p \times 360°}{Z} \tag{3-2-3}$$

(5) 每极每相槽数(q)

每相绕组在每个磁极下所占有的槽数称为每极每相槽数 q，即

$$q = \frac{Z}{2pm} \tag{3-2-4}$$

式中，m 为相数。

(6) 相带

每相绕组在每个磁极下所占有的电角度 q^α 称为一个相带，即

$$q^\alpha = \frac{Z}{2pm} \times \frac{p \times 360°}{Z} = \frac{180°}{m}$$

由于每个磁极占有的电角度是180°,则对三相绕组而言,每相在每个磁极下占有60°电角度,称为60°相带,因此每对极下包含6个相带。由于A、B、C三相绕组在空间中彼此相距120°电角度,同一相绕组的两个相带(A与X,B与Y,C与Z)相距180°电角度,因此三相绕组相带沿定子内圆的划分依次为A、Z、B、X、C、Y,如图3-2-2所示(图中沿逆时针方向分布),这种分相法称为60°相带分相法。

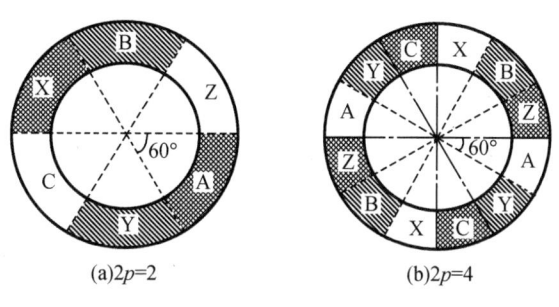

(a)2p=2　　(b)2p=4

图3-2-2　60°相带分相法

(7)线圈组

将每个磁极下属于同一相的q个线圈首尾相接依次串联起来就构成了一个线圈组。显然,一个线圈组占有一个相带的宽度。

3.2.2 定子结构分类

1. 按照形成磁极数划分

定子绕组按照形成磁极数可分为显极式绕组、庶极式绕组,如图3-2-3所示。这种分类方式主要是根据电机的磁极数与绕组分布形成实际磁极数的关系来划分。

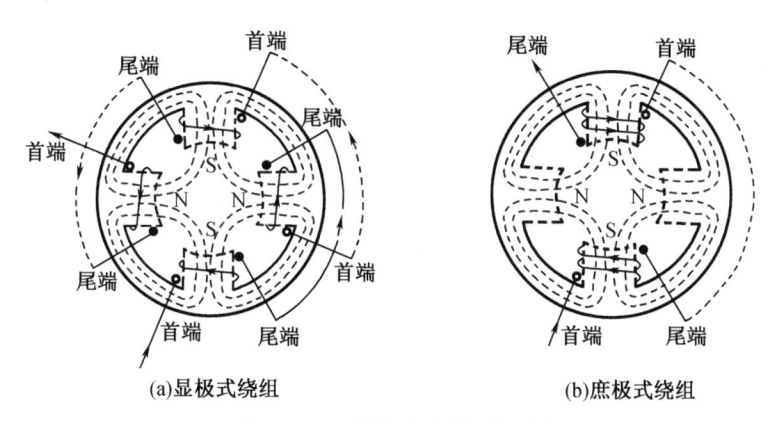

(a)显极式绕组　　(b)庶极式绕组

图3-2-3　按照形成磁极数划分

显极式绕组的特点:每个线圈形成一个磁极;线圈数与磁极数相等;接线形式为尾接尾、头接头。

庶极式绕组的特点:每个线圈形成两个磁极;线圈数为磁极数的一半;接线形式为首尾相连。

2. 按照电机绕组的结构形式划分

定子绕组按照电机绕组的结构形式可分为集中式绕组(图3-2-4)、分布式绕组。

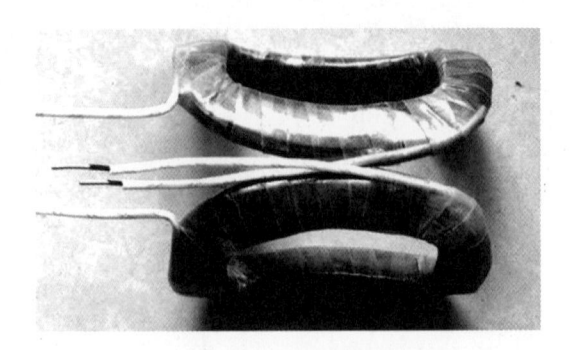

图 3-2-4　集中式绕组

（1）集中式绕组一般仅由 1 个或几个矩形框线圈组成。绕制后用纱带包扎定型，在浸漆、烘干处理后嵌装在凸形磁极的铁芯上。

（2）分布式绕组的电机定子没有凸形的极掌，每个磁极都是由 1 个或几个线圈按照一定的规律嵌装布线组成线圈组。分布式绕组通常分为同芯式绕组和叠绕组。

①同芯式绕组采用几个大小不同的矩形线圈，按同一中心的位置逐个嵌装排列成"回"字形的形式。一般单相电动机和部分小功率三相异步电动机的定子绕组采用这种形式。同芯式绕组如图 3-2-5 所示。

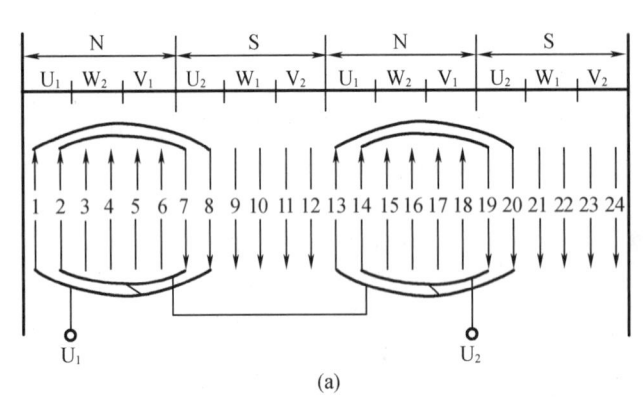

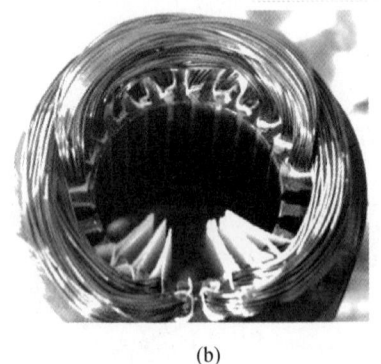

图 3-2-5　同芯式绕组

②叠绕组的所有线圈的形状、大小完全相同。叠绕组的每槽嵌装一个线圈边，而线圈的其他部分的端部在槽外逐个相叠、均匀分布。一般三相异步电动机的定子绕组较多采用叠绕组。叠绕组如图 3-2-6 所示。

3.2.3　定子绕组的绕制及嵌放

三相异步电动机绕组接线时，如果是短距绕组或长距绕组，一般采用显极式绕组的接线形式，即相邻两个线圈（组）的连接方式必须尾端接尾端、首端接首端，也即反接串联方式。如果 $y=\tau$，即整距绕组，则该绕组基本上属于庶极式绕组，相邻两个线圈（组）的连接方式是尾端接首端（电工术语为"尾接头"），即顺接串联方式。在实际三相异步电动机中，绝大多数电动机采用的都是短距绕组。为便于初学者接受，下面以 24 槽三相交流异步电动机整距绕组为例分析交流电机绕组的绕制和嵌放。

(a)

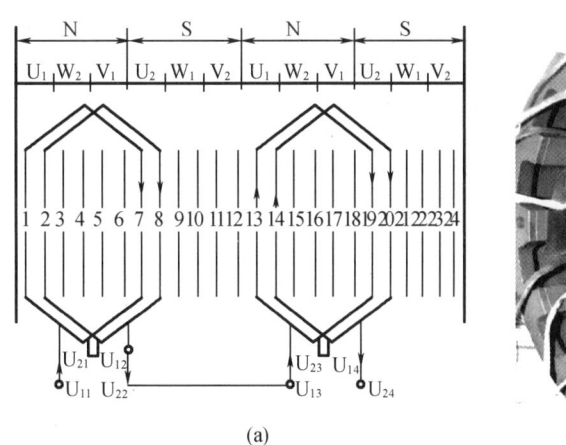

(b)

图 3-2-6 叠绕组

1. 步骤 1：常用工具材料的准备

万用表、兆欧表、钳形电流表、三相笼型异步电动机、撬棍、拉具、厚木板、划线板、绕线机、竹签、沙带、铜线、绝缘材料等。

2. 步骤 2：获取定子绕组的相关参数

获得的数据：槽数 $Z_1=24$、整距绕组、线圈节距 $y=5$、极对数 $p=2$、每线圈匝数、线径分号。

计算：利用公式求得极距：

$$\tau = \frac{Z_1}{2p} = 6$$

槽距角：

$$\alpha = \frac{360 \times p}{Z_1} = 30°$$

可将定子铁芯划分为如 3-2-7 所示的相带，即每相占用槽数 $q=2$。

(a)

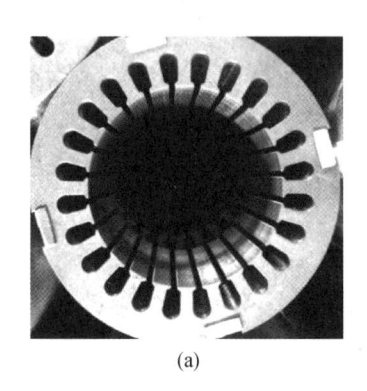

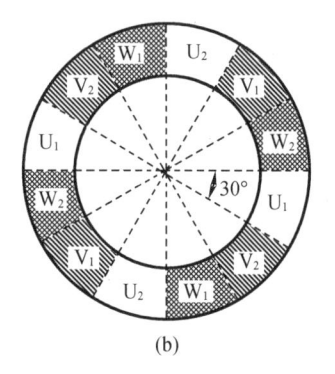

(b)

图 3-2-7 划分相带

3. 步骤 3：绕组展开图绘制（以单层叠绕组为示范）

（1）画槽、标号

想象将图 3-2-7 中的定子铁芯沿某一纵向剪开，平铺在纸上，即等距离地把定子槽画成平行线。电动机是 24 槽,画出 24 根平行线代表槽数,并标明每槽的序号。

(2)定极距和分相

从第一槽的前半槽起至最末一槽的后半槽画一长线,按电动机的磁极数 $2p=4$ 来等分极距,然后依次标出极性,极性的排列为 N、S、N、S。

槽距角为 30°,依据三相异步电动机三相互成 120°电角度,每相占据 2 个槽,分别按照首位顺序排列,定子槽平面图及定子槽相带划分分别如图 3-2-8 和图 3-2-9 所示。

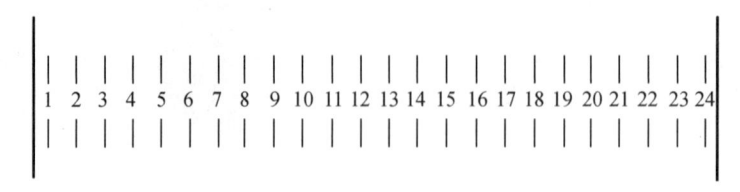

图 3-2-8 定子槽平面图

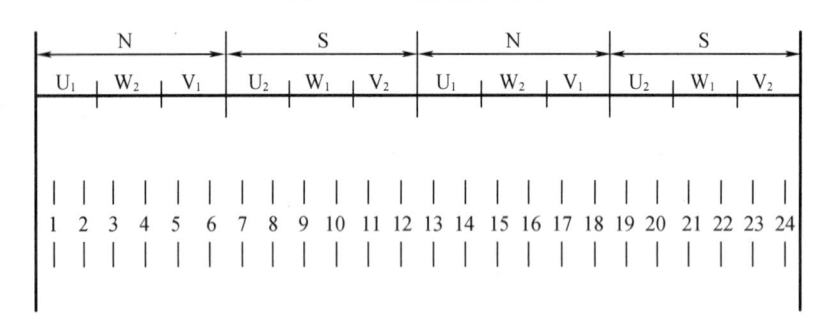

图 3-2-9 定子槽相带划分

(3)标电流方向并制作磁极和槽数对照表

按照同一磁极下的线圈导线电流方向相同,不同磁极下线圈导线电流方向相反的原则,标出每个槽内线圈边的电流方向,如图 3-2-10 所示。表 3-2-1 给出了磁极和槽数的对照。

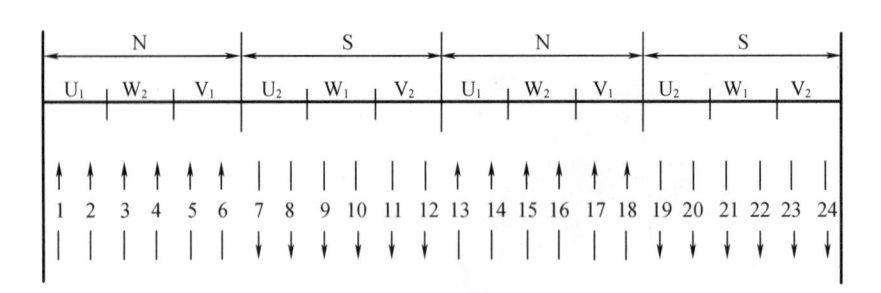

图 3-2-10 定子槽电流流向

表 3-2-1 磁极和槽数对照表

磁极	U_1	W_2	V_1	U_2	W_1	V_2
第一对极	1、2	3、4	5、6	7、8	9、10	11、12
第二对极	13、14	15、16	17、18	19、20	21、22	23、24

(4)绘制绕组并连接绕组

按照采用的单叠绕组类型及线圈节距 $y=5$,安置每相绕组的线圈。由于采用了整节距的形式,该绕组属于庶极式绕组,相邻两个极相组的连接方式应该是"尾接头"。

按照磁极和槽数对照表,线路电流走向如下:

U 相走向:1 槽—7 槽—2 槽—8 槽—13 槽—19 槽—14 槽—20 槽。
V 相走向:5 槽—11 槽—6 槽—12 槽—17 槽—23 槽—18 槽—24 槽。
W 相走向:9 槽—15 槽—10 槽—16 槽—21 槽—3 槽—22 槽—4 槽。
绕组连线如图 3-2-11 所示。

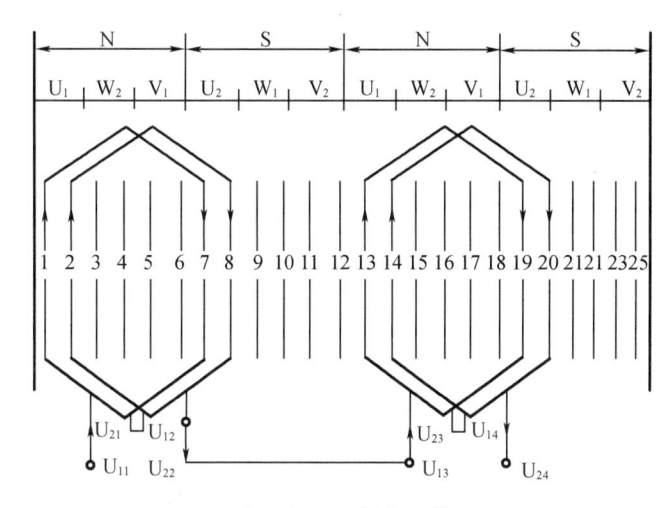

图 3-2-11 绕组连线

4. 步骤 4:绕制线圈

小型三相异步电动机采用的散嵌式线圈都是在绕线机上利用绕线模绕制的。

(1)绕线前的准备

①仔细检查电磁线的牌号、规格、绝缘厚度公差是否符号规定。

②检查绕线机的运行情况是否良好,要放好绕线模并调好计圈器。

(2)绕线过程

①绕线时拉力要适当,导线排列要整齐,避免交叉混乱,匝数要准确。同时,必须保护导线的绝缘层不受损坏。

②检查线圈尺寸、匝数。将两个直线边用布带扎紧,以免松散。

线圈示意图及实物如图 3-2-12 所示。

5. 步骤 5:嵌线及端部整形

在工程实践中,利用平面接线圆图来直观表达绕组分布及接线规律,如图 3-2-13 所示。图上小圆及数字表明定子铁芯的槽及其槽序,空心小圆代表一个或一组线圈的首端;实心小圆代表一个或一组线圈的末端。

工艺流程:准备绝缘材料→放置槽绝缘→嵌线→封槽口→端部整形→接线。

绕组嵌线顺序:每嵌好一槽,向后退空一槽,再嵌一槽,依次类推。

线圈嵌线连接顺序如图 3-2-14 所示。

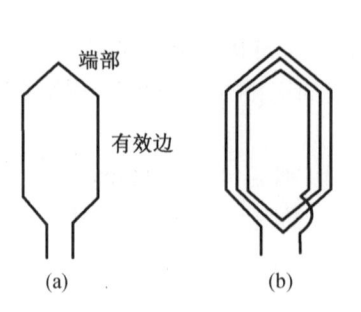

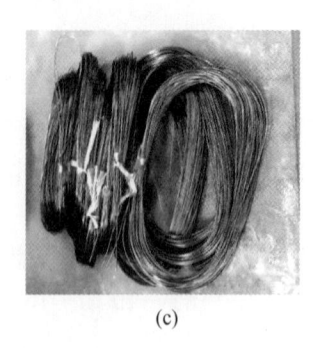

图 3-2-12 线圈示意图及实物

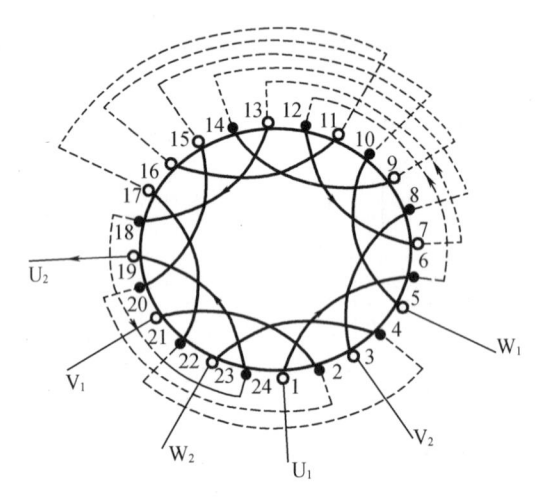

图 3-2-13 线圈嵌线和端部连接图

24槽4极链式绕组嵌线顺序表

槽别	次序	1	2	3	4	5	6	7	8	9	10	11	12
	外档	1	23	21		19		17		15		13	
	里档				2		24		22		20		18
槽别	次序	13	14	15	16	17	18	19	20	21	22	23	24
	外档	11		9		7		5		3			
	里档		16		14		12		10		8	6	4

图 3-2-14 线圈嵌线连接顺序

根据电动机的绝缘等级和电压等级来选择主绝缘材料,并配以适当的补强材料,以保护主绝缘材料不受机械损伤。常用的补强材料有青壳纸,主绝缘材料有聚酯薄膜、漆布等。在选用绝缘材料时,主绝缘材料和引出线、套管、绑线、浸渍漆等应为同一绝缘等级,彼此配套使用。

6. 步骤6:装配后的检查

(1)机械检查

检查机械部分的装配质量,具体如下:

①检查所有紧固螺钉是否拧紧。

②用手转动出轴,检查转子转动是否灵活,无扫膛、无松动;检查轴承是否有杂声等。

(2)电气性能检查

①检查直流电阻是否三相平衡。

②测量绕组的绝缘电阻。检测三相绕组每相对地的绝缘电阻和相间绝缘电阻,其阻值不得小于 0.5 MΩ。

③按铭牌要求接好电源线,在机壳上接好保护接地线,接通电源后,用钳形电流表检测三相空载电流,看是否符合允许值。检查电动机温升是否正常,运转中有无异响。

【随堂练习】

1. 选择题

(1)交流电机中的电角度与机械角度之间的关系为( )。

A. 电角度总等于机械角度

B. 电角度等于极对数乘以机械角度

C. 电角度等于磁极数乘以机械角度

D. 电角度与机械角度中无任何关系

(2)三相异步电动机 $p=2$,$Z=36$,则每极每相槽数 q 为( )。

A. 5　　　　　　B. 4　　　　　　C. 3　　　　　　D. 2

(3)三相异步电动机 $p=2$,定子总槽数 $Z=24$,则极距 τ 为( )。

A. 4　　　　　　B. 5　　　　　　C. 6　　　　　　D. 7

(4)异步电动机中节距 y 小于极距 τ 的绕组,称为( )。

A. 整距绕组　　B. 短距绕组　　C. 长距绕组　　D. 均匀绕组

(5)异步电动机中节距 y 等于极距 τ 的绕组,称为( )。

A. 整距绕组　　B. 短距绕组　　C. 长距绕组　　D. 均匀绕组

(6)每个磁极内每相绕组所占的电角度称为相带,每个相带为( )。

A. 60°电角度　　B. 120°电角度　　C. 60°机械角度　　D. 120°机械角度

(7)沿定子铁芯内圆相邻两槽之间的槽距角也叫槽间角,是指( )。

A. 相邻两槽之间的机械角度　　B. 相邻两槽之间的电角度

C. 相邻两槽之间的直线距离　　D. 一个槽的直线宽度

2. 设计题

有一单层三相绕组,$Z=24$(槽),$2p=4$(极),请画出支路数 $a=2$ 的 A 相单叠绕组展开图。

【任务实施】

1. 目的

(1)掌握船用交流电机绕组的绕制方法。

(2)掌握船舶行业交流电机绕组的绕制规范和嵌线工艺。

2. 器材

小型船用交流电机 1 台、电工工具、万用表、兆欧表、钳形电流表、三相笼型异步电动机、撬棍、拉具、厚木板、划线板、绕线机、竹签、纱带、铜线、绝缘材料等。

3. 项目内容及要求

(1)按船舶行业电机作业的标准和规范操作,进行船用交流电机绕组的拆卸。

(2)按船舶行业电机作业的标准和规范操作,进行船用交流电机绕组的绕制。

(3)按船舶行业电机作业的标准和规范操作,进行船用交流电机绕组的嵌线和接线。

4. 提交作业

(1)提交船用交流电机重绕后的绕组。

(2)提前船用交流电机绕组的绕制验收单和实训报告。

5. 组织步骤

(1)布置团队工作任务,按照企业工作岗位进行分工。

(2)按照既定的方案实施,记录实施过程中的现象和数据。

(3)按照职业标准进行检查,小组讨论并总结工作完成过程中较好的部分和存在的不足。

(4)组织学生进行自评和互评,教师对学生进行评价。

6. 交流电机绕组重绕的内容

交流电机绕组的重绕主要包括拆除旧线圈、记录原始数据、清洗定子槽、制作绕线模、绕制线圈、嵌放线圈、连接线圈、进行绕组试验以及浸漆和烘干等。

(1)拆除旧线圈、清洗定子槽

拆除旧线圈时常用通电加热法。先把电机三相绕组接成开口三角形,间断通入 220 V 单相交流电或用调压器接入约 50% 的额定电压,使绝缘软化,此时切断电源打开槽楔,拆除旧线圈。同时,应清除槽内的绝缘残物,修整槽形等。

(2)记录原始数据、制作(选择)绕线模

在拆除旧线圈时,必须记录铭牌数据、槽数、节距、连接形式、导线圈数与线径等。在拆除旧线圈的过程中可保留一只完整线圈,按它的形状、尺寸制作或选择绕线模。电机的绕线模分固定式和活动式两种。

(3)绕组的重绕与进行绕组试验、浸漆和烘干

在重绕前,应认真检查导线质量是否合格,线径是否有错,以免以后返工,造成不必要的浪费。决定了绕线模的尺寸后,就可以进行线圈的绕制工作。在绕制时,为了防止擦伤导线绝缘,应将导线通过浸有石蜡的毛毡线夹。绕线拉力一般为 $1.5 \sim 2 \text{ kgf/mm}^2$($1 \text{ kgf} \approx 9.8 \text{ N}$),绕线速度控制在 $150 \sim 200 \text{ r/min}$。绕线应排列整齐、不交叉,线圈平整。绕够匝数后,用线扎牢;绕完一个极相组后,要留有一定长度的导线作为极相组间连接线。如果绕制过程中有接头(长度不够)或断头时,接头应放在端部斜边的位置上,并用焊锡焊好,套上套管或包上绝缘,以防短路。绕组线圈的嵌放是一项细致的工作,稍不注意就有可能损坏导线绝缘和电机的槽绝缘造成绕组线圈匝间短路或接地。绕组线圈的嵌放操作步骤如下:

①第 1 步:线圈的处理。先理直线圈的引出线并套上套管,然后将绕好的线圈捏紧并压成扁平状,使上层边外侧导线在上面,下层边内侧导线在下面。

②第 2 步:线圈的嵌放。垫上槽绝缘后,将捏扁的绕组放到定子槽内。对少数未进入槽的导线可用划线板划入槽内,待导线全部进入槽内后,顺着槽来回轻轻拉动线圈,使其平整服帖,再用同样方法嵌放其他线圈。

③第 3 步:加层间绝缘,用压线板压实导线(不能用力过猛)后,将绝缘纸折好放入层间绝缘后即可嵌放上层线圈。

④第 4 步:封槽口。当线圈嵌放工作完成后,应将导线压实,然后用划线板折起绝缘以包住导线,从定子槽的一端打入槽楔条。槽楔条的长度应比槽绝缘短 3 mm,厚度不小于 2.5 mm,进槽后松紧要适当。

⑤第 5 步:端部的整形。嵌好线圈后,检查线圈外形、端部排列和相间是否符合要求,然后用橡胶榔头将端部打成喇叭口。喇叭口的大小要适当,否则会影响电机的散热和对地绝缘,而且也不利于装置转子。

⑥第 6 步:线圈捆扎与线圈间连接。在端部整形后,把端部绝缘修剪整齐,使绝缘纸高出导线 5~8 mm,并进行线圈间的连接。

⑦第 7 步:绕组的检验。重绕定子绕组后,还要对绕组进行检查和试验,如检查绕组的线圈间有无接错,绕组有无短路、断路或绝缘损坏,测定绕组的直流电阻和绝缘电阻,进行耐压和空载试验等,其中功率表可测功率。对于额定电压在 500 V 以下的电机,其绝缘电阻不得低于 0.5 MΩ。

⑧第 8 步:浸漆和烘干。浸漆和烘干目的是提高绕组的防潮性能,增加其绝缘强度和机械强度,从而延长电机的使用寿命。典型的浸漆工艺为:预烘→第 1 次浸漆→第 1 次烘干→第 2 次浸漆→第 2 次烘干→第 3 次浸漆→第 3 次烘干。浸漆温度一般控制在 60~80 ℃,保持 15 min 以上,直至不冒泡为止;烘干温度一般控制在 110~130 ℃,时间为 2~4 h。

⑨第 9 步:绕组接线端子的连接。将线圈连接好后留下的 6 个绕组出线头用引出线引出,接到电机的接线盒 U_1、V_1、W_1(首端)和 U_2、V_2、W_2(末端)相应的接线端子上,这样就完成了对电机绕组的重绕工作。

7. 完成表 3-2-2

表 3-2-2　三相笼型异步电动机绕组重绕训练记录

步骤	内容	工艺要点
1	重绕前的准备工作	1. 使用工具: 2. 工艺要点:
2	绕组的绕制	1. 使用工具: 2. 工艺要点:
3	绕组的嵌放	1. 使用工具: 2. 工艺要点:
4	绕组的绝缘	1. 使用工具: 2. 工艺要点:
5	绕组的连接	1. 使用工具: 2. 工艺要点:
6	检测数据	1. 定子铁芯内径为_____ mm,铁芯长度为_____ mm。 2. 转子铁芯外径为_____ mm,铁芯长度为_____ mm,转子总长为_____ mm。 3. 轴承内径为_____ mm,外径为_____ mm。 4. 键槽长为_____ mm,宽为_____ mm,深为_____ mm。

训练所用时间:　　　　　　参加训练者:(签字)　　　　　20　年　月　日

任务3.3 船舶交流电机的维护和运行监视

【任务描述】

利用三相异步电动机拖动机械设备时,常会出现电动机运行时声音不正常、温升超过允许值、轴承发烫、噪声增大、震动过大和冒烟等情况。本任务从检视船用交流电机(以三相异步电动机为例)的运行状态入手,让我们先通过理论学习船用交流电机的机械特性、电磁转矩的计算,再利用实践观察交流电机运行中的现象,检测交流电机的运行数据。通过观测到的结果跟额定值进行对比分析,了解电机的工作状态和判断故障点,从而提高对电机的使用和维护能力。

将定子三相绕组接到额定频率、额定电压的三相交流电源上,根据其转子轴上带机械负载或不带机械负载,可将三相异步电动机的运行状态分为负载运行状态和空载运行状态。三相异步电动机的运行状态与变压器运行状态很相似,定子侧相当于变压器的一次侧,转子侧相当于变压器的二次侧,因此可将变压器的基本分析方法用于三相异步电动机。

3.3.1 三相异步电动机的运行状态分析

1. 三相异步电动机的空载运行

(1) 空载电流和空载磁势

当电动机空载,定子三相绕组接到对称的三相电源上时,在定子绕组中流过的电流称为空载电流 I_0,大小为额定电流的 20%~50%。异步电动机的空载电流比变压器的空载励磁电流大,这是因为异步电动机的磁路中有气隙存在。三相空载电流所产生的合成磁势的幅值为

$$F_0 = 1.35 \frac{I_0 N_1}{p} k_{w1} \qquad (3-3-1)$$

式中　N_1——定子绕组的每相串联匝数;
　　　k_{w1}——定子绕组的基波绕组系数。

若不计谐波磁势,则 F_0 为定子空载磁势的幅值,它以与同步转速 n_1 相同的速度旋转。由于电动机空载,电动机轴上没有任何机械负荷,所以电动机的空载转速将非常接近同步转速 n_1,在理想空载的情况下,可以认为 $n=n_1$,即转差率 $s=0$,因而转子导体中的电动势 $E_2=0$ V,转子导体中的电流 $I_2=0$ A。所以空载时电动机气隙磁场完全由定子空载磁势 F_0 产生。空载时的定子磁势 F_0 即为励磁磁势,空载时的定子电流 I_0 即为励磁电流。

空载电流 $\dot{I}_0$ 的有功分量 $\dot{I}_{0P}$ 用来供给空载损耗,包括空载时的定子铜损、定子铁芯损耗和机械损耗。无功分量 $\dot{I}_{0Q}$ 用来产生气隙磁场,它也称为磁化电流,是空载电流中的主要部分,这样空载电流 $\dot{I}_0$ 可写成

$$\dot{I}_0 = \dot{I}_{0P} + \dot{I}_{0Q} \qquad (3-3-2)$$

励磁磁势产生的磁通绝大部分同时与定、转子绕组相交链,这称为主磁通,用 Φ_m 表示。主磁通参与能量转换,在电动机中产生有用的电磁转矩。主磁通的磁路由定、转子铁芯和

气隙组成,它受磁路饱和的影响,为一非线性磁路。此外还有一小部分磁通仅与定子绕组相交链,称为定子漏磁通。漏磁通不参与能量转换,并且主要通过空气闭合,受磁路饱和的影响较小,在一定条件下,漏磁通的磁路可以看作线性磁路。

(2)空载时定子的电压平衡关系

设定子绕组上每相所加的端电压为 $\dot{U}_1$,相电流为 $\dot{I}_0$,主磁通在定子绕组中感应的每相电动势为 $\dot{E}_1$,定子漏磁通在每相绕组中感应的电动势为 $\dot{E}_{\sigma 1}$,定子绕组每相电阻为 r_1,类似于变压器空载时的一次侧,根据基尔霍夫定律,可以列出电动机空载时每相的定子电压平衡方程式:

$$\dot{U}_1 = -\dot{E}_1 - \dot{E}_{\sigma 1} + \dot{I}_0 r_1 \tag{3-3-3}$$

与变压器的分析方法相似,可写出

$$\dot{E}_1 = -\dot{I}_0 (r_m + j x_m) = -\dot{I}_0 Z_m \tag{3-3-4}$$

$$\dot{E}_{\sigma 1} = -j \dot{I}_0 x_{\sigma 1} \tag{3-3-5}$$

式中 Z_m——励磁阻抗,$Z_m = r_m + j x_m$;

r_m——励磁电阻,反映铁损的等效电阻;

x_m——励磁电抗,与主磁通 Φ_m 相对应;

$x_{\sigma 1}$——定子绕组漏电抗,与漏磁通 $\Phi_{\sigma 1}$ 相对应。

将式(3-3-5)代入式(3-3-3)中,于是电压平衡方程式为

$$\dot{U}_1 = -\dot{E}_1 + \dot{I}_0 (r_1 + j x_{\sigma 1}) = -\dot{E}_1 + \dot{I}_0 Z_1 \tag{3-3-6}$$

式中 Z_1——定子绕组漏阻抗,$Z_1 = r_1 + j x_{\sigma 1}$

因为 $E_1 \gg I_0 Z_1$,可近似认为

$$\dot{U}_1 \approx -\dot{E}_1 \text{ 或 } U_1 \approx E_1 \tag{3-3-7}$$

由式(3-3-6),可画出异步电动机空载时的等值电路,如图3-3-1所示。

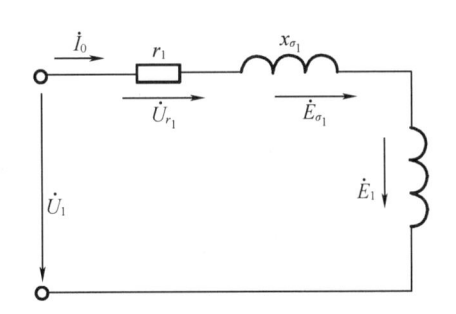

图 3-3-1 异步电动机空载时的等值电路

2. 三相异步电动机的负载运行

负载运行时,异步电动机的定、转子电路如图3-3-2所示。

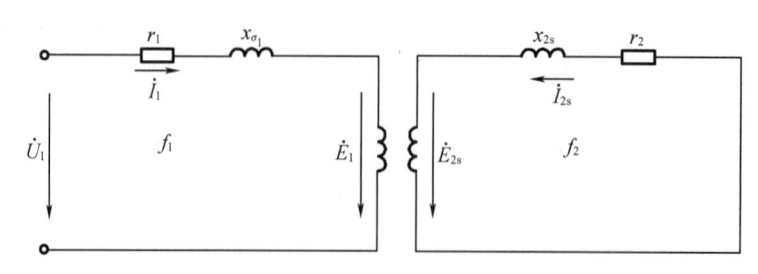

图 3-3-2　异步电动机的定、转子电路

负载运行时，电动机将以低于同步转速 n_1 的速度 n 旋转，其转向仍与气隙磁场的转向相同。因此，气隙磁场与转子的相对转速 $\Delta n = n_1 - n = sn_1$，$\Delta n$ 也就是气隙磁场切割转子绕组的速度，于是在转子绕组中感应出电动势，产生电流，其频率为

$$f_2 = \frac{p\Delta n}{60} = s\frac{pn_1}{60} = sf_1 \tag{3-3-8}$$

对异步电动机，一般 $s = 0.02 \sim 0.06$，当 $f_1 = 50$ Hz 时，f_2 仅为 $1 \sim 3$ Hz。

负载运行时，除了定子电流 $\dot{I}_1$ 产生一个定子磁势 F_1 外，转子电流 $\dot{I}_2$ 还产生一个转子磁势 F_2，而总的气隙磁势则是 F_1 和 F_2 的合成。下面对转子磁势 F_2 加以说明。

(1) 转子磁势的分析

不论是绕线型异步电动机还是笼型异步电动机，其转子绕组都是对称的。

对绕线型异步电动机而言，转子的极对数可以通过转子绕组的连接方法做到与定子一样；而笼型异步电动机的转子导条中的电动势和电流由气隙磁场感应而产生，因此转子导条中电流分布所形成的磁极数必然等于气隙磁场的磁极数。由于气隙磁场的磁极数取决于定子绕组的磁极数，所以笼型异步电动机转子的磁极数与定子绕组的磁极数相等，而与转子导条的数目无关。实际上，对任何电动机而言，其定、转子磁极数相等是产生恒定平均电磁转矩的条件。

因为转子绕组是对称的多相绕组，转子绕组中的电流也是一个对称的多相电流，所以由此产生的转子合成磁势 F_2 也必然是一个旋转磁势。若不计谐波磁势，则转子磁势的幅值为

$$F_2 = 0.45 \frac{m_2 N_2 k_{w2}}{p} I_2 \tag{3-3-9}$$

式中　m_2——转子绕组的相数；

　　　N_2——转子绕组的每相串联匝数；

　　　k_{w2}——转子绕组的基波绕组系数。

① 转子合成磁势的旋转方向

因为转子电流的频率为 sf_1，转子绕组的极对数 $p_2 = p_1$，转子合成磁势相对转子的旋转速度：

$$n_2 = s\frac{60f_1}{p_1} = sn_1$$

若定子旋转磁场的转向为顺时针方向，因为 $n < n_1$，所以转子感应电动势或电流的相序也必然按顺时针方向排列。由于合成磁势的转向取决于绕组中电流的相序，所以转子磁势 F_2 的转向与定子磁势 F_1 的转向相同，也为顺时针方向。

②转子磁势的旋转速度

转子磁势 F_2 在空间中(即相对于定子)的旋转速度为

$$n_2+n=sn_1+n=n_1 \qquad (3\text{-}3\text{-}10)$$

即转子磁势 F_2 的旋转速度等于定子磁势 F_1 在空间中的旋转速度。式(3-3-10)是在任意转速下得出的,这说明无论异步电动机的转速如何变化,定子磁势 F_1 和转子磁势 F_2 总是相对静止的,而定、转子磁势相对静止是一切旋转电机能够正常运行的必要条件,因为只有这样,才能产生恒定的平均电磁转矩,从而实现机电能量的转换。

(2)磁势平衡方程式

由于定子磁势 F_1 和转子磁势 F_2 在空间中相对静止,因此可以合并为一个合成磁势 F_m。所以,异步电动机负载时在气隙内产生的旋转磁场是定、转子的合成磁势,即

$$\dot{F}_1+\dot{F}_2=\dot{F}_m \qquad (3\text{-}3\text{-}11)$$

式中 F_m——励磁磁势,它产生负载时气隙中的旋转磁场。

式(3-3-11)就称为异步电动机的磁势平衡方程式。在定子电动势平衡方程式中,定子绕组中的感应电动势 $\dot{E}_1$ 与电源电压 $\dot{U}_1$ 之间相差一个漏阻抗压降。当异步电动机从空载到额定负载范围内运行时,定子漏阻抗压降所占的比重很小,在 $\dot{U}_1$ 不变的情况下,感应电动势 $\dot{E}_1$ 的变化很小,可以认为是一个近似不变的数值。对于电动机来说,当频率一定时,感应电动势 $\dot{E}_1$ 与主磁通 Φ_m 成正比。当 $\dot{E}_1$ 值近似不变时, Φ_m 也近似不变,因此励磁磁势也应不变。由此可见,在转子绕组中通过电流产生磁势 F_2 的同时,定子绕组中就必然要增加一个电流分量,使这一电流分量产生磁势 $-F_2$ 以抵消转子电流产生的磁势 F_2,从而保持合成磁势 F_m 近似不变。

(3)电动势平衡方程式

负载时,定子电流为 $\dot{I}_1$,根据对式(3-3-3)的分析,可列出负载时定子的电动势平衡方程式:

$$\dot{U}_1=-\dot{E}_1+\dot{I}_1(r_1+\text{j}x_{\sigma 1})=-\dot{E}_1+\dot{I}_1 Z_1 \qquad (3\text{-}3\text{-}12)$$

$$E_1=4.44f_1 N_1 k_{w1}\Phi_m \qquad (3\text{-}3\text{-}13)$$

负载时转子电动势 E_{2s} 的频率为 $f_2=sf_1$,大小为

$$\dot{E}_{2s}=4.44f_2 N_2 k_{w2}\Phi_m \qquad (3\text{-}3\text{-}14)$$

因为异步电动机的转子电路自成闭路,端电压 $U_2=0$ V,所以转子的电动势平衡方程为

$$\dot{E}_{2s}-\dot{E}_2(r_2+\text{j}x_{2s})=0$$

即

$$\dot{E}_{2s}-\dot{I}_2 Z_2=0 \qquad (3\text{-}3\text{-}15)$$

式中 I_2——转子绕组每相电流;

r_2——转子绕组每相电阻,对绕线型转子包括外加电阻;

x_{2s}——转子绕组每相漏电抗, $x_{2s}=2\pi f_2 L_2$。其中 L_2 为转子绕组每相漏电感; Z_2 为转子绕组每相漏阻抗。

转子电流的有效值为

$$I_2 = \frac{E_{2s}}{\sqrt{r_2^2 + x_{2s}^2}} \tag{3-3-16}$$

3.3.2 三相异步电动机的功率和电磁转矩

异步电动机的机电能量转换过程与直流电动机相似。但直流电机的气隙磁场是随负载的变化而变化的,由此产生了所谓的"电枢反应"的问题;而异步电机的气隙磁场基本上与负荷无关,故无电枢反应可言。尽管如此,异步电动机由定子绕组输入电功率并从转子轴输出机械功率的总过程和直流电动机还是一样的,不过异步电动机中的电磁功率却在定子绕组中发生,然后经由气隙送给转子,扣除一些损耗以后,在转子轴上输出。在机电能量转换过程中,不可避免地要产生一些损耗,其种类和性质也和直流电动机相似。

1. 功率转换过程和功率转换方程式

异步电动机在负载时,由电源供给的、从定子绕组输入电动机的功率为 P_1,其中有一部分消耗在定子绕组每相电阻 r_1、励磁电阻(反映铁损的等效电阻) r_m 上,称为定子铜损 P_{Cu1} 和定子铁损 P_{Fe1}。由于异步电动机正常运行时,转子额定频率很低, f_2 仅为 1~3 Hz,转子铁损很小,所以定子铁损实际上也就是整个电动机的铁损, $P_{Fe1} = P_{Fe}$。输入的电功率扣除了这部分损耗后,余下的功率便由气隙磁场通过电磁感应传递到转子处,这部分功率称为电磁功率 P_e,即有

$$P_1 = P_e + P_{Cu1} + P_{Fe1} \tag{3-3-17a}$$

用电磁功率减去转子绕组的铜损 P_{Cu2} 之后,得到总机械功率 P_m,即有

$$P_e = P_m + P_{Cu2} \tag{3-3-17b}$$

总机械功率减去机械损耗 P_Ω 和附加损耗 P_s 后,才是转子轴上端输出的机械功率 P_2。即有

$$P_m = P_2 + P_\Omega + P_s \tag{3-3-18}$$

式(3-3-17a)、式(3-3-17b)、式(3-3-18)便是异步电动机的功率平衡方程。

为了进一步对上述功率和损耗进行分析,可以利用等值电路(本书略)将这些功率和损耗用异步电动机的参数来表示。经过一系列推导得

$$P_{Cu2} = sP_e \tag{3-3-19}$$

$$P_m = (1-s)P_e \tag{3-3-20}$$

式(3-3-19)和式(3-3-20)是在分析异步电动机特性时两个很重要的公式。它们说明转差率 s 越大,消耗在转子中的铜损的比重就越大,电动机效率就越低,所以异步电动机一般都运行在 $s = 0.02 \sim 0.06$ 的范围内。异步电动机的功率和能量转换的关系可形象地用功率流程图来表示,如图 3-3-3 所示。

2. 电磁转矩的物理表达式和参数表达式

电磁转矩是电动机拖动能力的内在表现,通过对前述运行状态的分析,运用折算方法和电磁理论推导可得三相异步电动机在运行状态时的电磁转矩表达式为

$$T_{em} = C_T \Phi_m I_2' \cos \varphi_2 \tag{3-3-21}$$

式中 T_{em} ——电磁转矩,N·m;

Φ_m ——每极磁通,Wb;

I_2' ——转子每相电流的折算值,A;

C_T ——电动机转矩常数,是由电动机内部参数决定的。

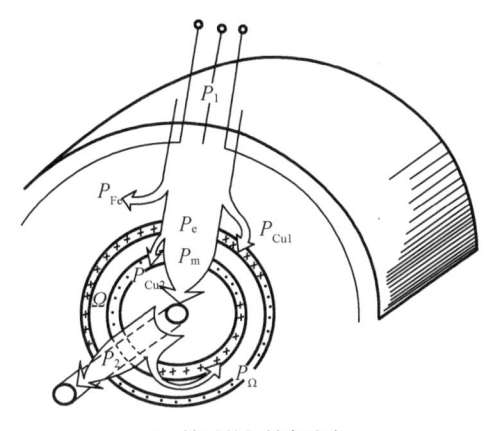

Ω—转子的机械角速度。

图 3-3-3 异步电动机的能量流程图

式(3-3-21)称为电机电磁转矩的物理表达式。它定性说明:在主磁通 Φ_m 不变时,电磁转矩 T 的大小主要取决于转子电流的有功分量 $I_2'\cos\varphi_2$。在分析电动机状态特征的变化规律时,需要找到更直接的表达形式,即在电源电压 U_1 和频率 f_1 不变时,电磁转矩 T 与转速 n(或转差率 s)之间的关系。

根据三相异步电动机简化等效电路(本书略),可得电磁转矩的参数表达式为

$$T_{em} = \frac{3p}{2\pi f_1} U_1^2 \frac{\frac{r_2'}{s}}{\left(r_1 + \frac{r_2'}{s}\right)^2 + (x_1 + x_2')^2} \quad (3-3-22)$$

式中　r_1——定子绕组每相电阻;
　　　r_2'——转子绕组每相电阻的折算值;
　　　x_1——定子绕组每相漏电抗;
　　　x_2'——转子绕组每相漏电抗的折算值;
　　　U_1——定子绕组每相电压;
　　　p——极对数;
　　　s——转差率。

异步电动机额定电磁转矩等于空载转矩加上额定负载转矩,因空载转矩比较小,有时认为额定电磁转矩等于额定负载转矩。额定负载转矩可从铭牌数据中求得,即

$$T_N = 9\,550 \frac{P_N}{n_N} \quad (3-3-23)$$

式中　T_N——额定负载转矩,N·m;
　　　P_N——额定功率,kW;
　　　n_N——额定转速,r/min。

例 3-3-1　有一台三相笼型异步电动机,额定功率 $P_N = 40$ kW,额定转速 $n_N = 1\,450$ r/min,过载系数 $\lambda_m = 2.2$,求额定负载转矩 T_N 和最大电磁转矩 T_{max}。

解
$$T_N = 9\,550 \times \frac{P_N}{n_N} = 9\,550 \times \frac{40}{1\,450} = 263.45 \text{ N·m}$$

$$T_{max} = \lambda_m T_N = 2.2 \times 263.45 = 579.59 \text{ N·m}$$

3. 转矩平衡方程式

当电动机稳定运行时,电磁转矩等于整个阻转矩 T_{em}。阻转矩包括空载制动转矩 T_0 和负载的反作用转矩 T_2,即

$$T_{em} = T_2 + T_0 \tag{3-3-24}$$

式(3-3-24)就是稳态运行时,电动机的转矩平衡方程。此式也可由式(3-3-18)求得,只要在等式两边各除以转子的机械角速度 Ω 即可,则

电磁转矩

$$T_{em} = \frac{P_m}{\Omega} \tag{3-3-25}$$

负载转矩

$$T_2 = \frac{P_2}{\Omega} \tag{3-3-26}$$

空载转矩

$$T_0 = \frac{P_\Omega + P_s}{\Omega} \tag{3-3-27}$$

将式(3-3-20)代入式(3-3-25),得

$$T_{em} = \frac{P_m}{\Omega} = \frac{(1-s)P_e}{\Omega} = \frac{P_e}{\dfrac{\Omega}{1-s}} = \frac{P_e}{\Omega_1} \tag{3-3-28}$$

式中 Ω_1——旋转磁场的角速度,即同步角速度。

3.3.3 异步电动机的机械特性

机械特性是指在一定条件下,电动机的转速与电磁转矩之间的关系,即 $n=f(T_{em})$。因为异步电动机的转速 n 与转差率 s 之间存在一定的关系,所以异步电动机的机械特性多用 $T_{em}=f(s)$ 的形式表示,称为 T_{em}-s 曲线,又称为电机的机械特性曲线。

1. 固有机械特性

异步电动机的固有机械特性是指在额定电压和额定频率下,按规定方式接线时,定、转子外接电阻为零时,T_{em} 与 s 的关系,即 $T_{em}=f(s)$ 曲线。当 $U=U_N$,$f=f_N$ 时,固有机械特性曲线如图3-3-4所示。

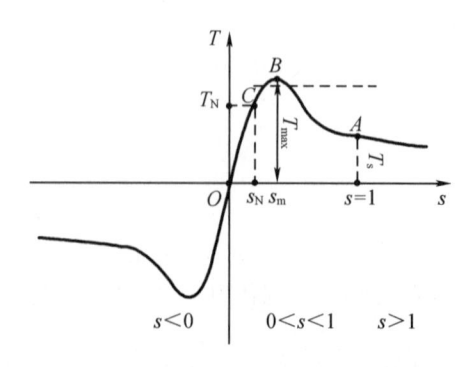

图3-3-4 异步电动机固有机械特性曲线

曲线形状分析如下：

(1) 启动点 A

电动机刚接入电网，但尚未开始转动的瞬间，转轴上产生的转矩叫作电动机的启动转矩 T_s（又称堵转转矩）。此时，$n=0$ r/min，$s=1$，$T_{em}=T_s$，只有当启动转矩 T_s 大于负载转矩 T_L 时，电动机才能转动。通常启动转矩与额定电磁转矩的比值称为电动机的启动转矩倍数，用 K_T 表示，$K_T=T_s/T_N$。它表示启动转矩的大小，K_T 越大表明异步电动机的启动能力越强。K_T 是异步电动机的一项重要指标，笼型电动机的启动转矩倍数 K_T 一般为 0.8~1.8。此外，在其他参数一定时，启动转矩与电源电压的平方成正比，且电源频率越高，启动转矩越小。

(2) 临界点 B

此时电动机产生的电磁转矩最大（用 T_{max} 表示），对应的转差率称为临界转差率 s_m，电动机的临界转差率一般为 0.1~0.2。在实际运行中，由于负载免不了会发生波动，如果最大电磁转矩 T_{max} 小于负载波动时的峰值，电动机会出现堵转现象。最大电磁转矩 T_{max} 与额定负载转矩 T_N 之比为过载系数 λ_m，它也是异步电动机的一个重要指标，一般 $\lambda_m=1.6$~2.2。

(3) 同步点 O

此时 $n=n_1$，$s=0$，$T_{em}=0$ N·m，这种状态只存在于理想电动机中。

(4) 额定点 C

此时电动机工作在额定状态。图 3-3-4 中的 AB 段为不稳定区，BO 段是稳定运行区，即异步电动机稳定运行区域为 $0<s<s_m$。为了使电动机能够适应在短时间过载而不停转，电动机必须留有一定的过载能力，额定运行点不宜靠近临界点，一般 $s_N=0.02$~0.06。

2. 人为机械特性

人为机械特性就是人为地改变电源参数或电机参数而得到的机械特性。

(1) 降低定子电压的人为机械特性

由式(3-3-22)可见，当定子电压降低时，电磁转矩与 U_1^2 成正比地降低。其特性曲线如图 3-3-5 所示。降低定子电压的人为机械特性具有如下特点：同步转速 n_1 不变；临界转差率 s_m 与定子电压无关；最大电磁转矩 T_{max} 与启动转矩 T_s 都随电压的平方成正比地降低$\left(有 T_{max}=\frac{3p}{4\pi f_1}U_1^2\frac{1}{r_1+\sqrt{r_1^2+(x_1+x_2')^2}}，n_m、n_r 不变\right)$。

(2) 转子回路内串入电阻时的人为机械特性

此法适用于绕线转子异步电动机。在转子回路内串入三相对称电阻时，同步转速 n_1 和最大电磁转矩 T_{max} 因与转子电阻无关而不变，但临界转差率 s_m 和启动转矩 T_s 随转子电阻的增加而成正比地增大，可见转子回路内串入电阻时的人为机械特性曲线是一组通过同步点且最大电磁转矩恒定不变的曲线族，如图 3-3-6 所示（即 $s_m \propto r_2$、$n_m=(1-s_m)n_1$；T_{max}、n_1 不变）。

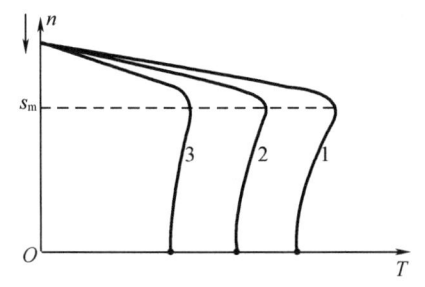

图 3-3-5 降低电压的人为机械特性曲线 ($U_1>U_2>U_3$)

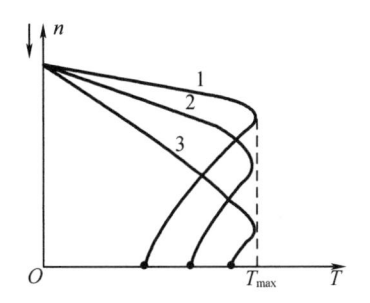

图 3-3-6 转子串电阻的人为机械特性曲线 ($r_1<r_2<r_3$)

例 3-3-2 已知 J02—42—4 电动机的额定功率 $P_N = 5.5$ kW,额定转速 $n_N = 1\,440$ r/min,启动转矩倍数 $K_T = T_s/T_N = 1.8$,求:

(1)额定电压下的启动转矩;

(2)当电网电压降为额定电压的 80% 时,该电动机的启动转矩。

解 (1)
$$T_N = 9\,550\frac{P_N}{n_N} = 9\,550 \times \frac{5.5}{1\,440} = 36.48 \text{ N}\cdot\text{m}$$

$$T_s = 1.8 T_N = 1.8 \times 36.48 = 65.66 \text{ N}\cdot\text{m}$$

(2).
$$\frac{T'_s}{T_s} = \left(\frac{U'_1}{U_1}\right)^2 = 0.8^2 = 0.64$$

$$T'_s = 0.64 \times 65.66 = 42.02 \text{ N}\cdot\text{m}$$

3.3.4 三相异步电动机的工作特性

当负载在一定范围内变化时,异步电动机一般能通过参数的自动调整来适应这种变化。在额定电压和额定频率下,电动机的转速 n、定子电流 I_1、电磁转矩 T、功率因素 $\cos\varphi_1$、效率 η 与电动机输出的机械功率 P_2 之间的关系可以从不同的侧面反映电动机的工作特性,如图 3-3-7 所示。

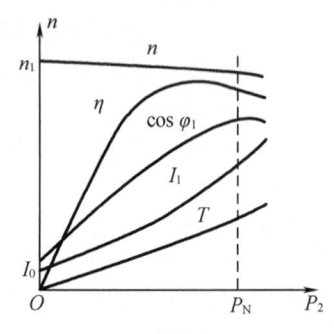

图 3-3-7 异步电动机的工作特性

1. 转速特性 $n = f(P_2)$

空载时,$P_2 = 0$ kW,$n \approx n_1$,$s \approx 0$。随负载的增大,电动机转速略下降就可使转子电流明显增大,电磁转矩增大,直至与负载重新平衡。异步电动机的转速特性曲线是一条略下斜的曲线。

2. 定子电流特性 $I_1 = f(P_2)$

空载时,$P_2 = 0$ kW,$I_1 = I_0$,定子电流几乎全部用于励磁。当 $P_2 < P_N$ 时,随负载的增大,转子电流增大。为保持磁势平衡,定子电流也增大,定子电流的特性曲线是一条过 I_0 点的上升曲线;过载后,受电机磁路状态影响,电流增大的速度加快,曲线上翘。

3. 电磁转矩特性 $T = f(P_2)$

空载时,$P_2 = 0$ kW,$T = T_0$,电磁转矩主要用于克服风阻、摩擦阻力。随负载的增大,电磁转矩也相应增大,T 与 P_2 的关系近似为过空载转矩 T_0 点的直线。

4. 功率因数特性 $\cos\varphi_1 = f(P_2)$

空载时损耗较少,电动机自电网获得的功率大部分为无功功率,用于建立和维持主磁通,空载功率因数通常小于 0.3。随负载的增大,P_2 增大,转子电路功率因数 $\cos\varphi_2$ 增大,导致电动机功率因数 $\cos\varphi_1$ 增大。一般设计时会使电动机在额定状态下的功率因数 $\cos\varphi_2$ 最大;过载后,$\cos\varphi_1$ 又开始减小。

5. 效率特性 $\eta = f(P_2)$

异步电动机的输出功率与输入功率的比值称为效率,它反映了电功率的利用率。由电动机的功率分配关系可知:

$$\eta = \frac{P_2}{P_1} = 1 - \frac{\Delta P}{P_1} \qquad (3\text{-}3\text{-}29)$$

可见:损耗功率 ΔP 的大小直接影响电动机的效率。异步电机从空载状态到满载运行时,主磁通和转速变化不大,铁损 P_{Fe} 和机械损耗 P_m 近似不变,称为不变损耗;铜损 P_{Cu1}、P_{Cu2} 则与相应的电流的平方成正比,变化较大,称为可变损耗。普通异步电动机的额定效率为 0.8~0.9,中小型异步电动机通常在负载为额定负载的 75% 左右的效率最高,超过这个比例时效率稍下降。

【随堂练习】

选择题

(1)异步电动机的负载越大,其启动时间(　　)。
A. 越长　　　　B. 越短　　　　C. 与负载大小无关

(2)根据三相异步电动机的工作特性,下列说法中正确的是(　　)。
A. 输出功率越大,电动机转速越高
B. 输出功率越大,功率因数越小
C. 电动机的效率会随着输出功率的变化而出现最大值
D. 输出功率越大,定子电流越小

(3)三相异步电动机的机械特性是指电磁转矩与(　　)的关系。
A. 定子电流　　B. 转差率　　　C. 输入功率　　D. 转子电流

(4)三相异步电动机的电磁转矩 T 和电源电压 U 的关系是(　　)。
A. T 与 U^2 成正比　　　　B. T 与 U^2 成反比
C. T 与 U 成反比　　　　　D. T 与 U 成正比

(5)一般电动机的最大电磁转矩与额定电磁转矩的比值叫作过载系数,一般此值应(　　)。
A. 等于 1　　　B. 小于 1　　　C. 大于 1　　　D. 等于 0

(6)有一台运行于额定负载状态下的三相异步电动机,若电源电压下降 10%,稳定运行后,电动机的电磁转矩(　　)。
A. $T_{em}=T_N$　　B. $T_{em}=0.8T_N$　　C. $T_{em}=0.9T_N$　　D. $T_{em}>T_N$

(7)三相异步电动机在额定负载下工作,其转差率 s 为(　　)。
A. 等于 1　　　B. 大于 1　　　C. 0.02~0.06　　D. 等于 0

(8)有一台绕线转子异步电动机,如将转子电阻增大,则其启动转矩将(　　)。
A. 增大　　　　B. 减小　　　　C. 不变

(9)一台三角形连接的三相异步电动机在额定电压下启动时的启动电流为 300 A,现采用星形-三角形换接开关降压启动,其启动电流为(　　)。
A. 100 A　　　B. 173 A　　　C. 212 A　　　D. 150 A

(10)大型异步电动机不允许直接启动,其原因是(　　)。
A. 机械强度不够　B. 电机温升过高　C. 启动过程太快　D. 对电网冲击太大

(11)若绕线型异步电动机在转子绕组中串入变阻器启动,则(　　)。
A. 启动电流减小,启动转矩减小　　B. 启动电流减小,启动转矩增大
C. 启动电流增大,启动转矩减小　　D. 启动电流增大,启动转矩增大

(12)采用星形-三角形降压启动的电动机,正常工作时定子绕组接成(　　)。
A. 三角形　　　B. 星形　　　C. 星形或三角形　D. 定子绕组中间带抽头

(13)船舶上的三相异步电动机广泛地采用(　　)的启动方式。
A. 变压器启动　B. 串入电阻启动　C. 降压启动　　D. 直接启动

(14)笼型异步电动机启动时,在定子绕组中串入电阻,启动转矩(　　)。
A. 增大　　　　　B. 减少　　　　　C. 保持不变
(15)异步电动机负载越重,其启动电流(　　)。
A. 越大　　　　　B. 越小　　　　　C. 与负载大小无关

【任务实施】

1. 目的

(1)通过任务的实施使学生掌握船用交流电机的基本知识,学会使用、选配和维护船用交流电机。

(2)了解船舶行业交流电机的拆卸标准和规范,掌握拆卸过程中的安全注意事项。

2. 仪表与器材

带负载运行的三相异步电动机,监视用电压表、电流表,酒精温度计,扳手,钳子,螺丝刀。

3. 项目内容及要求

(1)按船舶行业电机作业的标准和规范操作,进行船用交流电机的拆卸。

(2)按船舶行业电机作业的标准和规范操作,进行船用交流电机的组装。

(3)按船舶行业电机作业的标准和规范操作,进行船用交流电机的勘验。

4. 提交报告

(1)提交拆卸船用交流电机的步骤及操作规范、勘验过程报告。

(2)提交船用交流电机勘验单。

5. 组织步骤

(1)布置团队工作任务,按照企业工作岗位进行分工。

(2)按照既定的方案实施,记录实施过程中的现象和数据。

(3)按照职业标准进行检查,小组讨论并总结工作完成过程中较好的部分和存在的不足。

(4)组织学生进行自评和互评,教师对学生进行评价。

6. 检视内容及工艺要点

三相异步电动机中常见的故障有绕组短路、绕组断路、绕组接地和轴承损坏等。处理时应"由外到里,先机械后电气",通过看、听、闻、摸等途径去检查,进行有针对性的修理。

(1)绕组短路故障的检修

①绕组短路故障的检查方法

绕组短路故障的检查方法有外部检查法、电阻检查法(即利用万用表或电桥法进行检查)、电流平衡检查法、感应电压检查法和短路侦察器检查法等,其中外部检查法、电阻检查法是常用的两种方法。

外部检查法:使电动机空载运行 20~25 min 后停下来,马上拆卸两边端盖。用手摸线圈的端部,如果某一个或某一组线圈的端部比其他的热,则这部分线圈很可能短路。也可以观察线圈有无焦脆现象,若有则该线圈可能短路。若在空转过程中发现有异常情况,应立即切断电源,采用电阻检查法进一步进行检查。

②绕组短路故障的修理方法

绕组容易发生短路的地方是线圈的槽口部位以及双层绕组的上下线圈之间。如果短路点在槽外，可将绕组加热软化，用划线板将短路处分开，再垫上绝缘纸或套上绝缘套管。如果短路点在槽内，可将绕组加热软化后翻出短路绕组的匝间线，在短路处包上新绝缘套管，之后再将其重新嵌到槽内并浸渍绝缘漆。

（2）电动机绕组首尾接错的处理

三相异步电动机为了接线方便，在6个引出线端子上，分别用代号 U_1、V_1、W_1、U_2、V_2、W_2 来标识。应将每个引出线分别接到引线端子板上去，其中 U_1、V_1、W_1 表示电动机接线的首端，U_2、V_2、W_2 表示电动机接线的尾端。

（3）电动机轴承损坏的处理

①电动机轴承损坏的检查方法

在电动机运行时用手触摸前轴承外盖，其温度应与电动机机壳温度大致相同，无明显的温差（前轴承是电动机的载荷端，最容易损坏）。另外，也可以听电动机的声音有无异常：将螺丝刀或听诊棒的一头顶在轴承外盖上，将另一头贴到耳边，仔细听轴承滚柱沿轴承道滚动的声音，正常时声音是单一、均匀的。如有异常声音应将轴承拆卸并进一步检查，即将轴承拆下来清洗干净后，用手转动轴承，观察其转动是否灵活、有无锈迹、伤痕等，并检查轴承内外之间轴向窜动和径向晃动是否正常。

②电动机轴承损坏的修理方法

对于有锈迹的轴承，将其放在煤油中浸泡便可除去铁锈。若轴承有明显伤痕，则必须更换。同时，还应根据电动机的负载情况、工作环境选择合适的润滑脂，以改善轴承的润滑并延长其使用寿命。

（4）三相异步电动机电源线的发热现象和原因

①3根相线同时发热

原因：可能是电线太细而通过电线的电流太大；也可能是电动机的负载太大，如水泵里有东西卡住，皮带轮的大小搭配不合理等。

②2根相线同时发热

原因：可能是2根相线之间发生严重的漏电或短路（图3-3-8(a)）；也可能是电动机一相无电（图3-3-8(b)），造成双相运行，使电流急剧增加。

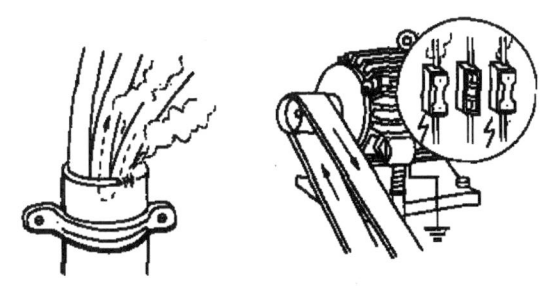

(a)2根相线之间发生严重漏电或短路　(b)电动机一相无电

图3-3-8　造成2根相线同时发热的原因

③单根相线发热

原因：可能是电线连接不好；也可能是1根相线发生严重漏电，或芯线裸露，与建筑物接触。

(5)记录巡视结果

将检查合格的三相笼型异步电动机通电,使其带负载运行,在运行中加强巡视,并将巡视情况记在表3-3-1中。

表 3-3-1　三相笼型异步电动机运行情况登记表

步骤	内容	巡视结果记录			
1	电压检测	线电压	额定值		
			实测值	U_{UV}/V	
				U_{VW}/V	
				U_{WU}/V	
2	电流检测		额定值		
			实测值	I_U/A	
				I_V/A	
				I_W/A	
3	温度检测（温度计法）	定子绕组	测量定位		
			温度计读数/℃		
			实际温度/℃		
			手感程度		
		轴承	实测温度/℃		
			手感程度		
4	是否出现故障	故障现象： 可能原因： 处理方法与结果：			

训练所用时间：　　　　　　参加训练者:(签字)　　　　　　20　年　月　日

任务 3.4　船舶交流电机的常规故障排除

【任务描述】

三相异步电动机的常规故障有电动机无法启动、启动后转速低、电动机在调速过程中的不同转速状况下运行噪声大、轴承过热、切换转速时震动过大、制动不迅速等。本任务基于船舶电工进行电动机维修的工作场景进行设置。在实际操作中应"由外到里、先机械后电气",通过看、听、闻、摸等途径去检查电动机,再利用相关知识进行有针对性的修理。本任务通过对交流电机(以三相异步电动机为例)的常规故障排除,学习电机关于启动、调速和制动的知识,理解电机发生故障的原因,从而达到掌握知识、提升技能的目的。

3.4.1 三相异步电动机的启动

启动是指电动机通电后转速从零开始逐渐加速到正常运转的过程。启动时,一般要求启动转矩大,启动电流小,启动时间短,启动方法与设备简单、经济,操作简便。实际的三相异步电动机的启动转矩偏小且启动电流大(可达额定电流的 4~7 倍),其影响主要表现在:大启动电流冲击电网设备,导致设备发热及电网电压下降,影响同网其他负载的正常工作;启动转矩小造成启动过程缓慢,冲击时间长。一般需要根据电动机及负载的要求采取相应的启动措施。

1. 笼型电动机的启动方式

笼型电动机的启动方式包括:全压启动、降压启动两种方式。

(1)全压启动

全压启动就是将电动机直接接入电网,在定子绕组承受额定电压情况下启动,又称直接启动。一般容量的电源可允许 7.5 kW 以下的异步电机直接启动;如果供电变压器的容量较大,7.5 kW 以上且启动电流比满足以下经验公式的异步电动机也可直接启动。

$$K_1 = \frac{I_s}{I_N} \leq \frac{1}{4}\left[3 + \frac{电源总容量}{电动机额定功率}\right] \tag{3-4-1}$$

电动机的启动电流倍数 K_1 需符合式(3-4-1)中电网允许的启动电流倍数,才允许直接启动,否则应采取降压启动。一般船舶中使用的电动机绝大部分都在 10 kW 以下,这类电动机都可以直接启动。

(2)降压启动

对不满足全压启动条件的笼型电动机,需要降压启动后再切换至全压运行。降压措施有定子串电阻或电抗降压、星形-三角形降压、自耦变压器降压、延边三角形降压等。

①定子串电阻或电抗降压启动

启动时,将电抗器或电阻接入定子电路,启动完成后再切除电抗器或电阻,之后电动机进入正常运行。三相异步电动机在定子边串入电抗器或电阻启动时,定子绕组实际所加电压降低,从而减小启动电流。设全压时定子绕组电压为 U_1,降压后的定子绕组电压、电流和启动转矩分别为 U_1'、I_{st}'、T_{st}',$U_1'=kU_1$,根据启动转矩与电压的关系可得

$$\frac{I_{st}'}{I_{st}} = \frac{U_1'}{U_1} = k \tag{3-4-2}$$

$$\frac{T_{st}'}{T_{st}} = \left(\frac{U_1'}{U_1}\right)^2 = k^2 \tag{3-4-3}$$

可以看出在这种启动方式下,启动电流降下来了,但是启动转矩下降的幅度更大,因此该方式只适用于空载或轻载启动,但能耗较大,实际应用不多。

②星形-三角形(Y/△)降压启动

这种方式适用于正常运行时是三角形接法的电动机。这种启动方式是启动时定子绕组接成星形,电动机每相绕组获得的电压等于电源的相电压,低压启动;运行时定子绕组则接成△,每相绕组获得的电压等于电源的线电压,是 Y 接法的 $\sqrt{3}$ 倍,从而达到降低启动电流的目的。

设电源每相电压为 U_N,Y 接法启动电流为 I_s',△接法直接启动时的启动电流为 I_s,则 Y

接法启动时每相绕组所加电压为 $U'_1 = \dfrac{U_N}{\sqrt{3}}$，启动电流 $I'_s = I_Y$；△接法直接启动时每相绕组所加电压 $U_1 = U_N$，启动电流 $I_s = \sqrt{3} I_\triangle$。若启动时每相绕组的阻抗参数一致，则

$$\dfrac{I'_s}{I_s} = \dfrac{I_Y}{\sqrt{3} I_\triangle} = \dfrac{\dfrac{U_N}{\sqrt{3}}}{\sqrt{3} U_N} = \dfrac{1}{\sqrt{3}} \times \dfrac{1}{\sqrt{3}} = \dfrac{1}{3} \qquad (3\text{-}4\text{-}4)$$

所以

$$I'_s = \dfrac{1}{3} I_s \qquad (3\text{-}4\text{-}5)$$

由式(3-4-5)可见，Y/△启动时，对供电变压器造成冲击的启动电流是直接启动时的1/3。若△接法直接启动时启动转矩为 T_s，Y/△启动时启动转矩为 T'_s，则

$$\dfrac{T'_s}{T_s} = \left(\dfrac{U'_1}{U_1}\right)^2 = \dfrac{1}{3}$$

即

$$T'_s = \dfrac{1}{3} T_s \qquad (3\text{-}3\text{-}6)$$

由式(3-3-6)可见，Y/△启动时的启动转矩也是直接启动时的启动转矩的1/3。Y/△启动可用于拖动 $T_L \leqslant \dfrac{T'_s}{1.1} = \dfrac{T_s}{1.1 \times 3} = 0.3 T_s$ 的轻负载启动。Y/△启动方法简单、价格便宜，因此在轻载启动条件下应优先采用。我国采用Y/△启动方法的电动机的额定电压都是380 V，绕组是△接法。

③自耦变压器启动

自耦变压器也称启动补偿器。启动时电源接自耦变压器一次侧，二次侧接电动机。启动结束后电源直接加到电动机上。三相笼型异步电动机采用的自耦变压器降压启动的接线如图3-4-1所示，其启动的一相线路如图3-4-2所示。

设自耦变压器变比 $K = \dfrac{N_2}{N_1} < 1$，则降压启动电流 I'_s 与直接启动电流 I_s 的关系为

$$I'_s = K^2 I_s \ (K<1) \qquad (3\text{-}4\text{-}7)$$

而自耦变压器降压启动时转矩 T'_s 与直接启动时转矩 T_s 的关系为

$$\dfrac{T'_s}{T_s} = \left(\dfrac{U'}{U_N}\right)^2 = K^2$$

即

$$T'_s = K^2 T_s \ (K<1) \qquad (3\text{-}4\text{-}8)$$

可见，采用自耦变压器降压启动，启动电流和启动转矩都降 K^2 倍。自耦变压器一般有2~3组抽头，其电压可以分别为一次电压 A 的80%、65%或80%、60%、40%。这种方式对定子绕组采用Y接法或△接法都可以使用，缺点是设备体积大、投资较贵。

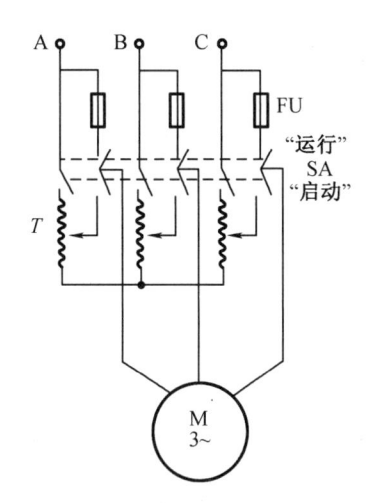

图 3-4-1 自耦变压器减压启动接线图 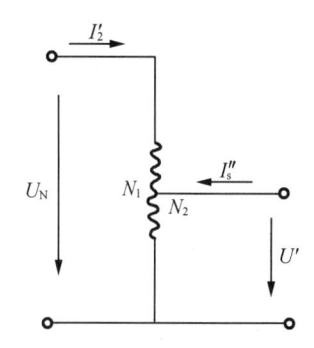　　图 3-4-2 自耦变压器减压启动的一相线路

④延边三角形降压启动

这种电动机的每相绕组都带有中心抽头，抽头比例可按启动要求在制造电动机前确定。启动时的接法如图 3-4-3(a)所示，部分绕组为△连接，其余绕组向外延伸，所以称为延边三角形启动。启动中，降压比例取决于抽头比例，绕组延伸部分越多则降压比例越大。

启动结束后，将电动机的三相中心抽头断开并使绕组依次首尾相接以△接法运行，如图 3-4-3(b)所示。延边三角形降压启动主要用于专用电动机上。

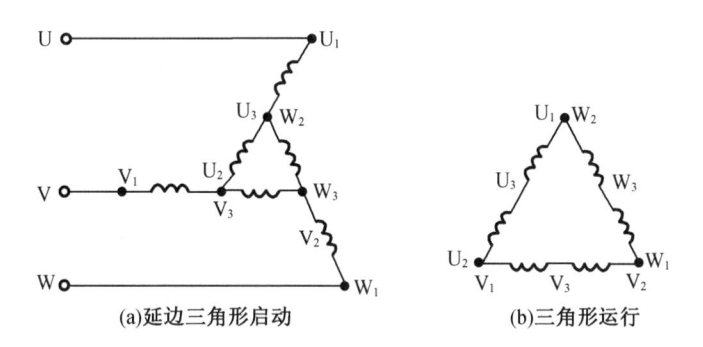

(a)延边三角形启动　　(b)三角形运行

图 3-4-3 延边三角形启动原理

2.绕线型异步电动机的启动

绕线型异步电动机通过滑环、电刷结构可将外界启动设备接入转子绕组，从而改善电动机的启动性能。它的突出优点是可根据不同的负载设计相应的启动过程。

(1)转子串电阻分级启动

电动机启动时，转子外接全部启动电阻(图 3-4-4)，这时的转子总电阻 $R_3=r_2+R_{st1}+R_{st2}+R_{st3}$，电动机机械特性曲线为 R_3 曲线(图 3-4-5)，电动机以启动转矩 T_{st1} 从 a 点开始启动并沿 R_3 曲线上升。随着转速上升，转矩开始下降，电动机状态到达 b 点(转矩为 T_{st2})后，将第三级启动电阻短接切除，转子总电阻变为 $R_2=r_2+R_{st1}+R_{st2}$，由于惯性作用，电动机状态在同转速下切换至 R_2 曲线上的 c 点并沿 R_2 曲线上升，直至最后依次切除 R_{st1}、R_{st2}，电动机沿固有机械特性曲线加速至额定状态(h 点)，启动结束。

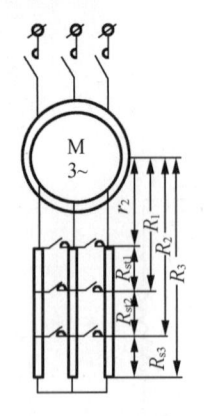

图 3-4-4 原理接线

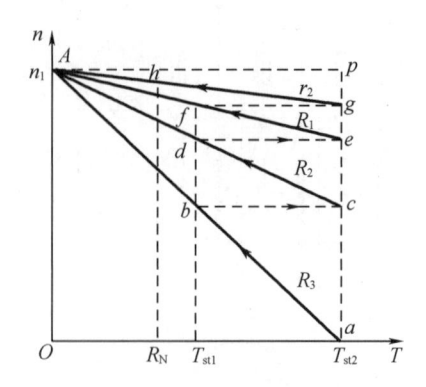

图 3-4-5 机械特性曲线

转子串电阻分级启动方式要求选择合适的最大启动转矩 T_{st1} 和切换转矩 T_{st2}，一般取 $T_{st1}=(1.4\sim2.0)T_N$、$T_{st21}=(1.1\sim1.2)T_N$。通常若 T_{st1} 和 T_{st2} 相差较小，则启动过程中转矩变化小，电流与机械冲击小，启动较为平稳但启动电阻级数多会导致切换与控制复杂。若 T_{st1} 和 T_{st2} 相差较大则相反。

(2) 转子串频敏变阻器启动

分级启动的缺点主要是启动设备维护复杂，有冲击，启动过程不平滑。转子串频敏变阻器启动则可根据启动过程中的电动机的转速自动调整频敏变阻器的参数，从而实现平滑启动。频敏变阻器由整块的厚钢板叠压而成，绕组为 Y 连接，相当于 3 个共磁路且参数可调的电感线圈，图 3-4-6(a) 和 (b) 所示即为频敏变阻器结构及转子串频敏变阻器后相应的每相等效电路。

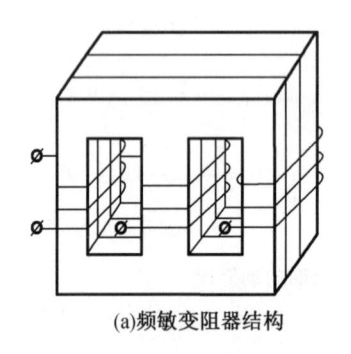

(a) 频敏变阻器结构 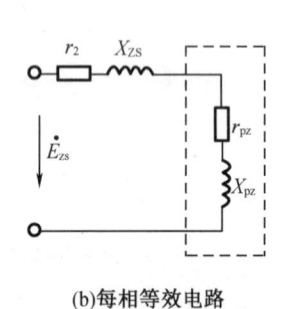　　(b) 每相等效电路

r_2—转子的等效电阻；X_{zs}—转子的等效感抗；r_{pz}—频敏变阻器的等效电阻；X_{pz}—频敏变阻器的等效感抗。

图 3-4-6　绕线型异步电动机转子串频敏变阻器启动

3.4.2　三相异步电动机的调速

调速是指通过改变电动机的参数而不是通过负载变化来调节电动机的转速。三相异步电动机的调速依据是

$$n=n_1(1-s)=\frac{60f_1}{p}(1-s) \tag{3-4-9}$$

从式 (3-4-9) 可以看出，异步电动机调速可分以下 3 大类：

一是改变定子绕组的极对数 p，即变极调速。

二是改变供电电网的频率f_1,即变频调速。

三是改变电动机的转差率s。此方法有改变电压调速、绕线式电机转子串电阻调速和串级调速。

1. 三相异步电动机变极调速

变极调速就是通过改变定子绕组的极对数来实现电动机的转速调节,主要适用于笼型异步电动机。在电源频率一定的情况下,同步速度n_1与极对数成反比,因此,改变定子绕组的极对数便可改变转子转速。

(1) 变极原理

改变定子的极对数通常用改变定子绕组的连接方法实现。若转子为笼型,则转子的极对数自动与定子的极对数对应。这类电动机的调速属有级调速,即在电动机上安装两组独立的绕组,各绕组的连接方法不同构成不同的极对数。

如图3-4-7所示,当构成U相绕组的两个线组由首尾相接的顺极性串联时,极对数$p=2$;改接为反极性串联或反极性并联后,磁场的极对数$p=1$,减少一半,电动机的同步转速增加1倍,这将使电动机的转速上升。反之,转速下降。

此处可得两个重要的结论:

第一,只要改变定子半相绕组的电流方向便可以实现极对数的改变。

第二,对于三相异步电动机,为了确保变极前后转子的转向不变,变极的同时必须注意三相绕组的相序。

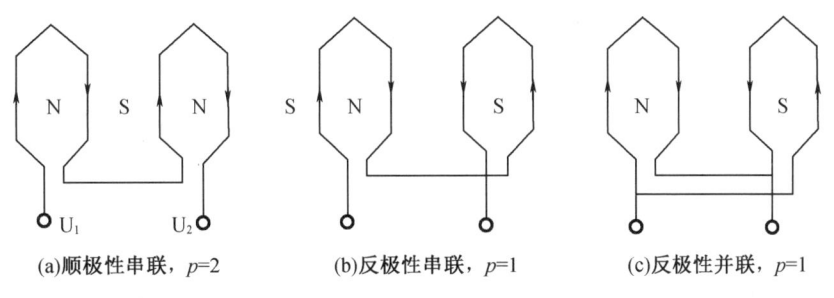

(a) 顺极性串联,$p=2$ (b) 反极性串联,$p=1$ (c) 反极性并联,$p=1$

图 3-4-7　变极原理图

(2) 变极调速的形式与特性

具体的变极方案有:星形-双星形变极(Y-YY)、三角形-双星形变极(△-YY)。

图3-4-8和图3-4-9所示为这两种变极方式下绕组改接过程。

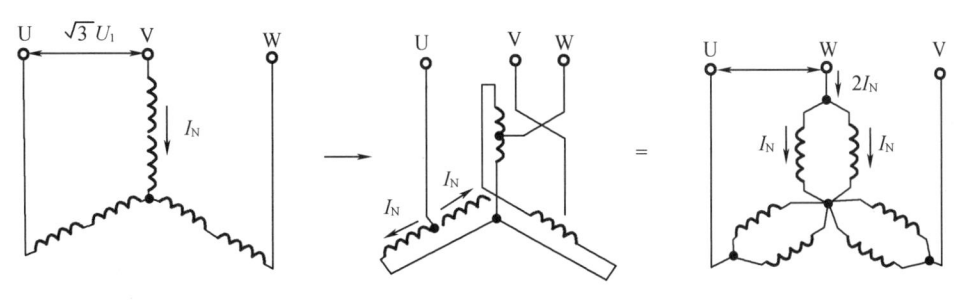

图 3-4-8　Y-YY变极调速绕组改接过程

①Y-YY 变极调速

Y-YY 变极调速绕组改接过程如图 3-4-8 所示。电动机在 Y 接法时，每相的两个半绕组采取顺极性串联，此时极对数为 p，同步转速为 n_1；按照上面的结论，每相两个半相绕组按照反极性并联，构成 YY 接法时，极对数变为 $p/2$，同步转速为 $2n_1$，即若变极前同步转速为 1 500 r/min，则变极后同步转速可达到 3 000 r/min，从而实现升速调速。

由于采用 Y-YY 变极调速时，变极前后绕组的空间位置并无改变，假设在 YY 接法下（极对数为 p），三相绕组首端对应的电角度分别为 0°、120°、240°，与电源相序相同，故 Y-YY 变极调速进行变速切换时无须改变电源相序。

②△-YY 变极调速

△-YY 变极调速绕组改接过程如图 3-4-9 所示。△接法时每相的两个半绕组采取顺极性串联，此时极对数为 p，构成 YY 接法时每相两个半相绕组按照反极性并联，此时极对数变为 $p/2$，从而实现变极调速。

△-YY 接法下，相同的绕组首端空间位置对应的电角度则变为 0°、240°、480°（480° = 360°+120°，相当于 120°），恰与原电源相序相反，故若要求变极前后电动机的转向不变，需要将电源任意两相对调，接入反相序电源。

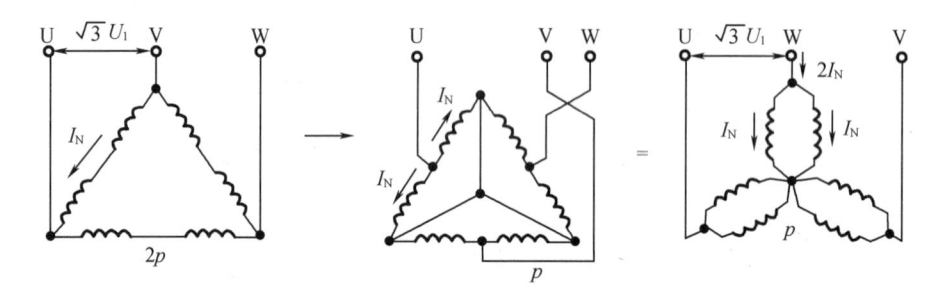

图 3-4-9　△-YY 变极调速绕组改接过程

Y-YY 及 △-YY 变极调速前后的机械特性曲线如图 3-4-10 所示，其最大电磁转矩和启动转矩的变化情况分析如下：变极过程中，绕组自身（除接法外）及电机结构并未改变。假设变极前后电机的功率因数和效率保持不变，线圈组中均通过额定的绕组电流 I_N 对变极前电动机的容许输出功率及转矩（P_Y、T_Y 及 $P_\triangle$、$T_\triangle$）与变极后功率和转矩（P_{YY}、T_{YY}）之间的关系进行理论推导可得：

(a) Y-YY 变极调速　　(b) △-YY 变极调速

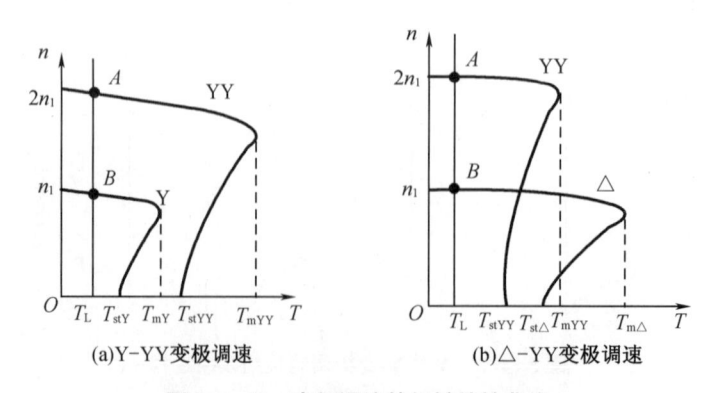

图 3-4-10　变极调速的机械特性曲线

Y-YY 变极前后电动机的容许输出功率和转矩：$P_{YY}=2P_Y$、$T_{YY}=T_Y$。

△-YY 变极前后电动机的容许输出功率和转矩：$P_{YY}=1.15P_△$，$T_{YY}=0.58T_△$。

变极调速设备简单、运行可靠、机械特性较硬，但调速前后电动机转速变化大，对负载冲击大，属于有级调速，在船舶上主要用于起锚机中，在工业上这类电动机多用于一些机床部件或其他耐受转速冲击的设备上。

2. 三相异步电动机变频调速

变频调速是通过改变异步电动机的定子电源频率 f_1（变频）来调节电动机转速的。变频调速调速平滑、调速范围大、准确性及相对稳定性高（尤其低速特性较硬，抗扰动能力强），可实现恒功率或恒转矩调速。现代工业制造及自动化中采用变频器，大大改善了廉价的笼型电动机的调速性能。随着船舶电力推进技术的发展，这一方法也开始广泛应用在船舶中。但其技术及操作要求高，运行维护难度大。

笼型异步电动机在调速时一般希望主磁通 Φ_m 和过载能力 λ 保持不变。因主磁通变大，可能会因为电机磁路过于饱和引起励磁电流过大而损害电机；主磁通过小则电磁转矩将下降，电动机的设计容量得不到充分利用。如果因调速使电机过载能力减小，也会影响电机运行的稳定性及调速的准确性。

设调速前后电机的定子电压、电源频率分别为 U_1、f_1 和 U_1'、f_1'，由理论推导可知，变频时需按相同比例调整定子电压才能保持主磁通不变，即

$$\frac{U_1'}{U_1}=\frac{f_1'}{f_1}=常数$$

如果还要保持过载能力不变，若忽略定子电阻 r_1 的影响并假设铁芯未饱和，磁路仍处在线性磁化状态，则 $x_1 \propto f_1$，$x_2' \propto f_1$，可设 $x_1+x_2'=kf_1$。根据过载能力定义及最大电磁转矩表达式推导出

$$\left(\frac{U_1}{f_1}\right)^2=常数$$

可得调速前后电压、频率、转矩之间的关系为

$$\frac{U_1'}{U_1}=\frac{f_1'}{f_1}\sqrt{\frac{T_N'}{T_N}} \tag{3-4-10}$$

（1）对恒转矩负载，$T_N=T_N'$，变频调速时应按相同比例调节电压，即

$$\frac{U_1}{f_1}=\frac{U_1'}{f_1'} \tag{3-4-11}$$

此时在理论上能保证主磁通 Φ_m 和过载能力 λ 都不变。由于实际电动机的绝缘强度有限，因此在达到电动机的额定电压 U_N 后，U_1 不能再按变频比例增大。在 $U_1=U_N$ 的情况下，如果自额定频率 f_N 继续上调则主磁通将减小，最大电磁转矩也减小，过载能力下降；当自额定频率 f_N 下调时，由于 $x_1+x_2'=kf_1$ 也随 f_1 下降，r_1 逐渐变得不能被忽略，主磁通虽可保持近似不变，但最大电磁转矩还会减小，过载能力也随之下降。

（2）对恒功率负载，$P_N=P_N'$，根据

$$P_N=T_N\frac{2\pi n_N}{60}\approx\frac{2\pi n_1}{60}T_N=\frac{2\pi f_1}{p}T_N$$

得

$$\frac{T_N'}{T_N}=\frac{f_1}{f_1'}$$

代入式(3-4-10)可得到变频过程中的电压调整依据,即

$$\frac{U'_1}{U_1} = \sqrt{\frac{f'_1}{f_1}} \tag{3-4-12}$$

此时,电压和主磁通的变化幅度小于频率的变化幅度,主磁通有少量改变,电动机的过载能力变化较小,低速时的特性硬度较大,抗扰动能力强。变频调速时电动机的机械特性曲线如图3-4-11所示($f''_1 > f'_1 > f_N > f_1 > f_2 > f_3$)。

因此,对恒转矩负载适合采用频率相对于额定频率向下调,对恒功率负载适合采用频率相对于额定频率向上调的变频调速方式。

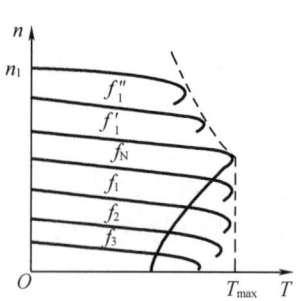

图3-4-11 变频调速时电动机的机械特性曲线

3. 三相异步电动机变转差率调速

变转差率调速主要适用于绕线型异步电动,常见的做法是在绕线型异步电动机的转子电路中外接调速电阻,通过改变电动机的机械特性曲线来实现调速。

(1)转子串电阻调速

转子串电阻后,机械特性上的最大电磁转矩T_{max}不变而临界转差率s_m会增大,临界点会下移并可在小范围内对电动机进行调速。如图3-4-12所示,某恒转矩电动机在串接不同的电阻时的转速不同,图中$R_{n1} > R_{n2} > R_{n3}$。转子串电阻的调速范围有限,当串较大电阻时机械特性很软,抗负载波动能力差;外接电阻的电能消耗大,调速效率低。该方法的优点是:方法简单,投资少,可结合绕线型异步电动机的启动、制动状态使用,因而它在很多船舶起重机及运输设备中仍有一定的应用。

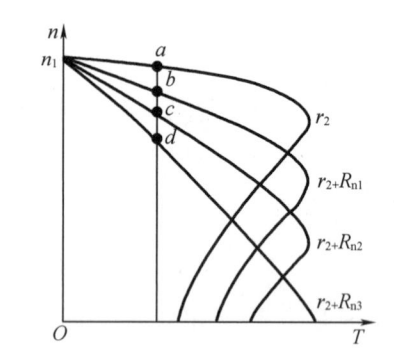

图3-4-12 转子串电阻调速机械特性曲线

(2)串级调速

所谓串级调速,就是在异步电动机的转子回路串入一个三相对称的附加电势$\dot{E}_f$,其频率与转子电势$\dot{E}_{2s}$相同,只要改变$\dot{E}_f$的大小和相位就可以调节电动机的转速。它也适用于绕线型异步电动机,靠改变转差率s调速。

①低同步串级调速

若$\dot{E}_f$和$\dot{E}_{2s}$相位相反,则转子电流I_2为

$$I_2 = \frac{sE_{2s} - E_f}{\sqrt{r_2^2 + (sx_2)^2}} \tag{3-4-13}$$

电动机的电磁转矩:

$$T_{em} = C_T \Phi_m I_2 \cos\varphi_2 = C_T \Phi_m \frac{sE_{2s} - E_f}{\sqrt{r_2^2 + (sx_2)^2}} \cdot \frac{r_2}{\sqrt{r_2^2 + (sx_2)^2}} = T_1 + T_2$$

式中　T_1——转子电势产生的转矩；

　　　T_2——附加电势所引起的转矩。若拖动恒转矩负载,因 T_2 总是负值,可见串入 $\dot{E}_\mathrm{f}$ 后,转速降低了,串入附加电势越大,转速降得越多。

引入 $\dot{E}_\mathrm{f}$ 后,电动机转速降低,这种调速方式称为低同步串级调速。

②超同步串级调速

若 $\dot{E}_\mathrm{f}$ 和 $\dot{E}_{2\mathrm{s}}$ 同相位,则 T_2 总是正值。当拖动恒转矩负载时,引入 $\dot{E}_\mathrm{f}$ 后,转速升高了,这种调速方式称为超同步串级调速。

串级调速性能比较好,过去由于附加电势 $\dot{E}_\mathrm{f}$ 的获得比较难,因此这一方式长期以来没能得到推广。近年来,随着可控硅技术的发展,串级调速有了广阔的发展前景,现已广泛用于水泵和风机的节能调速,并应用于轧钢机、压缩机等很多生产机械。

异步电动机除上述3大类调速方法外,还有其他调速方法,如人为地改变定子电压或采用电磁离合器调速,甚至于将某些电磁调速装置与电动机构成整体而成为电磁调速电动机。

3.4.3　三相异步电动机的制动

制动又称"刹车",指使运行中的机车、车辆及其他运输工具或机械等停止或降低速度的动作。当异步电动机的电磁转矩 T 与转速 n 的方向相反时,电磁转矩将成为电动机旋转的阻力矩,电动机就处在制动状态。制动的目的是使电动机迅速停车(刹车)或者稳定工作在某些有特殊要求的状态。三相异步电动机的电气制动方式包括反接制动、回馈制动和能耗制动三大类。

1. 反接制动

反接制动是指通过电动机转子上的反向转矩使电动机快速制动的方法,主要包括倒拉反转制动和电源反接制动。

(1)倒拉反转制动

倒拉反转制动常出现在吊车一类的设备中,倒拉制动时绕线型异步电机的转子电路外接大阻值的制动电阻 R_f。船舶起货机绕线型异步电动机拖动位能性负载低速下放时可采取这一制动方式,其原理如图3-4-13所示。

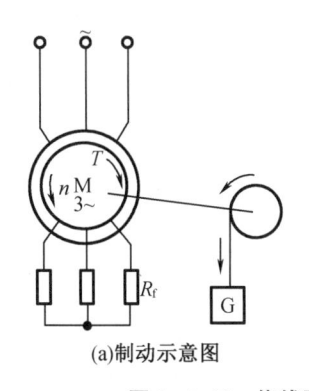

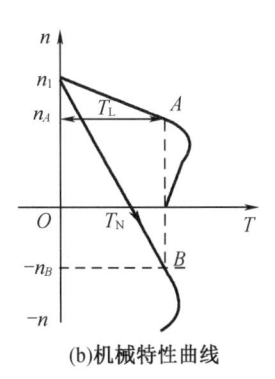

(a)制动示意图　　(b)机械特性曲线

图3-4-13　绕线型异步电动机倒拉反转制动原理

制动过程如下:制动前,电动机拖动负载处于正向电动状态($T>0,n>0$),对应运行于机

械特性曲线上的 A 点。制动时,电动机转子外接大阻值的制动电阻,此时机械特性曲线变化成 B 点所在的新机械特性曲线。由于电动机新机械特性对应于 A 点时电磁转矩很小,故不能维持 A 点的平衡,电动机将沿着新机械特性曲线从转速 n_A 开始减速,直到降至 $-n_B$ 后才能与负载平衡,电动机运行于 B 点。这时,$n_B<0$,电动机反转且转速较低,但机械特性软,运行稳定性偏差。此时的制动状态称为倒拉反转制动状态。

（2）电源反接制动

电源反接制动是指三相异步电动机正向电动运行时,将三相电源的任意两相对调构成反相序电源,则旋转磁场反转,使电动机进入制动状态。电源反接制动时,冲击电流相当大,为了提高制动转矩并降低制动电流,对绕线型异步电动机常采取转子外接（分段）电阻的电源反接制动,其制动原理如图 3-4-14 所示。

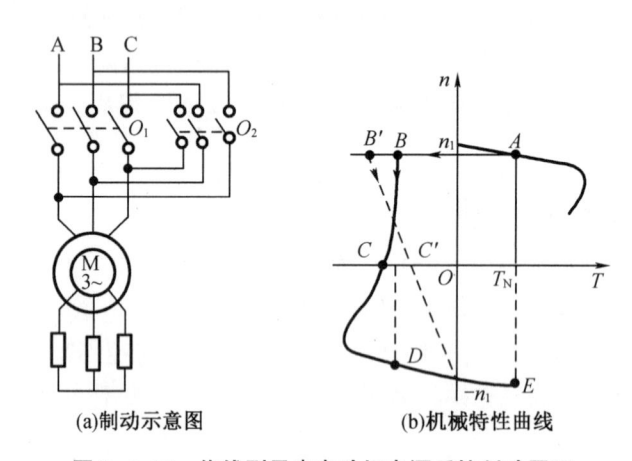

(a)制动示意图　　(b)机械特性曲线

图 3-4-14　绕线型异步电动机电源反接制动原理

制动过程如下:电源反接后,电动机由正向电动机械特性曲线上的 A 点同转速切换至反接制动状态机械特性曲线上的 B 点。在反向电磁转矩和负载转矩的作用下,电动机沿反向机械特性曲线迅速减速。如果制动的目的是使拖动反抗性负载（负载转矩方向始终与电动机转向相反）的电动机刹车,则需要在电动机状态接近 C 点时及时切断电源,否则电动机会很快进入反向电动状态并在 D 点平衡。如果电动机拖动的是位能性负载,电动机将迅速越过反向电动状态直至 E 点才能重新平衡,这时电动机的转速超过其反向同步转速,电动机进入反向回馈制动状态。

根据电动机的功率平衡关系可知,反接制动时电动机从电源处获取电功率,同时电动机又从转轴处获得机械功率,这些功率全部以转子铜损形式被消耗于转子绕组中,能量损耗大,因此需要采取措施对电动机降温,防止电动机因温升过高而造成损害。

2. 回馈制动

回馈制动常用于船舶起货机高速下放位能性负载的场合,其特点是电动机转向与旋转磁场方向相同但转速却大于同步转速,如图 3-4-15(a)所示。

在回馈制动时,电动机相当于被负载拖动,电动机处于发电状态,从转轴处输入机械功率,除少部分功率消耗于转子外,其余机械功率以电能形式回送给电网。回馈制动机械特性曲线如图 3-4-15(b)所示,制动工作点在 B 点。若负载拖动的转矩超过回馈制动最大电磁转矩,则制动转矩反而下降,电动机转速急剧升高并失控,产生"飞车"等严重事故。

(a)制动示意图　　(b)机械特性曲线

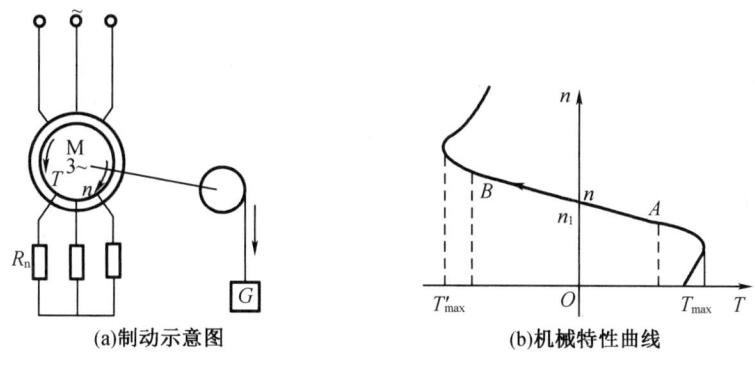

图 3-4-15　异步电动机回馈制动原理

3. 能耗制动

能耗制动是指将电动状态的电动机的交流电源切换为直流电源并采取适当的限流措施。直流励磁产生静止的磁场,转子在惯性作用下沿原方向切割该磁场,相当于磁场相对于转子反向旋转并产生反向的电磁转矩。当电动机转速为零时,转子与旋转磁场相对静止,相当于异步电动机的同步状态。能耗制动可以克服电源反接制动难以准确停车的缺点,制动后电动机能稳定停车。异步电动机能耗制动原理如图 3-4-16 所示。

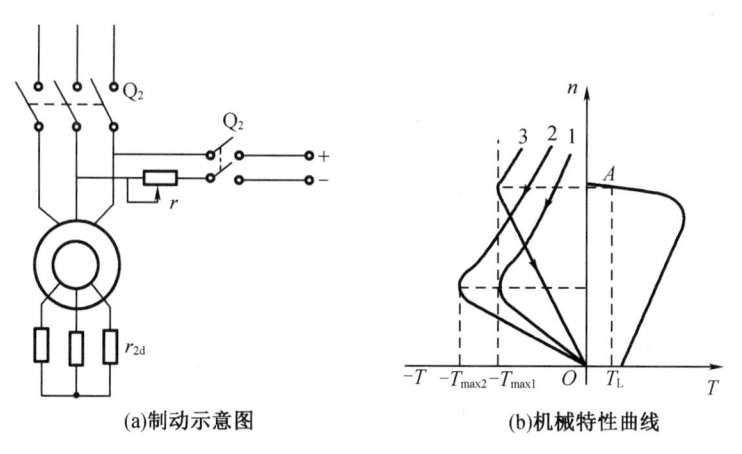

(a)制动示意图　　(b)机械特性曲线

图 3-4-16　异步电动机能耗制动原理

能耗制动的机械特性曲线类似于固有机械特性曲线,但同步转速为零,该曲线相当于倒过来的固有特性曲线并过原点。与交流励磁类似,异步电动机在直流励磁电流固定的情况下其最大电磁转矩固定,但对应于最大电磁转矩的转速值却与转子电阻有关,如图 3-4-16(b)所示的曲线 1、3。如果直流励磁电流在允许的范围内增大,则最大电磁转矩也增大,如曲线 2。为使绕线型异步电动机在高速时获得较大的制动转矩,可在转子电路中外接分段电阻,按照要求逐级切除以加快制动过程。

从能量转换的角度看,制动前电动机的动能借助直流励磁产生的磁场转化为电能,全部消耗于转子上,因此这种制动方式被称为能耗制动。

【随堂练习】

选择题

(1)变频调速是通过改变输入电动机电源的(　　)来改变电动机的转速。
A. 电压　　　　　B. 电流　　　　　C. 频率　　　　　D. 相位

(2)三相异步电动机变极调速的方法一般适用于(　　)。
A. 笼型异步电动机　　　　　B. 绕线型异步电动机
C. 同步电动机　　　　　　　D. 滑差电动机

(3)单相交流电通入单相绕组产生的磁场是(　　)。
A. 旋转磁场　　B. 恒定磁场　　C. 脉动磁场　　D. 直流磁场

(4)单相罩极异步电动机的转动方向(　　)。
A. 总是由磁极的未罩部分转向被罩部分
B. 总是由磁极的被罩部分转向未罩
C. 决定于定子绕组首、尾端的接线关系

(5)三相异步电动机的转速除了与电源频率、转差率有关,还与(　　)有关。
A. 磁极数　　　B. 极对数　　　C. 磁感应强度　　D. 磁场强度

(6)变频调速过程中,为了保持磁通恒定,必须保持(　　)。
A. 输出电压 U 不变　　　　B. 频率 f 不变
C. U/F 不变　　　　　　　D. $U \cdot f$ 不变

(7)对电动机从基本频率向上的变频调速属于(　　)调速。
A. 恒功率　　　B. 恒转矩　　　C. 恒磁通　　　D. 恒转差率

(8)三相异步电动机的电源反接制动是指改变(　　)。
A. 电源电压　　B. 电源电流　　C. 电源相序　　D. 电源频率

(9)绕线型异步电动机进行反接制动时,需在转子绕组回路中串入电阻,其目的是(　　)。
A. 降低反接制动电流和提高转矩　　B. 限制反接制动电压
C. 降低制动转矩　　　　　　　　　D. 增大反接制动电流

(10)三相异步电动机处于反接制动状态时,其转差率 s 为(　　)。
A. $1>s>0$　　B. $s>1$　　C. $s<0$　　D. $s=0$

(11)三相异步电动机处于电动工作状态时,其转差率一定为(　　)。
A. $s>1$　　　B. $s=0$　　C. $0<s<1$　　D. $s<0$

(12)向电网反馈电能的三相异步电动机的制动方式称为(　　)。
A. 能耗制动　　B. 电控制动　　C. 回馈制动　　D. 反接制动

(13)三相异步电动机实现能耗制动的方法是(　　)。
A. 在定子绕组中通入直流电
B. 在定子绕组中通入反相序的三相交流电
C. 切断定子绕组的交流电源后再接入电阻
D. 切断定子绕组的交流电源后再通入直流电

【任务实施】

1. 目的

(1)通过项目的实施使学生掌握对三相笼型异步电动机定期进行小修和大修的基本要求。

(2)通过项目的实施使学生学会三相异步电动机的检修步骤及工艺要点。

2. 器材

扳手、锉刀、螺丝刀、刮刀、千分尺、钢丝钳等,500 V 兆欧表、钳形电流表、万用表、油盆、柴油、润滑油、电动机等。

3. 组织步骤

(1)布置团队工作任务,按照企业工作岗位进行分工。

(2)按照既定的方案实施,记录实施过程中的现象和数据。

(3)对电动机进行大修,并将大修中的检查结果记在表 3-4-1 中。

(4)组织学生进行自评和互评,教师对学生进行评价。

表 3-4-1 三相笼型异步电动机大修检查记录

步骤	内容	检查结果		
1	外观检查	有损伤的零部件:_____ 处理情况:_____		
2	电动机解体步骤	1._____ 2._____ 3._____ 4._____ 5._____ 6._____		
3	零部件的清洗与检查	已清洗的零部件:_____ 零部件故障:_____ 处理情况:_____		
4	检查绕组绝缘电阻/MΩ	对地绝缘	U 相对地	
			V 相对地	
			W 相对地	
		相间绝缘	U、V 相间	
			V、W 相间	
			W、U 相间	
		故障判断:_____		
		处理情况:_____		

表 3-4-1(续)

步骤	内容	检查结果
5	检查定子、转子、铁芯及转轴有无故障	故障情况： 故障部位： 处理情况：
6	检查空线电流/A	I_U I_V I_W 空载电流之间最大差距： 空载电流占额定电流比例：_____% 处理情况：

训练所用时间：　　　　　　　　参加训练者：(签字)　　　　　20　年　月　日

(5)对电动机进行小修,并将小修中的检查结果记在表 3-4-2 中。

表 3-4-2　三相鼠笼式异步电动机小修查记录

步骤	内容	检查结果		
1	用兆欧表检查绝缘电阻/MΩ	对地绝缘	U 相对机壳	
			V 相对机壳	
			W 相对机壳	
		相间绝缘	U、V 相间	
			V、W 相间	
			W、U 相间	
2	用万用表检查相绕组直流电阻/Ω	U 相		
		V 相		
		W 相		
3	检查各紧固件是否符合要求(按紧固、松动、脱落 3 级填写)	端盖螺丝		
		地脚螺丝		
		轴承盖螺丝		
		处理情况		
4	检查接地装置	线径/mm		
		是否合格		
		处理情况		

表 3-4-2(续)

步骤	内容	检查结果	
5	检查传动装置的装配情况（联轴器、皮带轮、皮带等）	是否校正	
		是否松动	
		传动是否灵活	
		处理情况	
6	检查润滑油	油质是否合用	
		油量是否足够	
		处理情况	
7	检查启动设备	启动设备类型	
		是否完好	
		是否动作正常	
		处理情况	
8	检查熔断器	型号规格	
		熔体直径	
		是否完好	
		处理情况	

项 目 作 业

3-1 试述交流异步电动机的工作原理，并说明"异步"的含义。

3-2 什么是同步转速，它与哪些因素有关？一台三相 4 极异步电动机，当电源频率 $f=50$ Hz 与 $f=60$ Hz 时，同步转速各为多少？

3-3 一台三相异步电动机，当电源频率 $f=50$ Hz 时，分别写出极数 $2p=2$、4、6、8、10 时的同步转速。

3-4 何为转差率 s？通常交流异步电动机的 s 值是多少？

3-5 一台三相 4 极异步电动机，已知电源频率 $f=50$ Hz 时，额定转速 $n_N = 1\ 450$ r/min，求转差率 s。

3-6 有一个三相单层绕组，极数 $2p=4$，定子槽数 $Z_1=24$，支路数 $2a=2$，试画出绕组展开图，并计算基波绕组系数。

3-7 题 3-6 中，将定子槽数改为 $Z_1=36$，试画出绕组展开图，并计算基波绕组系数。

3-8 单相绕组通以交流电流时产生什么样的磁势，其主要性质是什么，基波的最大值是多少？

3-9 三相对称绕组通以三相平衡电流时产生什么样的合成磁势，其主要性质是什么？

3-10 有一台三相异步电动机接于电压为 380 V、频率为 50 Hz 的电网上工作，定子绕组采用三角形接法，每相电势为额定电压的 92%，定子绕组的每相串联匝数 $N_1=312$，绕组系数 $k_{w1}=0.96$，试求每极磁通 Φ_1。

3-11　异步电动机理想空载时,空载电流等于零吗,为什么?

3-12　说明异步电动机的能量传递过程,并说明为什么负载增加时,定子电流和输入功率会自动增加;从空载到额定负载的过程,电动机的主磁通有无变化,为什么?

3-13　为了推导异步电动机的等值电路,对旋转的电动机需进行哪些折算,其方法如何?

3-14　将变压器的分析方法用于交流异步电动机中,二者有哪些异同?

3-15　一台三相异步电动机的输入功率为 8.6 kW,定子绕组铜损为 425 W,铁损为 210 W,转差率 $s=0.034$,求电动机的电磁功率、转子绕组铜损及机械功率。

3-16　一台三相异步电动机,额定参数如下:$U_N = 380$ V,$f_N = 50$ Hz,$P_N = 7.5$ kW,$n_N = 960$ r/min,三角形接法。已知 $\cos \varphi_N = 0.872$,$P_{Cu1} = 470$ W,$P_{Fe} = 234$ W,$P_\Omega = 45$ W,$P_s = 80$ W,求:(1)电动机的磁极数;(2)额定负载时的转差率和转子频率;(3)转子绕组铜损;(4)效率。

项目4　船用锚机的拆装与调试

【德育启迪】

匠心铸就精品舰,海上"亮剑"扬国威

伟大的时代,造就伟大的中华民族。

伟大的时代,铸就伟大的人民海军。

近百年来,中国船舶工业集团有限公司所属沪东中华造船(集团)有限公司(简称"沪东中华")遵照毛泽东同志"为了反对帝国主义的侵略,我们一定要建立强大的海军"的指示,以"军品就是精品"为发展之基、立厂之本,卧薪尝胆,从零起步,自力更生,创新发展,建造了多款精良战舰,成为我国建造大型舰船的最大基地之一,并被誉为"中国护卫舰、登陆舰的摇篮"。

自20世纪50年代至今,沪东中华成功研制和批量生产了多型主力舰船和军用柴油机,建造了导弹护卫舰、综合登陆舰、电子侦察船、远洋综合补给舰等16型首制舰船。

"远洋补给标兵"——千岛湖舰。千岛湖舰的闪光航迹,映照着中国海军挺进深蓝的豪迈步伐。从2009年至今,千岛湖舰多次赴亚丁湾、索马里海域执行护航任务,保障过往船舶的安全。海军媒体曾如此评价千岛湖舰:即使是在世界大洋的舞台上,千岛湖舰也绝对是"明星"——多国联合军演、马航失联客机搜救、多国联合应急救援、代表中国海军环球访问,其中都可以看到这艘万吨大船的威武身影。

"中国挪亚方舟"——潍坊舰。2015年也门撤侨时,我国首次动用军舰直接靠泊外国港口执行撤侨任务。当时,在红海南部的也门荷台达港,空袭仍在继续,而待撤离的人员多达455人。担负撤离任务的潍坊舰官兵沉着应对,仅用1小时便满载着撤离人员离开码头。官兵把舱室全部腾出来,让撤离人员住进去。当时,有外国公民激动地对着五星红旗鞠躬,并称潍坊舰为"中国挪亚方舟"。

"化武海运护航功臣"——盐城舰。为响应联合国和禁止化学武器组织的请求,盐城舰转战千里奔赴地中海参与叙利亚化学武器海运护航任务。当时正值中国春节,在地中海海域,盐城舰官兵坚守战位、履行使命,以特殊的形式向祖国和亲人表达新春祝福。联合国联合特派团特别协调员卡格女士登上盐城舰时说:"中国海军的参与体现了中国致力于维护地区安全的坚定决心,非常值得称赞。"

强天下者必强于海。沪东中华造船人不忘初心、牢记使命,紧紧围绕强军目标,提高政治站位,践行强军首责,沿着高质量发展道路,精心设计、精益制造,为新时代人民海军提供更多优质装备,为实现中国梦、强军梦做出新的、更大的贡献。

(改编自《中国船舶报》)

【知识目标】

1. 了解锚机的结构、分类、工作原理。

2. 掌握电动锚机低压电气设备的电气符号、工作原理。
3. 掌握船舶锚机电气设备的电气系统图及安装图的画法和规范。
4. 掌握船舶锚机的拖动控制系统的启动、制动、调速等模块电路。
5. 掌握三速锚机系统的常见故障。

【能力目标】

1. 学会识读船舶锚机的电气系统图及安装图。
2. 学会组装锚机中调速和启动等功能的控制电路。
3. 学会分析锚机中电机各种运行方式的控制电路。
4. 学会判断锚机中电机控制电路的各种故障。
5. 学会锚机电力拖动系统的整体组装和调试。

任务 4.1　船用锚机低压控制电器的拆装

【任务描述】

船用锚机的主要功能是固定和稳定船舶，是船舶停泊所必需的重要设备之一。船舶上的锚机的主要工作是抛锚和收锚，常见故障为收锚力度不够，无法破土或者无法抛锚。故障原因与低压控制电路中的主令开关、熔断器及各种继电器失灵相关。本任务为某船舶低压电气设备（即低压控制电器）出现故障，无法抛锚，需通过拆解低压电气设备找出引起故障的原因，从而掌握低压电气设备的基本原理、参数、拆装工艺等。

锚机由电动机、电动机控制系统、圆柱齿轮减速箱、链轮轴装置、拨叉离合器装置、刹车装置、公共底装置等主要部件组成。电动机通过减速箱和其上所带的小齿轮与链轮轴装置中的大齿轮啮合；链轮轴装置上安装有系缆卷筒、锚链轮、离合器等零件；刹车带嵌装在链轮上的刹车轮毂槽内，由螺杆手柄进行操作。锚机的电动机控制系统结构简单，主要完成启动、调速、制动等工作。

4.1.1　船舶锚设备

1. 锚设备组成

船舶用锚通常可以分为系泊用锚、辅助操纵用锚和应急用锚 3 种。锚设备由锚、锚链、锚链筒、掣链器、锚机、锚链舱、锚链孔和弃链器等部分组成，如图 4-1-1 所示。

锚链筒是锚链进出和收藏锚干的孔道，也是锚的收藏处所。它由甲板链孔、舷侧锚唇和筒体 3 部分组成，筒内设有喷水装置，起锚时用于冲洗锚链和锚。为了防止海水从锚链筒涌上甲板，保证工作人员安全，在甲板链孔处设有防浪盖。商船锚链筒的轴中心线和铅垂线成 30°~40°，和中线面成 5°~15°。

锚链孔是锚链进出锚链舱的孔道，位于锚链轮下方，正对锚链舱的中央，其直径为锚链直径的 7~8 倍。它的上口设有防水盖，该防水盖在开航后应关闭，以防海水由此进入锚链舱。

锚链舱是存放锚链的处所。左、右锚链舱是分开的，一般设在防撞舱壁之前、锚机下面、艏尖舱的上面或后面。圆形锚链舱的直径约为链径 30 倍时，可自动盘放锚链而不必人工排链。其形状为圆形或方形。锚链舱的舱底为花钢板,上铺木垫板。

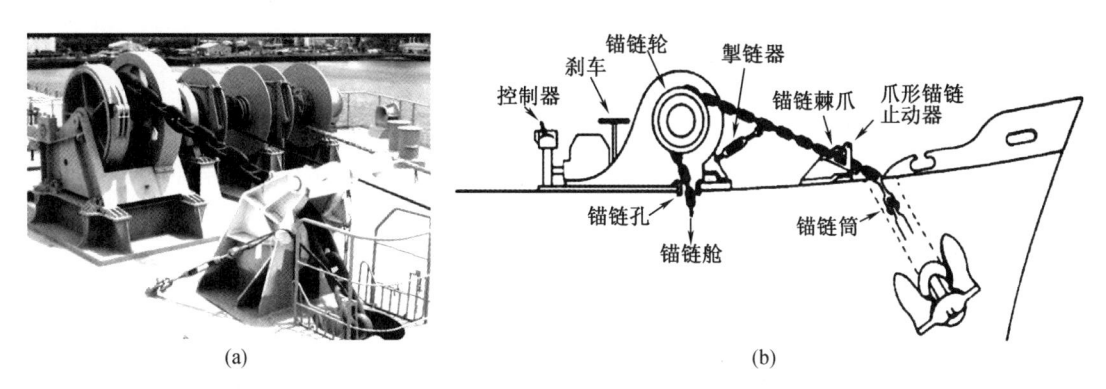

图 4-1-1 锚设备实物及结构图

2. 锚机的种类与技术要求

(1) 锚机的种类

锚机按布置情况分为卧式和立式两种;按动力分为蒸汽锚机、电动锚机和电动液压锚机,目前在海船上多采用电动锚机。

蒸汽锚机的结构与电动锚机的结构大体相同。它使用蒸汽作为动力。经过曲拐轴由齿轮带动滚筒轴运转,由滚筒轴经离合器带动锚链轮运转,锚链轮上也设有刹车装置。其特点是动力大,结构简单。但使用蒸汽锚机前要微速进行暖缸,用毕还需放掉缸中残余水汽,低温时还要采取一些防冻措施。目前,海船上较少采用蒸汽锚机,主要是一些大型油船出于防火防爆的要求仍采用蒸汽锚机。

液压锚机由电动机带动液压泵,驱动油马达,然后经过减速器(或不需减速器)使锚机运转。它操作平稳、变速性能好,但制造技术和维护保养要求均较高。

电动锚机系统如图 4-1-2 所示,由锚机、锚链舱等组成。通过控制电动机的运行,实现锚机起、抛锚操作,电动机在不同转速和状态下运行,可实现拖锚制动、拖锚掉头、拖锚倒行、抛开锚等操作。电动起锚是电动机拖动锚运行;抛锚是锚拖动电动机运行,电动机处于回馈制动状态,落锚的速度被电动机限制,不会成自由落体。一般来说交流异步电动机的正、反转控制很容易实现,但调速控制较为困难,电动锚机的调速常采用变极调速,速度变化是有级的,一般只有 2 速或 3 速。随着变频技术的发展,现在不少锚机利用变频变压来达到平滑调速。

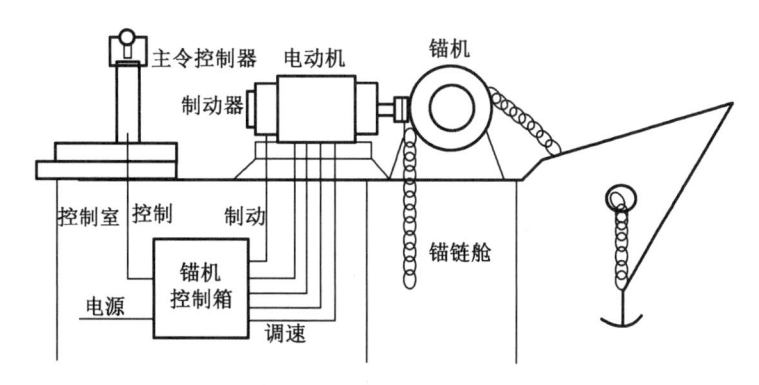

图 4-1-2 电动锚机系统示意图

（2）锚机的主要技术要求

①必须由独立的原动机（或电动机）驱动，并能倒转。原动机和传动装置应设有防止超力矩和冲击的保护。对于液压锚机，其液压管路如果和其他甲板机械管路相连，应保证锚机的正常工作不受影响。锚质量不超过 250 kg 的船舶，如手动起锚机能适合其使用，可以配置手动起锚机，手动起锚机应有防止手柄伤人的措施。

②应有能力以不低于 9 m/min 的平均速度将一只锚从水下 82.5 m 深处拉起至深度 27.5 m。

③在工作负载下以满足规定的平均起锚速度工作，应有连续工作 30 min 的能力。

④应能在过载拉力作用下（不要求速度）连续工作 2 min。过载拉力应不小于工作负荷的 1.5 倍。

⑤锚链轮与驱动轴之间应装有离合器，且离合器应有可靠的锁紧装置。

⑥锚链轮应装有可靠的制动器。制动器刹紧后，应能承受锚链断裂负荷 45% 的静拉力，或承受锚链上的最大静负荷。

⑦锚机的安装一般应保证锚链引出的 3 点（锚链筒、掣链器和锚链轮）成一线。

3. 锚机的运行特点

当船舶抛锚时，如水深较浅，则可松开锚机的制动器，依靠锚及锚链的自重进行重力抛锚，此时可由手动带式制动器来控制和调节抛锚速度。为避免过大的抛锚速度需要采用机械抛锚，这时电动机工作在回馈制动状态，以获得稳定的抛锚速度。起锚时，锚机必须有足够的力矩克服风、水流及锚链的阻力以收进锚链。锚机在运行中有正常起锚和应急起锚两种工作情况。正常起锚过程如图 4-1-3 所示，整个过程按拉力的变化特性可分为 5 个阶段：

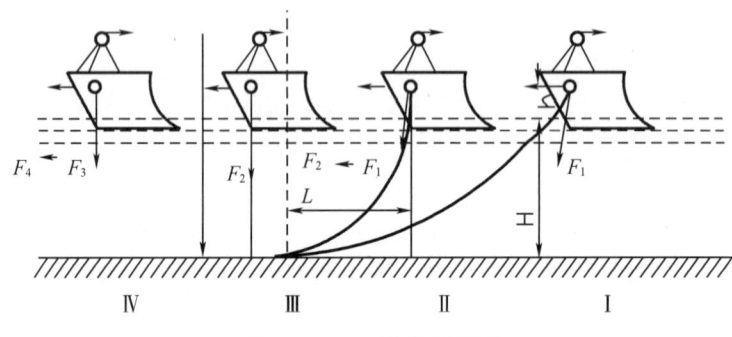

图 4-1-3 正常起锚过程

（1）第一阶段：收起躺在海底的锚链

锚机以全速收起躺在海底的一段锚链，此时认为锚链悬垂部分的形状不变，只做平行移动。船舶在锚机收链的拉力 F_1 的作用下慢慢接近抛锚点，此时锚机轴上的负载转矩 T_1 是不变的，如图 4-1-3 中Ⅰ所示。

（2）第二阶段：收紧锚链

此时锚爪紧紧锚着泥土或石头，锚机将锚链拉紧，船舶在此力的作用下前进，负载转矩逐渐增加，拉力由 F_1 增至 F_2，如图 4-1-3 中Ⅱ所示。

（3）第三阶段：拔锚出土

在锚链拉紧后开始锚出土，这时电动机的负载突然增大。若电动机的拉力尚不能使锚出土,电动机便进入堵转状态,为防止电动机因较大的堵转电流而烧坏,要求锚机电动机的堵转力矩为额定的2倍,并能持续一定的堵转时间。此时可靠主机推进器推动船舶前进并拔锚出土,如图4-1-3中Ⅲ所示。

(4)第四阶段:收起悬于水中的锚及锚链

锚出土后,电动机的负载力矩突然降低,随着锚链长度不断缩短,拉力逐渐减小,电动机的负载力矩逐渐下降,如图4-1-3中Ⅳ所示。

(5)第五阶段:将锚拉入锚链孔中

锚出水面后电动机应以最低的速度将锚拉入锚链孔,这时由于锚链孔间的摩擦,电动机的负载力矩有所增大。

4. 电动锚机拖动控制的要求

(1)对拖动控制参数的要求

①根据相关规定,锚机电力拖动装置在规定的海区内,应能满足单锚破土后起双锚的要求。

②电动机能在最大负荷力矩下启动。锚机、绞缆机额定工作时间应不短于30 min,且应满足30 min 内启动25 次的要求。

③电动机应有软的或下坠的机械特性,其堵转力矩应为额定力矩的两倍,以满足拔锚出土和系缆开始时需要很大的拉力以克服船舶惯性的要求。

④电动机能在堵转情况下工作1 min 左右。

⑤电动机应有一定的调速范围,要求破土后的起锚速度:单锚不小于12 m/min;双锚不小于8 m/min;拉锚入孔的速度为3~4 m/min。

⑥为适应甲板上的工作条件和短期工作状态,应该用防水式和短期(一般为30 min)工作制电动机。

(2)锚机控制电路的要求

电动锚机控制电路的形式根据电动机容量的大小有所不同。对功率在5 kW 以下的电动机,一般采用鼓形控制器或凸轮控制器,以手动方式切换锚机的主回路,实现电动机的换向和速度调节;对功率为5~50 kW 的电动机,50 kW 以上的G-M 系统,常采用主令控制器、继电-接触器控制系统,以主令方式控制继电-接触器、励磁发电机或控制电路的励磁系统、磁放大器等放大环节,进而控制电动机的换向和调速。此外,对电动锚机的控制电路一般还有下列要求:

①当将主令控制器手柄从0 位迅速扳到高速挡位时,控制电路应具有按时间或电流方式逐级自动启动的环节,以免过大的冲击电流给电动机带来危害。

②控制电路应能满足电动机在超负荷时堵转1 min 的要求,这可以从调整热继电器或过电流继电器的动作整定值上得到保证。

③在深水处抛锚时,控制电路应具有使电动机自动进入回馈制动和能耗制动的功能,以实现变加速抛锚为等速抛锚。

④控制电路应具有短路、失压、过载、断相等保护环节。

⑤控制电路应具有电气制动和机械制动相配合的可靠制动环节,以达到快速停车的目的。

4.1.2 锚机低压电气元件

在船舶锚机电气控制设备中,低压电器是其电气控制电路的基本元件,其性能与控制系统质量的优劣直接相关。因此,熟悉常用低压电气元件的结构、工作原理和使用方法有助于阅读锚机及其他类型电气设备的电气控制图纸,便于理解设备的电气控制原理,同时也可为后续学习可编程控制器等课程奠定基础。

1. 低压电气元件分类

低压电器是指一种能根据外界的信号和要求,手动或自动地接通、断开电路,以实现对电路或非电对象的切换、控制、保护、检测、变换和调节的元件或设备。控制电器按其工作电压的高低,以交流 1 200 V、直流 1 500 V 为界,可划分为高压控制电器和低压控制电器两大类。此外,还有其他分类方式,如表 4-1-1 所示。

表 4-1-1 低压电器分类

分类方式	类别	典型设备	功能或特点
按用途分类	配电电器	刀开关、转换开关、熔断器、断路器	在低压配电系统中,用于隔离电源和进行电路保护,可使电路具有较好的动稳定性与热稳定性
	控制电器	继电器、启动器、主令电器、电磁铁	用于电气系统的控制电路中,按照一定逻辑要求实现电路通断控制
按动作方式分类	自动电器	接触器	依靠自身参数的变化或外来信号的作用,自动完成接通或分断等动作
	手动电器	刀开关、转换开关、按钮各种主令控制器	用手动操作来进行切换的电器
按触点类型分类	有触点电器	接触器、刀开关、按钮等	利用触点的接通和分断来切换电路
	无触点电器	接近开关、霍尔开关、电子式时间继电器、固态继电器	利用电子元件的开关效应,即导通和截止来实现电路的通、断控制
按工作原理分类	电磁式电器	接触器、继电器、电磁铁等	根据电磁感应原理动作的电器
	非电量控制电器	转换开关、行程开关、速度继电器、压力继电器、温度继电器	依靠外力或非电量信号(如速度、压力、温度等)的变化而动作的电器

《低压电器产品型号编制方法》(JB/T 2930—2024)对低压电器产品型号的组成型式进行了规范,如图 4-1-4 所示。

2. 刀开关

刀开关又名闸刀,是锚机控制电路中常见的一种低压电器。刀开关一般用于不需经常切断与闭合的交、直流低压(不大于 500 V)电路,在额定电压下其工作电流不能超过额定值。刀开关主要用作电源开关,还用于分断负载(如不频繁地接通和分断容量不大的低压电路或启动小容量电机)。

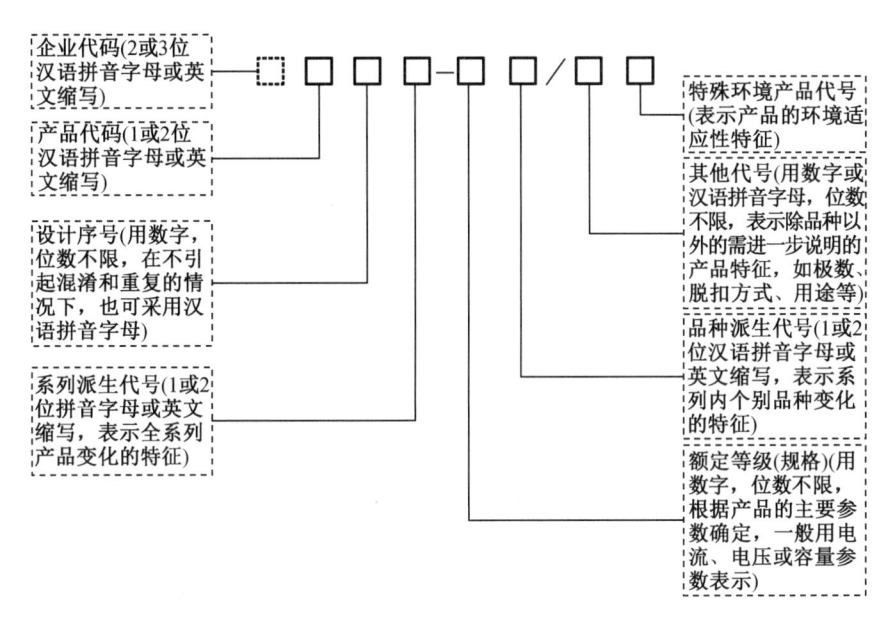

图 4-1-4　低压电器产品型号组成型式

刀开关结构简单,其是带有动触头(闸刀),并通过它与底座上的静触头(刀夹座)相闭合(或分离),以接通(或分断)电路的一种开关,其中以熔断体为动触头的称为熔断器式刀开关,简称刀熔开关。常用的刀开关有 HS 型双投刀开关、HD 型单投刀开关、HR 型熔断器式刀开关、HZ 型组合开关、HK 型闸刀开关、HY 型开关等。下面对前 3 种进行简要介绍。

(1) HS 型双投刀开关

HS 型双投刀开关是转换开关中的一种,常用于双电源的切换或双供电线路的切换等,其示意图及图形符号如图 4-1-5 所示。由于双投刀开关具有机械互锁的结构特点,因此可以防止因双电源的并联运行而出现两条供电线路同时供电的情况。

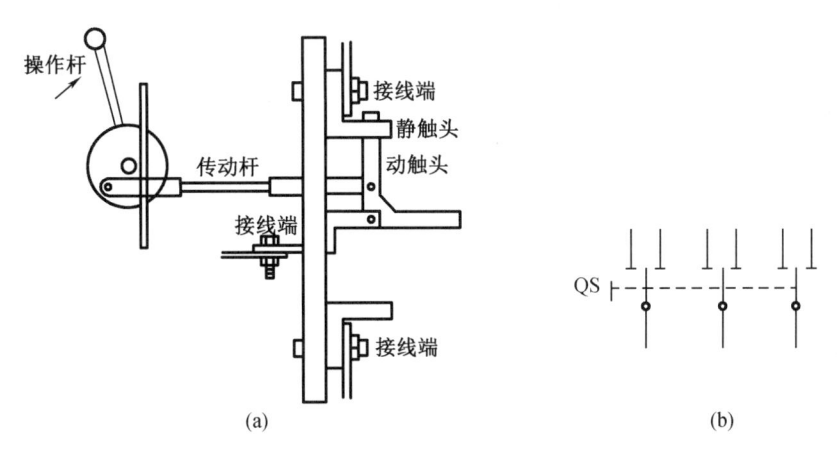

图 4-1-5　HS 型双投刀开关的示意图及图形符号

(2) HD 型单投刀开关

HD 型单投刀开关用于不频繁地手动接通和分断交、直流电路或作隔离开关用。其按极数分为单极、双极和三极。其示意图及图形符号如图4-1-6所示。当刀开关用作隔离开关时，其图形符号上加有一横杠，如图4-1-6(f)、(g)、(h)所示，这类刀开关中装有灭弧室，可以切断电流负荷，而其他系列刀开关只作接通和分断使用，不能乱用。

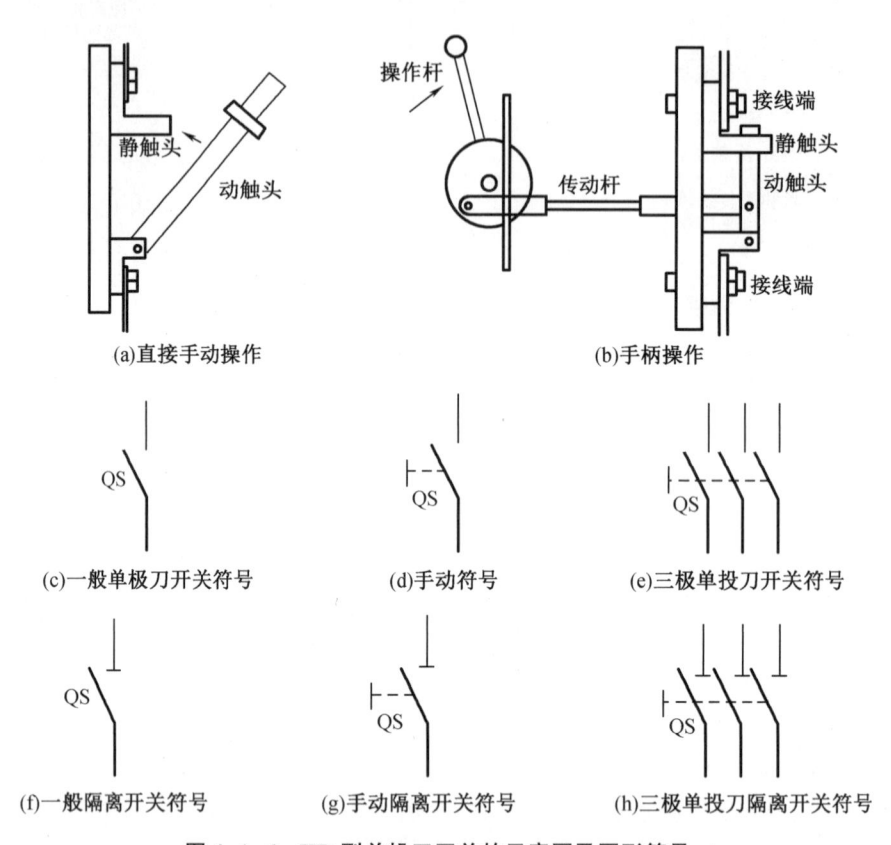

图 4-1-6　HD 型单投刀开关的示意图及图形符号

(3) HR 型熔断器式刀开关

HR 型熔断器式刀开关实际上是将刀开关和熔断器组合成一体的电器。刀熔开关操作方便，并简化了供电线路，在供配电线路上应用很广泛。其示意图及图形符号如图 4-1-7 所示。刀熔开关可以切断故障电流，但不能用来切断正常的工作电流，所以一般应在设备没有工作或小电流的情况下进行操作。

(4) 刀开关的主要参数

①额定绝缘电压，即最大额定工作电压；
②额定工作电流；
③额定工作制：分为 8 h 工作制、不间断工作制两种；
④额定通断能力：有通断能力的开关电器额定通断最大允许电流；
⑤额定短时耐受电流；
⑥有短路接通能力的电器的短路接通能力；
⑦额定(限制)短路电流；
⑧操作性能：根据不同使用类别，在额定工作电流条件下的操作循环次数。

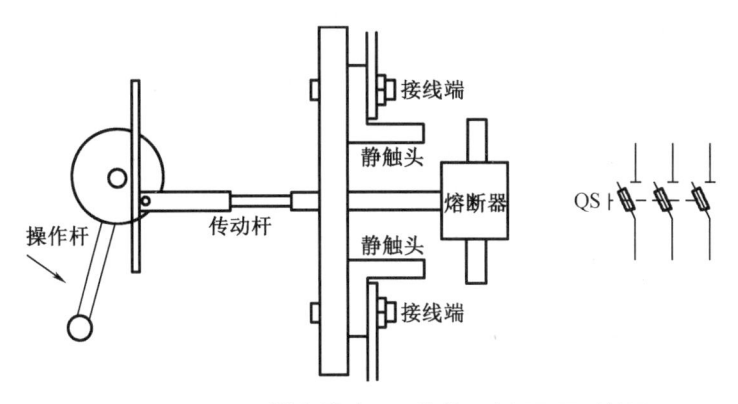

图 4-1-7　HR 型熔断器式刀开关的示意图及图形符号

3. 熔断器

熔断器用于锚机的保护电路，主要起短路和过流保护作用。熔断器的熔体串接于被保护的电路中，当电路出现短路或过流故障时，以其自身产生的热量使熔体熔断，从而自动切断电路，实现短路保护。熔断器具有结构简单、体积小、质量小、使用和维护方便、价格低廉、分断能力较强、限流能力良好等优点，因此在电路中得到广泛应用。其缺点是当电路恢复时需要更换熔断器。

(1) 熔断器的结构原理及分类

传统熔断器由熔体和安装熔体的绝缘底座(或称"熔管")组成。熔体由易熔金属材料铅、锌、锡、铜、银及其合金制成丝状或网状由铅锡合金和锌等低熔点金属制成的熔体因不易灭弧，多用于小电流电路；由铜、银等高熔点金属制成的熔体易于灭弧，多用于大电流电路。

熔断器串接于被保护电路中，电流通过熔体产生的热量与电流的平方和电流通过的时间成正比，电流越大，则熔体熔断所需时间越短，这种特性称为熔断器的反时限保护特性或安秒特性，如图 4-1-8 所示。随着技术革新，特别是新型半导体技术的发展，熔断器品种越来越多。按用途分为一般工业用熔断器、半导体熔断器及自复式熔断器；按结构分为开启式熔断器、半封闭式熔断器和封闭式熔断器；按有无填料分为有填料式熔断器、无填料式熔断器等。下面介绍几种常用的熔断器。

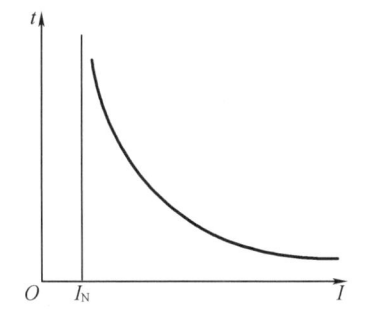

图 4-1-8　熔断器的安秒特性

① 插入式熔断器

它常用于 380 V 及以下电压等级的线路末端，在照明电路和小型动力电路中用于配电支线或电气设备的短路保护。插入式熔断器如图 4-1-9(a) 所示，常用的产品有 RC1A 系列。

② 螺旋式熔断器

它的熔体上的上端盖有一熔断指示器，一旦熔体熔断，指示器马上弹出，可透过瓷帽上的玻璃孔观察到。螺旋式熔断器如图 4-1-9(b) 所示，常用产品有 RL6、RL7 和 RLS2 等系列，其中 RL6 和 RL7 多用在工业机床配电电路中；RLS2 为快速熔断器，主要用于保护半导体元件。

③密封管式熔断器

密封管式熔断器为无填料管式熔断器,如图4-1-9(c)所示。它主要在供配电系统中用于线路的短路保护及过载保护。它采用变截面片状熔体和密封纤维管。由于熔体较窄处的电阻小,在短路电流通过时产生的热量最大,先熔断,因此可产生多个熔断点而使电弧分散,利于灭弧。短路时其电弧燃烧密封纤维管产生高压气体,以便将电弧迅速熄灭。常见型号RM10型。

④快速熔断器

快速熔断器通常简称"快熔",其特点是熔断速度快、额定电流大、分断能力强、限流特性稳定、体积较小。RT型熔断器称为有填料密封管式熔断器,如图4-1-9(d)所示。熔断器中装有石英砂,用来冷却和熄灭电弧;熔体为网状,短路时可使电弧分散,由石英砂将电弧冷却熄灭,可将电弧在短路电流达到最大值之前迅速熄灭,其以限制短路电流。其为限流式熔断器,常用在大容量电力网或配电设备中。常用产品有RT12、RT14、RT15和RS3等系列,RS2系列为快速熔断器,主要用于保护半导体元件。

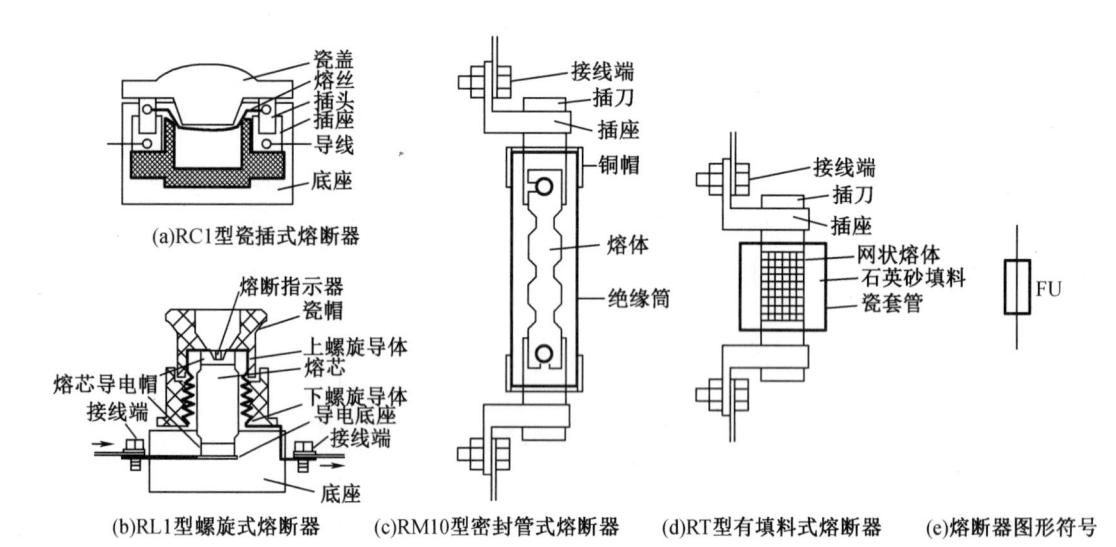

图4-1-9 熔断器的类型及图形符号

⑤自复熔断器

它用金属钠作为熔体,在常温下具有高电导率。当电路发生短路故障时,短路电流产生的高温会使钠迅速汽化,而气态钠呈现高阻态,从而限制了短路电流。当短路电流消失后,温度下降,金属钠恢复原来良好的导电性能。自复熔断器只能限制短路电流,不能真正分断电路。

(2)熔断器的主要技术参数

熔断器的主要技术参数包括额定电压、熔体额定电流、熔断器额定电流、极限分断能力等。

①额定电压:保证熔断器能长期正常工作的电压。

②熔体额定电流:熔体长期通过而不会熔断的电流。

③熔断器额定电流:保证熔断器能长期正常工作的电流。

④极限分断能力:熔断器在额定电压下所能分断的最大短路电流。在电路中出现的最

大电流一般是指短路电流,所以,极限分断能力也反映了熔断器分断短路电流的能力。

(3)熔断器的选择

①熔断器类型的选择:线路的要求、使用场合、安装条件。

②熔断器额定电压的选择:额定电压≥线路的工作电压。

③熔断器额定电流的选择:额定电流≥所装熔体的额定电流。

(4)熔体额定电流的选择

①电阻性负载:电流等于或稍大于电路的工作电流。

②多级熔断器:远离电源端的熔断器应先断。

③单台电动机:$I_{RN}>(1.5\sim2.5)I_N$。I_{RN}是指熔体的额定电流,I_N是指电动机的额定电流。

④多台电动机:$I_{RN}>(1.5\sim2.5)I_{Nmax}+\sum I_N$。

4. 接触器

接触器是一种用来自动接通或断开大电流电路的电器。它可以频繁地接通或分断交、直流电路,并可实现远距离控制。其主要控制对象是电动机,也可用于电热设备、电焊机、电容器组等其他负载。它还具有低电压释放保护功能。接触器具有控制容量大、过载能力强、寿命长且设备简单、经济等特点,是电力拖动自动控制电路中使用最广泛的电器元件。

接触器有很多种,包括交流接触器、直流接触器、直流控制的交流接触器、机械互锁接触器、切换电容接触器。但在船舶电气控制系统中,以交流接触器为主。图4-1-10所示为交流接触器的结构示意图、图形符号及实物。

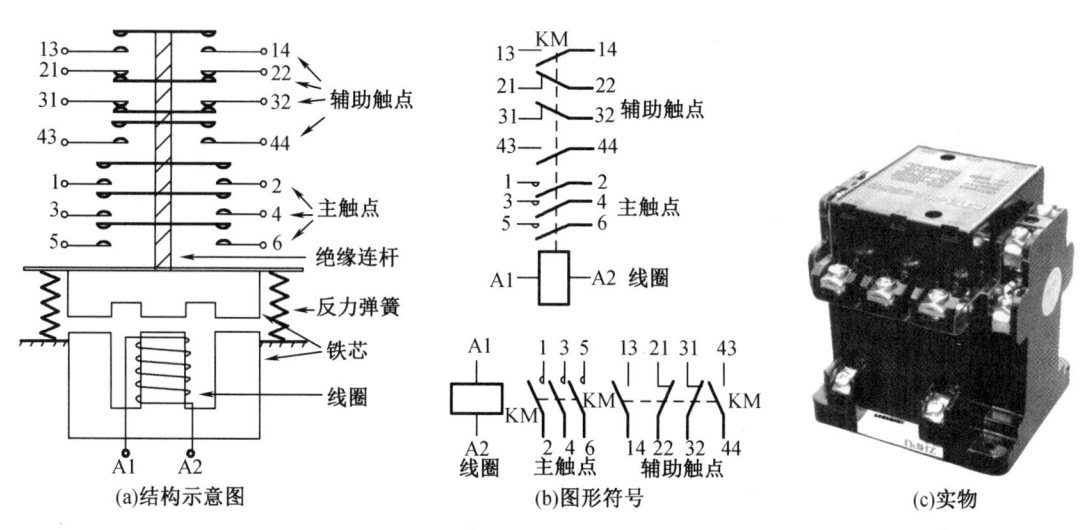

图4-1-10 交流接触器的结构示意图、图形符号及实物

(1)交流接触器的组成部分

①电磁机构:由线圈、动铁芯(衔铁)和静铁芯组成。

②触头系统:包括主触头和辅助触头。主触头用于通断主电路,有3对或4对常开触头;辅助触头用于控制电路,起电气连锁或控制作用,通常有2对常开、2对常闭触头。

③灭弧装置:电弧往往会导致接触器分断能力下降,容量在10 A以上的接触器都安装有灭弧装置。对于小容量的接触器,常采用双断口桥形触头以利于灭弧;对于大容量的接

触器,常采用纵缝灭弧罩及栅片型灭弧结构。

④其他部件:包括反作用弹簧、缓冲弹簧、触头压力弹簧、传动机构及外壳等。

(2)接触器的主要技术参数和类型

①主触头的额定电压:交流有 220 V、380 V 和 660 V,在特殊场合应用的额定电压高达 1 140 V。

②主触头的额定工作电流:是在一定的条件(额定电压、使用类别和操作频率等)下规定的,常用的电流等级为 9~800 A。

③吸引线圈的额定电压:交流有 36 V、127 V、220 V 和 380 V,直流有 24 V、48 V、220 V 和 440 V。

④机械寿命和电气寿命:接触器是频繁操作电器,应有较长的机械寿命和电气寿命,该指标是产品质量的重要指标之一。

⑤额定操作频率:每小时允许的操作次数,一般为每小时 300 次、600 次和 1 200 次。

⑥动作值:接触器的吸合电压和释放电压。规定接触器的吸合电压大于线圈额定电压的 85% 时应可靠吸合,释放电压不高于线圈额定电压的 70%。

我国生产的交流接触器常用的有 CJ10、CJ12、CJX1、CJ20 等系列及其派生系列产品,CJ10 系列及其改型产品已逐步被 CJ20、CJX 系列产品取代。相关产品代号组成及其含义如下:

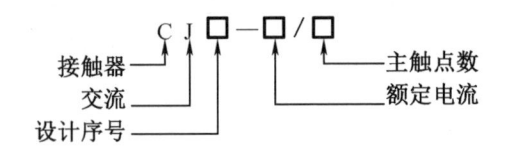

```
        C J □ — □ / □
        │ │ │    │   │
     接触器 │ │    │   主触点数
        交流 │    额定电流
        设计序号
```

(3)接触器的选择和安装

①接触器的选择

a. 根据不同的负载性质(如控制所有电动机,标准和重载应用,控制电阻,电感和电容性电路等),选择接触器的类型。

b. 额定电压应大于或等于主电路的工作电压。

c. 额定电流应大于或等于被控电路的额定电流。对于电动机负载,还应根据其运行方式适当增大或减小。

d. 吸引线圈的额定电压与频率要与所在控制电路的选用电压和频率相一致。

②接触器的安装

a. 安装前检查选用的接触器能否满足电路实际使用的要求,并检查其外观的完整性。

b. 用平口起子按压接触器的动断和动合机构,检查部件的灵活性。

c. 根据安装工艺要求正确安装接触器并接线,安装要牢固;测量绝缘电阻达到要求,并且在投入使用前,应观察其分断电弧时声光情况。

5. 继电器

继电器是一种电控制器件,是用小电流控制大电流的一种自动开关,在电路中起着自动调节、安全保护、转换电路等作用。当输入的电气量(如电压、电流)或非电气量(如温度、压力、转速、时间等)达到规定值时,继电器控制的电路导通或断开。

继电器的种类很多,按输入量可分为电压继电器、电流继电器、时间继电器、速度继电器、压力继电器等;按工作原理可分为电磁式继电器、感应式继电器、电动式继电器、电子式继电器等;按用途可分为控制继电器、保护继电器等;按输入量变化形式可分为有无继电器和量度继电器。下面对几种常见的继电器进行简要介绍。

(1) 热继电器

热继电器是用于防止线路或电气设备长时间过载的低压保护电器。它特别适用于电动机的过载保护,因为电动机在实际运行中常会遇到过载情况,但只要过载不严重、时间短、绕组温升不超过允许值,这种过载是允许的。但如果过载情况严重、时间长,则会加速电动机绝缘的老化,缩短电动机的使用年限,甚至烧毁电动机。因此,常用热继电器对电动机进行过载保护。有的热继电器还可以作为电动机的断相保护及短路保护。

图 4-1-11 所示是双金属片式热继电器的结构示意图及图形符号,由图可见,热继电器主要由双金属片、热元件、复位按钮、传动杆、调节旋钮、复位螺丝、触点等组成。

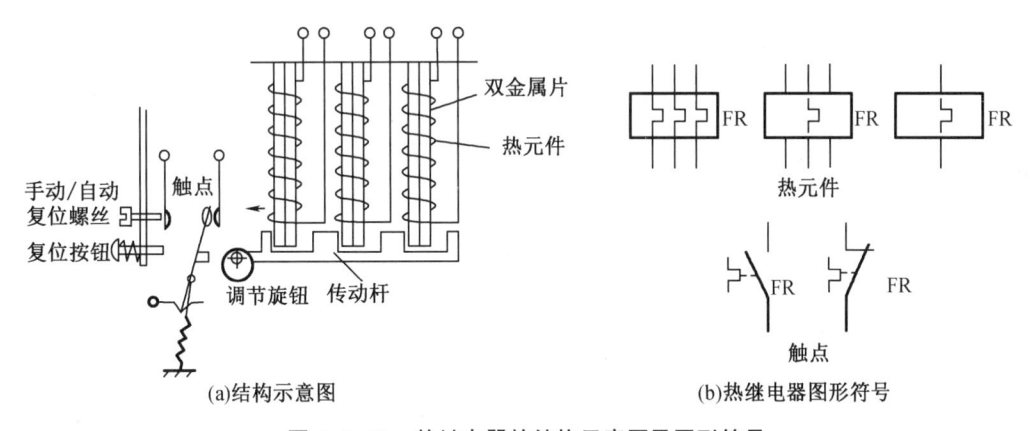

图 4-1-11 热继电器的结构示意图及图形符号

双金属片是由 2 种或多种具有合适性能的金属或其他材料组成的一种复合材料,也称热双金属片,膨胀系数大的(如铁镍铬合金、铜合金或高铝合金等)称为主动层;膨胀系数小的(如铁镍类合金)称为被动层。由于两种线膨胀系数不同的金属紧密地贴在一起,当产生热效应时,双金属片向膨胀系数小的一侧弯曲,由弯曲产生的位移带动触头动作。

热元件一般由铜镍合金、镍铬铁合金或铁铬铝等合金电阻材料制成,其形状有圆丝、扁丝、片状和带材几种。热元件串接于电机的定子电路中,通过热元件的电流就是电动机的工作电流(大容量的热继电器装有速饱和互感器,热元件串接在其二次回路中)。当电动机正常运行时,其工作电流通过热元件产生的热量不足以使双金属片变形,热继电器不会动作。当电动机发生过电流且超过整定值时,双金属片的热量增大并发生弯曲,经过一定时间后,使触点动作,通过控制电路切断电动机的工作电源。同时,热元件也因失电而逐渐降温,经过一段时间的冷却,双金属片恢复到原来的状态。

热继电器动作电流的调节是通过旋转调节旋钮实现的。调节旋钮为一个偏心轮,旋转调节旋钮可以改变传动杆和动触点之间的传动距离,距离越长则动作电流就越大,反之动作电流就越小。热继电器复位方式有自动复位和手动复位两种,将复位螺丝旋入,使常开的静触点向动触点靠近,这样动触点在闭合时处于不稳定状态,在双金属片冷却后动触点也返回,此为自动复位方式。如将复位螺丝旋出,则触点不能自动复位,此为手动复位方式。手动复位方式需在双金属片恢复状时按下复位按钮才能使触点复位。

热继电器主要用于电动机的过载保护,在使用中应考虑电动机的工作环境、启动情况、负载性质等因素,具体应按以下几个方面来选择:

①热继电器结构形式的选择:星形接法的电动机可选用两相或三相结构热继电器,三角形接法的电动机应选用带断相保护装置的三相结构热继电器。

②热继电器动作电流的整定值一般为电动机额定电流的1.05~1.10倍。

③对于重复短时工作的电动机(如起重机电动机),由于电动机不断重复升温,热继电器双金属片的温升跟不上电动机绕组的温升,电动机将得不到可靠的过载保护。因此,不宜选用双金属片热继电器,而应选用过电流继电器或能反映绕组实际温度的温度继电器来进行保护。

(2)时间继电器

时间继电器是一种利用电磁原理或机械原理实现延时控制的自动开关装置。其种类很多,按其动作原理可分为电磁式、空气阻尼式、电动式和电子式等;按延时方式可分为通电延时型和断电延时型(图4-1-12)。

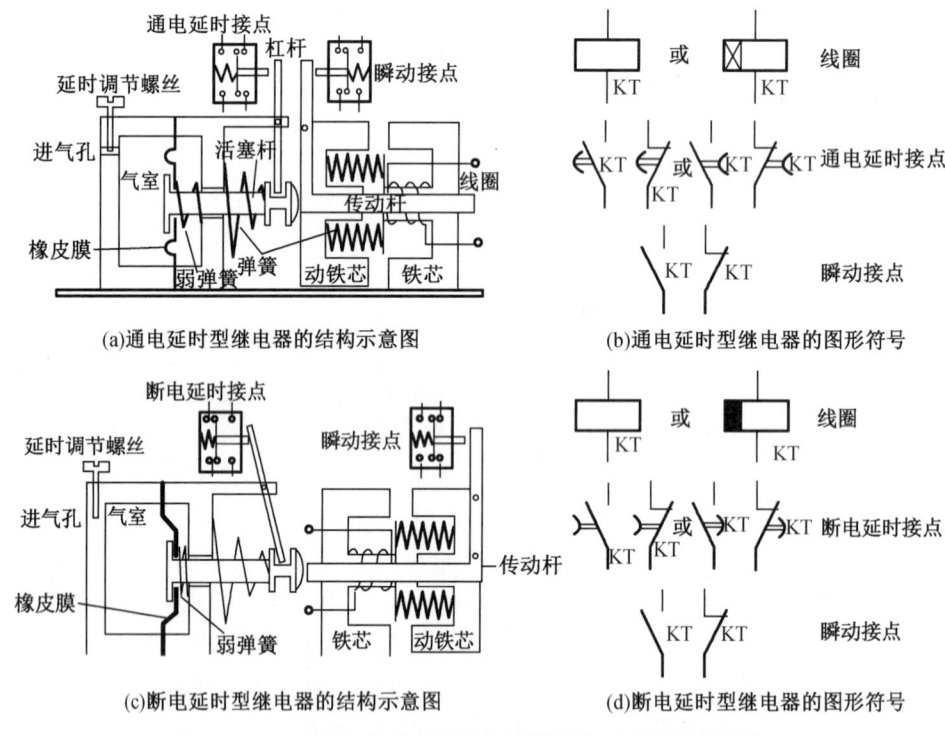

图4-1-12 空气阻尼式时间继电器的结构示意图及图形符号

图4-1-12(a)是空气阻尼式通电延时型时间继电器线圈不得电时的情况。在线圈通电后,动铁芯吸合,带动L形传动杆向右运动,使瞬动触头受压,其触头瞬时动作。活塞杆在塔形弹簧的作用下,带动橡皮膜向右移动,橡皮膜左侧空气室形成负压,通过进气孔缓慢进气,因此活塞杆只能缓慢地向右移动,其移动的速度和进气孔的大小有关(调节进气孔的大小可改变延时时间)。经过一定的延时后,活塞杆移动到右端,通过杠杆压动微动开关(通电延时触头),使其常闭触头断开、常开触头闭合,实现通电延时接通电路作用。

当线圈断电时,电磁吸力消失,动铁芯在反力弹簧的作用下释放,并通过活塞杆将活塞推向左端,这时气室内中的空气通过橡皮膜和活塞杆之间的缝隙迅速排掉,瞬动触头和延时触头迅速复位,无延时。

将通电延时型时间继电器的电磁机构反向安装,就可将其改为断电延时型时间继电器,如图4-1-12(c)所示。当线圈不得电时,塔形弹簧将橡皮膜和活塞杆推向右侧,杠杆将延时触头压下;当线圈通电时,动铁芯带动L形传动杆向左运动,使瞬动触头瞬时动作,同时推动活塞杆向左运动。如前所述,活塞杆向左运动不延时,延时触头瞬时动作。当线圈失电时,动铁芯在反力弹簧的作用下返回,瞬动触头瞬时动作,延时触头延时动作。

时间继电器线圈和延时触头的图形符号都有两种画法,线圈中的延时符号可以不画,触头中的延时符号既可以画在左边也可以画在右边,但是圆弧的方向不能改变,如图4-1-12(b)和(d)所示。

空气阻尼式时间继电器的优点是结构简单、延时范围大、寿命长、价格低廉,且不受电源电压及频率波动的影响;其缺点是延时误差大、无调节刻度指示,一般适用于延时精度要求不高的场合。常用的产品有JS7-A、JS23等系列,其中JS7-A系列的主要技术参数为延时范围,分0.4~60.0 s和0.4~180.0 s两种,操作频率为每小时600次,触头容量为5 A,延时误差为±15%。在使用空气阻尼式时间继电器时,应保持延时机构的清洁,防止因进气孔堵塞而失去延时作用。在选用时间继电器时应根据控制要求选择其延时方式,根据延时范围和精度选择继电器的类型。

(3)中间继电器

中间继电器是最常用的继电器之一,它的结构和动作原理与接触器基本相同,都是由固定铁芯、动铁芯、弹簧、动触点、静触点、线圈、接线端子和外壳组成,如图4-1-13所示。

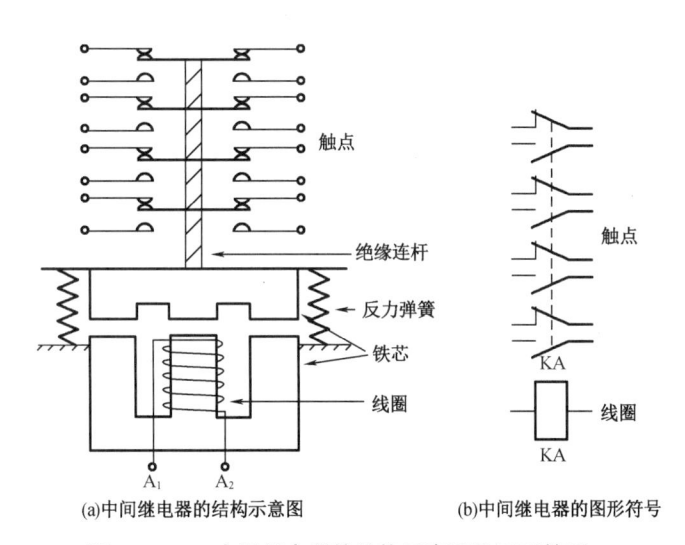

图4-1-13 中间继电器的结构示意图及图形符号

中间继电器用于在控制电路中传递中间信号。它没有主触头,全部都是辅助触头,其触头只能通过小电流,因为过载能力比较小,因而只能用于控制电路。

中间继电器实质上是一种电压继电器,它是根据输入电压的有或无而动作的。其触点对数多,触点容量额定电流为5~10 A。中间继电器一般不用于直接控制电路的负荷,但当电路的负荷电流在5 A以下时,也可代替接触器起控制负荷的作用。常用的中间继电器型号有JZ7、JZ14、霍尼韦尔中间继电器GR系列(小型)、CRH系列(紧凑型)、SR系列(超薄型)等。

6. 主令电器

主令电器用于在控制电路中以开关触头的通断形式来发布控制命令,使控制电路执行对应的控制任务。主令电器应用广泛,种类繁多,常见的有按钮、行程开关、转换开关、接近开关、主令控制器、选择开关、足踏开关等。

(1) 按钮

按钮是一种最常用的主令电器,其结构简单,一般由按钮帽、复位弹簧、桥式触点和外壳等组成,其结构示意图及图形符号如图 4-1-14 所示。触点采用桥式触点,又分常开触点(动断触点)和常闭触点(动合触点)两种,额定电流一般在 5 A 以下。

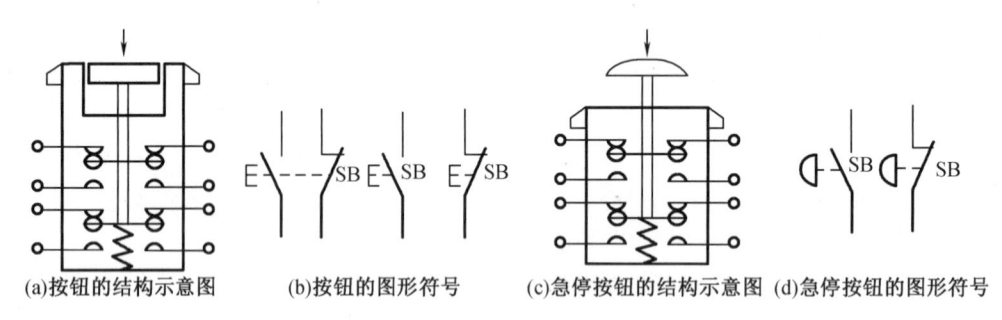

(a) 按钮的结构示意图　(b) 按钮的图形符号　(c) 急停按钮的结构示意图　(d) 急停按钮的图形符号

图 4-1-14　按钮的结构示意图及图形符号

按钮按触点的动作方式可分为直动式和微动式两种,图 4-1-14 中所示的按钮均为直动式,其触点的动作速度和手按下的速度有关。动触点由变形簧片组成,当弯形簧片受压向下运动至低于平形簧片时,弯形簧片迅速变形,将平形簧片触点弹向上方,实现触点瞬间动作。按钮一般为复位式,也有自锁式,最常用的按钮为复位式平按钮,其按钮与外壳平齐,可防止异物误碰。

小型微动式按钮也叫微动开关,可用于各种继电器如时间继电器、压力继电器和限位开关中。按钮从外形和操作方式上可分为平钮和急停按钮。急停按钮也叫蘑菇头按钮(图 4-1-14(c) 和 (d))。除此之外,还有钥匙钮、旋钮、拉式钮、万向操纵杆式、带灯式等多种类型。各种按钮的实物图如图 4-1-15 所示。

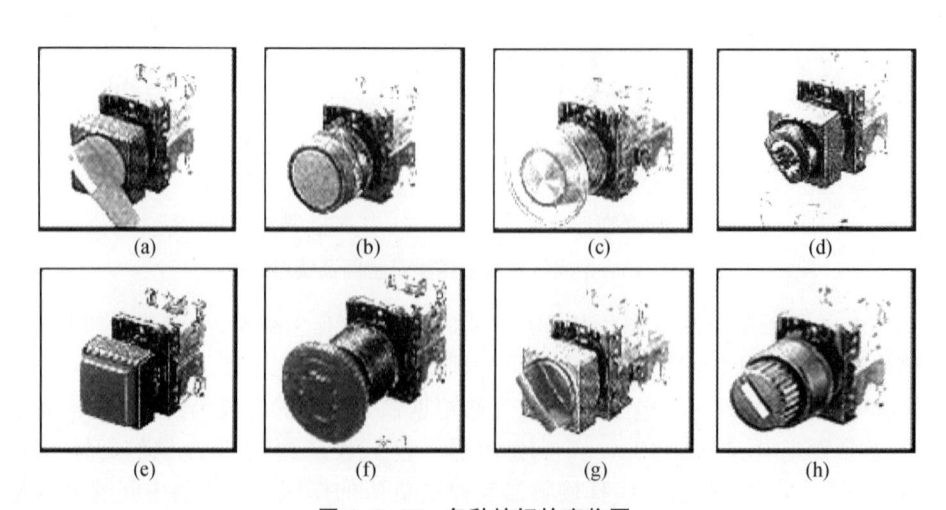

图 4-1-15　各种按钮的实物图

(2)行程开关

依据生产机械的移动距离发出控制指令以控制其运行方向或移动距离的主令电器称为行程开关。若将行程开关安装于生产机械行程中的某一点,以限制其行程,则称之为限位开关或位置开关。它的种类很多,按运动形式可分为直动式、微动式、转动式等;按触点的性质可分为有触点式和无触点式。

有触点行程开关简称行程开关,其工作原理和按钮相同,区别在于它不是靠手的按压,而是利用生产机械运动的部件碰压而使触点动作来发出控制指令的。它用于控制生产机械的运动方向、速度、行程大小或位置等,其结构形式多种多样。

图4-1-16所示为行程开关的结构示意图及图形符号。行程开关的主要参数有形式、动作行程、工作电压及触头的电流容量。目前国内生产的行程开关有LXK3、3SE3、LX19、LXW和LX等系列。常用的行程开关有LX19、LXW5、LXK3、LX32和LX33等系列。

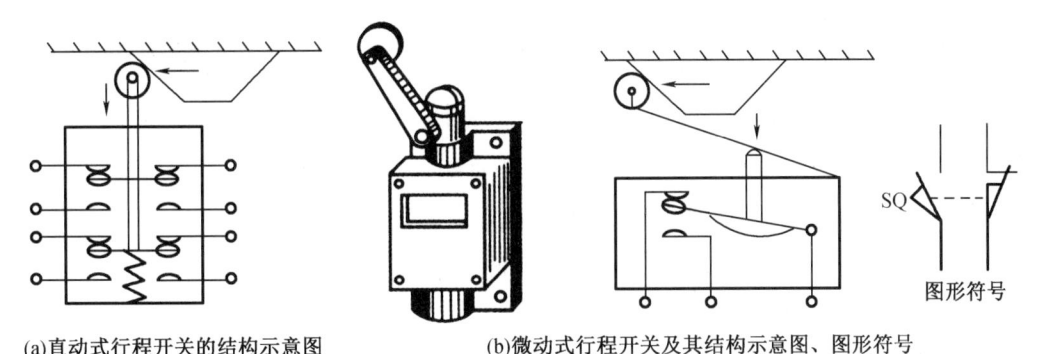

(a)直动式行程开关的结构示意图　　(b)微动式行程开关及其结构示意图、图形符号

图4-1-16　行程开关的结构示意图及图形符号

在选用行程开关时,主要根据被控电路的特点、要求以及生产现场条件和所需要的触点的数量、种类等综合因素来考虑其种类;根据机械位置对开关形式的要求和控制电路对触点的数量要求以及电流、电压等级来确定其型号。

(3)凸轮控制器

凸轮控制器是一种具有多挡位、多触点,通过大电流的触头转换开关。其主要用于起重设备中,利用手动操作转动凸轮去接通和分断中小型绕线型异步电动机,实现对启动、停止、调速、换向和制动的控制,也适用于有相同要求的其他电力拖动场合。

凸轮控制器主要由触头、转轴、凸轮、杠杆、手柄、灭弧罩及定位机构等组成。图4-1-17所示为凸轮控制器的结构示意图、图形符号及实物。凸轮控制器中有多组触点,并由多个凸轮分别控制,以实现对一个较复杂电路中的多个触点进行同时控制。由于凸轮控制器中的触点多,每个触点在每个位置的接通情况各不相同,所以不能用普通的常开常闭触点来表示。

图4-1-17(a)所示为1极12位凸轮控制器的结构示意图,图4-1-17(b)为其图形符号,表示这一个触点有12个位置,图中的小黑点表示该对应位置触点接通。由图4-1-17可见,当手柄转到当前位置,则2、3、4和10号触点接通。

图4-1-17(c)所示为5极12位凸轮控制器,由5个1极12位凸轮控制器组合而成。图4-1-17(d)所示为4极5位凸轮控制器的图形符号,表示有4个触点,每个触点有5个位置,图中的小黑点表示触点在该位置接通。如果手柄打到右侧1号位,表示2、4号触点接

通;打到0号位,表示1号触点接通。

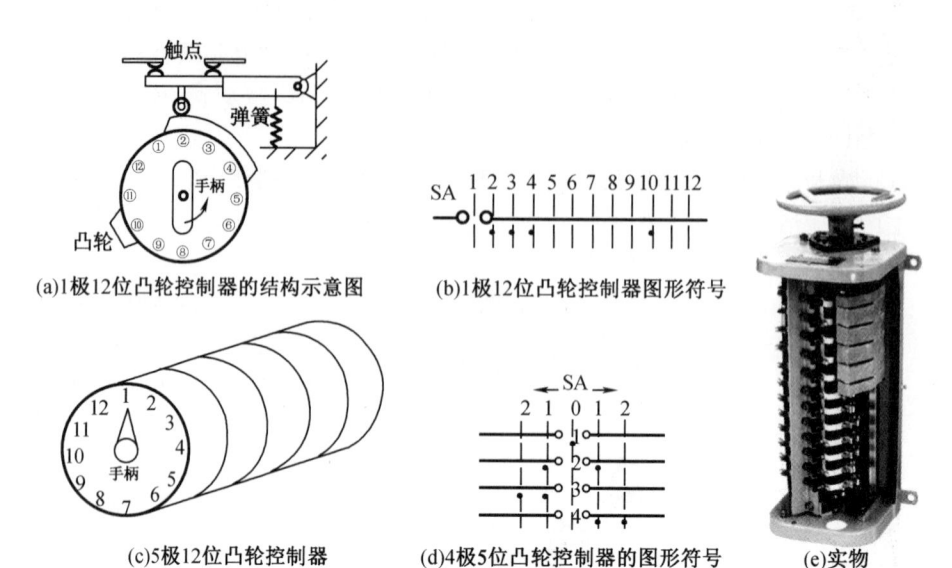

(a)1极12位凸轮控制器的结构示意图　(b)1极12位凸轮控制器图形符号

(c)5极12位凸轮控制器　(d)4极5位凸轮控制器的图形符号　(e)实物

图4-1-17　凸轮控制器的结构示意图、图形符号及实物

由于凸轮控制器可直接控制电动机工作,所以其触头容量大并有灭弧装置。凸轮控制器的优点为控制电路简单、开关元件少、维修方便等;缺点为体积较大、操作笨重、不能实现远距离控制。目前使用的凸轮控制器有KT10、KTJ14、KTJ15及KTJ16等系列。

(4)转换开关

转换开关是一种多挡位、多触点,能够控制多回路的主令电器,主要用于各种控制设备中线路的换接、遥控和电流表、电压表的换相测量等,也可用于控制小容量电动机的启动、换向、调速。

转换开关的工作原理和凸轮控制器一样,只是使用地点不同:凸轮控制器主要用于主电路,直接对电动机等电气设备进行控制,而转换开关主要用于控制电路,通过继电器和接触器间接控制电动机。

常用的转换开关主要有两大类,即万能转换开关和组合开关。二者的结构和工作原理基本相似,在某些应用场合下二者可相互替代。转换开关按结构类型分为普通型、开启组合型和防护组合型等;按用途又分为主令控制用和控制电动机用两种。转换开关的图形符号和凸轮控制器一样,如图4-1-18所示。

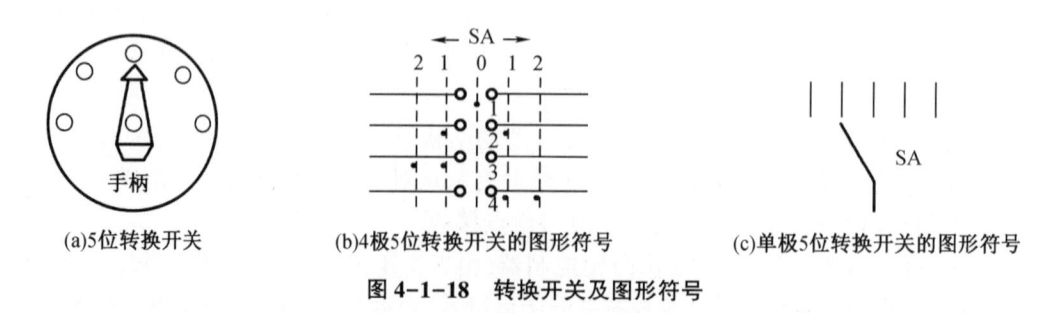

(a)5位转换开关　(b)4极5位转换开关的图形符号　(c)单极5位转换开关的图形符号

图4-1-18　转换开关及图形符号

转换开关的触点的通断状态也可以用图表来表示,图4-1-18中4极5位转换开关的

触点的通断状态如表 4-1-2 所示。

表 4-1-2 转换开关的触点的通断状态表

触点号	位置				
	←	↖	↑	↗	→
	90°	45°	0°	45°	90°
1			—		
2		—		—	
3	—				
4				—	—

注：—表示触点接通。

转换开关的主要参数有型式、手柄类型、触点的通断状态表、工作电压、触头数量及其电流容量，这些在产品说明书中都有详细说明。常用的转换开关有 LW2、LW5、LW6、LW8、LW9、LW12、LW16、VK、3LB 和 HZ 等系列。其中，LW2 系列用于对高压断路器操作回路的控制；LW5、LW6 系列多用在电力拖动系统中对线路或电动机实行控制，LW6 系列还可装成双列形式，列与列之间用齿轮啮合，并由同一手柄操作，此种开关最多可装 60 对触点。

转换开关的选择可以根据以下几个方面进行：
①额定电压和工作电流；
②手柄形式和定位特征；
③触点数量和接线图编号；
④面板形式及标志。

【随堂练习】

1. 选择题

（1）电弧的存在将导致（　　）。
A. 电路分断时间加长
B. 电路分断时间缩短
C. 电路分断时间不变

（2）某交流接触器的额定工作电流在额定电压为 380 V 时为 100 A，故它能控制的电动机的功率约为（　　）。
A. 50 kW　　　　B. 20 kW　　　　C. 100 kW（1 kW 为 2 A 电流）

（3）在延时精度要求不高、电源电压波动较大的场合，应使用（　　）时间继电器。
A. 空气阻尼式　　B. 电动式　　C. 晶体管式

（4）下列电器中不能实现短路保护的是（　　）。
A. 熔断器　　　　　　　　　　B. 热继电器
C. 空气开关　　　　　　　　　D. 过电流继电器

（5）按下复合按钮时（　　）。
A. 动断点先断开　B. 动合点先闭合　C. 动断点、动合点同时动作

(6)热继电器过载时双金属片弯曲是由于双金属片的(　　)。
A.机械强度不同
B.热膨胀系数不同
C.温差效应

(7)在螺旋式熔断器的熔管内要填充石英砂,石英砂的作用是(　　)。
A.灭弧　　　　　B.导电　　　　　C.固定熔体使其不摇动绝缘

(8)选择下列时间继电器的触头符号填在相应的括号内。通电延时型时间继电器闭合的触点为(　　);断电延时型时间继电器闭合的触点为(　　)

A.　　　　　B.　　　　　C.　　　　　D.

(9)低压断路器(　　)。
A.有短路保护,有过载保护　　　　　B.有短路保护,无过载保护
C.无短路保护,有过载保护　　　　　D.无短路保护,无过载保护

(10)空气阻尼式时间继电器中,断电延时型与通电延时型的原理相同,只要将(　　)翻转180°安装,通电延时型即变为断电延时型。
A.触头　　　　　B.线圈　　　　　C.电磁机构　　　　　D.衔铁

2.判断题
(1)熔断器不具有反时限特性。(　　)
(2)交流接触器通电后如果铁芯吸合受阻,将导致圈烧毁。(　　)
(3)按钮开关应接在控制电路中。(　　)

【任务实施】

1.目的
熟悉常用开关类电器的基本结构,并能拆卸、组装和进行简单检测。

2.工具、仪表与器材
尖嘴钳、螺丝刀、活络扳手、万用表、兆欧表、胶盖闸刀、铁壳开关、转换开关、热继电器、交流接触器。

3.训练步骤与工艺要点
(1)拆开胶盖闸刀开关的胶盖,将其内部主要零部件的名称、作用记在表4-1-3中,然后闭合开关,用万用表电阻挡测量各对触头之间的接触电阻,用兆欧表测量每两相触头之间的绝缘电阻。

(2)打开铁壳开关盖,将其内部主要零部件的名称、作用记在表4-1-4中,然后闭合开关,用万用表电阻挡测量触头之间的接触电阻,用兆欧表测量每两相触头之间的绝缘电阻,将测量结果一并记在表中。

(3)拆卸和组装一只转换开关,并将拆卸步骤,主要零部件的名称、作用,各相触头间的接触电阻、绝缘电阻记在表4-1-5中。

(4)拆卸一台交流接触器,将拆卸步骤,主要零部件的名称、作用,各对触头动作前后的电阻值及各类触头的数量、线圈数据记在表4-1-6中。

(5)打开热继电器外盖,观察热继电器内部结构,测量各热元件电阻,将各零部件的名

称、作用及有关电阻记在表 4-1-7 中。

表 4-1-3　胶盖闸刀开关的基本结构与测量结果

型号		极数	主要零部件	
			名称	作用
触头接触电阻/Ω				
L_1 相	L_2 相	L_3 相		
相间绝缘电阻/MΩ				
L_1-L_2	L_1-L_3	L_2-L_3		

表 4-1-4　铁壳开关的基本结构与测量结果

型号		极数	主要零部件	
			名称	作用
触头接触电阻/Ω				
L_1 相	L_2 相	L_3 相		
相间绝缘电阻/MΩ				
L_1-L_2	L_1-L_3	L_2-L_3		
熔断器				
型号		规格		

表 4-1-5　转换开关拆卸、装配和测量记录

型号			极数	主要零部件	
				名称	作用
触头接触电阻/Ω					
L_1 相	L_2 相	L_3 相			
相间绝缘电阻/MΩ					
L_1-L_2	L_1-L_3	L_2-L_3			

表 4-1-6　交流接触器的拆卸与检测记录

型号		容量/A		拆卸步骤	主要零部件	
					名称	作用
触头副数						
主	辅	常开	常闭			
触头电阻						
常开		常闭				
动作前/MΩ	动作后/Ω	动作前/Ω	动作后/MΩ			
电磁线圈						
线径	匝数	工作电压/V	直流电阻/Ω			

表 4-1-7　热继电器基本结构及热元件电阻检测记录

型号		极数	主要零部件	
			名称	作用
热元件电阻/Ω				
L_1 相	L_2 相	L_3 相		
整定电流调整值/A				

训练所用时间：	参加训练者：(签字)	20　年　月　日

任务4.2　船用锚机单元控制电路的拆装

【任务描述】

　　船用电动锚机的工作方式以升降为主,其实质是控制交流电机的正转、反转和调速。锚机工作还涉及启动、制动等控制电路。本任务以交流电机的点动及连续运行模块电路的拆卸和安装为典型载体,覆盖大部分拖动电路,通过识读电气控制系统图、接线图,独立组装电气控制电路,并根据控制电路产生的故障,利用万用表的通断功能进行故障判断和排故,使学生掌握控制电路的基本接线技巧、故障判断、安装工艺、安装注意事项等基础知识和技能。

　　在长期实践中,人们已经将电气控制电路总结成一些最基本的控制单元,如电动机的启动和正反转运行、调速和制动等的基本控制电路,常用的检测电路、顺序控制以及电气线路等环节。实际的电气控制系统通常是对这些环节进行选用并组合而成的。船用锚机的电力拖动自动控制电路主要以电动机和其他低压执行电器为控制对象,运用常规的单元电路,按照一定逻辑顺序组成。因此熟悉常规电气控制系统图的类型、国家标准及规定画法,是分析船用锚机电气线路和设计的基础。

4.2.1 电气控制系统图的类型及有关规定

电气控制系统是由许多电气元件按照一定要求连接而成的。电气控制系统图为了表述生产机械电气控制系统的结构、原理等,同时也为了便于电气系统的安装、调试、使用和维修,而将电气控制系统中各电气元件及其连接用一定图形表示出来。

在电气控制系统图中,电气元件的图形符号和文字符号必须有统一的国家标准。我国在1990年以前采用国家科学技术委员会(现为科学技术部)在1964年颁布的国家标准《电工系统图图形符号》(GB 312—64)和《电工设备文字符号编制通则》(GB 315—64)的规定。近年来,各部门都相应引进了许多国外的先进设备和技术,为了适应新的发展需要,也为了便于掌握引进的先进技术并进行国际交流,国家标准化管理委员会先后发布更新了多个相关标准。因此,电气控制系统图中的文字符号和图形符号必须符合新的国家标准。

电气控制系统图一般有3种:电气原理图、电气元件布置图、电气安装接线图。我们将在图上用不同的图形符号表示各种电气元件,用不同的文字符号标上电气元件的名称、序号和电气设备或线路的功能、状况和特征,还要标上表示导线的线号与触头编号等。各种图纸有其不同的用途和规定的画法,下面分别加以说明。

1. 电气原理图

电气原理图是为了便于阅读与分析控制电路,按照简单、清晰的原则,采用电气元件展开的形式绘制而成的。在电气控制系统图中,电气原理图应用最多、最广泛,它包括所有电气元件的导电部件和接线端点,但并不按电气元件的实际位置来画,也不反映电气元件的形状、大小和安装方式。由于电气原理图具有结构简单、层次分明、适于研究和分析电路的工作原理等优点,所以无论是在设计部门还是在生产现场都得到了广泛应用。现以图4-2-1所示的某设备的电气原理图为例来说明电气原理图的规定画法和注意事项。

(1)绘制电气原理图时应遵循的原则

①电气原理图一般分主电路和辅助电路两部分。主电路就是从电源到电动机等大电流、高电压设备的回路。辅助电路包括控制回路、照明电路、信号电路及保护电路等,一般由继电器和接触器的线圈、继电器的触头、接触器的辅助触头、按钮、照明灯、控制变压器等电气元件组成。

②在电气原理图中,各电气元件不画实际的外形图,而应按国家标准规定画出,文字符号也要符合国家规定。

③在电气原理图中,各电气元件和部件在控制电路中的位置应根据便于阅读的原则安排,同一电气元件的各部件根据需要可以不画在一起,但文字符号要相同。

④电气原理图中所有电器的触头都应按没有通电和没有外力作用时的初始开闭状态画出。例如,继电器、接触器的触头按吸引线圈不通电时的状态画,控制器按手柄处于零位时的状态画,按钮、行程开关的触头按不受外力作用时的状态画等。

⑤在电气原理图中,无论是主电路还是辅助电路,各电气元件一般按动作顺序从上到下、从左到右依次排列,可水平布置或者垂直布置。

⑥在电气原理图中,交叉导线有直接联系的连接点要用黑圆点表示,无直接联系的交叉导线连接点不画黑圆点。

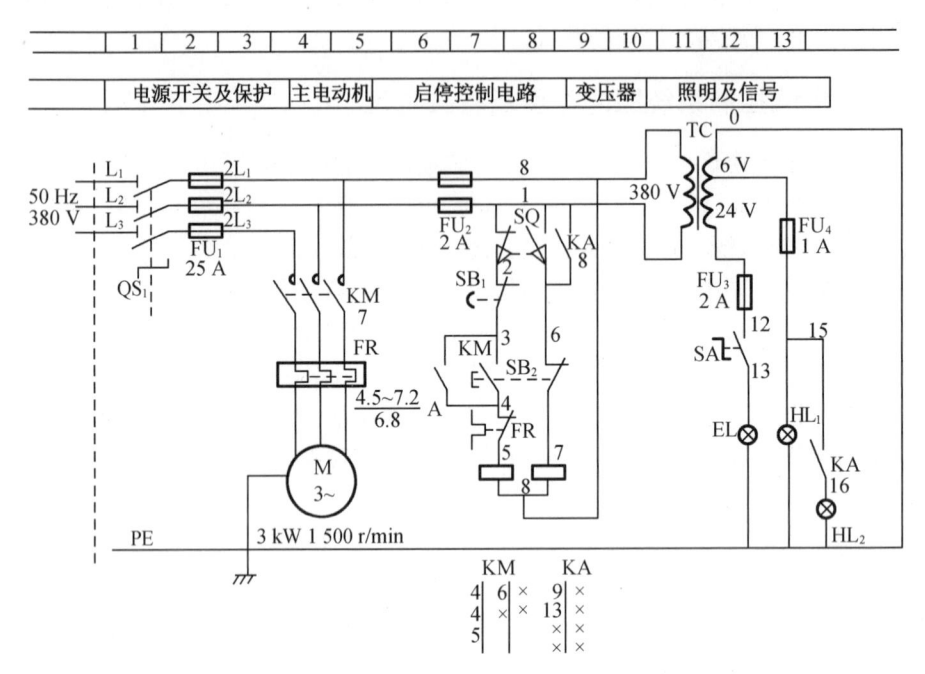

图 4-2-1　某设备的电气原理图

(2)图面区域的划分

图 4-2-1 图纸上方的 1,2,3 等数字是各图区的编号,它是为了便于检索电气线路和在阅读分析时避免遗漏而设置的。图区编号也可以设置在整张图纸的下方。

图区编号下方标有"电源开关及保护"等字样的区域,是用来标明对应区域下方元件或电路的功能,使读者能清楚地知道某个元件或某部分电路的功能,以便其理解全电路的工作原理。

(3)符号位置的索引

在较复杂的电气原理图中,在继电器、接触器的线圈的文字符号下方往往有标注其触点、线圈位置的索引。位置索引采用图号、页次和图区编号组合的索引法。索引代号的组成如下:

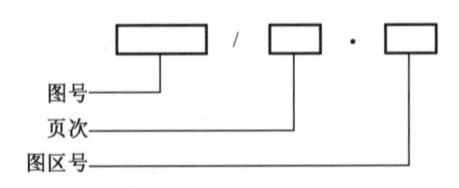

图号是指当某设备的电气原理图按功能多册装订时,每一册的编号,一般用数字表示。当某一元件相关的各符号元素出现在不同图号的图纸上,而当每一个图号仅有一页图纸时,索引代号省略"页号"及分隔符"·"。当某一元件相关的各符号元素出现在同一图号的图纸上,而该图号有多张图纸时,可以省略"图号"和分隔符"/"。当某一元件相关的各符号

元素出现在只有一张图纸的不同图区时,索引代号只用"图区号"表示。

在电气原理图中,除了电气元件符号的索引,接触器 KM 下方的文字是接触器 KM 相应触点的索引,用以表达接触器线圈与触点的从属关系,其表示方法是在电气原理图中相应线圈下方,分成左、中、右 3 栏(表 4-2-1),把受其控制而动作的主触头、辅助常开触头及辅助常闭触头所处的图区号分别填入相应栏内。

表 4-2-1 接触器的索引

左栏	中栏	右栏
主触头所在图区号	辅助动合触头所在图区号	辅助动断触头所在图区号

对继电器,上述表示法中各栏的含义如表 4-2-2 所示。

表 4-2-2 继电器的索引

左栏	右栏
动合触头所在图区号	动断触头所在图区号

(4)电气原理图中技术数据的标注

电气元件的数据和型号一般用小号字体标注在电器代号下面,图 4-2-2 所示为热继电器动作电流值范围和整定值的标注,其中 6.8 表示当前整定的额定电流,4.5~7.2 代表刻度可调节的范围。

2. 电气元件布置图

电气元件布置图主要用来表明电气设备上所有电机、低压电器的实际位置,是船用锚机电气控制设备的制造、安装、维修所必要的资料。

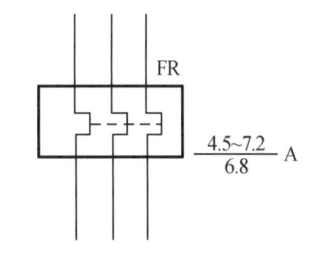

图 4-2-2 热继电器技术数据标注

如图 4-2-3 所示,它主要由各类电表、接线端子等组成。电气元件布置图可按电气控制系统的复杂程度集中绘制或单独绘制,但在绘制这类图形时,元件轮廓线用细实线或点划线表示。对于所有能见到的及需表示清楚的电气设备,均用粗实线绘制出简单的外形轮廓。

3. 电气安装接线图

图 4-2-4 是电气安装接线图,根据电气原理图(图 4-2-1)并考虑电气设备布局的合理性、经济性等原则绘制而成。电气安装接线图表示该电气设备各单元之间的接线关系,根据设备的接线图可以进行电气设备的总装接线。为了方便安装或检修电器,接线图中应标注出外部接线所需的数据,并显示出电气设备中各元件的空间位置和接线情况。

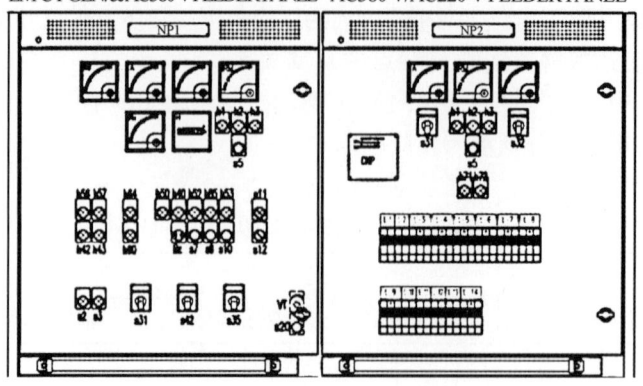

图 4-2-3 应急配电板电气元件布置图（部分）

对于某些较为复杂的电气设备，电气安装板上元件较多时，还可画出安装板的接线图；对于简单设备，仅画出接线图就可以了。在实际工作中，接线图常与电气原理图结合起来使用。图 4-2-4 表明了该电气设备中电源进线、按钮板、照明灯、行程开关、电动机与安装板接线端之间的连接关系，也标注了所采用的包塑金属软管的直径和长度、连接导线的根数、截面积及颜色。

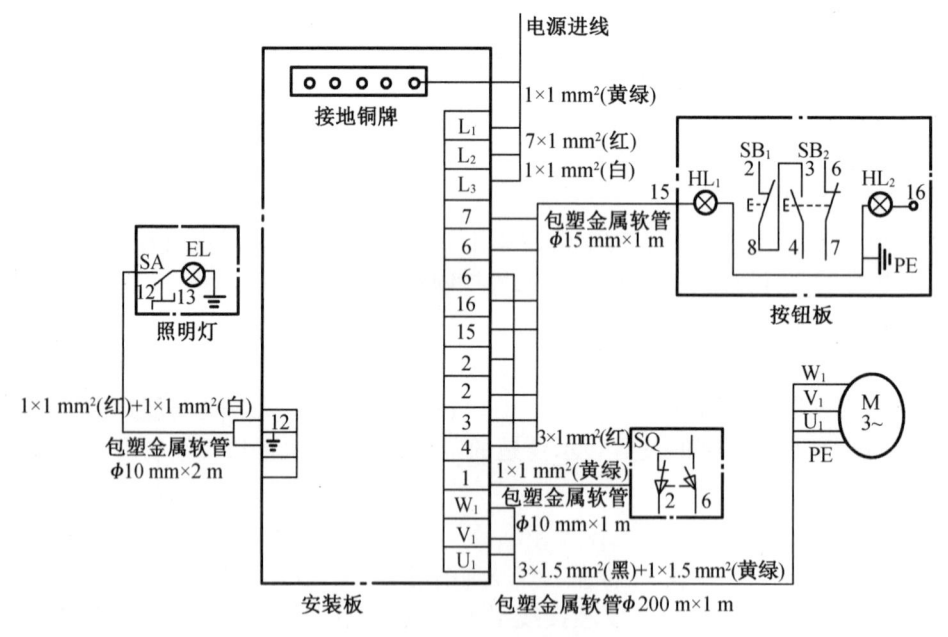

图 4-2-4 电气接线图

4.2.2 三相笼型异步电动机全压启动控制电路

三相笼型异步电动机由于结构简单、价格便宜、坚固耐用等一系列优点，不仅在船用锚机中得到了应用，在一般工业电气设备中也获得了广泛的应用。它的控制电路大都由继电器、接触器、按钮等有触头电器组成。启动控制有全压启动和减压启动两种方式。

1. 单向全压启动控制电路

图 4-2-5 所示为三相笼型异步电动机单向全压启动控制电路,它是一个常用的最简单的电气控制电路。其由刀开关 QS、熔断器 FU₁、接触器 KM 的主触头、热继电器 FR 的热元件与电动机 M 构成主电路;由启动按钮 SB₂、停止按钮 SB₁、接触器 KM 的线圈及其常开辅助触头、热继电器 FR 的常闭触头和熔断器 FU₂ 构成控制回路。

(1)线路的工作原理

启动前,合上 QS 引入三相电源。按下 SB₂,交流接触器 KM 的吸引线圈通电,接触器主触头闭合,电动机接通电源并直接启动运转。同时与 SB₂ 并联的 KM 的常开辅助触头闭合,使接触器吸引线圈经两条路通电。当 SB₂ 复位时,接触器 KM 的线圈仍可通过 KM 触头继续通电,从而保持电动机的连续运行,这种依靠接触器自身辅助触头而使其线圈保持通电的现象称为自锁。这一对起自锁作用的辅助触头则称为自锁触头。

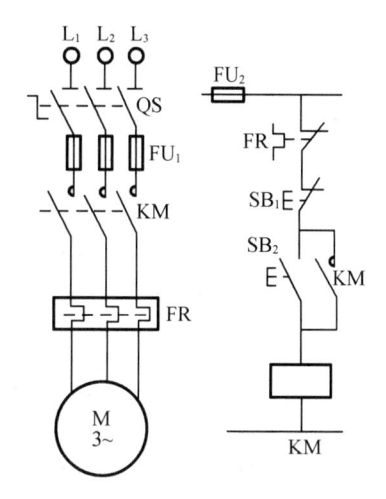

图 4-2-5 单向全压启动控制电路

要使电动机 M 停止运转,只需按下停止按钮 SB₁,将控制电路断开即可。这时接触器 KM 断电释放,KM 的常开主触头将三相电源切断,电动机 M 停止旋转。当手松开按钮后,SB₁ 的常闭触头在复位弹簧的作用下虽又恢复到原来的常闭状态,但接触器线圈已不再能依靠自锁触头通电了,因为原来闭合的自锁触头早已随着接触器的断电而断开。

(2)电路的保护环节

①熔断器 FU 作为电路短路保护,但一般不能实现过载保护的目的,这是因为对熔断器的规格必须根据电动机启动电流大小进行适当选择。

②热继电器 FR 具有过载保护作用。由于热继电器的热惯性比较大,即使热元件流过几倍额定电流,热继电器也不会立即动作。因此在电动机启动时间不太长的情况下,热继电器是经得起电动机启动电流的冲击而不动作的。只有在电动机长时间过载的情况下,FR 才动作,断开控制电路,使接触器断电释放,电动机停止旋转,实现对电动机的过载保护。

③欠电压保护与失电压保护是依靠接触器本身的电磁机构实现的。当电源电压由于某种原因而严重欠电压或失电压时,接触器的衔铁自行释放,电动机停止旋转。而当电源电压恢复正常时,接触器的线圈也不能自动通电,只有在操作人员再次按下启动按钮 SB₂ 后电动机才会启动,这叫作零电压保护。

控制电路具备了欠电压和失电压保护能力之后,有如下 3 个方面的优点:

第一,防止电压严重下降时电动机低压运行。

第二,避免电动机同时启动而造成电压严重下降。

第三,防止电源电压恢复时,电动机突然启动运转造成设备损坏和人身事故。

2. 电动机的点动和连续运行控制电路

在生产实际中,船用锚机或工业机械需要连续运行,有时也需要点动控制。图 4-2-6 给出了实现点动和连续运行控制的电气控制电路。

过程分析:

(1)图 4-2-6(a)是最基本的点动控制电路。当按下点动启动按钮 SB 时,接触器 KM

通电吸合，主触头闭合，电动机接通电源。当手松开按钮时，接触器KM断电释放，主触头断开，电动机被切断而停止旋转，实现点动控制。

（2）图4-2-6(b)是带手动开关SA的点动控制电路。当需要点动时将开关SA打开，操作SB_2即可实现点动控制。当需要连续运行时合上SA，将自锁触头接入，即可实现连续运行控制。

（3）图4-2-6(c)中增加了一个复合按钮SB_3，这样在点动控制时，按下点动按钮SB_3，其常闭触头先断开自锁电路，之后常开触头闭合，接通启动控制电路，KM线圈通电，主触头闭合，电动机启动旋转。当松开SB_3时，KM线圈断电，主触头断开，电动机停止转动。若需要电动机连续运转，则按启动按钮SB_2即可，停机时需按停止按钮SB_1。

（4）图4-2-6(d)是利用中间继电器实现点动控制的线路。利用点动启动按钮SB_2控制中间继电器KA，KA的常开触头并联在SB_3两端，控制接触器KM，再控制电动机以实现点动。当需要连续运行控制时按下SB_3即可，当需要停转时按下SB_1。

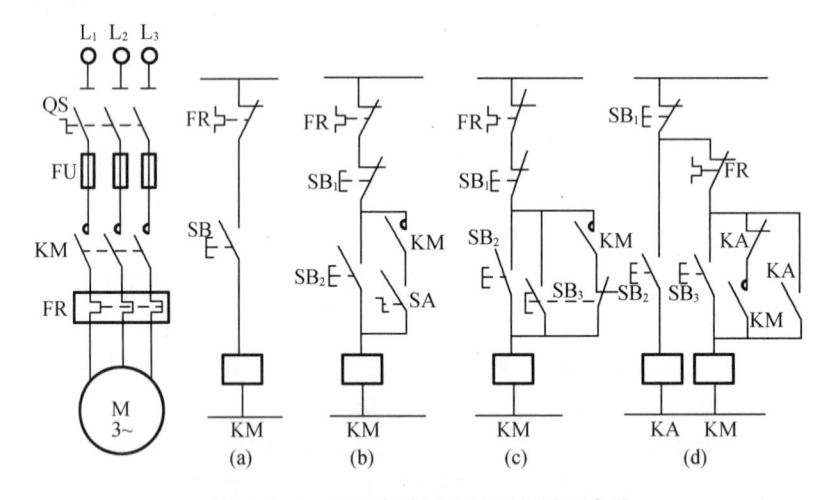

图4-2-6 实现点动和连续运行控制电路

4.2.3 三相交流异步电机的正反转控制电路

无论是在船用锚机上还是在生产加工过程中，往往要求电动机能够实现可逆运行。如起重机吊钩的上升与下降、机床工作台的前进与后退、主轴的正转与反转等，都要求电动机可以正反转。由电动机原理可知，若将接至电动机的三相电源进线中的任意两相对调，即可使电动机反转。

所以可逆运行控制电路实质上是两个方向相反的单向运行线路，但为了避免误动作引起电源相间短路，又在这两个相反方向的单向运行线路中加设了必要的互锁。按照电动机可逆运行操作顺序的不同，有"正—停—反"和"正—反—停"两种控制电路。

1. 电动机"正—停—反"控制电路

图4-2-7(a)为电动机"正—停—反"控制电路。利用两个接触器的常闭触头KM_1、KM_2相互控制，即一个接触器通电时，利用其常闭辅助触头的断开来锁住对方线圈的电路。这种利用两个接触器的常闭辅助触头互相控制的方法叫作互锁，而两对起互锁作用的触头便叫作互锁触头。

2. 电动机"正—反—停"控制电路

此控制电路如图 4-2-7(b) 所示。在这个线路中,正转启动按钮 SB$_2$ 的常开触头用来使正转接触器 KM$_1$ 的线圈瞬时通电,其常闭触头则串联在反转接触器 KM$_2$ 线圈的电路中,用来使之释放,反转启动按钮 SB$_3$ 的作用与 SB$_2$ 相同。

当按下 SB$_2$ 或 SB$_3$ 时,首先是常闭触头断开,然后才是常开触头闭合。这样在需要改变电动机运转方向时,就不必按停止按钮 SB$_1$ 了,可直接操作正反转按钮实现。图 4-2-7(b) 中的线路既有接触器的互锁,又有按钮的互锁,保证了电路可靠地工作,为电力拖动控制系统所常用。

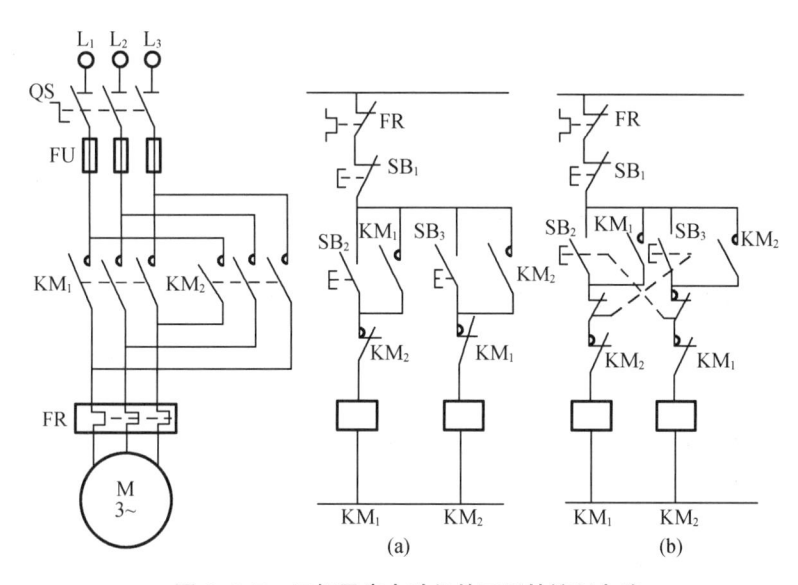

图 4-2-7 三相异步电动机的正反转控制电路

3. 自动往复行程控制电路

在生产实践中,船用锚机在起吊和下放物体需要设置限位,有些生产机械的工作台还需要自动往复运动,如龙门刨床、导轨磨床等。图 4-2-8 是一种利用行程开关实现往复运动控制的线路,这种根据生产机械运动部件的行程或位置,利用位置开关来控制电动机的工作状态的原则称为行程控制原则。

限位开关 SQ$_1$ 放在一端需要反向的位置,而 SQ$_2$ 放在另外一端需要反向的位置,机械挡铁安装在运动部件上。启动时,如按正转按钮 SB$_2$,KM$_1$ 通电吸合并自锁,电动机做正向旋转并带动运动部件移动,当运动部件碰到 SQ$_1$ 时,机械挡铁将 SQ$_1$ 压下,其常闭触头断开,切断 KM$_1$,同时其常开触头闭合,接通反转接触器 KM$_2$ 的线圈电路。此时,电动机由正向旋转变为反向旋转,带动运动部件向另外一端移动,直到压下 SQ$_2$ 限位开关,电动机由反转又变成正转,这样驱动运行部件进行往复循环运动。需要停止时,按停止按钮 SB$_1$ 即可停止运转。

图 4-2-8 的控制电路中的运动部件每经过一个自动往复循环,电动机要进行两次反接制动过程,将出现较大的反接制动电流和机械冲击。因此在选择接触器容量时应比一般情况下选择的容量大一些,或者将该线路用于电动机容量较小、循环周期较长、电动机转轴具有足够刚性的拖动系统中。另外,。除了利用限位开关实现往复循环之外,还可利用限位开关控制进给运动到预定点后自动停止的限位保护等电路,其应用相当广泛。

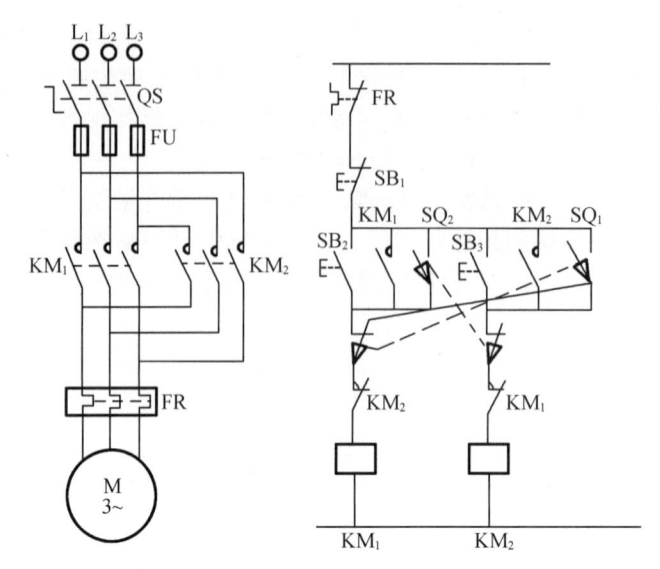

图 4-2-8　自动往复行程控制电路

4.2.4　三相笼型异步电动机减压启动控制电路

较大容量(大于 10 kW)的三相笼型异步电动机因启动电流较大,极易导致电网电源电压瞬间下降,影响同一电网内其他用电设备的正常运行,一般采用减压启动方式来启动,即启动时降低加在电动机定子绕组上的电压,启动后再将电压恢复到额定值。常用的减压启动方式有定子串电阻(或电抗)、星形–三角形转换、自耦变压器及延边三角形启动等。

1. 定子串电阻减压启动控制电路

图 4-2-9 是定子串电阻减压启动控制电路。电动机启动时在三相定子电路中串接电阻 R,使电动机定子绕组电压降低,启动结束后再将电阻短接,电动机在额定电压下正常运行。这种启动方式由于不受电动机接线形式的限制,设备简单,因此在中小型生产机械中应用较广。

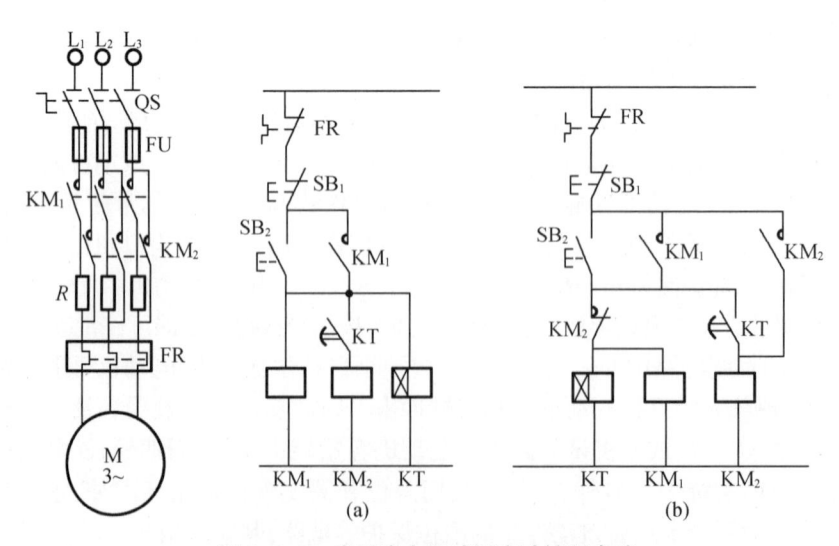

图 4-2-9　定子串电阻减压启动控制电路

图 4-2-9(a)控制电路工作过程如下:合上电源开关 QS,系统得电,按下启动按钮 SB$_2$,KM$_1$ 得电吸合并自锁,电动机串电阻 R 启动。在接触器 KM$_1$ 得电的同时,时间继电器 KT 得电吸合,其延时闭合常开触点的延时闭合使接触器 KM$_2$ 不能立即得电。经延时后,KM$_2$ 得电动作,将主回路电阻 R 短接,电动机在全压下逐渐进入稳定工作状态。

从主回路看,只要 KM$_2$ 得电就能使电动机正常运行,但依据图 4-2-9(a),在电动机启动后,KM$_1$ 和 KT 一直处于得电状态,这是不必要的。线路图 4-2-9(b)解决了这个问题,接触器 KM$_2$ 得电后,用其常闭触点将 KM$_1$ 及 KT 的线圈电路切断失电,同时 KM$_2$ 自锁。

启动电阻一般采用由电阻丝绕制的板式电阻或铸铁电阻,电阻功率大,能够通过较大电流,但能量损耗较大。为了节省能量可采用电抗器代替电阻,但其价格较贵,成本较高。

2. 星形-三角形转换减压启动控制电路

这类控制电路需要三相绕组的 6 个抽头均引出的三相笼型异步电动机。正常运行时将定子绕组接成三角形;启动时,首先将定子绕组接成星形,待转速上升到接近额定转速时,将定子绕组的接线由星形接成三角形,电动机便进入全电压正常运行状态。

图 4-2-10 为常用的星形-三角形减压启动控制电路,工作原理如下:合上总开关 QS,按启动按钮 SB$_2$,KT、KM$_3$ 通电吸合,KM$_3$ 触点动作使 KM$_1$ 也通电吸合并自锁,将电动机 M 接成星形减压启动。随着电动机转速的升高,启动电流下降,这时时间继电器 KT 延时到其延时常闭点断开,因而 KM$_3$ 断电释放,KM$_2$ 通电吸合,电动机 M 呈三角形接法正常运行,此时时间继电器也断电释放。

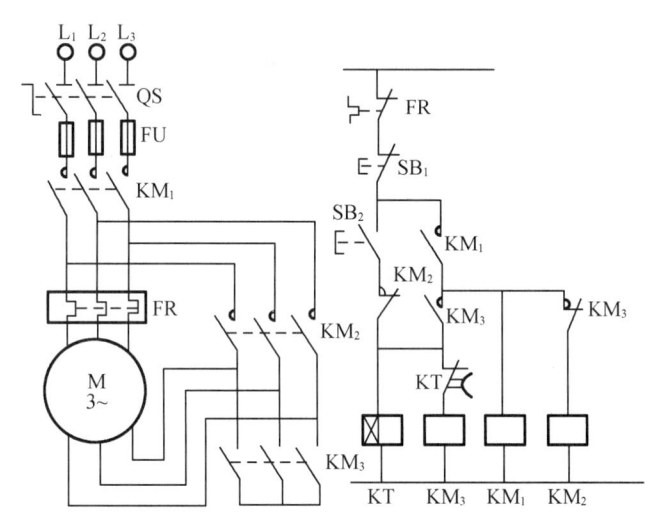

图 4-2-10 星形-三角形减压启动控制电路

三相笼型异步电动机采用星形-三角形减压启动时,定子绕组星形连接状态下的启动电压为三角形连接直接启动电压的 $1/\sqrt{3}$;启动转矩为三角形连接启动转矩的 1/3;启动电流也为三角形连接直接启动电流的 1/3。与其他减压启动相比,星形-三角形减压启动投资少、线路简单、操作方便,但启动转矩较小,这种方法适用于多为空载或轻载状态的电气设备。

3. 自耦变压器减压启动控制电路

自耦变压器减压启动是依靠自耦变压器的降压作用实现的。电动机启动的时候,定子绕组得到的电压是自耦变压器的二次电压,一旦启动完毕,自耦变压器便被脱开,额定电压即自耦变压器的一次电压直接加于定子绕组,电动机进入全电压工作状态。

图4-2-11为自耦变压器减压启动控制电路。启动时,合上电源开关,按下启动按钮SB_2,接触器KM_1的线圈和时间继电器KT的线圈通电,KT瞬时动作的常开触头闭合自锁,接触器KM_1主触头闭合将电动机定子绕组经自耦变压器接至电源,开始减压启动。时间继电器经过一定延时后,其延时常闭触头打开,使接触器KM_1的线圈断电,KM_1主触头断开,从而将自耦变压器从电网上切除。而延时常开触头闭合,使接触器KM_2的线圈通电,于是电动机直接接到电网上运行,完成了整个启动过程。

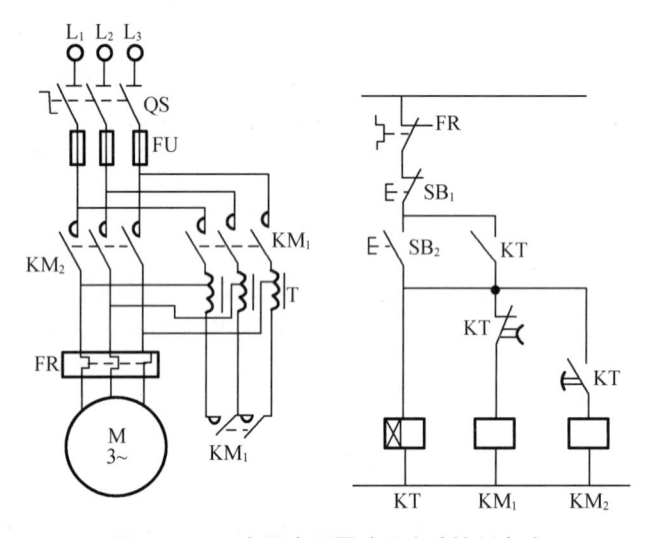

图4-2-11 自耦变压器减压启动控制电路

自耦变压器减压启动方法适用于启动较大容量的、正常工作接成星形或三角形的电动机,启动转矩可以通过改变抽头的连接位置得到改变。它的缺点是自耦变压器价格较贵,而且不允许频繁启动。一般企业自耦变压器启动方法中常用采用成品的补偿减压启动器,这种成品的补偿减压启动器包括手动、自动操作两种形式。手动操作的补偿器有QJ3、QJ5等型号,自动操作的有XJ01型和CIZ系列等。XJ01型控制电路如图4-2-12所示。

4. 延边三角形减压启动控制电路

采用星形-三角形减压启动时,可以在不增加专用启动设备的条件下实现减压启动,缺点是启动转矩较小,仅适用于在空载或轻载的状态下启动。延边三角形减压启动是一种既不用增加启动设备,又能得到较大启动转矩的启动方法。它适用于定子绕组特别设计的异步电动机,这种电动机共有9个或12个出线端,图4-2-13为延边三角形减压启动电动机定子绕组抽头连接方式,其中图4-2-13(b)是启动时的接法,为内部是三角形、外部是星形的延边三角形结构。

改变延边三角形连接时定子绕组的抽头比(即N_1与N_2之比),就能够改变相电压的大小,从而改变启动转矩的大小。但一般来说,电动机的抽头比已经固定,所以仅在这些抽头比的范围内做有限的变动。

图4-2-14为典型的延边三角形减压启动控制电路,接触器KM_1、KM_3通电时,电动机接成延边三角形,待启动电流到达一定值时,KM_3释放,KM_2通电吸合,电动机接成三角形

正常运行。接触器的换接是由时间继电器 KT 自动控制的,电动机定子绕组在被接成各种抽头比时的启动特性如表 4-2-3 所示。

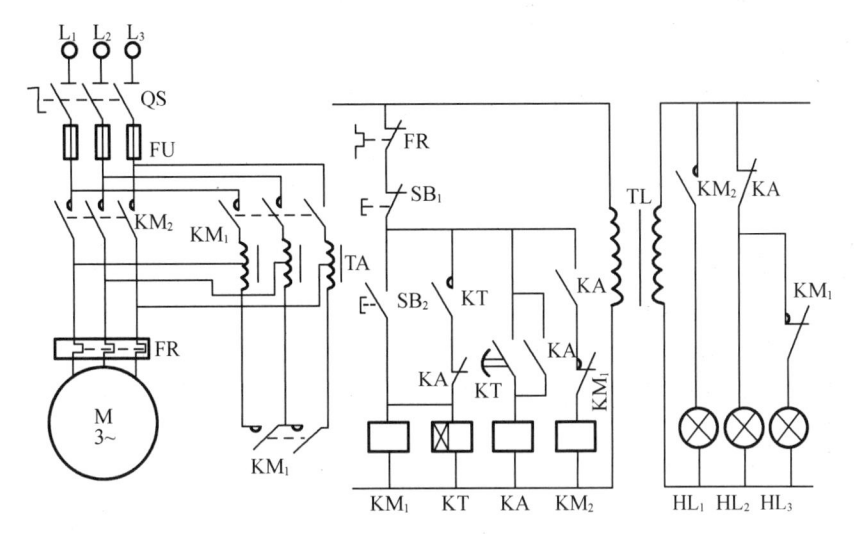

图 4-2-12 XJ01 型补偿器减压启动控制电路

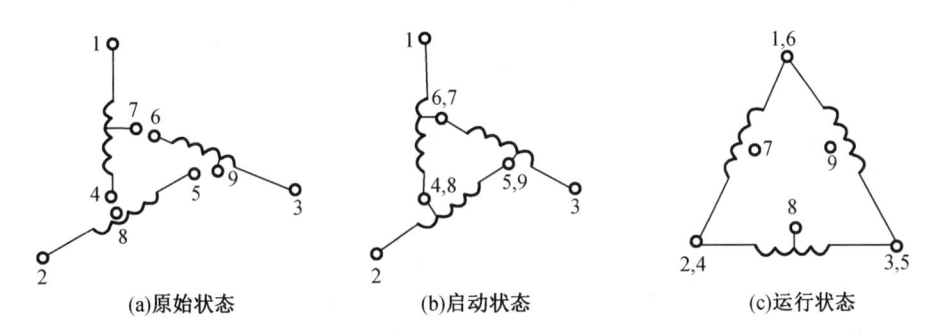

(a)原始状态　(b)启动状态　(c)运行状态

图 4-2-13 延边三角形减压启动电动机定子绕组抽头连接方式

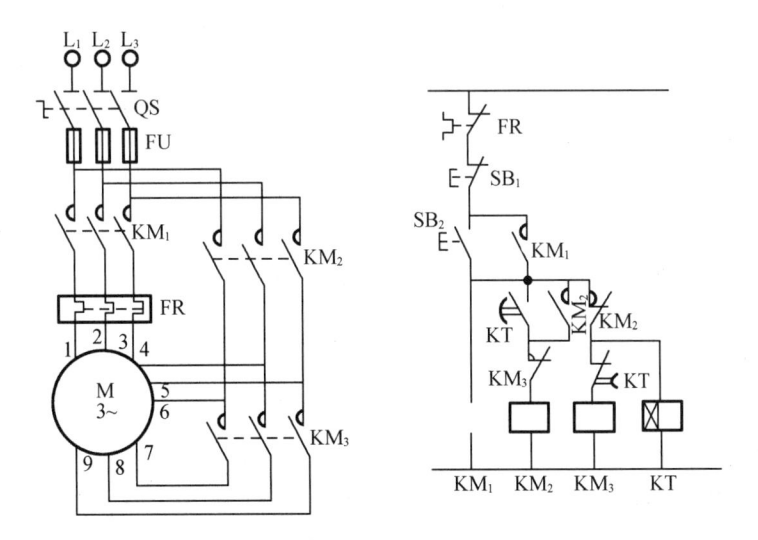

图 4-2-14 延边三角形减压启动控制电路

表 4-2-3　电动机定子绕组在不同抽头比时的启动特性

电动机定子绕组抽头比	相当于自耦变压器的抽头比	启动电流/额定电流	电动机定子绕组抽头比	相当于自耦变压器的抽头比	启动电流/额定电流
$N_1/N_2=1$	71%	3.0~3.5	$N_1/N_2=2$	66%	2.6~3.1
$N_1/N_2=1/2$	78%	3.6~4.2	Y-△	58%	2.0~2.3

由以上分析可知,三相笼型异步电动机采用延边三角形减压启动时,其启动转矩比星形-三角形减压启动时大,并且可以在一定范围内进行选择。但是由于它的启动装置与电动机之间有9条连接导线,所以在生产现场为了节省导线往往将其启动装置和电动机安装在同一工作室内,这在一定程度上限制了启动装置的使用范围;另外,虽然延边三角形减压启动的启动转矩比星形-三角形启动的启动转矩大,但与自耦变压器启动时最大转矩相比仍较小,而且延边三角形接线的电动机的制造工艺复杂,这种启动方法目前尚未得到广泛的应用。

【随堂练习】

选择题

(1)三相异步电动机 Y-△ 降压启动时,其启动转矩是全压启动转矩的(　　)倍。

A. $\frac{1}{3}$　　　B. $\frac{1}{\sqrt{3}}$　　　C. $\frac{1}{2}$　　　D. 不能确定

(2)在多处控制原则中,启动按钮应(　　),停车按钮应(　　)。

A. 并联、串联　　　　　　　　B. 串联、并联

C. 并联、并联　　　　　　　　D. 串联、串联

(3)大型异步电动机不允许直接启动,其原因是(　　)。

A. 机械强度不够　　　　　　　B. 电机温升过高

C. 启动过程太快　　　　　　　D. 对电网冲击太大

(4)采用星-三角形减压启动的电动机,正常工作时定子绕组接成(　　)。

A. 角形　　　　　　　　　　　B. 星形

C. 星形或角形　　　　　　　　D. 定子绕组中间带抽头

(5)频敏变阻器启动控制的优点是(　　)。

A. 启动转矩平稳,电流冲击大　　B. 启动转矩大,电流冲击大

C. 启动转矩平稳,电流冲击小　　D. 启动转矩小,电流冲击大

(6)下列哪个控制电路能正常工作(　　)。

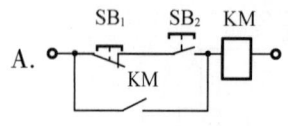

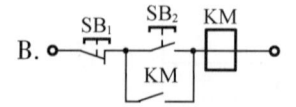

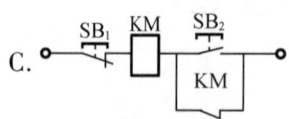

(7)在行程控制电路中,各个接触器的常闭触点互相串联在对方接触器线圈电路中,其目的是(　　)。

A. 保证两个接触器不能同时动作
B. 能灵活控制电机正反转运行
C. 保证两个接触器可靠工作
D. 起自锁作用

(8)起重机上采用电磁抱闸制动的原理是(　　)。
A. 电力制动　　　B. 反接制动　　　C. 能耗制动　　　D. 机械制动

【任务实施】

1. 目的
(1)通过项目的实施使学生学习锚机及电机拖动控制系统模块电路的组装工艺。
(2)学会识读电气控制原理图、接线图。
(3)掌握控制电路的接线工艺及接线过程中的安全注意事项。
(4)学会利用万用表进行仿真测试。

2. 器材选择及检测
(1)器材选择：识读点动和连续运行控制电路(图4-2-6)，根据电动机的型号正确选配低压电气元件，如接触器、继电器、按钮、热继电器等。
(2)检查所选用的电气元件的外观应完整无损，附件、备件齐全。调整热继电器的指定电流值。
(3)用万用表、兆欧表检测电气元件及电动机的有关技术数据是否符合要求。

3. 点动和连续运行控制电路的安装工艺
(1)根据电气元件选择常用的电工安装工具和控制板。
(2)根据接线图(图4-2-15)对接线点位进行标号，在控制板上按接线图固装电气元件，并贴上醒目的文字符号。

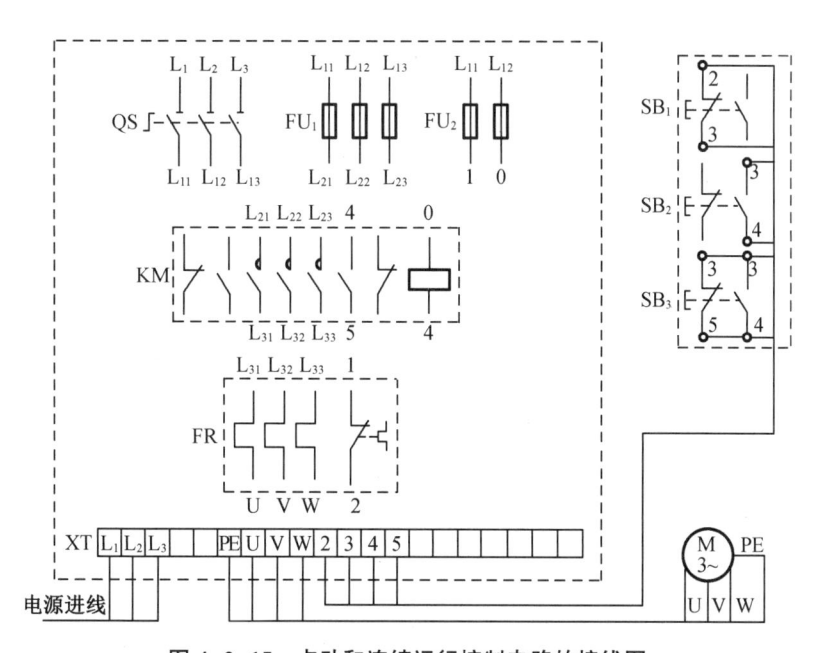

图 4-2-15　点动和连续运行控制电路的接线图

(3)根据接线图在控制板上按接线图的走线方法进行板前明线布线,并套上编码套管及标号。

(4)安装电动机,连接电动机和按钮金属外壳的保护接地线及主回路。

(5)按照接线图完成全部主回路及控制回路的接线工作。

(6)连接电源、电动机等控制板外部的导线。

(7)检查接线的正确性、合理性、可靠性及电气元件安装的牢固性。

(8)利用平口起子模拟通电,使用多用表欧姆挡进行线路的通断校验。

(9)经指导教师检查合格后进行通电试车。

(10)通电试车完毕,由教师设置故障,利用模拟通电法找出故障并排除故障。

(11)拆线时,先拆除三相电源线,再拆除电动机负载线,之后清除线路上的号码管,恢复现场。

4. 点动和连续运行控制电路安装的注意事项

(1)电动机及按钮的金属外壳必须可靠接地。接至电动机的导线必须穿在导线通道内加以保护,或采用坚韧的四芯橡皮线或塑料护套线进行临时通电校验。

(2)采用螺旋式熔断器时,电源进线应接在其下接线座上,出线则应接在上接线座上,确保用电安全。

(3)按钮内接线时,用力不可过猛,以防螺钉打滑。

(4)热继电器的热元件应串接在主电路中,其常闭触点应串接在控制电路中。

(5)热继电器的整定电流应按电动机的额定电流自行调整。绝对不允许弯折双金属片。

(6)在一般情况下,热继电器应置于手动复位的位置上。若需要自动复位则可将复位调节螺钉沿顺时针方向向里旋足。

(7)热继电器在因电动机过载而动作后,若需再次启动电动机,必须待热元件冷却后才能使热继电器复位。一般自动复位时间长于 5 min;手动复位时间长于 2 min。

(8)如果点动采用复合按钮,其常闭触点必须与自锁触点串接。

(9)编码套管套装要正确。

(10)通电试车时,必须先空载点动后再连续运行;当运行正常时再接上负载运行。若发现异常情况应立即断电检查。

(11)通电试车时必须有指导教师在现场,并做到安全文明生产。

5. 组织步骤

(1)布置团队工作任务,按照企业工作岗位进行分工。

(2)按照既定的方案实施,记录实施过程中的现象和数据。

(3)按照职业标准进行检查,小组讨论并总结工作完成过程中较好的部分和存在的不足。

(4)组织学生进行自评和互评,教师对学生进行评价。

实训评价标准表如表 4-2-4 所示。

表 4-2-4　实训评价标准表

主要内容	训练要求	评价扣分要点	评分
电气元件检查与安装	1. 按图纸的要求,正确利用工具和仪表,熟练地安装电气元件; 2. 电气元件在配电盘上的布置要合理,安装要正确、紧固; 3. 按钮盒不固定在配电盘上	1. 电气元件漏检或错检; 2. 电气元件布置不整齐、不均匀; 3. 电气元件安装不牢固; 4. 损坏电气元件	
布线	1. 布线要求横平竖直,接线要求紧固美观; 2. 电源和电动机配线、按钮接线要接到端子排上; 3. 导线不能乱线敷设	1. 未按原理图接线; 2. 布线不横平竖直; 3. 接线松动,接头铜过长,反圈,压绝缘层,线号标记不清楚; 4. 损伤导线绝缘层或线芯; 5. 漏接接地线,导线乱线敷设	
通电试车	在保证人身及设备安全的前提下,通电试车一次成功	1. 使用仪表测量时方法错误; 2. 主电路、控制电路熔体选配错误; 3. 各热继电器未整定或整定值错误,试车未一次成功	
安全文明生产	1. 劳动保护用品穿戴整齐; 2. 电工工具佩带齐全; 3. 遵守操作规程; 4. 实训结束后清理现场	1. 不符合训练要求; 2. 有重大事故隐患	
备注		成绩: 考评员签字:　　　　　　年　月　日	

任务 4.3　船用锚机整体控制电路的安装和调试

【任务描述】

锚机的整体控制电路较为复杂,不同品牌锚机设计的控制方式不同,电路结构差别也很大。本任务通过对目前应用较为广泛的三速锚机进行分析,以电动锚机控制箱的安装和调试工作场景为载体,围绕锚机控制系统故障出现的一些现象,利用万用表对控制电路的各部位进行勘验,分析和识读电动锚机的电气控制电路,使我们掌握锚机控制电路在各种工作状况中的运行特点,能够定位锚机控制电路的系统故障及排除故障,完成锚机系统的安装和调试。

锚机是一种短期工作或断续周期工作的机械,调速要求不高,电力拖动性能要求也不高。根据公式 $n=60f(1-s)/p$ 可知,f、s 不变时,改变极对数 p 即可改变转速 n。目前我国交流锚机广泛应用多速变极异步电动机拖动,这类电动机结构简单,功能可靠,以双速二绕组或三速二绕组两个类型为主,个别小功率辅助绞车也可采用具有与变极电动机同样结构和电气性能的单速电动机。多速变极异步电动机采用防水式外壳、表面空气冷却、带有圆盘制动器的结构形式,转子为笼型,单速的有1套定子绕组、双速及三速的定子有2套绕组,其中4极为一套,8极与16极合用一套。

4.3.1 双速锚机调速控制电路

1. 双速电动机

双速电动机指有两种运行速度的电动机,与一般的单速异步电动机相比,属于异步电动机变极调速,即通过改变定子绕组的连接方法改变定子极对数,从而改变电动机的转速。双速电动机内部采用首尾顺向串联和首尾并联两种不同接法时,其内部绕组通过的电流方向不同,其极对数也不同(图4-3-1),也即只要改变其中一个半相绕组的电流方向,就可将极对数增加一倍或减少一半。

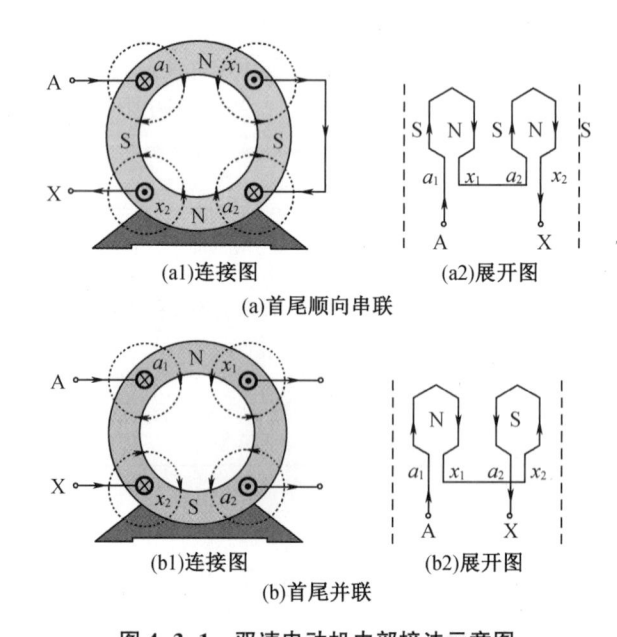

图 4-3-1 双速电动机内部接法示意图

这种电动机在其定子槽内嵌有2个极对数不同的共有绕组,即一相绕组由2个半相绕组构成。其外部6个接线头并非常规的首尾端,其中的第二个接线端子如图4-3-2所示,U_2、V_2、W_2是每相的中间抽头。使用双速电动机时需要将其和普通的Y/△变换加以区别:普通的Y/△变换主要是通过改变接法,改变每相绕组上获得的端电压来实现减压启动,而双速电动机是通过改变极对数实现变速的,而每个半相上获得的端电压不变。双速电动机的两种接法如图4-3-2所示,其内部一种是△接法(4-3-2(a)),另一种是YY接法(4-3-2(b))。在实际使用中,只需要通过外部控制电路的切换来改变电动机定子绕组的接法,即可实现变更磁极对数,从而达到双速运行的目的。

(a)△接法   (b)YY接法

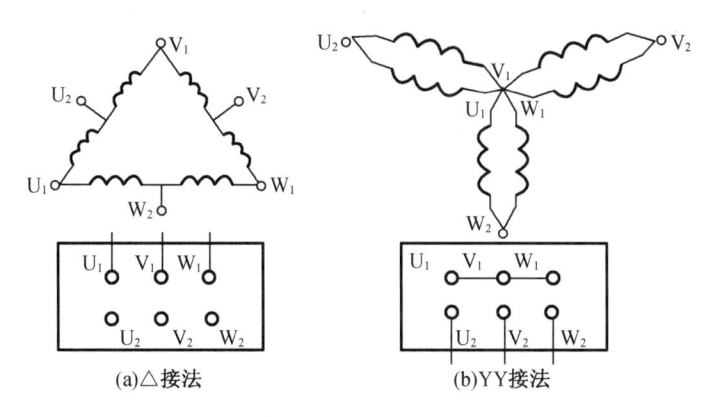

图 4-3-2　双速电动机定子绕组接法组成接法示意图

2. 锚机中双速电动机调速控制电路的一般接法

(1) 双速电动机的控制电路

用按钮和接触器控制(手动)双速电动机的调速控制电路如图 4-3-3 所示。合上电源开关 QS,按下低速启动按钮 SB$_2$,低速接触器 KM$_1$ 线圈得电,互锁触头断开,自锁触头闭合,KM$_1$ 主触头闭合,电动机定子绕组为三角形连接,电动机低速运转。

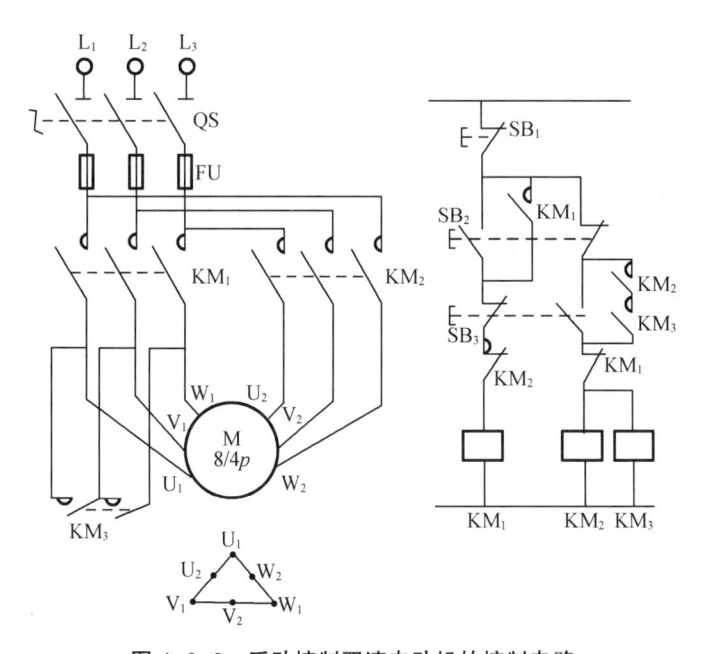

图 4-3-3　手动控制双速电动机的控制电路

按下高速启动按钮 SB$_3$,切换为高速运转状态,低速接触器 KM$_1$ 的线圈断电释放,其主触头断开,自锁触头断开,互锁触头闭合,几乎同时高速接触器 KM$_2$ 和 KM$_3$ 的线圈得电动作,主触头闭合,使电动机定子绕组连成双星形并联,电动机高速运转。因为电动机的高速运转是由 KM$_2$ 和 KM$_3$ 接触器控制的,所以把它们的常开辅助触头串联起来作为自锁,只有当两个接触器都吸合时才允许工作。

(2) 双速电动机利用时间继电器控制的电路

此时控制电路如图 4-3-4 所示,图中 SA 是具有 3 个触头的旋钮开关。该电路的工作原理如下：将开关SA扳到中间位置时，电动机停止。将SA扳到标有"低速"的位置时，接触器KM的线圈得电动作，电动机定子绕组的3个出线端子U_1、V_1、W_1与电源相连，电动机定子绕组连成三角形，以低速运转。

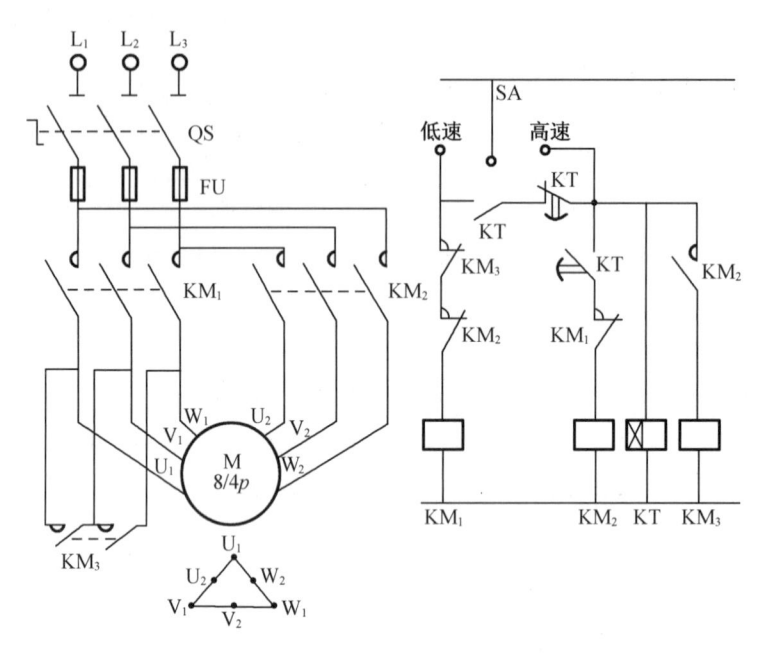

图 4-3-4 时间继电器控制双速电动机的控制电路

将SA扳到标有"高速"的位置时，时间继电器KT的线圈率先得电动作，其常开瞬动触头瞬时闭合，接触器KM_1的线圈得电动作，电动机定子绕组连成三角形，首先以低速启动。经过一定的整定时间，时间继电器KT的常闭触头延时断开，接触器KM_1的线圈断电释放，时间继电器KT的延时常开触头延时闭合，接触器KM_2的线圈得电动作，紧接着KM_3接触器的线圈也得电动作，使电动机定子绕组连成双星形，以高速运转。

4.3.2 三速锚机的控制系统

1. 三速电动机

目前我国锚机原动机常用16/8/4极三速绕组笼型异步电动机，其中极数为4的绕组单独一套（图4-3-5(a)），称为高速绕组。电动机处在高速时，8U、8V、8W和16U、16V、16W开路，4U、4V、4W采用星形接法分别接电源。电动机极数为8/16合用一套绕组（图4-3-5(b)），分别称为中速和低速绕组。

三速电动机低速时为16极，采用三角形接法，图4-3-5(b)中$16U_1$、$16U_2$连接后和16V、16W分别接电源，8U、8V、8W和4U、4V、4W开路。中速8极采用星形接法，图4-3-5(b)中8U、8V、8W分别接电源，$16U_1$、$16U_2$、16V、16W合并短接，4U、4V、4W开路。

2. 三速锚机控制电路

图4-3-6为主令控制器控制交流三速电动锚机的控制电路原理图，其电动机为三速双绕组笼型船用起重电动机，通过主令控制器进行控制，正反转各有3挡速度对称线路。低速和中速合用一套绕组，可进行三角形与星形转换；高速单独用一套绕组。低速和中速可直接启动，高速延时启动。电动机在高速与中速时功率是相等的，故线路具有高速挡过载时

能自动转换到中速挡的保护环节,以产生较大转矩。

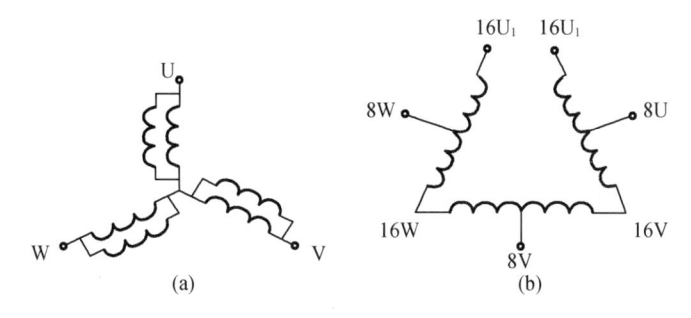

图 4-3-5　16/8/4 极三速异步电动机绕组接法组成接法示意图

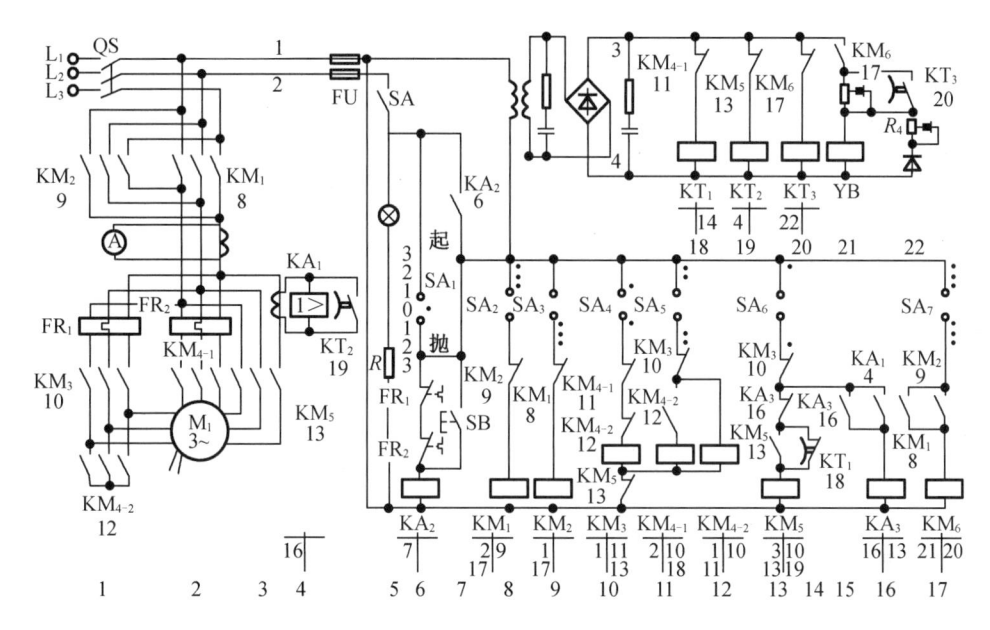

图 4-3-6　主令控制器控制交流三速电动锚机的控制电路原理图

电路保护通过过流继电器来实现。为避免高速挡启动电流使过流继电器动作,由一时间继电器控制,以暂时短接过流继电器。当高速挡工作时,低速挡绕组接成三角形,可保证不产生环流影响。

(1)控制元件说明

①时间继电器

时间继电器都是断电延时。

KT_1:2~3 挡延时;

KT_2:延时过流保护;

KT_3:刹车经济电阻延时接入。

②其他继电器

KA_1:负载继电器,重载不上高速;

KA_2:零压(位)继电器,失、欠压保护;

KA_3:为中间继电器,与 KT2 配合,3 挡(高速)换挡过载检测。

③接触器

KM₁:正转,起锚用;

KM₂:反转,抛锚用;

KM₃:1速,低速用;

KM₄₋₁、KM₄₋₂:2速,中速用(YY需要2个);

KM₅:3速,高速用;

KM₆:接通刹车电磁铁用。

④主令触点、开关

SA:电源开关;

SA₁~SA₇:各挡控制开关。

(2)电路图说明

①在电路图中标出各逻辑行的行号。给各逻辑行按顺序编号,在图的下方(或右边)用阿拉伯数字编号,已在图4-3-6中标示。

②按"左开右闭(上开下闭)"的原则找出每个线圈在图中所有辅助触点所在逻辑行的位置,标注在线圈的下方。在电路图中从左至右、从上至下寻找一遍,逐个标注。已在图4-3-6中标示。

③根据电路图中主令开关SA的画法,用"×"标出主令开关闭合点,画出主令开关SA的闭合表,如表4-3-1所示。

表4-3-1 主令开关SA的闭合表

主令开关SA	起锚			0	抛锚		
	3	2	1		1	2	3
SA₁				×			
SA₂	×	×	×				
SA₃					×	×	×
SA₄			×		×		
SA₅	×	×				×	×
SA₆	×						×
SA₇	×	×	×		×	×	×

3.锚机控制电路动作过程分析

对起锚操作的分析主要包含4个部分:接通电源;起锚1挡,低速拖动;起锚2挡,中速拖动,或起锚3挡,高速拖动;当拖动过程遭遇重载时,系统自动回到起锚中速挡(2挡)。下面对该过程进行详细分析。

(1)接通电源

手柄在零位时,将电源开关SA闭合,闭合空气断路器QS。由于手柄在零挡时主令控制器的触点只有SA₁一路接通,此时KA₂的线圈通电自锁、触头闭合,实现自保和零位连锁,控制电路有电,为其他操作做准备。

(2)起锚1挡

将手柄扳到起锚1挡,主令触点SA₂、SA₄和SA₇这3路接通,SA₂使起锚(正转)接触器

KM₁通电,KM₁触点使KM₆、刹车YB打开,KT₃断电延时,延时到后切除经济电阻;SA₄使低速接触器KM₃通电,低速起锚。

①正转(起锚)方向接触器KM₁通电动作,其常开主触头KM₁闭合;常闭辅助触头KM₁断开,实现正反转电气连锁。

②接触器KM₁通电动作,其触头KM₆闭合,使电磁制动器线圈YB通电,松开电动机制动;KT₃断电延时,延时到后切除经济电阻。SA₄使低速接触器KM₃通电,同时主触头KM₃闭合,电动机低速绕组(16极)通电,电动机正转低速运转,低速起锚。

③常闭辅助触头KM₃断开,使中速和高速绕组暂不通电。

(3) 起锚2挡

当将手柄扳到起锚2挡时,主令控制器触头SA₄断开,SA₂、SA₅、SA₇闭合。

①线圈KM₃断电,其相应的主触头断开,电动机停止低速运转。

②KM₃常闭触头恢复到闭合状态,接触器线圈KM₄₋₂、KM₄₋₁先后通电,电动机绕组从三角形接法换成双星形,电动机中速绕组(8极)通电,中速运转。

③KM₄₋₁通电后,KT₁断电延时0.5~2.0 s,延时时间到后其常闭触点闭合,为进入3挡做准备。KT1的延时整定时间为电动机在额定负载时,由中速挡直接启动至稳定状态所需的时间。(注:中、高速绕组是不同的两套绕组,切换时允许同时通电,但从中速到高速的切换,必须等电动机转速确实达到中速后才行。)

(4) 起锚3挡

当将手柄扳到起锚3挡时,主令控制器触头SA₂、SA₅、SA₆、SA₇闭合。

①接触器线圈KM₅在KT₁完成延时动作后通电,KM₅常开主触头闭合,电动机高速绕组(4极)通电而进入高速运转。

②时间继电器KT₂通电,其触头经1.0~2.5 s延时后断开,KT₂延时使过流继电器KA₁投入,它的作用是在高速绕组启动时,不让过流继电器对高速启动有影响,而是让它在高速绕组启动完毕后再起保护作用。KT₂延时整定时间为在电动机额定负载下,由中速转换到高速稳定运转所需的时间。

过流继电器为高速过载保护。若无过载,则KA₁不动作,锚机在高速稳定运行;当电动机高速运转过载时,将使KA₃动作,退回中速运行;当KA₃动作且自锁后,其常闭触点使接触器线圈KM₅断电,同时线圈KM₄₋₂、KM₄₋₁通电,其主电路的主触头KM₄₋₁、KM₄₋₂闭合,电动机自动从高速挡转换到中速挡运转。过载消失后,KA₁无电流,但因KA₃已自锁,如仍需电动机在高速挡运转,控制器手柄必须从起锚3挡退回到起锚2挡,然后再扳到起锚3挡才行。KA₁的动作电流整定值在高速挡额定电流的110%左右为宜。

热继电器FR₁、FR₂为低速和中速绕组的过载保护,在热继电器动作后自动复位需要大约2 min。如在急需时要求电动机仍以低、中速运转,可按下应急按钮SB,使电动机在过载情况下继续运转。

(5) 快速操作和抛锚

操作时若快速将手柄扳到3挡,则控制电路将直接从中速开始使电动机启动,经过KT₁延时后,再自动进入高速运转。当将手柄扳到抛锚各挡时,反转(抛锚)方向接触器线圈KM₂通电,其主触头KM₂闭合,电动机反转。控制电路的动作与起锚对应各挡相同。深水抛锚时电动机在锚重带动下,由电动状态进入回馈制动状态,以实现变速抛锚为等速抛锚。目前新建船舶的交流三速电动锚机的电磁制动器多采用直流电磁制动器,克服了交流电磁制动器工作可靠性差、噪声大的缺点。抛锚过程与起锚相似,但负载继电器KA₁不会动作。

此时电动机处于回馈制动状态。

(6)停机

将手柄扳到零位,所有接触器失电,YB 也失电,但不马上制动,要等其线圈放电后才进行机械制动。调整放电回路的电阻 R_4,可调整放电时间,从而调整刹车制动的时间。

4. 锚机的调试方法及常见故障

(1)锚机调试前的准备工作

①调节延时继电器 KT_1 延时时间为 0.4~2.0 s。

②调节延时继电器 KT_2 延时时间为 1.0~2.5 s。

③过流继电器 KA_1 动作电流整定在高速挡额定电流的 110%左右。

④按照图纸检查接线的正确性。

⑤断开输入电源,用 500 V 兆欧表检查电动机的绝缘电阻。

(2)锚机通电试验内容

①检查控制箱熔断器是否完好。

②检查控制箱内热继电器电流整定值是否与电动机要求相符。

③脱开锚链,操作指令控制器进行电动机正反转试验,观察电动机运行情况及电磁制动器的工作情况。

④脱开锚链,操作指令控制器进行电动机正转的 3 挡速度试验,用钳形电流表测量并记录电动机启动电流及运行电流。

⑤脱开锚链,操作指令控制器进行电动机反转的 3 挡速度试验,用钳形电流表测量并记录电动机启动电流及运行电流。

(3)锚机常见故障现象及产生原因如表 4-3-2 所示。

表 4-3-2 锚机常见故障现象及产生原因

故障现象	产生原因
电磁制动器松不开,电动机堵转	1. 电磁制动器线圈固定螺钉、销子断裂,弹簧脱落; 2. 电磁线圈断路、短路、接地; 3. 控制接触器触头接触不良
电磁制动器不释放	1. 摩擦片卡住; 2. 控制接触器主触头卡住,断不开; 3. 电磁制动器线圈不断电
电磁制动器温升太高	1. 电磁线圈匝间短路; 2. 摩擦片间隙不均匀,造成摩擦
负荷重时,电磁制动器刹不住	1. 反作用弹簧不强或断裂; 2. 摩擦片太光滑; 3. 电磁制动器衔铁变形严重,已不成平面
操纵凸轮(或主令)控制器,电动机不转	1. 电源没接通或熔断器烧坏; 2. 电路接触器线圈烧坏或触头接触不良; 3. 控制器触头烧坏以致接触不良,接线头松脱; 4. 过流继电器常闭触头接触不良

表 4-3-2(续)

故障现象	产生原因
操纵控制器,电动机只向一个方向转动,向另一个方向不转	1. 相应方向的接触器主触头接触不良或线圈烧坏; 2. 电气互锁触头接触不良; 3. 控制器相应触头接触不良
启动电流大,电动机不转	1. 电磁制动器不动作; 2. 机械部分传动轴锈死; 3. 电动机电枢短路
加负载后过流继电器容易动作	过流继电器动作值整定较小,应调整到电动机额定电流的 2.0~2.5 倍动作
启动电流大,但能转动	电磁制动器不能完全释放,摩擦片或抱闸安装间隙不符合要求

【随堂练习】

选择题

(1)关于锚机控制系统,下列说法中正确的是(　　)。
A. 所有动力操纵的锚机都能倒转　　B. 锚链轮与驱动轴之间应设离合器
C. 离合器应有可靠的锁紧装置　　D. 以上都对

(2)关于电动锚机的控制电路,下列说法中错误的是(　　)。
A. 当主令控制手柄从零位快速扳到高速挡,控制电路能自动地延时控制由低速加速到高速
B. 锚机电动机能适应堵转 1 min 的要求
C. 将手柄扳回零位,有机械制动可使电动机迅速停车,因而没有电气制动
D. 控制电路中应设置短路、失压、过载、断相保护

(3)关于对电动锚机控制电路的要求,下列说法中正确的是(　　)。
A. 当将主令控制器手柄从零位快速扳到高速挡时,电机也立即高速启动
B. 控制电路应适应电动机堵转 1 min 的要求
C. 控制电路中不设过载保护
D. 控制电路不需设置零压保护环节

(4)如图所示为三速电动锚机控制电路的一部分,SA 是具有控制手柄的主令控制器,操作时手柄可有明确的空间位置,KM₁ 与 KM₂ 为控制电动锚机起锚与抛锚的接触器,该局部电路具有＿＿＿＿环节＿＿＿＿保护(　　)。

A. 自锁、过载
B. 互锁、零压
C. 互锁、过载
D. 连锁、零压

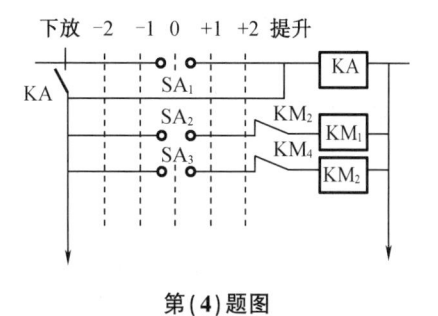

第(4)题图

(5)双速电动机控制电路是利用( )来实现定子绕组接成△和YY的。( )

A.接触器　　　　B.热继电器　　　C.熔断器　　　　D.位置开关

(6)双速电动机常用的变极接线方式中,结构错误的是( )。

A.Y-YY　　　B.顺串Y-反串Y　C.△/Y　　　　D.△/YY

(7)双速电动机在高速时,定子绕组采取( )接法。

A.星形　　　　　B.三角形　　　　C.星形-三角形　　D.双星形

(8)三速电动机调速属于( )调速。

A.变频　　　　　B.改变转差率　　C.改变极对数　　D.降低电压

【任务实施】

1.实训内容

(1)按照图4-3-7对锚机控制箱进行接线安装。

(2)在指导教师的指导下对控制箱进行通电调试。

(3)由指导教师设置故障,学生自己动手排除控制箱的各种故障并完成考核。

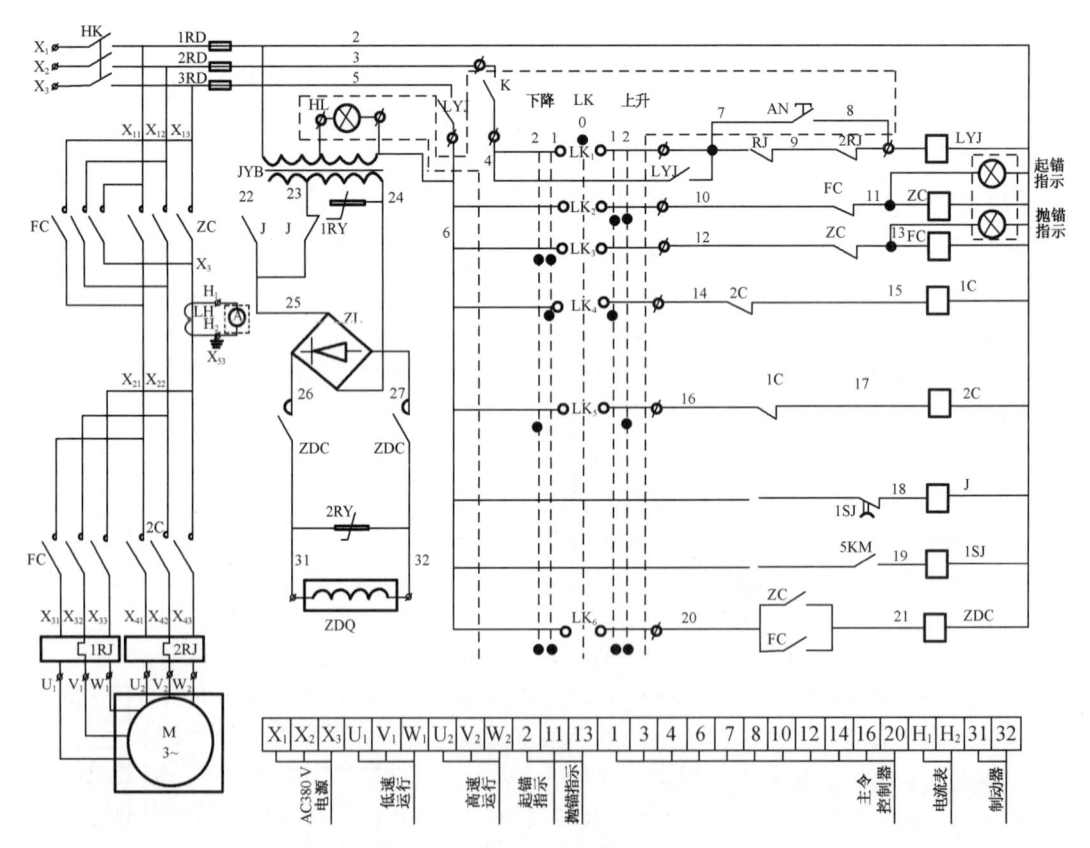

M—交流双速电动机;ZDC—制动接触器;ZC—正转接触器;FC—反转接触器;1C、2C—速度接触器;LYJ—零压继电器;SJ—时间继电器;RJ—热继电器;LH—电流互感器;LD—指示灯;A—交流电流表;K—电源开关;AN—按钮;RD—熔断器;LK₁~LK₆—主令控制器触点;JYB—变压器;ZL—硅二极管;RY—压敏电阻;J—继电器。

图4-3-7　双速交流电动锚机控制电路图

2. 实训器材

(1) 成品:锚机控制箱(无成品控制箱也可以通过电工板完成部分电路)、模拟显示盒。

(2) 元器件:熔断器、断路器、接触器、热继电器、晶体管时间继电器、整流桥、压敏电阻、电流互感器。

(3) 电工仪器仪表及电工工具。

(4) 其他:定位片、电缆线、叉子、扎带、端子、紧固件、线槽。

3. 组织步骤

(1) 将学生随机分组,布置小组工作任务。

(2) 收集方案资料,明确组员分工,小组自行讨论并确定工作计划。

(3) 小组利用教学资源先弄懂双速锚机控制箱的原理(图 4-3-7),然后小组讨论并确定安装与调试的方案。

(4) 按照既定的方案实施,记录实施过程中的现象和数据。

(5) 按照职业标准进行检查,小组讨论并总结工作完成过程中较好的部分和存在的不足。

(6) 组织学生进行自评和互评,教师对学生进行评价。

4. 注意事项

(1) 学生在进入实训室之前,必须认真结合教材中的相关部分,熟悉实训内容、步骤、操作流程和规范,牢记注意事项,以防出现安全事故。

(2) 同组成员应有明确的分工,分别担任接线、查线、操作等工作。

(3) 实操时,首先应将本实训所用设备和仪表、控制箱安排在合适的位置上,以便于接线、操作。接线应清楚整齐以便于检查,导线应力求少用并尽量避免交叉,每个接线柱上不应连接 3 根以上导线。

(4) 按电路图接好线后,本组成员首先要检查线路连接是否正确,若发现错误应立即纠正,然后再请指导教师检查,确认无误后方可接通电源。决不准许未经检查就草率接通电源,避免造成设备和仪表的损坏。

(5) 接线安装时应先接串联电路而后接并联电路,先接主电路而后接辅助电路,最后接通电源。每组在自查后在指导教师的指导下进行通电调试,排除故障。

(6) 注意安全用电,电源电压一般为 220~380 V,所以实操中不得用手触及未绝缘的金属裸露部分,即使是在低压情况下也不例外。学生在实操中应养成单手操作的习惯,闭合或断开闸刀开关应迅速果断,同时用目光观察仪表设备有无异常,如有异常应立即切断电源,停止实训并进行检查。

(7) 实训结束后,先切断电源,但暂时不要拆线,认真检查排除故障内容和排除故障结果。确认无一疏漏后,经指导教师检查无误后方可拆除线路。将设备归复原位、整理导线、清理实训台面。

5. 成绩评定

专业能力考核项目内容及评分标准如表 4-3-3 所示。

表 4-3-3　专业能力考核项目内容及评分标准

项目内容	配分	评分标准	扣分	得分
双速锚机控制箱的安装与调试	70 分	1. 按时按规定位置参与实训;(10 分) 2. 能正确使用仪器设备,独立正确地连接线路;(20 分) 3. 能自行发现指导教师设置的故障,并排除控制箱的故障;(30 分) 4. 仪器设备摆放合理,操作符合规程,自觉培养严谨求实的科学作风;(5 分) 5. 实训结束后整理好实训台(包括座凳),并将元器件按要求放回原位(5 分)		
实操态度	20 分	1 无故旷(缺)课或迟到现象,缺课 1 次扣 5 分,扣完为止;(15 分) 2. 注意实训室整洁,不带食品饮料进入实训室,不乱丢废弃物;(2 分) 3. 保持实训室内的安静,不喧哗;(1 分) 4. 遵守实训操作规程,无违章现象发生(2 分)		
项目文件	10 分	1. 专业、班级、序号、学号、姓名、日期、目的、注意事项、仪器设备记录表等项目齐全;(5 分) 2. 实操调试步骤、测试内容及测试方法步骤正确、完整、合理;找出产生故障的原因,提出减少故障的措施(5 分)		
合计		100 分		
备注		各项扣分最高不超过该项配分		

项 目 作 业

4-1　简述船用锚机起锚时的工作过程。

4-2　对船用锚机的电力拖动有哪些基本要求?

4-3　对船用锚机的控制电路有哪些基本要求?

4-4　在安装闸刀开关时,为什么不得倒装?如果将电源线接在闸刀下端会有什么问题?

4-5　在低压电路中,熔断器的作用是什么,怎样选择?

4-6　找出 4-6 题图所示的 Y-△减压启动控制电路中的错误,并画出正确的电路。

4-7　试设计一个工作台前进-退回的控制电路。工作台由电动机 M 拖动,行程开关 SQ_1、SQ_2 分别装在工作台的原位和终点。要求:

①能自动实现前进—后退—停止到原位;

②工作台前进到达终点后停一下再后退;

③工作台在前进中可以立即后退到原位;

④有终端保护。

4-8　试述将图 4-3-6 所示的电路图中的控制手柄扳到起锚 3 挡时,若发生高速过载,锚机将怎样自动返回到中速运行?

4-6 题图

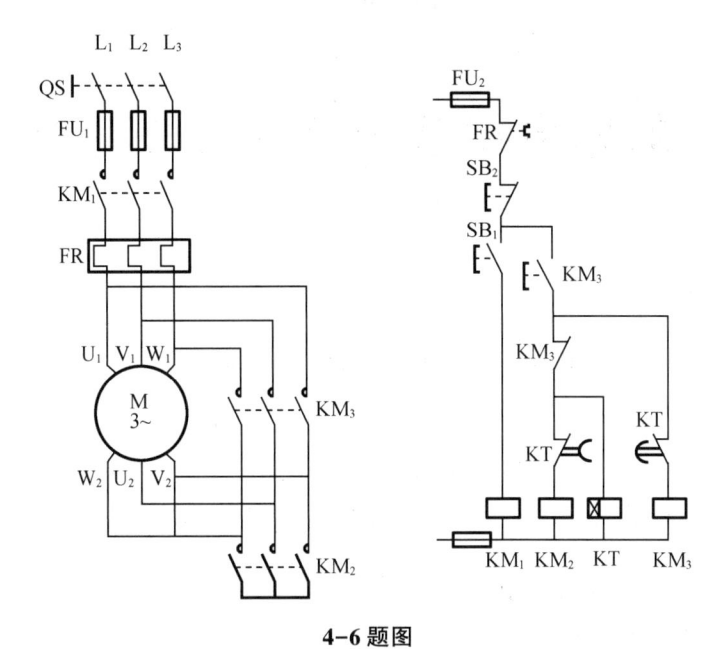

4-9　试述图 4-3-6 所示三速电动锚机因高速过载而返回到中速后,如果控制手柄仍在起锚 3 挡,在负载减轻(如下垂于水中的锚链长度越来越短)后,能否再自动进入高速运行?

4-10　试述图 4-3-6 所示电路图中 KT_1、KT_2 和 KT_3 延时的作用是什么?

4-11　试述图 4-3-6 所示电路图中,将主令控制器手柄从"0"位直接扳到起锚 3 挡时,整个控制电路的工作过程。

项目 5　船舶电动起货机的拆装与故障排除

【德育启迪】

大国工匠的船院力量——王长海

2017年4月26日,中国第二艘国产航母出坞当天,王长海作为建造团队的核心成员到北京参加"中国梦,劳动美"——2017年庆祝"五一"国际劳动节特别节目的录制,见证了大国重器中的船院力量,这也是对"今天你以母校为荣,明天母校以你为傲"这句话最好的诠释。

王长海毕业于武汉船舶职业技术学院,现任大连船舶重工集团有限公司生产部党委书记。他于1993年毕业后,被分配到大连造船厂工作,当年在240多名同届大中专毕业生中崭露头角,被评为"优秀见习生",提前3个月转正上岗。随后的30年,他一如既往地保持优秀,扎根基层、埋头苦干、刻苦钻研业务技术,多次被评为"先进生产者""技能大赛状元"。

在工作期间,他先后担任过电气工艺员、车间副主任、项目副经理、副部长等职务,参与100多条军、民船舶的建造。多年来,王长海带领生产一线建造管理团队攻坚克难,全面完成了中国海军几十种型号船舶的研制建造任务,主持了50多项技术攻关项目和100多项技术革新项目。2008年,他带领团队承担了中国海军首艘航母建造工艺的研制任务,为实现我国海军由近海防御向深蓝海军转型贡献了船院力量。2013年,他带领建造团队继续前行,承担了首艘国产航母的建造研制工作,通过他的科学组织、精心策划,研制工作进展顺利。

谈起这些成绩的取得,王长海总心怀感恩地说:"我取得的这些成绩与在母校学习的知识是分不开的,与在学校养成的刻苦钻研、精益求精的品质是分不开的,与在在校时担任班长、团总支书记和学生会主席的锻炼实践经历更加分不开。感谢母校培养了我,让我有力量为国防事业做贡献。"

人物典型荣誉:

2011年被评为大船集团"十一五"科技十大标兵;

2011年被评为大连市优秀共产党员;

2011年入选辽宁省"百千万人才工程"中千层次人选;

2011年被中国人民解放军海军装备部和中国船舶重工集团公司(现为中国船舶集团有限公司)联合授予重点型号"工程决战"先进个人,获银质奖章1枚;

2012年被评为中国船舶重工集团公司劳动模范;

2013年被中国人民解放军原总政治部(现为中国共产党中央军事委员会政治工作部)、中国人民解放军原总装备部(现为中国共产党中央军事委员会装备发展部)、中华人民共和国人力资源和社会保障部、国家国防科技工业局联合授予"中国工程建设突出贡献奖"。

【知识目标】

1. 了解船舶电动起货机的结构、分类及工作原理。

2. 掌握船舶电动起货机中各种低压电气设备的应用、电气符号、选用方法和条件。
3. 掌握船舶电动起货机及各种电机驱动设备的启动、正反转等模块电路的分析方法。
4. 掌握船舶电动起货机整体电路的分析方法及其工作过程。

【能力目标】

1. 培养学生按照逻辑顺序来认知事物的能力。
2. 能拆卸和安装不同类型船舶低压电气设备。
3. 能对不同模块的低压电器控制电路进行测试和组装。
4. 能对船舶电动起货机低压电器控制电路进行分析并找出电路故障、排除故障。

任务 5.1　船舶电动起货机低压电器的拆装和检测

【任务描述】

由于并非所有港口都有足够的装卸设备，同时考虑在开阔水域作业应缩短船只的泊港时间，因此大部分货运船舶都设有起货机。电动起货机的控制电路由低压电器构成，任一低压电器故障都极易导致起货机无法正常工作。本任务通过拆解断路器，并对低压断路器的各部位进行勘验，让学生掌握断路器的工作原理并记录断路器的铭牌数据，分析不同的电路工况下断路器的保护机制，从而提升其对电动起货机低压电气设备进行维修、试验等的操作技能。

在船舶在停泊装卸货物时，电动起货机是主要的工作机械。通常，电动起货机由电气设备和机械设备两个主要部分组成，因此无论在电动起货机的制造端还是使用端，管理好电动起货机的电气设备，使其保持在良好的技术状态，对完成装卸任务是十分必要的。电力拖动控制系统是电动起货机的电气设备的核心。电动起货机的控制系统比泵、通风机等设备的控制系统复杂且容量更大，除启动外还涉及调速、正反转、制动等的控制。

5.1.1　起货机的分类

1. 起货机的类型

船舶起货机按拖动方式分为蒸汽起货机、电动液压起货机和电动起货机；按电气和机械结构形式主要分为吊杆式起货机和回转式起货机。

早期的起货机用蒸汽机拖动，结构笨重，控制系统体积庞大。随着船舶电气化程度的不断提高，其逐渐被电动起货机和电动液压起货机取代。蒸汽起货机的优点是：可靠性较高，有较大的启动转矩和自制动能力；在低速时能吊起重物，在空钩时又能随负载的减小而提高转速；调速平滑且有较大的过载能力等。其主要缺点是：热效率低、经济性较差；需要很长的蒸汽输送管道；噪声和振动较大；使用前要暖缸等。目前一般船舶上已不使用蒸汽起货机，但在油轮上因要避免电气设备可能产生的电火花，仍有采用蒸汽起货机。

电动液压起货机在 20 世纪 60 年代获得迅速发展，是一种有发展前途的拖动设备。电动液压起货机的优点是：可实现无级调速，调速平滑，运行平稳，噪声小；有良好的制动能力，易于吸收冲击负载，并能自动防止过载。由于调速和反向是在液压系统中控制，因此不要求电动机频繁地启动、制动、调速和逆转,只采用普通笼型异步电动机拖动油泵,简化了电气控制电路。另外,液压传动系统的传动效率高;传动装置质量小、惯性小。其缺点是:制造精度要求高;油管道系统复杂;漏油时不易修复;油液中如渗入空气会产生噪声。

当前船舶上的起货机以电动起货机居多,电动起货机的优点是:振动和噪声小,便于实现自动化和远距离控制,可采用多电动机拖动或选用各种类型的电动机来满足电动起货机对电力拖动的要求,因此可设计成紧凑的拖动系统。其缺点是:电气控制系统较复杂,在电气管理和维护方面要求较高。

2. 电动起货机的类型

起货机与其他设备相同,由原动机、传动机构和工作机构3部分组成。电动起货机的3个主要部分是:电动机、传动机构(由电减速箱和离合器组成)、工作机构(由卷筒、机械制动装置与吊货杆等组成)。电动起货机分为吊杆式电动起货机和回转式电动起货机。

(1)吊杆式电动起货机

吊杆式电动起货机有单杆式和双杆式两种。

①单杆式起货机

单杆式电动起货机是一种具有电动回转和变幅的起货机,如图5-1-1所示。图中有3台电动绞车,第1台是提升和下降货物的升降绞车,第2台是吊杆升降的变幅绞车,第3台是吊杆回转的回转绞车。其主令控制器有特殊的结构,将变幅与回转控制合在一个手柄上操作,可按要求同时控制吊杆的升降和回转。这种起货机操作灵活平稳且可减少吊杆千斤索的伸缩次数,从而减轻了工作强度,提高了工作效率。

②双杆式电动起货机

图5-1-2是某双杆式电动起货机的示意图,它用2根吊杆相互配合进行工作,中间用钢索起吊货物。在起货过程中,吊杆不转动,货物升降和水平移动完全靠2台起货绞车协调工作来完成。

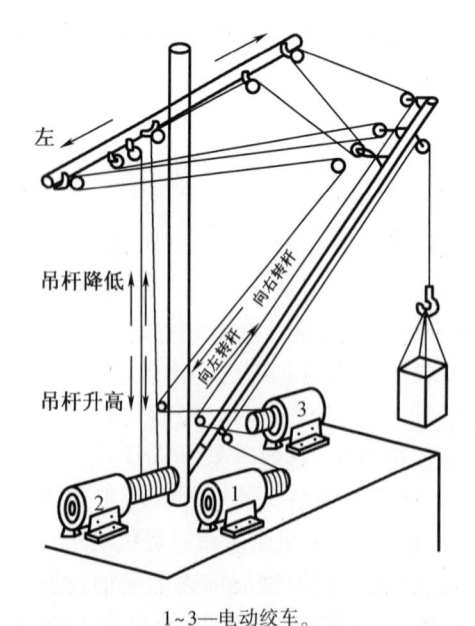

1~3—电动绞车。

图5-1-1 单杆式电动起货机的示意图

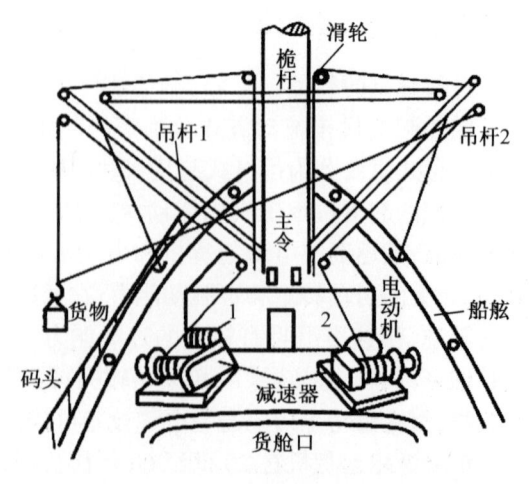

1,2—起货绞车。

图5-1-2 双杆式电动起货机的示意图

(2) 回转式电动起货机

回转式电动起货机(又称"克令吊"),是在20世纪60年代得到迅速发展的一种起货机。它包括提升、变幅和回转3个主要机构,其拖动方式有电力拖动和电动液压装置拖动。图5-1-3所示为电力拖动的回转式电动起货机结构示意图及实物,图中标识为1的是提升机构电动机,2是变幅机构电动机,3是旋转机构电动机。通常操作2个机构同时运行以进行提升货物,或者3个机构同时工作,在提升和下放货物时进行回转。

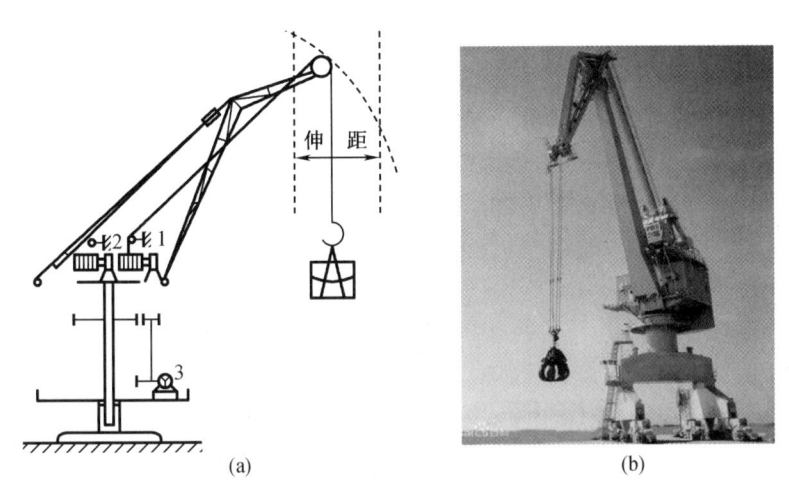

图 5-1-3 回转式电动起货机结构示意图及实物

5.1.2 电动起货机重要的低压电气设备

1. 断路器

断路器是指能够承载正常回路条件下的电流并能在规定的时间内分断异常条件下回路电流的开关装置。断路器按其使用范围分为低压断路器和高压断路器,二者的界定比较模糊,一般认为3 kV以上为高压断路器。下面对低压断路器进行简要介绍。

(1) 低压断路器的分类

低压断路器按照结构和分断电流的能力主要有以下几种类型:框架式断路器(又称"万能式断路器")可写为ACB;塑料外壳式(简称"塑壳")断路器(又称"装置式断路器")可写为MCCB;微型断路器,可写为MCB。

在几种类型的断路器中,其按安装方式又分为固定式、抽屉式、插入式。

目前在我国船舶使用中,ACB的主要型号有DW15、DW16、DW17(ME)、DW45等系列,MCCB的主要型号有DZ20、Compact NS系列等。

(2) 低压断路器的结构及工作原理

传统低压断路器主要由触点系统、灭弧装置、脱扣器、传动机构等部件组成,其结构图及实物如图5-1-4所示。当短路、过载情况发生时,大电流产生的磁场克服反力弹簧,脱扣器拉动操作机构动作,开关瞬时跳闸;当电路电压下降到额定电压的70%以下,出现欠压时,磁铁吸力减小,弹簧弹力顶开操作机构并断电。断路器出现保护动作时,需手动才可以恢复。

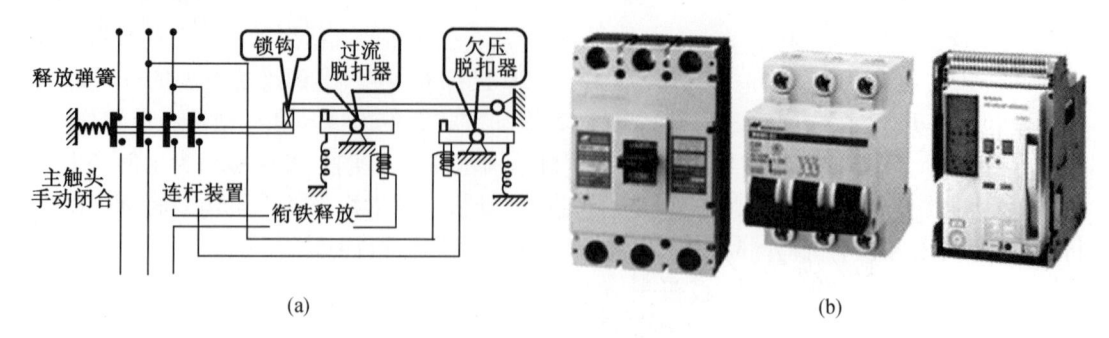

图 5-1-4 断路器结构图及实物

①触点系统:主触点、辅助触点

主触点的作用是实现主电路通断,一般是靠手动操作或电动合闸的。辅助触点是断路器主电路分、合机构机械上连动的触头,接在断路器的控制电路中,可通过断路器的分合对其相关机构实施控制或连锁。

②灭弧装置

低压断路器断开电流时,在电器的触头间便会产生电弧。低压断路器触头的灭弧原理有:机械灭弧,即通过极限装置将电弧迅速拉长,简称长弧灭弧,多用于开关电器;磁吹灭弧,即在磁吹线圈产生的磁场作用下,电弧受电磁力的作用而被拉长,被吹入灭弧罩内,与固体介质相接触而熄灭,常应用于高压断路器;栅片灭弧,即当触头分开时,产生的电弧在电动力的作用下被推入一组金属栅片中而被分割成数段,无法继续维持而熄灭,简称短弧灭弧。因为栅片灭弧效应在交流电器中比在直流电器中强得多,所以交流电器常常采用栅片灭弧。

③脱扣器

脱扣器种类较多,通常分为电磁脱扣器、热磁脱扣器、电子脱扣器、欠电压脱扣器。

a. 电磁脱扣器。其主要依靠合闸电流流过合闸线圈产生的电磁吸力来合闸,同时压紧跳闸弹簧,跳闸时依靠跳闸弹簧来提供能量,常见符号为 MA。

b. 热磁脱扣器。电流经过脱扣器时热元件发热(直热式电流直接通过双金属片),双金属片受热变形并向一边弯曲,当变形至一定程度时顶起牵引杆而带动机构动作以切断电路。

c. 电子脱扣器。其是利用电子电路监测电路实际的电流值,再与设定的应跳闸电流值相比较,当超过设定值后便跳闸,适用于全部的 ACB 和部分 MCCB。

d. 欠电压脱扣器。当外施电压下降,甚至缓慢下降至额定电压的 70%~35%时,线圈电压不足以动作,使断路器脱扣,从而分断电流。

随着断路器技术的发展,新型断路器利用互感器来采集各相电流值并与设定值相比较,当发现电流异常的时候,微逻辑单元会发出信号让电子脱扣器来带动操作机构动作。随着技术的发展,这类断路器逐渐开始具有网络功能,人们对其可以实现远程监控。图 5-1-5 所示为施耐德某型电子断路器。

(3)低压断路器的电气符号

低压断路器的分类不同,在电路中使用的电气符号也有差异,图 5-1-6 是电路中常见的断路器的电气符号。

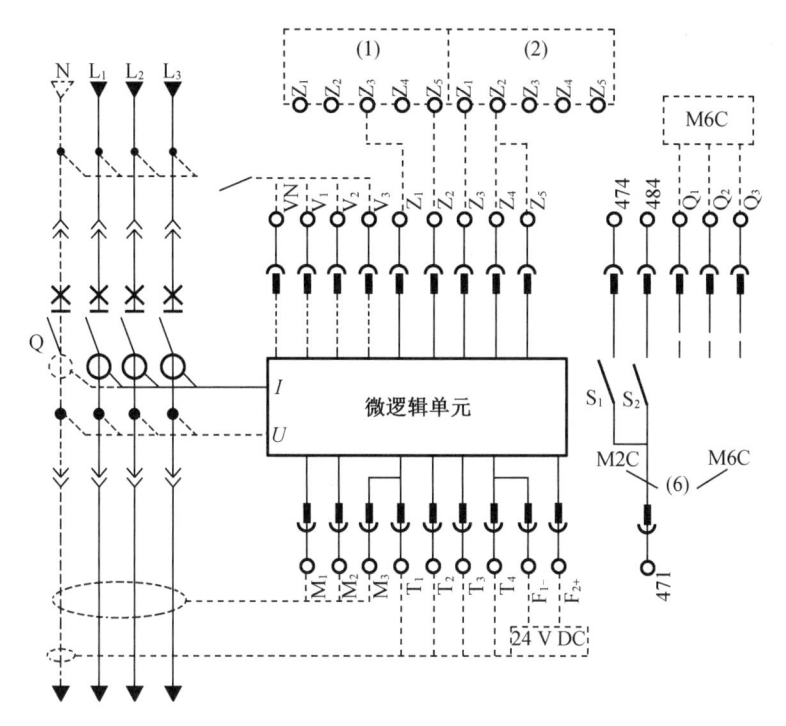

图 5-1-5　施耐德某型电子断路器

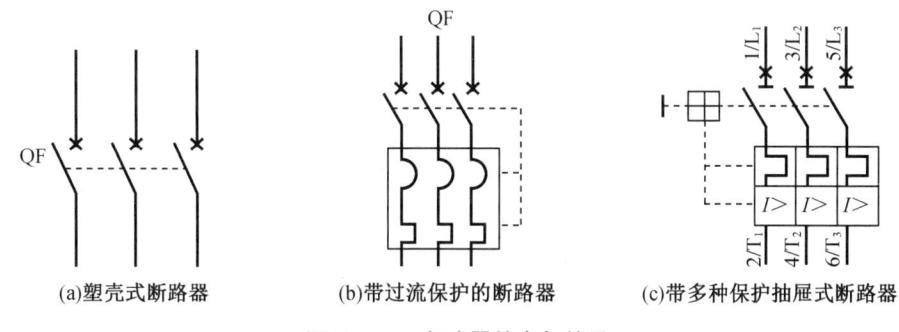

(a) 塑壳式断路器　　(b) 带过流保护的断路器　　(c) 带多种保护抽屉式断路器

图 5-1-6　断路器的电气符号

(4) 低压断路器的参数及铭牌

使用断路器时,要根据具体使用条件来选择类别,即根据电路中的电流及对电路保护的要求来选用对应断路器。一般来说,当额定电流在 63 A 以下时,多选用 MCB;在 630 A 以下,可选用 MCCB;当额定电流比较大,超过 800 A 时,一般选用 ACB。

(5) 断路器的主要参数

①过电流脱扣器额定电流 I_n,是指脱扣器能长期通过的最大稳定电流,也就是断路器在超过该电流时会产生脱扣动作。

②过电流长延时过载脱扣器动作电流整定值 I_r。固定式脱扣器的 $I_r = I_n$,可调式脱扣器的 I_r 为额定电流 I_n 的数倍,如 $I_r = (0.4 \sim 1) I_n$。

③过电流短延时电磁脱扣器动作电流整定值 I_m,为长延时过载脱扣器动作电流整定值 I_r 的数倍,倍数固定或可调,如 $I_m = (2 \sim 10) I_r$。对不可调式可在其中选择一适当的整定值。

④过电流瞬时电磁脱扣器动作电流额定值 I'_m,为过电流脱扣器额定电流 I_n 的数倍,倍数固定或可调,如 $I'_m = (1.5 \sim 11) I_n$。

⑤额定极限短路分断能力 I_{cu} 和额定运行短路分断能力 I_{cs}。I_{cs} 至少应为 $25\%I_{cu}$。

(6)断路器型号识读及铭牌数据的含义

下面通过例5-1-1来了解常见断路器型号的含义。

例 5-1-1　某型断路器型号为 SN5-20G/8000-3000,试对其进行识读。

解

S	N	4	20	G	/	8 000	3 000
少油断路器	户内式	设计序号	20 kV	改进		8 000 A	3 000 MV·A

第1位代表产品名称,用下列字母表示:S 表示少油断路器;D 表示多油断路器;K 表示空气断路器;L 表示六氟化硫断路器;Z 表示真空断路器;Q 表示产气断路器;C 表示磁吹断路器。

第2位代表安装场所,用下列字母表示:N 表示户内式;W 表示户外式。

第3位代表设计序号,用数字表示。

第4位代表额定电压(kV)。

第5位代表补充工作特性,用字母表示:G 表示改进型;F 表示分项操作。

第6位代表额定电流。

第7位代表额定断流容量(MV·A)。

下面通过例5-1-2来了解断路器产品名称的含义。

例 5-1-2　某型塑壳式断路器产品名称为 Vigi NSE 160 N 3P 160 EL/ELA,试对其进行识读。

解

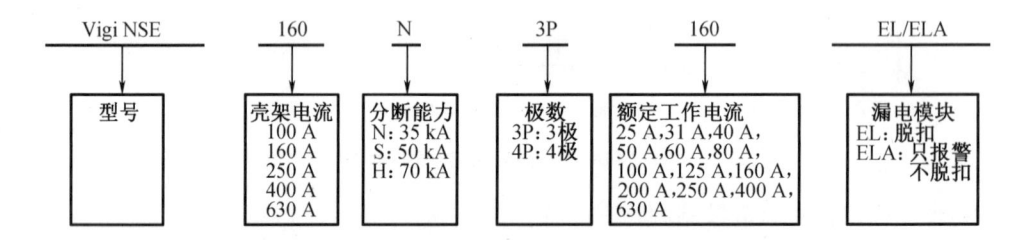

Vigi NSE	160	N	3P	160	EL/ELA
型号	壳架电流 100 A 160 A 250 A 400 A 630 A	分断能力 N: 35 kA S: 50 kA H: 70 kA	极数 3P: 3极 4P: 4极	额定工作电流 25 A,31 A,40 A, 50 A,60 A,80 A, 100 A,125 A,160 A, 200 A,250 A,400 A, 630 A	漏电模块 EL:脱扣 ELA:只报警不脱扣

(7)断路器的安装和维护

断路器的型号和种类繁多,小的如微型短路器,大的安装甚至需要吊车,安装方法多样,不同企业的产品的安装工艺也不尽相同,有些企业的产品需要通过培训且获得安装许可的专业人员进行安装。下面是断路器安装和调试过程中的一些通用要求。

①断路器的类型应根据使用场合和保护要求来选择,如一般选用塑壳式;短路电流很大时选用限流型;额定电流比较大或有选择性保护要求时选用框架式;控制和保护含有半导体器件的直流电路时应选用直流快速断路器等。

②断路器的额定电压、额定电流应大于或等于线路、设备的正常工作电压、工作电流,极限通断能力大于或等于电路最大短路电流,欠电压脱扣器的额定电压等于线路的额定电压,过电流脱扣器的额定电流大于或等于线路的最大负载电流。

③断路器的上接线端为进线端子,下接线端为出线端,"N"极为中性线,不允许倒装。

④当低压断路器用作总开关或电动机的控制开关时,在断路器的电源进线侧必须加装隔离开关、刀开关或熔断器作为明显的断开点。设有接地螺钉的产品,均应可靠接地。

⑤断路器在过载或短路保护后,应先排除故障,再进行合闸操作。

⑥断路器承载的电流过大,手柄已处于脱扣位置而断路器的触点并没有完全断开,此时负载端处于非正常运行,需人为切断电流,更换断路器。

⑦断路器断开短路电流后,应打开断路器检查触点、操作机构。如触点完好,操作机构灵活,则允许继续使用。

2. 继电器

(1) 电磁式继电器

控制电路中使用的继电器大多是电磁式继电器。电磁式继电器具有结构简单,价格低廉,使用和维护方便,触点容量小(一般在5 A以下),触点数量多且无主、辅之分,无灭弧装置,体积小,动作迅速、准确,控制灵敏,可靠等特点,广泛应用于低压控制系统。常用的电磁式继电器有电流继电器、电压继电器、中间继电器以及各种小型通用继电器等。

电磁式继电器(图 5-1-7)的结构和工作原理与接触器相似,其主要由电磁机构和触点(触头)组成。电磁式继电器也有直流和交流两种。图 5-1-7(a)为直流电磁式继电器结构示意图,在线圈两端加上电压或通入电流,产生电磁力,当电磁力大于弹簧反力时,吸动衔铁使常开、常闭触头动作;当线圈的电压或电流下降或消失时衔铁释放,触头复位。

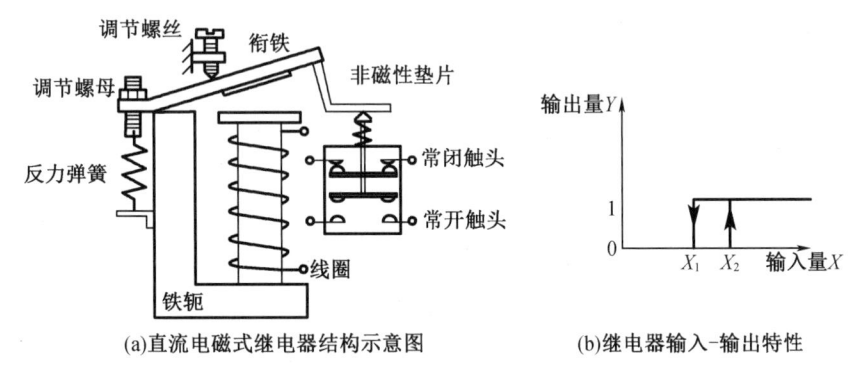

图 5-1-7 电磁式继电器结构示意图

①电磁式继电器的整定

继电器的吸动值和释放值可以根据保护要求在一定范围内调整,下面以图 5-1-7(a)为例进行说明。

a. 转动调节螺母,调整反力弹簧的松紧程度可以调整动作电流(电压)。弹簧反力越大,动作电流(电压)就越大,反之就越小。

b. 改变非磁性垫片的厚度。非磁性垫片越厚,衔铁吸合后磁路的气隙和磁阻就越大,释放电流(电压)也就越大,反之越小,而吸引值不变。

c. 调节螺丝,可以改变初始气隙的大小。在弹簧反力和非磁性垫片厚度一定时,初始气隙越大,吸引电流(电压)就越大,反之就越小,而释放值不变。

②电磁式继电器的特性

继电器的主要特性是输入-输出特性,又称为继电特性,如图 5-1-7(b)所示。在继电器输入量 X 由 0 增加至 X_2 之前,输出量 Y 为 0。当输入量增加到 X_2 时,继电器吸合,输出

量 Y 为1,表示继电器线圈得电,常开触头闭合,常闭触头断开。当输入量继续增大时,继电器动作状态不变。在输出量 Y 为1的状态下,输入量 X 减小;当小于 X_2 时 Y 值仍不变;当 X 再继续减小至小于 X_1 时,继电器释放,输出量 Y 变为0;若 X 再减小, Y 值仍为0。

在继电特性曲线中, X_2 称为电器吸合值, X_1 称为继电器释放值。$k=X_1/X_2$,称为继电器的返回系数,它是继电器的重要参数之一。返回系数 k 可以调节,不同场合对 k 值的要求不同,如一般控制继电器要求 k 值低些,为0.1~0.4,这样在继电器吸合后,输入量波动较大时不致引起误动作;保护继电器要求 k 值高些,一般为0.85~0.90。k 值是反映吸力特性与反力特性配合紧密程度的一个参数,一般 k 值越大,继电器灵敏度越高,而 k 值越小,继电器灵敏度越低。

(2)电流继电器

电流继电器是用作继电保护的测量元件,串接于被测电路中,它是根据输入电流大小而动作的继电器。电流继电器的线圈串入电路中,以反映电路电流的变化,其线圈匝数少、导线粗、阻抗小。电流继电器可分为欠电流继电器和过电流继电器,其图形符合如图5-1-8所示。

欠电流继电器:输入电流为(30%~65%)I_e(I_e 为额定电流)时吸合,常开触头处于闭合状态,常闭触头处于断开状态;低至(10%~20%)I_e 时释放,常开触头处于断开状态,常闭触头处于闭合状态。正常电流情况下,欠电流继电器始终是吸合的。

过电流继电器:直流时,输入电流达(70%~300%)I_e 时吸合;交流时,输入电流达(110%~400%)I_e 时吸合。其他状态下,过电流继电器始终是断开的。

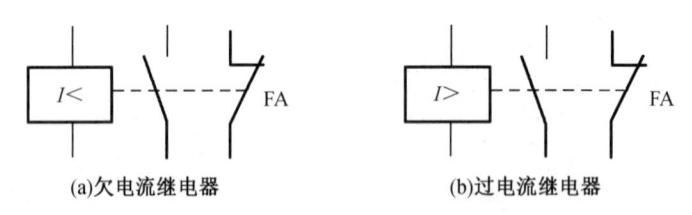

(a)欠电流继电器　　　(b)过电流继电器

图5-1-8　电流继电器的图形符号

欠电流继电器用于欠电流保护或控制,如直流电动机励磁绕组的弱磁保护、电磁吸盘中的欠电流保护、绕线型异步电动机启动时电阻的切换控制等。当电路中出现不正常现象或故障现象导致电流下降或消失时,继电器中流过的电流小于释放电流而动作,所以欠电流继电器的动作电流为释放电流而不是吸合电流。过电流继电器用于过电流保护或控制,如起重机电路中的过电流保护。常用的电流继电器的型号有JL12、JL15等。

(3)电压继电器

电压继电器并连接入电路,是以电压为特征量的测量继电器,其根据输入电压的大小而动作。与电流继电器类似,电压继电器也分为欠电压继电器和过电压继电器两种。

过电压继电器的动作电压范围为(105%~120%)U_N;欠电压继电器吸合电压动作范围为(20%~50%)U_N,释放电压调整范围为(7%~20%)U_N;零电压继电器在电压降低至(5%~25%)U_N 时动作,它们分别起过压、欠压、零压保护作用。电压继电器工作时并联在电路中,因此其线圈匝数多、导线细、阻抗大,反映电路中电压的变化,用于电路的电压保护。电压继电器常用在电力系统继电保护中,在低压控制电路中使用较少。

电压继电器作为保护电器时,其图形符号如图5-1-9所示。

(a)欠电压继电器　　　　　(b)过电压继电器

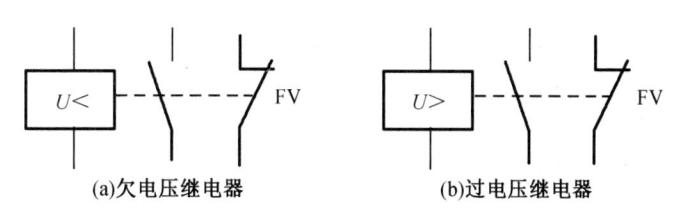

图 5-1-9　电压继电器的图形符号

(4)速度继电器

速度继电器又称反接制动继电器,主要用于三相笼型异步电动机的反接制动控制。图 5-1-10 为速度继电器的原理示意图及图形符号,它主要由转子、定子和触头 3 部分组成。

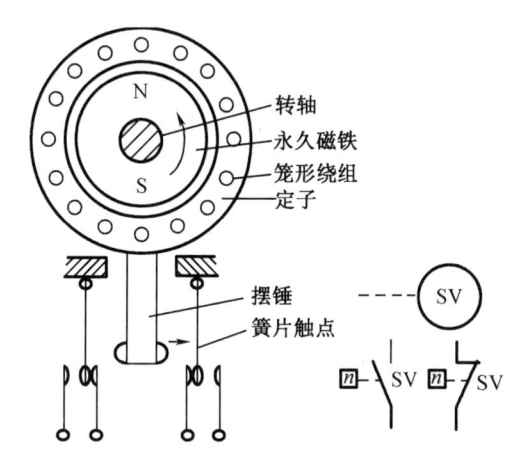

图 5-1-10　速度继电器的原理示意图及图形符号

转子是一个圆柱形永久磁铁,定子是一个笼型空心圆环,由硅钢片叠成,并装有笼型绕组。其转子的轴与被控电动机的轴相连接,当电动机转动时,转子(圆柱形永久磁铁)随之转动而产生一个旋转磁场,定子中的笼型绕组切割磁感线而产生感应电流和磁场,两个磁场相互作用,使定子受力而跟随转动,当达到一定转速时,装在定子轴上的摆锤推动簧片触点运动,使常闭触头断开、常开触头闭合。当电动机转速低于某一数值时,定子产生的转矩减小,触点在簧片的作用下复位。

一般速度继电器都具有两对转换触点,一对用于正转时动作,另一对用于反转时动作。其触点额定电压为 380 V,额定电流为 2 A。通常速度继电器的动作转速为 130 r/min,复位转速在 100 r/min 以下。常用的速度继电器有 JY1 型和 JFZ0 型两种。其中 JY1 型可在 700～3 600 r/min 范围工作,JFZ0-1 型适用于 300～1 000 r/min,JFZ0-2 型适用于 1 000～3 000 r/min。

(5)压力继电器

压力继电器主要用于对液体或气体压力的大小进行检测并发出开关量信号,以控制电磁阀、液泵等设备对压力的大小进行控制。图 5-1-11 为压力继电器的结构示意图及图形符号。

压力继电器主要由压力传送装置和微动开关等组成,液体或气体压力经压力入口推动橡皮膜和滑杆,克服弹簧反力向上运动,当压力达到给定压力时,触动微动开关,发出控制信号。旋转调压螺母可以改变给定压力。

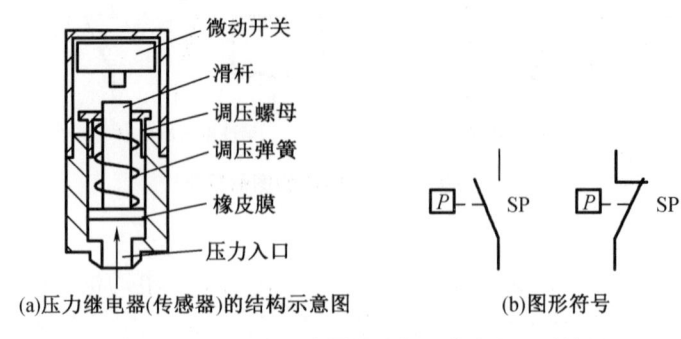

(a)压力继电器(传感器)的结构示意图　　(b)图形符号

图 5-1-11　压力继电器的结构示意图及图形符号

(6)继电器型号标志

一般国产继电器的型号命名由4部分组成:第一部分用字母表示继电器的主称类型,如 JR 为小功率继电器,JZ 为中功率继电器,JQ 为大功率继电器,JC 为磁电式继电器,JU 为热继电器或温度继电度,JT 为特种继电器,JM 为脉冲继电器,JS 为时间继电器,JAG 为干簧式继电器。第二部分用字母表示继电器的形状特征,如 W 为微型,X 为小型,C 为超小型。第三部分用数字表示产品序号。第四部分用字母表示防护特征,如 F 为封闭式,M 为密封式。

(7)继电器的选用条件

①选用必要条件

a. 控制电路的电源电压,能提供的最大电流;

b. 被控制电路中的电压和电流;

c. 被控制电路需要几组、什么形式的触点。

在选用继电器时,一般控制电路的电源电压可作为选用的依据。控制电路应能给继电器提供足够的工作电流,否则继电器吸合是不稳定的。

②查阅相关资料。在确定使用条件后,可查找相关资料,找出需要的继电器的型号和规格号。若手头已有继电器,可依据资料核对是否可以利用。最后考虑尺寸是否合适。

③注意安装设备的容积。若是用于一般用电器,除考虑机箱、配电箱容积外,还需考虑电路板安装布局。

5.1.3　电动起货机及其他电气控制元件

1. 液压控制元件

液压控制技术随着计算机和自动控制技术的不断发展,与电气控制结合得越来越紧密。液压传动具有运动平稳、可实现在大范围内无级调速、易实现功率放大等特点,被广泛应用于工业生产的各个领域。液压传动系统由4种主要元件组成,即动力元件(液压泵)、执行元件(液压缸和液压马达)、控制元件(各种控制阀)和辅助元件(油箱、油路、滤油器)等。

控制阀包括压力控制阀、流量控制阀、方向控制阀和电液比例控制阀等。压力控制阀用于调节系统的压力,如溢流阀、减压阀等;流量控制阀用于调节系统工作液体的流量大小,如节流阀、调速阀等;方向控制阀用于接通或关断油路,改变工作液体的流动方向,实现运动换相;电液比例控制阀用于以开环或闭环控制方式对液压系统中的压力、流量进行有级或无级调节。液压元件的种类很多,这里介绍几种常用的液压元件及其符号。

在液压系统图中,液压元件的符号只表示元件的职能,不表示元件的结构和参数,图 5-1-12 所示为常用液压元件的符号。液压阀的控制有手动控制、机械控制、液压控制、电气控制等。电磁阀线圈的电气图形符号和电磁铁、继电器线圈一样,文字符号为 YV。

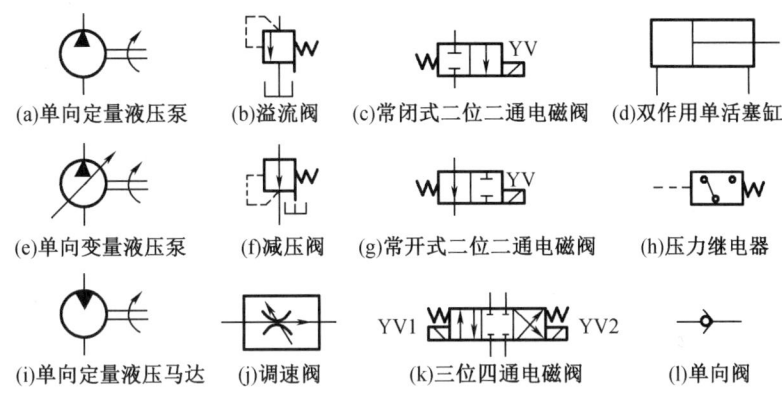

(a)单向定量液压泵 (b)溢流阀 (c)常闭式二位二通电磁阀 (d)双作用单活塞缸

(e)单向变量液压泵 (f)减压阀 (g)常开式二位二通电磁阀 (h)压力继电器

(i)单向定量液压马达 (j)调速阀 (k)三位四通电磁阀 (l)单向阀

图 5-1-12 常用液压元件的符号

2. 电阻器

电阻是电气产品中不可缺少的电气元件,可分为两大类:一类为电阻元件,用于弱电电子产品;另一类为工业用电阻器件(简称"电阻器"),用于低压强电交直流电气线路的电流调节以及电动机的启动、制动和调速等。

常用的电阻器有 ZB 型板形和 ZG 型管形电阻器,用于低压电路中的电流调节。ZX 型电阻器主要用于交直流电动机的启动、制动和调速等。

电阻器的主要技术参数有额定电压、发热功率、电阻值、允许电流、发热时间常数、电阻误差及外形尺寸等。电阻器和变阻器的图形符号如图 5-1-13 所示。

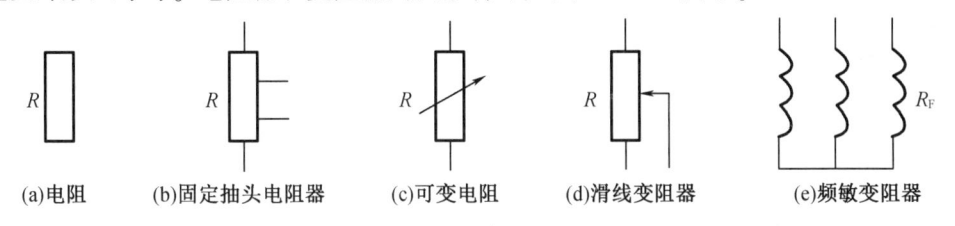

(a)电阻 (b)固定抽头电阻器 (c)可变电阻 (d)滑线变阻器 (e)频敏变阻器 R_F

图 5-1-13 电阻器和变阻器的图形符号

3. 电磁铁及电磁制动器

常用的电磁铁有 MQ 型牵引电磁铁、MW 型起重电磁铁、MZ 型制动电磁铁等。MQ 型牵引电磁铁用于在低压交流电路中对机械设备及各种自动化系统操作机构的远距离控制。MW 型起重电磁铁安装在起重机械上用于吸引钢铁等磁性物质。MZD 型单相制动电磁铁和 MZS 型三相制动电磁铁一般用于组成电磁制动器。由制动电磁铁组成的 TJ2 型交流电磁制动器的示意图如图 5-1-14(a)所示。通常电磁制动器和电动机轴安装在一起,其电磁制动线圈和电动机线圈并联,二者同时得电或电磁制动线圈先得电之后,电动机紧随其后得电。电磁制动器线圈得电吸引衔铁使弹簧受压,闸瓦和固定在电动机轴上的闸轮松开,电动机旋转。当电动机和电磁制动器同时失电时,在压缩弹簧的作用下,闸瓦将闸轮抱紧,使电动机制动。电磁制动器的图形符号如图 5-1-14(b)所示,文字符号为 YB。电磁铁的图形符号和电磁制动器一样，但文字符号为YA。

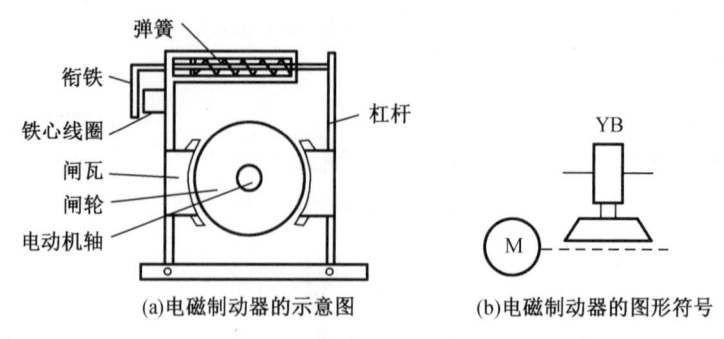

图 5-1-14　电磁制动器的示意图及图形符号

【随堂练习】

选择题

(1)下面哪一选项不是低压断路器的组成部分(　　)。
　A. 主触头　　　　B. 灭弧系统　　　C. 按钮　　　D 脱扣器
(2)低压断路器(　　)。
　A. 有短路保护,有过载保护　　　B. 有短路保护,无过载保护
　C. 无短路保护,有过载保护　　　D. 无短路保护,无过载保护
(3)低压断路器的欠压脱扣器的作用是(　　)。
　A. 过载保护　　B. 欠压保护　　C. 失压保护　　D. 短路保护
(4)低压断路器的热脱扣器用于(　　)。
　A. 过载保护　　B. 短路保护　　C. 欠压保护　　D. 失压保护
(5)锚链孔上口设有盖,其目的是(　　)。
　A. 保证人员安全　　　　　　B. 防止海水进入锚链舱
　C. 防止杂物进入锚链舱　　　D. 以上均是
(6)起货机安装应保证锚链引出的(　　)成一直线。
　A. 锚链轮、掣链器　　　　　B. 锚链轮、锚链筒
　C. 掣链器　　　　　　　　　D. 锚链轮、掣链器、锚链筒上口
(7)过电流继电器的线圈吸合电流应(　　)线圈的释放电流。
　A. 大于　　　　B. 小于　　　　C. 等于　　　　D. 无法确定
(8)速度继电器的作用是(　　)。
　A. 限制运行速度　　　　　　B. 测量运行速度
　C. 电动机反接制动　　　　　D. 控制电动机转向
(9)所有断路器都具有(　　)。
　A. 过载保护和漏电保护　　　B. 短路保护和限位保护
　C. 过载保护和短路保护　　　D. 失压保护和断相保护
(10)断路器中双金属片弯曲是由于(　　)而造成的。
　A. 机械强度不够　　　　　　B. 热膨胀系数不同

C. 温度变化　　　　　　　　D. 温差效应

【任务实施】

1. 实训内容

通过对断路器进行拆卸、简单检测,熟悉断路器的基本结构,掌握断路器的主要技术参数和相关国家标准。通过拆卸锻炼对通用工具和专用工具的使用能力。

2. 工具、仪表与器材

一字形螺丝刀、十字形螺丝刀、锉、手钳、木槌、尖嘴钳、卡尺、深度尺、钢卷尺和专用工具,以及小型断路器。

3. 实训步骤与工艺要点

(1) 观察空气开关外观,认识空气开关的铭牌数据和各部分结构。注意观察图 5-1-15(a)中塑料片,可扒开。观察连接其他空气开关或者漏电保护开关的脱扣拨杆,可实现联动。识读图 5-1-15(b)中铭牌数据。

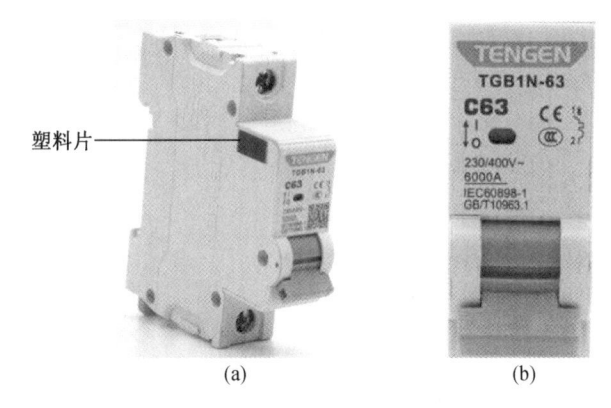

图 5-1-15　外观和铭牌数据

(2) 利用尖嘴钳将卷边的铆钉一端夹变形,360°反复夹几次,拆卸断路器固定铆钉,小心撬开空气开关的端盖。打开后,注意观察其内部构造(图 5-1-16),了解其工作原理。

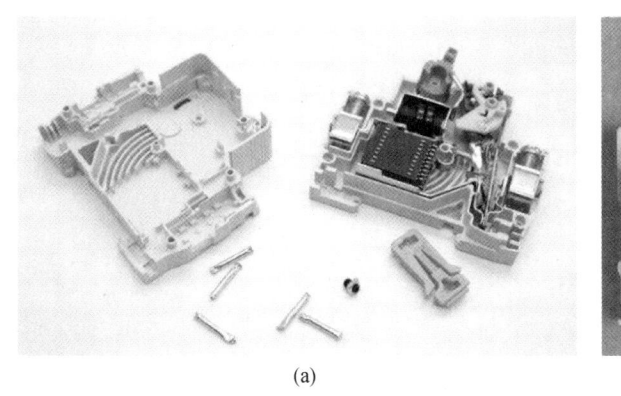

1—组合型横线端子;2—用于过载保护的热双金属片;3—外壳和卡轨部件;4—触头系统;5—快速灭弧系统;
6—用于短路保护的电磁脱扣器;7—机构锁定和手柄装置。

图 5-1-16　空气开关内部结构

（3）小心将断路器拨到合闸状态，利用平口螺丝刀，轻拨动双金属片，模拟过流时的断电跳闸过程。如图 5-1-17 所示，拨动电磁线圈上方的弹簧，模拟短路时断路器的跳闸过程，理解短路和过流两种断电保护原理。

图 5-1-17　拨动衔铁弹簧模拟短路时脱扣器动作图

（4）拆卸动触头软连接（图 5-1-18）。触头支持件连接着电磁线圈，线圈导线的粗细和双金属片的规格相对应。双金属片上有钢印数字，表示额定电流，注意识读数据。触头支持件由卡簧、导磁板、轴、支架、滑块组成。

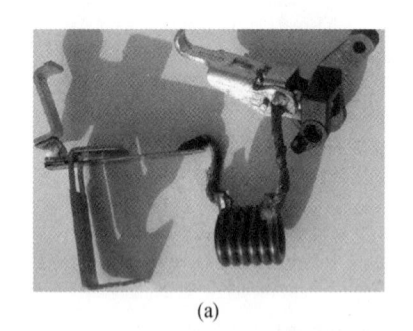

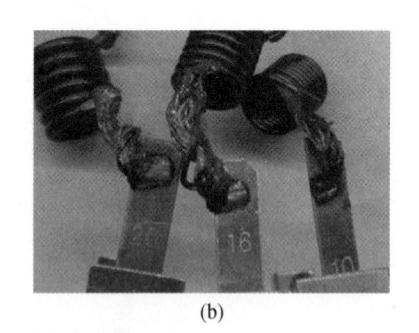

(a)　　　　　　　　　　　　(b)

图 5-1-18　拆卸动触头软连接

（5）拆卸操作机构、手柄、弹簧、灭弧罩等，最后将全部零件（图 5-1-19）名称及相关数据填入表 5-1-1。

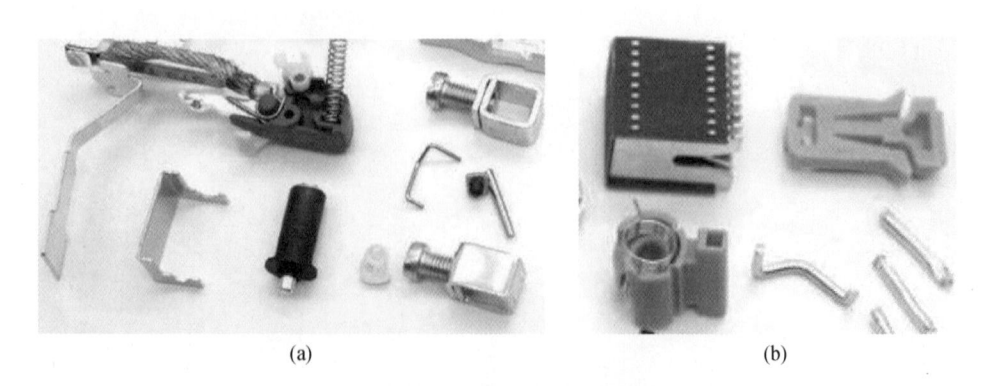

(a)　　　　　　　　　　　　(b)

图 5-1-19　拆解的全部零件

表 5-1-1　拆卸与检测记录

品牌	拆卸步骤	主要零部件	
		名称	作用
型号			
额定电流			
电压等级			
双金属片电流数据			
极限分断电流			

训练所用时间：　　　　　　参加训练者：(签字)　　　　　　20　　年　　月　　日

任务 5.2　船舶电动起货机控制单元电路的拆装

【任务描述】

船舶电动起货机的工作跟电动锚机差别不大，都是以升降为主，即实质是控制交流电动机正转和反转。本任务工作场景为船舶电动起货机启动、调速、制动等控制单元线路的拆卸和安装，以拆装交流电动机的双重连锁正反转电路为典型载体，覆盖到大部分电力拖动控制模块电路。通过本任务训练，使学生掌握常用电工工具的使用方法，准确识读正反转控制模块电气控制系统图、接线图。实训中以拆装控制电路产生的故障或人为设置一些电路故障方式，训练学生利用万用表的通断进行故障判断的能力，进而使其掌握电路的基本接线技巧、故障判断方法、安装工艺流程等基础知识和实操技能。

电动起货机的动力源自一台三相异步电动机，绕线转子异步电动机作为异步电动机的一种，常常应用在起货机等设备上。这类电动机的优点之一是转子回路可以通过滑环外串电阻来减小启动电流，达到增大转子电路功率系数和启动转矩的目的。在要求启动转矩较大的场合，绕线转子异步电动机得到了广泛的应用。

5.2.1　绕线转子异步电动机启动控制电路

1. 按钮控制的串接电阻启动控制电路

串接在三相转子回路中的启动电阻一般都接成星形，由按钮控制串接电阻启动。在启动前，启动电阻全部接入电路，启动过程中电阻被按钮控制逐段地短接。短接的方式有三相电阻不平衡短接法和三相电阻平衡短接法两种。所谓不平衡短接是指每相的启动电阻轮流被短接，而平衡短接是指三相的启动电阻同时被短接，如图 5-2-1 所示。

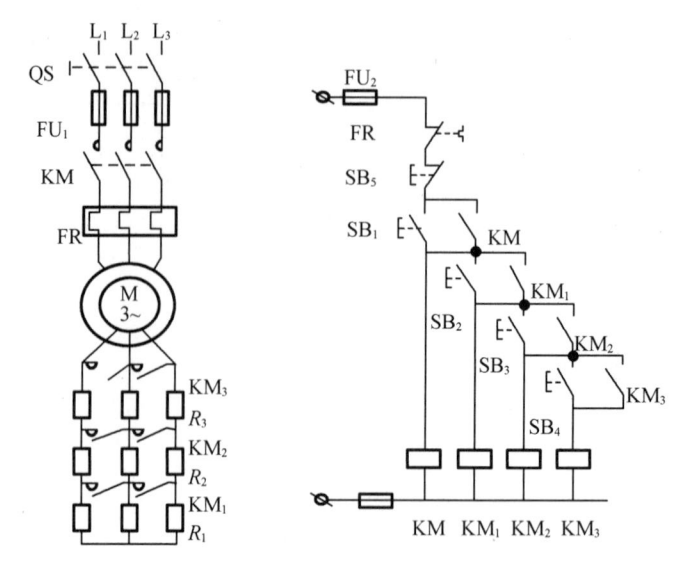

图 5-2-1　按钮控制转子电路串电阻启动控制电路

串接在绕线转子异步电动机转子回路中的启动电阻,无论是采用不平衡短接法还是采用平衡短接法,其作用基本相同。但由于凸轮控制器中各对触头的闭合顺序一般按不平衡短接法设计,这样使得控制电路简单,所以这时采用不平衡短接法。凡是启动电阻用接触器来短接时,全部采用平衡短接法。

2. 按照时间原则控制的启动控制电路

利用手动控制方式的短接,需要按钮逐级切除启动电阻,操作极为不便,时间也不易控制。图 5-2-2 是时间原则控制转子电路串电阻启动控制电路。转子回路 3 段启动电阻的短接是依靠 KT_1、KT_2、KT_3 这 3 个时间继电器和 KM_1、KM_2、KM_3 这 3 个接触器的相互配合来完成的,线路中只有 KM、KM_3 长期通电,而 KT_1、KT_2、KT_3、KM_1、KM_2 这 5 个线圈的通电时间较短,仅在启动阶段工作。这种控制电路也存在两个问题:一方面一旦时间继电器损坏,电路将无法实现电动机的正常启动和运行;另一方面,在电动机启动过程中逐段减小电阻时,依然存在电流及转矩突然增大的情况,产生不必要的机械冲击。

3. 按电流原则控制的启动控制电路

如图 5-2-3 所示,利用 3 个欠电流继电器的线圈串接在转子回路中这 3 个电流继电器的吸合电流一样,但释放电流不同,KA_1 的释放电流最大,KA_2 其次,KA_3 最小。电动机启动时转子电流最大,KA_1、KA_2、KA_3 都吸合,KM_1、KM_2、KM_3 主触头处于断开状态,全部启动电阻均串接在转子绕组中。

电动机转速逐渐升高,转子电流逐渐减小,当电流减小至 KA_1 的释放电流时,KA_1 首先释放,其常闭触头复位,使接触器 KM_1 得电主触头闭合,切除第一级电阻 R_1。R_1 被切除后,电动机转速继续升高,转子电流又减小,当减小至 KA_2 的释放电流时,KA_2 释放,KA_2 的常闭触头复位,KM_2 线圈得电主触头闭合,第二级电阻 R_2 被切除,同理切除第三级电阻 R_3,此时全部电阻被切除,电动机启动完毕,进入正常运行状态。

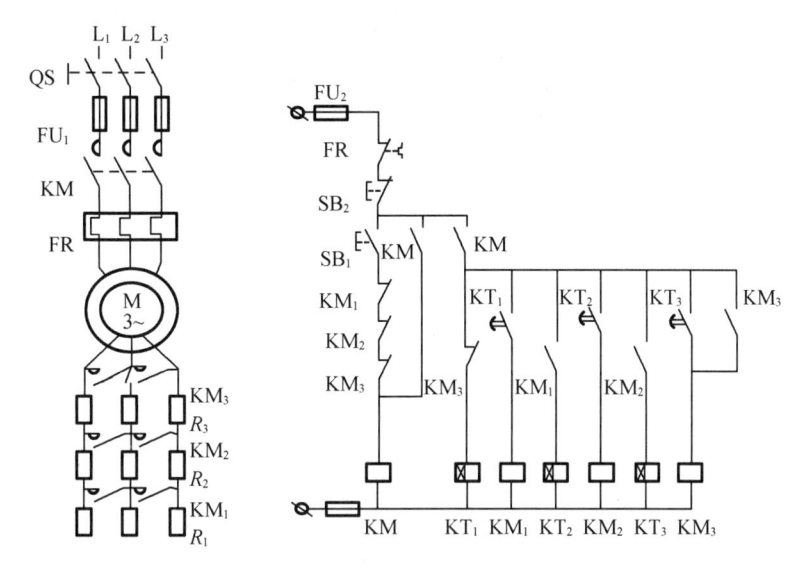

图 5-2-2　时间原则控制转子电路串电阻启动控制电路

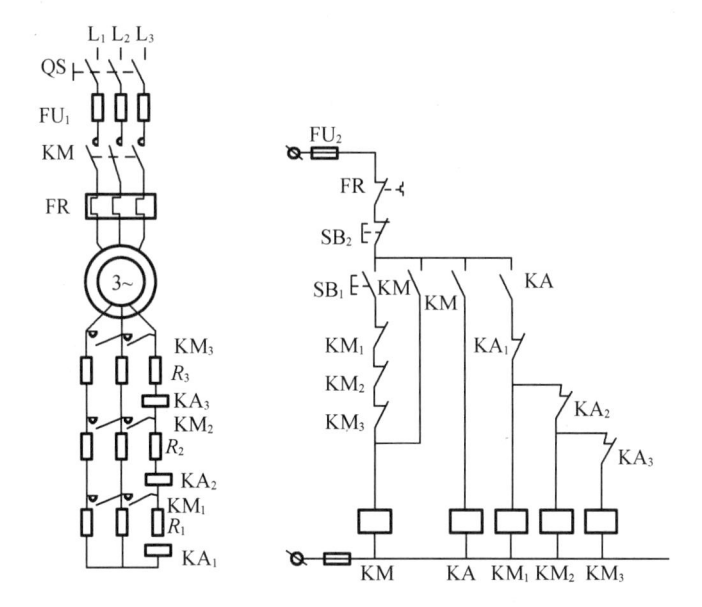

图 5-2-3　电流原则控制转子电路串电阻启动控制电路

4. 串频敏变阻器启动控制电路

频敏变阻器实质上是一个铁芯损耗非常大的三相电抗器。它由数片 E 形钢板叠成,具有铁芯、线圈两个部分,制成开启式,并采用星形接线。将其串接在转子回路中,相当于转子绕组接入一个铁损较大的电抗器,这时的转子等效阻抗如式 5-2-1 所示。式中,R_d 为绕组直流电阻,R 为铁损等值电阻,L 为等值电感,R、L 值与转子电流频率相关。

$$Z = R_d + R + 2\pi fL \tag{5-2-1}$$

频敏变阻器的等效阻抗值与频率有关。电动机刚启动时,转速较低,转子电流的频率较高,相当于在转子回路中串接一个阻抗很大的电抗器,随着转速的升高,转子电流的频率逐渐降低,其等效阻抗自动减小,实现了平滑无级启动。

图 5-2-4 是应用频敏变阻器的启动控制电路,该电路可以实现自动和手动控制。自动

控制时将开关 SA 扳向"自动"位置,当按下启动按钮 SB$_2$ 时,利用时间继电器 KT 控制中间继电器 KA 和接触器 KM$_2$ 的动作,在适当的时间将频敏变阻器短接。手动控制时将开关 SA 扳到"手动"位置,时间继电器 KT 不起作用,利用按钮 SB$_3$ 手动控制中间继电器 KA 和接触器 KM$_2$ 的动作。启动过程中,KA 的常闭触头将热继电器的发热元件 FR 短接,以免因启动时间过长而使热继电器误动作。

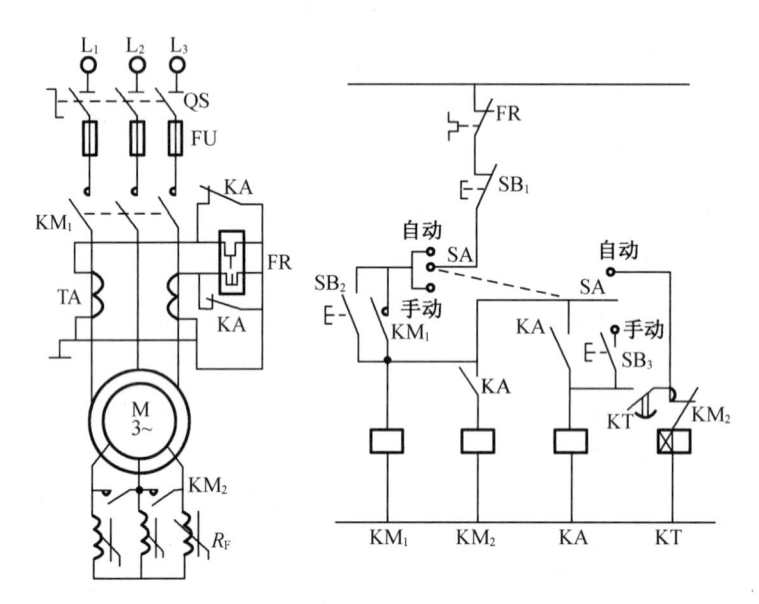

图 5-2-4 绕线转子异步电动机应用频敏变阻器的控制电路

在使用频敏变阻器的过程中,当启动电流过大或过小时,可设法增加或减少匝数;当启动转矩过大,机械有冲击,而启动完毕时的稳定转速又偏低时,可增加上下铁芯间的气隙,以使启动电流略微增加,启动转矩略微减小,但启动完毕时转矩增大,稳定转速可以得到提高。

5.2.2 起货机中三相异步电动机的制动控制电路

三相异步电动机从切除电源到完全停止旋转,由于惯性,总要经过一段时间才能停车,往往不能适应起货机等设备机械工艺的要求。无论是从提高工作效率,还是从安全及准确停位等方面考虑,都要求电动机能迅速停车。电动机制动和调速的方法一样,一般有两大类:机械制动和电气制动。

机械制动用机械装置来强迫电动机迅速停车;电气制动实质上是在电动机停车时,产生一个与原来旋转方向相反的制动转矩,迫使电动机转速迅速下降。电气制动控制电路包括反接制动和能耗制动。

1. 反接制动控制电路

反接制动是利用改变电动机电源的相序,使定子绕组产生相反方向的旋转磁场,因而产生制动转矩的一种制动方法。由于反接制动时,转子与旋转磁场的相对速度接近于 2 倍的同步转速,所以定子绕组中流过的反接制动电流相当于全电压直接启动时电流的 2 倍,因此反接制动的特点是制动迅速、效果好、冲击大,通常仅适用于 10 kW 以下的小容量电动机。反接制动要求在电动机转速接近于零时,及时切断反相序电源,以防止反向再启动。

为了减小冲击电流,通常要求在电动机主电路中串接一定的电阻以限制反接制动电流。反接制动电阻的接线方法有对称和不对称两种。常采用对称电阻接法,可以在限制制动转矩的同时,也限制制动电流。而采用不对称电阻的接法只是限制了制动转矩,制动电阻较小的那一相仍具有较大的电流。

(1) 单向反接制动的控制电路

反接制动的关键在于电动机电源相序的改变,且当转速下降接近于零时,能自动将电源切除。为此采用了速度继电器来检测电动机的速度变化。在 120~3 000 r/min 范围内速度继电器触头动作;当转速低于 100 r/min 时,其触头恢复原位。

图 5-2-5 为单向反接制动的控制电路。启动时,按下启动按钮 SB_2,接触器 KM_1 通电并自锁,电动机 M 通电启动。在电动机正常运转时,速度继电器 KS 的常开触头闭合,为反接制动做好了准备。

停车时,按下停止按钮 SB_1,常闭触头断开,接触器 KM_1 线圈断电,电动机 M 脱离电源,由于此时电动机的惯性转速还很高,KS 的常开触头依然处于闭合状态,所以 SB_1 的常开触头闭合时,反接制动接触器 KM_2 的线圈通电并自锁,其主触头闭合,使电动机定子绕组得到与正常运转相序相反的三相交流电源,电动机进入反接制动状态,转速迅速下降。当电动机转速接近于零时,速度继电器常开触头复位,接触器线圈电路被切断,反接制动结束。

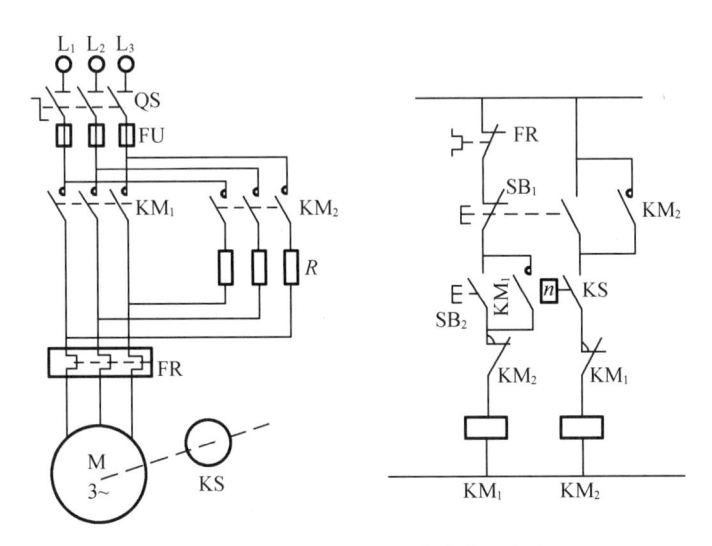

图 5-2-5 单向反接制动的控制电路

(2) 电动机可逆运行的反接制动控制电路

图 5-2-6 为电动机可逆运行的反接制动的控制电路。若在电动机依靠正转接触器 KM_1 闭合而正转时,速度继电器 KS_1 正转的常闭触头打开、常开触头闭合。反转接触器 KM_2 线圈电路起互锁作用的 KM_1 常闭辅助触头比正转的 KS_1 常开触头动作时间早,此时 KM_2 线圈失电,电动机稳定正转。按下停车按钮 SB_1 时,KM_1 线圈断电,反向接触器 KM_2 线圈便通电,定子绕组得到反序的三相交流电源,呈正向反接制动状态。当电动机转子速度接近于零时,KS_1 的正转常闭触头和常开触头均恢复原来的常闭和常开状态,KM_2 线圈的电源被切断,正向反接制动过程结束。这一方式的缺点是主电路没有限流电阻,冲击电流大。

电动机处在反转时的反接制动依上述方法类推。

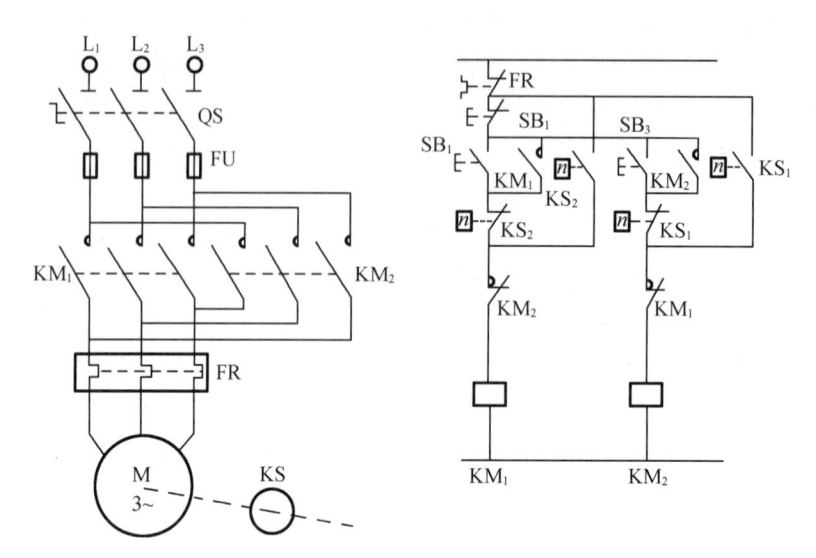

图 5-2-6 电动机可逆运行的反接制动的控制电路

2. 能耗制动控制电路

能耗制动,就是指在电动机脱离三相交流电源之后,通过在定子绕组上加一个直流电流,利用转子感应电流与静止磁场的作用达到制动的目的。根据能耗制动时间控制原则,可用时间继电器进行控制,也可以根据能耗制动速度原则,用速度继电器进行控制。

(1)单向能耗制动控制电路

图 5-2-7 为时间原则控制的单向能耗制动控制电路。在电动机正常运行的时候,若按下停止按钮 SB_1,电动机由于 KM_1 断电释放而脱离三相交流电源,而直流电源则由于接触器 KM_2 的线圈通电、KM_2 主触头闭合而加入定子绕组;时间继电器 KT 的线圈与 KM_2 的线圈同时通电并自锁,于是电动机进入能耗制动状态。当其转子的惯性速度接近于零时,时间继电器延时打开的常闭触头断开接触器 KM_2 的线圈电路。由于 KM_2 常开辅助触头的复位,时间继电器 KT 的线圈的电源也被断开,电动机能耗制动结束。

图 5-2-8 为速度原则控制的单向能耗制动控制电路。该电路与图 5-2-7 基本相同,这里仅是控制电路中取消了时间继电器 KT 的线圈及其触头电路,而在电动机轴伸端安装了速度继电器 KS,并且用 KS 的常开触头取代了 KT 延时打开的常闭触头。这样一来,该线路中的电动机在刚刚脱离三相交流电源时,由于电动机转子的惯性速度仍然很高,速度继电器 KS 的常开触头仍然处于闭合状态,所以接触器 KM_2 线圈能够依靠按钮 SB_1 的按下通电自锁。于是,两相定子绕组获得直流电源,电动机进入能耗制动。当电动机转子的惯性速度接近零时,KS 常开触头复位,接触器 KM_2 的线圈断电而释放,能耗制动结束。

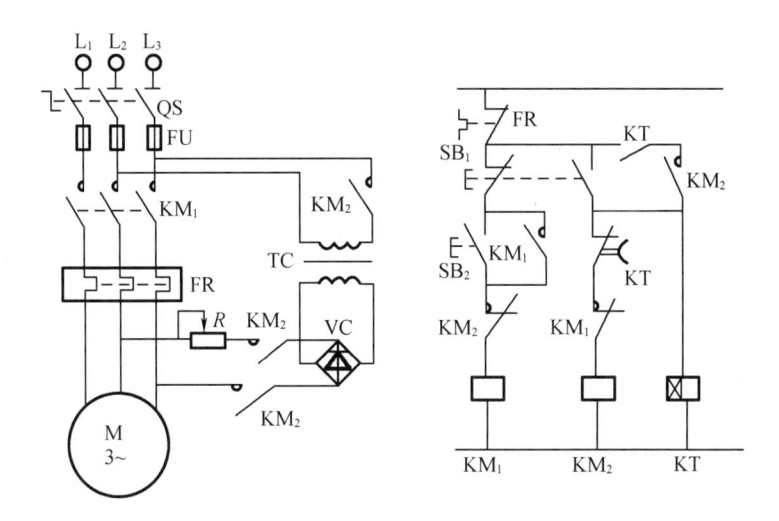

图 5-2-7　时间原则控制的单向能耗制动控制电路

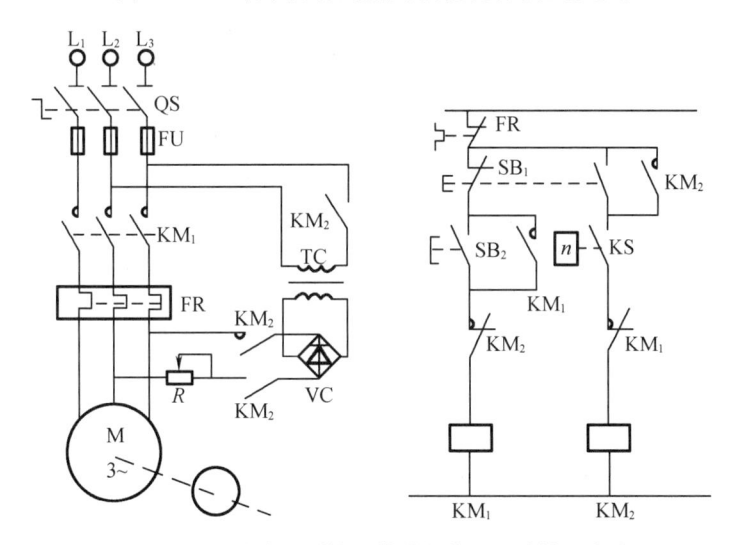

图 5-2-8　速度原则控制的单向能耗制动控制电路

(2)电动机可逆运行能耗制动控制电路

图 5-2-9 为电动机可逆运行能耗制动控制电路。在其正常正向运转过程中,需要停止时,可按下停止按钮,KM_1 断电,KM_3 和 KT 的线圈通电并自锁,KM_3 常闭触头断并起着锁住电动机启动电路的作用,KM_3 常开触头闭合,使直流电压加至定子绕组,电动机进行正向能耗制动。此时,电动机正向转速迅速下降,当其接近于零时,时间继电器延时打开的常闭触头 KT 断开接触器 KM_3 的线圈电源。由于 KM_3 常开辅助触头的复位,时间继电器 KT 的线圈也随之失电,电动机正向能耗制动结束。反向启动与反向能耗制动过程与上述正向情况相同。

电动机可逆运行能耗制动也可以采用速度原则,用速度继电器取代时间继电器,同样能达到制动目的。对该电路读者可自行设计分析,这里不再详细介绍。按时间原则控制的能耗制动,一般适用于负载转速比较稳定的生产机械。对于那些能够通过传动系统来实现负载速度变换或者加工零件经常更换的生产机械来说,采用速度原则控制的能耗制动较为合适。

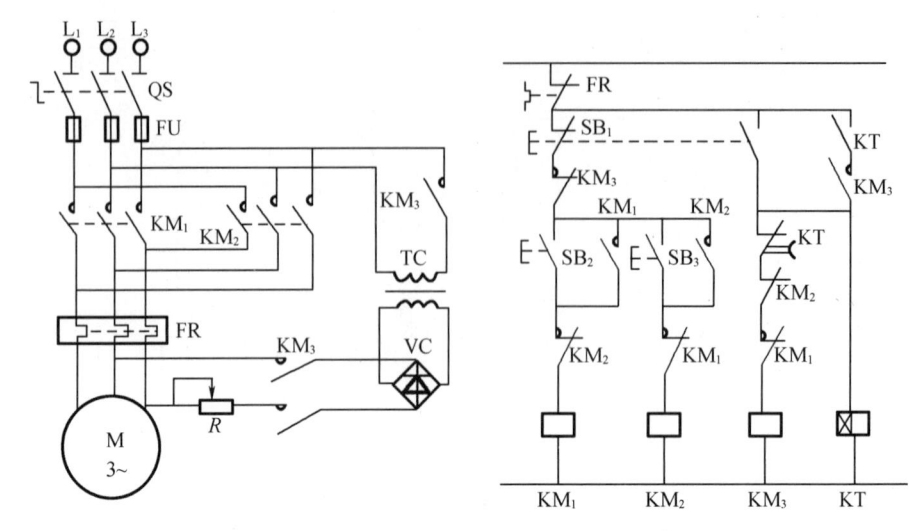

图 5-2-9　电动机可逆运行能耗制动控制电路

【随堂练习】

1. 选择题

（1）一单绕组双速电动机，绕组接线图如第（1）题图所示，高速时端子该如何接？（　　）

A. 1,2,3 接电源，4,5,6 空着

B. 1,2,3 接电源，4,5,6 短接

C. 4,5,6 接电源，1,2,3 空着

D. 4,5,6 接电源，1,2,3 短接

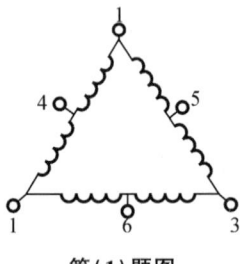

第（1）题图

（2）对于交流电机，下列属于变转差率调速的是（　　）。

A. 改变电源频率

B. 改变定子绕组的极对数

C. 转子回路中串入可调电阻

D. 改变电源电压

（3）要使三相异步电动机反转，下述哪一种方法是正确的？（　　）

A. 将任意两根电源线交换

B. 将转子抽出，沿轴向反转 180° 后再装入

C. 将磁极拆出，沿轴向反转 180° 后再装入

D. 将两个磁极绕组之间的接线首尾对调

2. 分析画图题

设计控制电路，使第 2 题图主电路实现正反转自动切换，注意互锁。

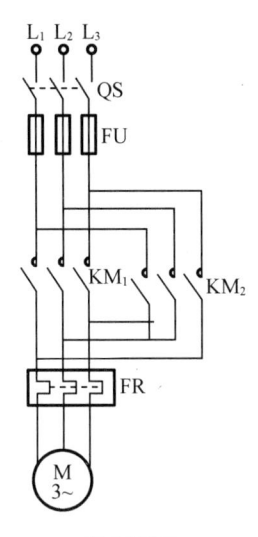

第 2 题图

【任务实施】

1. 实训内容

(1)按照图 5-2-10 和图 5-2-11 对接触器、按钮双重联锁正反转控制电路进行接线安装。

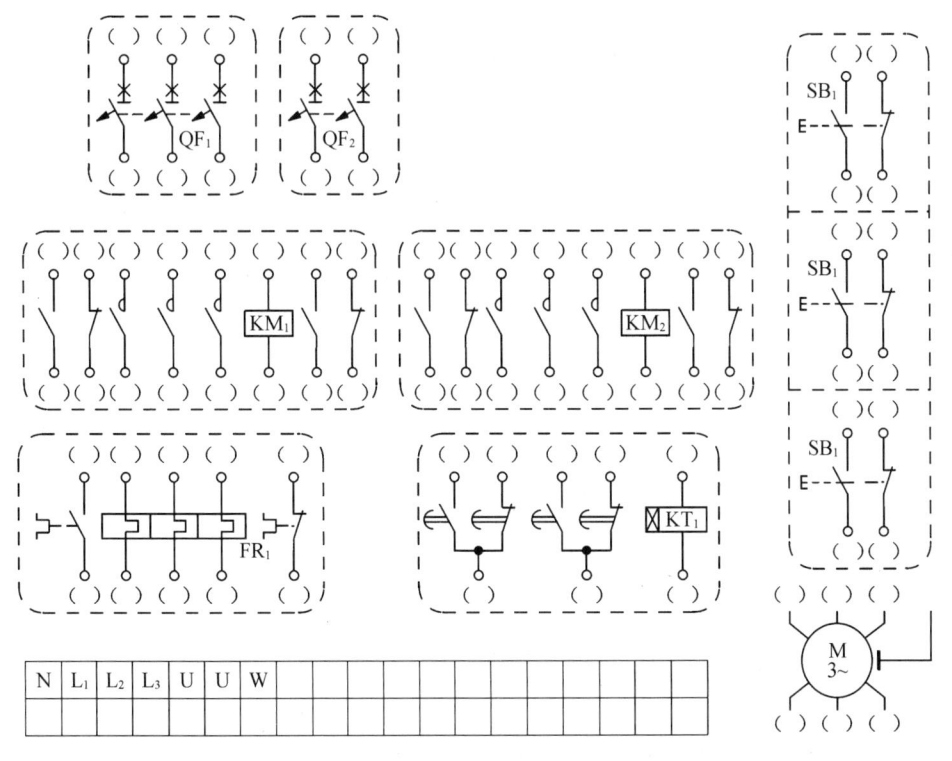

图 5-2-10　接触器、按钮双重联锁正反转控制电路接线图

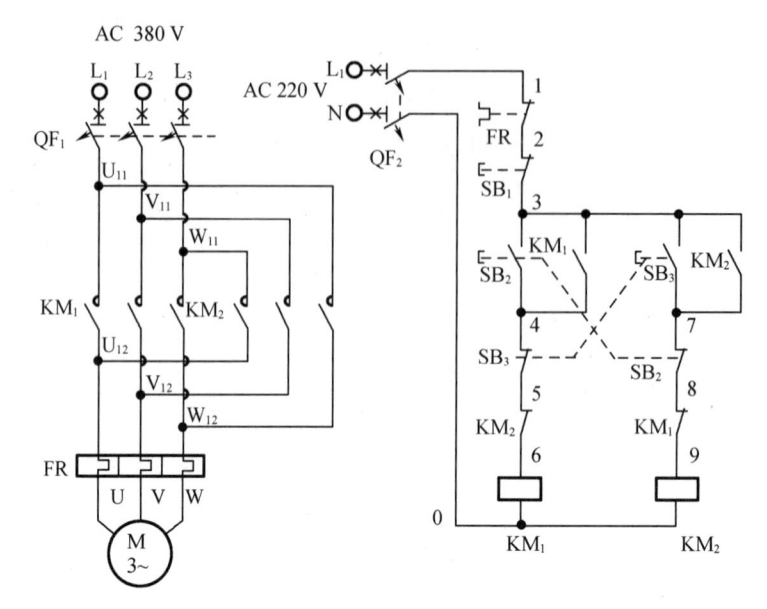

图 5-2-11　起货机接触器、按钮双重联锁正反转控制电路原理图

(2)在指导教师的指导下对接触器控制的正反转控制电路原理图进行接线、检测、通电检验。

(3)由指导教师设置故障,学生自己动手排除控制电路中预设的各种故障。

2. 器材

(1)中级电工接线板及元器件。附带断路器、接触器、热继电器、按钮。

(2)仪器仪表及电工工具。尖嘴钳、剥线钳、平口螺丝刀、十字口螺丝刀、万用表。

(3)其他:号码管、电线、扎带、端子、紧固件、线槽、导线。

3. 实训步骤

(1)将学生随机分组。

(2)布置任务,进行分工。

(3)小组利用教学资源先弄懂电路原理图,然后小组讨论并确定安装与调试的方案。

(4)收集实施方案,小组讨论工作计划。

(5)按照既定的方案实施,记录实施过程中的现象和数据。

(6)按照职业标准进行检查,小组讨论并总结工作完成过程中较好的部分和存在的不足。

(7)组织学生进行自评和互评,教师对学生进行评价。

4. 主要内容

(1)根据电气元件选配安装工具和控制板。

(2)绘制位置图,在控制板上按位置图固装电气元件,并贴上醒目的文字符号。

(3)标注接线图,在控制板上按接线图的走线方法进行板前明线布线和套编码套管。

(4)安装电动机。

(5)连接电动机和按钮的金属外壳的保护接地线。

(6)连接电源、电动机等控制板外部的导线。

(7)自检所有线的正确性、合理性、可靠性及元件安装的牢固性。确保无误后才能进行通电试车。

(8)校验,经指导教师检查合格后才能进行通电试车。通电时,由指导教师接通电源,并进行现场监护。

(9)如果出现故障,学生应独立进行检修。若需带电检修,也必须有指导教师在现场监护。

(10)通电试车完毕,先拆除三相电源线,再拆除电动机负载线。

5. 控制电路安装的注意事项

(1)电动机及按钮的金属外壳必须可靠接地。接至电动机的导线必须穿在导线通道内加以保护,或采用坚韧的四芯橡皮线或塑料护套线进行临时通电校验。

(2)按钮内接线时用力不可过猛,以防螺钉打滑。

(3)热继电器的热元件应串接在主电路中,其常闭触点应串接在控制电路中。

(4)热继电器的整定电流应按电动机的额定电流自行调整。绝对不允许弯折双金属片。

(5)在一般情况下,热继电器应置于手动复位的位置上。若需要自动复位,可将复位调节螺钉沿顺时针方向向里旋足。

(6)热继电器因电动机过载动作后,若需再次启动电动机,必须待热元件冷却后才能使热继电器复位。一般手动复位时间长于 2 min。

(7)启动电动机时,在按下启动按钮 SB_2 的同时,必须按住停车按钮 SB_1,以保证万一出现事故时可立即按下 SB_1 停车,以防事故扩大。

(8)通电试车时,合上电源开关 QS,按下正转启动按钮 SB_2 或反转启动按钮 SB_3,观察控制是否正常,并在按下 SB_2 后再按下 SB_3,观察有无联锁作用。

(9)编码套管套装要正确。

(10)通电试车时必须有指导教师在现场,并做到操作安全、文明。

6. 接触器、按钮双重联锁正反转控制电路的故障分析

该电路易出现的故障现象有:电动机 M 不能启动、不能正转、不能反转。

故障分析及检查如下:

(1)电动机 M 不能启动的故障

从主电路来分析有熔断器 FU_1 断路、继电器主电路有断点及电动机 M 绕组有故障。从控制电路来分析有熔断器 FU_2 断路、1 号线和 2 号线间热继电器 FR 辅助常闭触点接触不良、按钮 SB_1 常闭触点接触不良。

检查步骤为:按下按钮 SB_2 或 SB_3,观察接触器 KM_1 或 KM_2 的线圈是否吸合,如果吸合,则是主电路的问题,应重点检查电动机 M 的绕组;若接触器 KM_1 或 KM_2 的线圈未吸合,则为控制电路的问题,重点检查熔断器 FU_1、FU_2、1 号线和 2 号线间热继电器 FR 的常闭触点及按钮 SB_1 的常闭触点。

(2)电动机 M 不能正转的故障

从主电路来分析有接触器 KM_1 主触点闭合接触不良。从控制电路来分析有按钮 SB_2 常开触点压合接触不良、按钮 SB_3 常闭触点接触不良、接触器 KM_2 在 5 号线和 6 号线间的常闭触点接触不良及接触器 KM_1 的线圈损坏等。

检查步骤为:按下正转启动按钮 SB_2,观察接触器 KM_1 的线圈是否吸合,如果接触器 KM_1 的线圈吸合,则检查接触器 KM_1 主触点;如果接触器 KM_1 的线圈未吸合,重点检查按

钮 SB_3 在 4 号线至 5 号线间的常闭触点及接触器 KM_2 在 5 号线和 6 号线间的常闭触点。

（3）电动机 M 不能反转的故障

从主电路来分析有接触器 KM_2 主触点闭合接触不良。从控制电路来分析有按钮 SB_3 常开触点压合接触不良、按钮 SB_2 常闭触点接触不良、接触器 KM_1 在 8 号线和 9 号线间的常闭触点接触不良及接触器 KM_2 的线圈损坏等。

检查步骤为：按下反转启动按钮 SB_3，观察接触器 KM_2 线圈是否吸合，如果接触器 KM_2 的线圈吸合，则检查接触器 KM_2 主触点；如果接触器 KM_2 的线圈未吸合，重点检查按钮 SB_2 在 7 号线和 8 号线间的常闭触点及接触器 KM_1 在 8 号线和 9 号线间的常闭触点。

7. 接触器按钮双重联锁正反转控制电路安装的评分标准

接触器按钮双重联锁正反转控制电路安装的实训评价标准表如表 5-2-1 所示。

表 5-2-1 实训评价标准表

主要内容	训练要求	评价扣分要点	评分
电气元件检查与安装	1. 按图纸的要求，正确利用工具和仪表，熟练地安装电气元件； 2. 电气元件在配电盘上的布置要合理，安装要正确、紧固； 3. 按钮盒不固定在配电盘上	1. 电气元件漏检或错检； 2. 电气元件布置不整齐、不均匀； 3. 电气元件安装不牢固； 4. 损坏电气元件	
布线	1. 布线要求横平竖直，接线要求紧固美观； 2. 电源和电动机配线、按钮接线要接到端子排上； 3. 导线不能乱线敷设	1. 未按原理图接线； 2. 布线不横平竖直； 3. 接线松动，接头铜过长，反圈，压绝缘层，线号标记不清楚； 4. 损伤导线绝缘层或线芯； 5. 漏接接地线，导线乱线敷设	
通电试车	在保证人身忽然设备安全的前提下，通电实验一次成功	1. 使用仪表测量时方法错误； 2. 主电路、控制电路熔体选配错误； 3. 各接点、热继电器未整定或整定值错误，试车未一次成功	
安全文明生产	1. 劳动保护用品穿戴整齐； 2. 电工工具佩带齐全； 3. 遵守操作规程； 4. 实训结束后清理现场	1. 不符合训练要求； 2. 重大事故隐患时	
备注		成绩： 考评员签字：　　　　　　年　月　日	

任务5.3 船舶电动起货机控制系统的故障诊断与排除

【任务描述】

电动起货机控制电路通常由多个模块电路构成,结构较为复杂,不同的电动起货机由于起吊的工作方式有差别,其控制方式也不同。本任务通过对几种类型的起货机的工作过程进行分析,结合目前电动起货机较为流行的几种传统控制电路,以双速电动机拖动的起货机控制箱故障场景为载体,围绕电动机控制系统故障出现的一些表象,识读起货机电气控制电路图、接线图,利用万用表对电动机控制电路的各部位进行勘验,定位起货机系统控制电路的故障原因及排除故障。

电动起货机的控制电路比泵、空压机等的控制电路要复杂得多,除自动启动和基本保护环节外,还有制动、调速和反转等环节。为了防止在频繁的操作过程中出现"起""落"方向上的误动作,应采用具有明显空间位置差异的主令控制器,根据操作者的要求控制电动机的转向和转速大小。自动启动的加速过程,通常按时间或电流方式进行,除短路、失压、过载、缺相等一般保护环节外,应有完善的保护环节,如交流变极电动起货机在手柄换挡过程中,电动机至少应保持有一副绕组通电,防止重物自由跌落。此外还必须设置发生故障时紧急停车或强行将重物低速放下等应急按钮,以防事故扩大或造成严重货损。

5.3.1 电动起货机的工作过程

1. 双杆吊货的工作过程

双杆吊货时,电动机的简化负载曲线如图5-3-1所示,图中横坐标表示时间t,纵坐标表示电动机的负载转矩T_L(负载图按负载转矩与电动机转矩相平衡时做出,因此图中负载转矩T_L即为电动机电磁转矩T,横坐标以上为电动状态,横坐标以下为制动状态)。

各段时间动作情况,分述如下:

(1)t_1为吊货阶段。货物挂上吊钩后,1号起货机吊货物,此时1号电动机轴上负载转矩为T_{L1},2号起货机收起松弛的钢索,其负载转矩为T'_{L1}。

(2)t_2为货物由舱外向舱口移动段。在此期间,货物已吊到一定高度,2号起货机开始拉货物向舱口移动,其负载转矩从T'_{L1}逐渐增加到T'_{L2},而1号起货机则松索,其负载转矩从$-T'_{L2}$(开始松索后货物拉电动机转为制动状态)到T_{L2}。当负载移到2号起货机上,其货物拉力大于摩擦力时,1号起货机不再受负载拖拉,而是电动松索。

(3)t_3为降货物阶段。此时货物已移到舱口上,货物拉2号起货电动机反转,其负载转矩为$-T'_{L3}$,而1号起货机继续电动松索,其力矩为T_{L3}。

(4)t_4为货物放到舱底后,把货物从吊钩上取下的卸货时间。两台起货机的电动机都停止工作。

(5)t_5为收索时间。当吊钩脱开货物后,电动机开始电动收索。1、2号起货机的电动机轴上的转矩为T_{L4}和T'_{L4},将空钩吊起。

(6)t_6为吊钩从舱口移至船舷外的时间。当吊钩提升到高于货舱后,1号起货机继续电动收索,转矩为T_{L5},而2号起货机为电动松索,转矩为T'_{L5}。

· 221 ·

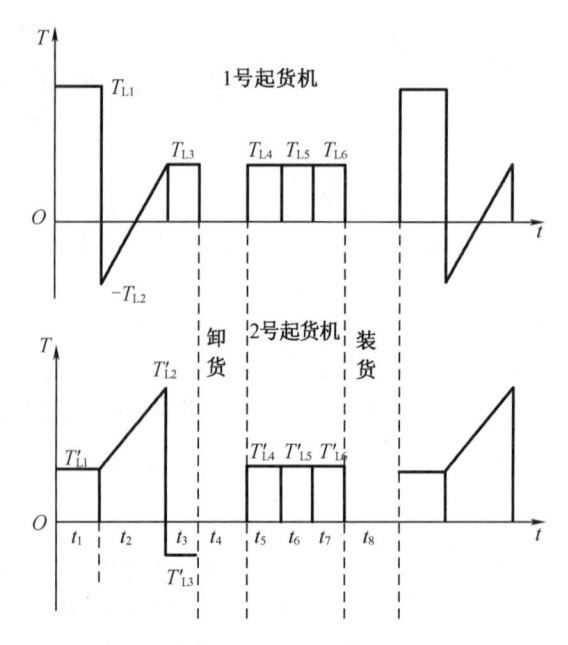

图 5-3-1 双杆吊货时,电动机的简化负载曲线

(7) t_7 为放下吊钩阶段。当吊钩移到码头上方时,1 号和 2 号起货机同时电动松索,转矩分别为 T_{L6} 和 T'_{L6}。

(8) t_8 为装货时间。两台起货机的电动机都停止工作。

以后的工作过程为不断地重复上述过程。从负载曲线可见,起货机的电动机是在重复短期工作制下工作,也就是在周期性、有规律地断续运转,因此起货机不采用连续工作制的电动机而采用专用的重复短期工作的电动机。

2. 回转式起货机的吊货过程

回转式起货机的吊货过程用简化负载图来表示,如图 5-3-2 所示,图中纵坐标 T_L、T'_L、T''_L 分别为提升机构、回转机构和变幅机构电动机轴上的负载转矩,横坐标 t 为时间。

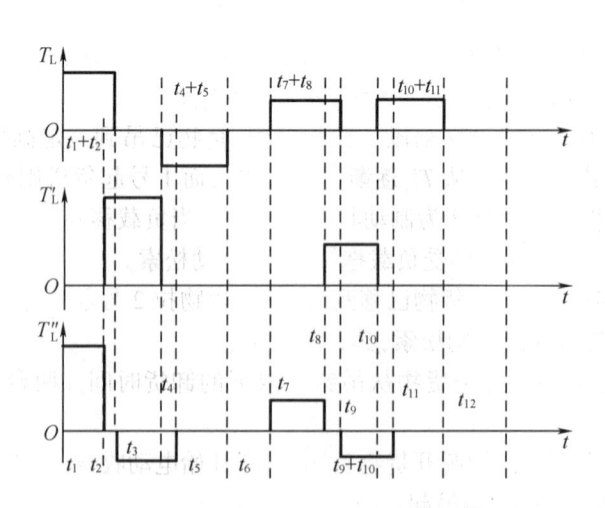

图 5-3-2 回转式起货机的吊货过程用简化负载曲线

工作过程如下:

(1) t_1 段吊起货物,同时伸距由最大到最小(变幅)。

(2) t_2 段继续吊货至需要高度,同时开始回转(回转机构启动时,伸距必须最小)。
(3) t_3 段继续回转至需要位置,同时伸距由最小开始变大。
(4) t_4 段伸距继续变化至最大,同时开始落货。
(5) t_5 段继续落货直至着陆。
(6) t_6 段卸货,各电动机停止工作。
(7) t_7 段空钩吊上,同时伸距由最大到最小。
(8) t_8 段继续吊空钩至需要高度,同时开始回转。
(9) t_9 段继续回转至需要位置,同时伸距由最小开始变大。
(10) t_{10} 段伸距继续变化至最大,同时开始下放空钩。
(11) t_{11} 段继续放下空钩,直至着陆。
(12) t_{12} 段装货,各电动机停止工作。

以上是一个工作周期,以后的工作为重复上述过程。

5.3.2 双输出 G-M 系统起货机调速控制系统

现代客货船舶上几乎都已采用交流电力系统,但由于直流电动机具有良好的启动、制动和调速性能,并能在较大范围内进行平滑调速,目前直流电动机的 G-M 系统起货机仍得到广泛应用,即由交流电动机(异步机或同步机)拖动双输出直流发电机 G 实现变流,由 G 给需要调速的直流电动机 M 供电,调节 G 的励磁电流即可改变其输出电压,从而调节电动机的转速。

1. 双输出发电机

双输出直流发电机是具有 2 个输出电路的发电机。它的每一路输出电压的大小和方向可以独立控制且互不相干,其基本结构与普通单输出直流发电机相似,如图 5-3-3 所示。它有 4 个主磁极和 4 个换向极(图中换向极未画出),每 2 个主磁极绕组组成一个单独的励磁电路,每 2 个电刷之间的电枢绕组组成一个独立的输出电路,与主磁极相对应。

图 5-3-3 中,控制主磁极 N_A、S_A 的励磁电流的大小和方向,就能独立控制由电刷 A_+ 到 A_- 间输出电压的大小和方向。控制主磁极 N_B、S_B 的励磁电流的大小和方向,就能独立控制电刷 B_+ 到 B_- 间输出电压的大小和方向,并且互不干扰。采用双输出 G-M 系统与一般的单输出 G-M 系统比较,具有电机台数少、体积小、质量小、装机容量小等优点。

图 5-3-3 双输出直流发电机的基本结构

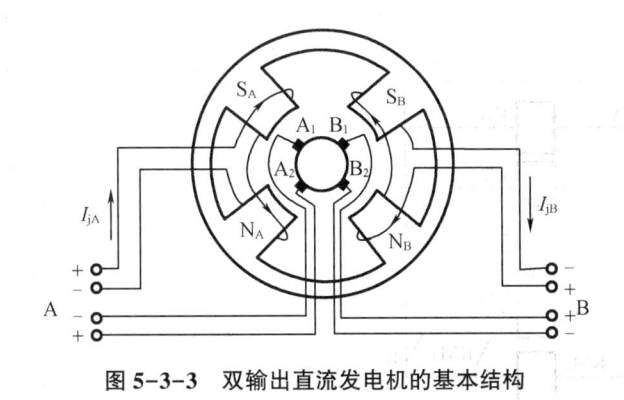

2. 双输出 G-M 系统的调速控制电路

图 5-3-4 是 KMZH-570 型双输出 G-M 系统起货机的控制电路。它通过操纵主令控制 SA 控制接触器 KM_H、KM_L、KM_B,以实现起货电动机 M 的正反转和制动;通过改变直流发电机 G 励磁绕组 J_G-K_G 电路的串联电阻 $R_1 \sim R_4$,以实现系统的调压调速。

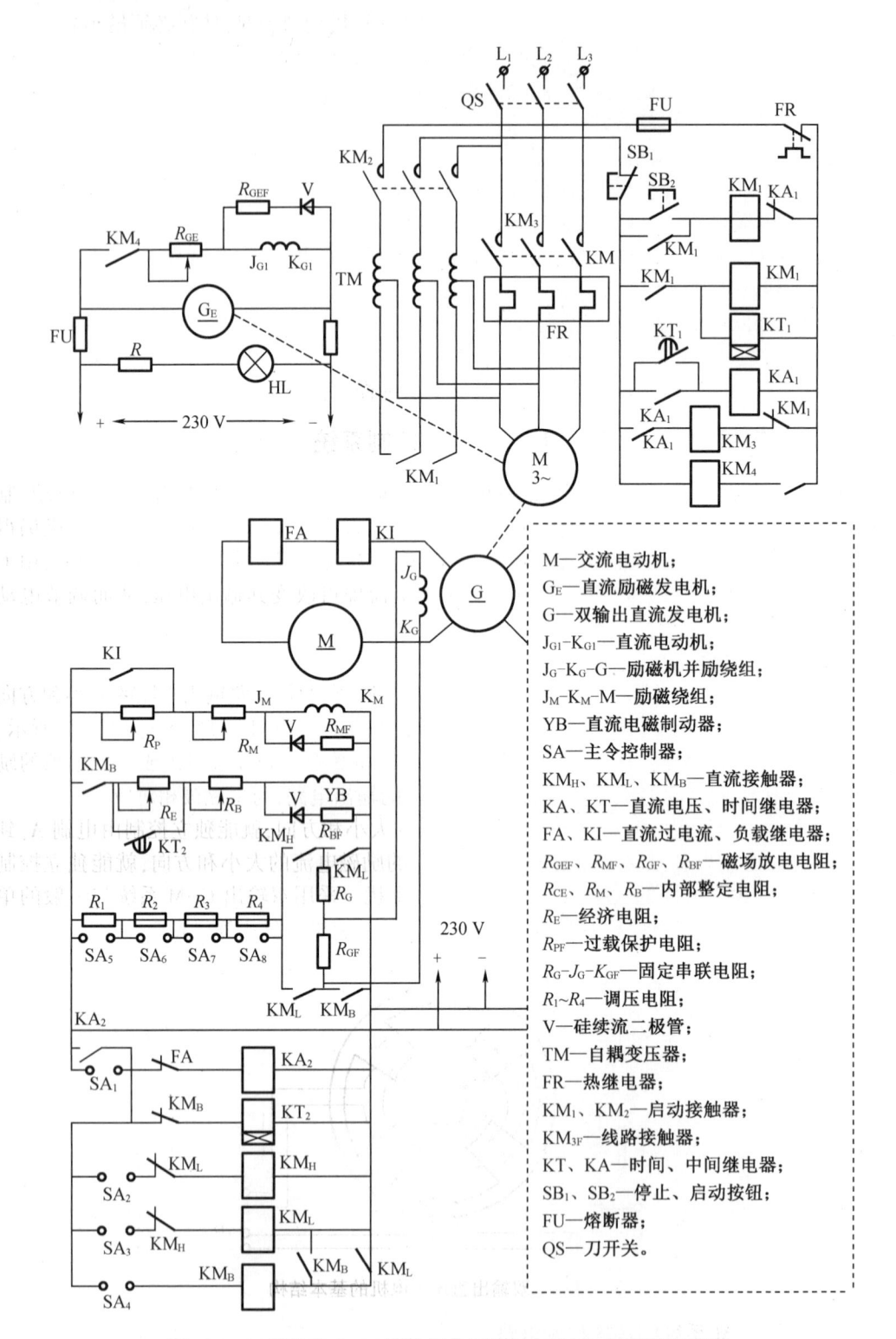

图 5-3-4 双输出 G-M 直流起货机控制电路(左右两部分对称)

(1) 变流机组 M-G-G_E 的启动

这是一个按时间控制方式采用自耦变压器减压启动的控制电路。在 G-M 系统投入运行以前，先启动交流电动机 M，带动直流发电机 G 和直流励磁机 G_E 以恒速运行，指示灯 HL 亮，表示直流励磁机 G_E 已建立起额定电压(230 V)。

(2) 主令控制器手柄在零位

由触头闭合表 5-3-1 可知。SA_1 闭合，零压继电器 KA_2 和时间继电器 KT_2 的线圈通电动作，常开触头 KA_2 闭合，起零压保护作用，同时常开延时断开触头 KT_2 立即闭合，短接与制动线圈 YB 串联的经济电阻 R_E，保证在手柄离开零位(制动接触器 KM_B 的线圈通电动作，其常开触头闭合)时，以额定电压接通制动器线圈 YB，立即松闸。此时发电机无励磁，G-M 系统接成如图 5-3-5(a)所示的能耗制动电路，它们的电枢绕组电阻($R_{aG}+R_{aM}$)就是能耗制动电阻，其机械特性如图 5-3-6 中过原点的一根直线所示，它的斜率取决于两个串联电枢电路中的总电阻(包括换向绕组、电流继电器 FA 和 KI 的线圈的电阻)。

表 5-3-1 触头闭合表

端子	位置 上升(L)					0	下降(H)				
	5	4	3	2	1		1	2	3	4	5
SA_1						×					
SA_2							×	×	×	×	×
SA_3	×	×	×	×	×						
SA_4	×	×	×	×	×		×	×	×	×	×
SA_5	×	×	×					×	×	×	×
SA_6	×	×	×						×	×	×
SA_7	×										
SA_8	×										×

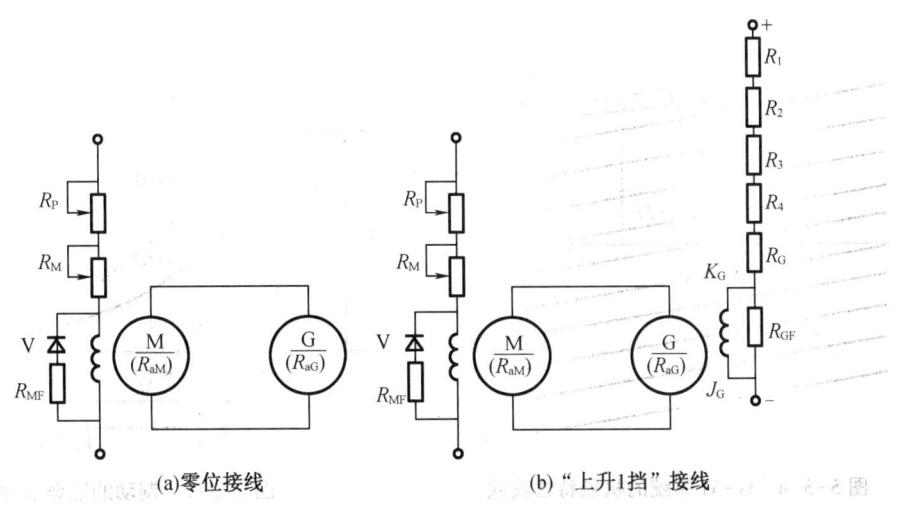

(a) 零位接线　　　(b) "上升1挡"接线

图 5-3-5　G-M 系统的手柄在零位和"上升1挡"的接线图

(3)主令控制器手柄在"上升1挡"

SA$_2$、SA$_4$闭合，SA$_1$打开，使上升接触器KM$_H$的线圈通电动作，KM$_H$的常开触头闭合，使励磁电流经由R$_1$~R$_4$和R$_G$流向G的励磁绕组J$_G$-K$_G$。由于励磁回路所串电阻较大，所以通过J$_G$-K$_G$的励磁电流较小，G输出的电压也较低。另外，KM$_H$的常闭触头断开，起互锁作用；KM$_H$的常开连锁触头闭合，制动接触器KM$_B$的线圈通电动作，使电磁制动器YB的线圈通电，松开制动器，则M在低电压下低速(1挡)运行，缓慢提升货物。此时的主电路如图5-3-5(b)所示，电动机的机械特性如图5-3-6中的特性曲线1所示。与此同时，KM$_B$的常闭辅助触头打开，使时间继电器KT$_2$的线圈断电，其常开触头延时打开，将经济电阻R$_E$串入制动器线圈回路，以减少其发热损耗。

(4)手柄从"上升1挡"至"上升5挡"

在升挡过程中，每将主令控制器手柄向加速方向扳动一位，其触头短接R$_1$~R$_4$中的一段电阻，使G的磁场逐级加强，其输出电压逐级升高，M的转速也就逐级升高，直到"上升5挡"时把R$_1$~R$_4$全部短接。这时G的励磁电流为额定值，它的输出电压最高，M运行于额定电压下，如果起货机的负载超过50%的额定负载，负载继电器K$_1$动作，把串于M励磁回路中的过载保护电阻R$_P$短接，使M的励磁电流增加，转速下降，并使其机械特性变硬，如图5-3-6所示。当负载减小到20%的额定负载时，K$_1$衔铁释放，R$_P$又串入励磁回路中，使M的转速又上升，特性变软，如图5-3-6中的特性曲线5所示。

(5)手柄从"上升"各位迅速扳回零位(停车)

方向接触器KM$_H$和制动接触器KM$_B$的线圈断电，发电机励磁绕组J$_G$-K$_G$和电磁制动器的线圈均失电，但由于它们各自并联有放电电阻R$_{CH}$和R$_{BF}$，磁场放电电流不可能立即消失，都存在一个衰减的过程，因此发电机的输出电压U$_G$和制动器的电磁吸力f$_{YB}$都随时间t的推移而逐渐下降。若发电机励磁绕组的放电电流的衰减速度比电磁制动器线圈的放电电流的衰减速度快得多，就会出现如图5-3-7所示的三级制动过程：回馈制动—能耗制动—能耗和机械刹车联合制动。图5-3-7中Δt_1为G励磁电流从正常值衰减到近似为零所经历的时间；Δt_2为制动器电磁吸力通电时的额定值衰减到不能克服弹簧反力而开始制动时的F$_0$所经历的时间。

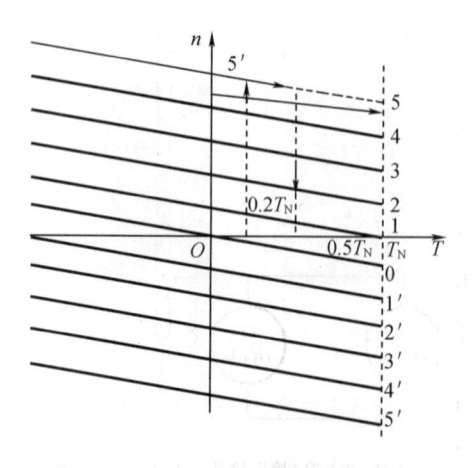

图5-3-6 G-M系统的机械特性曲线

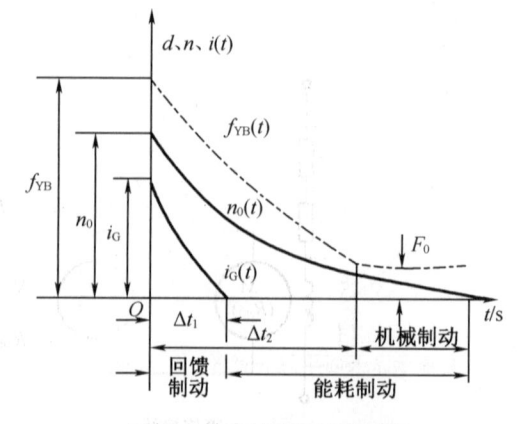

图5-3-7 制动的过渡过程

(6)手柄在"下降"各位

电路的动作情况与上升过程基本一样,但在放重物下降时,电动机运行于回馈制动状态。

(7)从"上升"各位突然扳到"下降5挡"(或相反)

若电动机正在"上升"某一位以较高速度运行,当将主令控制器手柄迅速扳到"下降5挡"时,其速度不能立即改变,但发电机G的磁场已改变,电动机处于反接制动状态。由于主回路中仅有两台电机的电枢绕组(机械较硬),因此会产生很大冲击制动电流和冲击制动力矩。为此该系统设有过电流保护装置,当主回路的电流超过过电流继电器FA的整定值,一般为$(2.5\sim3.0)I_n$时,FA动作,其常闭触头打开,继电器KA_2的线圈断电,其常开触头打开,发电机失磁。若使系统继续工作,必须将主令控制器手柄拉回到零位,使KA_2重新动作后再逐级启动。

5.3.3 变极调速交流电动起货机

随着交流调速技术的发展,船用交流电动起货机也开始大规模应用到生产实际中。这类电动起货机一般采用变极调速系统和绕线型异步电动机。另外随着可控硅技术的发展,交流电动机变频调速系统也获得越来越广泛的应用,限于篇幅,本任务中只介绍变极调速系统和绕线型异步电动机拖动系统。

1. 船用交流变极调速的起货机的控制电路的特点

(1)控制设备工作可靠、操作灵活。主令控制器设有零位及上升和下降各3挡。

(2)控制电路与主电路必须使用同一电源,用直流电磁制动器时,也必须用同一电源整流后供电。

(3)设有自动启动环节。在主令控制器手柄快速操作下,其能从零位→低速→中速→高速自动逐级延时启动,以减小电流冲击和减少能量损耗,并加快启动过程和降低接触器开断电流。启动时间应短于2 s。

(4)三级自动制动停车。为减轻电磁制动器的负担,减少制动能量损耗和加快制动过程,从高速挡到零位停车时实现:低速回馈制动→电气和机械联合制动→电磁制动器单独机械制动到停车。从高速停车的时间应短于1 s。

(5)有逆转矩控制环节。为避免发生电源反接制动,当主令控制器手柄从"上升3挡"扳到"下降3挡",或反方向操作时,先实现高速挡到零位的自动停车过程,然后再实现零位到反向高速挡的自动过程。

(6)不应发生重物自由跌落的状态。启动时应保证先接通电动机低速绕组,然后再使电磁制动器松闸。

(7)在换挡过程中,当主令控制器手柄在两挡之间的位置时,电动机总有一个绕组通电。在加快换挡过程中,加速接触器动作次序应为:在中速接触器线圈通电后,断开低速接触器线圈;在高速接触器线圈通电后,断开中速接触器。在换挡过程中,电磁制动器应保持松开状态。

(8)不允许中、高速绕组发生堵转,即制动器未松闸时,中、高速不能通电。

(9)应有短路、失压、过载、单相运行等保护。装设紧急开关,风门开关。风机过载停转时,起货机电动机低速级仍可运行。起货电动机与吊杆机应有连锁保护。

图5-3-8所示为变极调速交流电动起货机控制电路。

图5-3-8 变极调速交流电动起货机控制电路

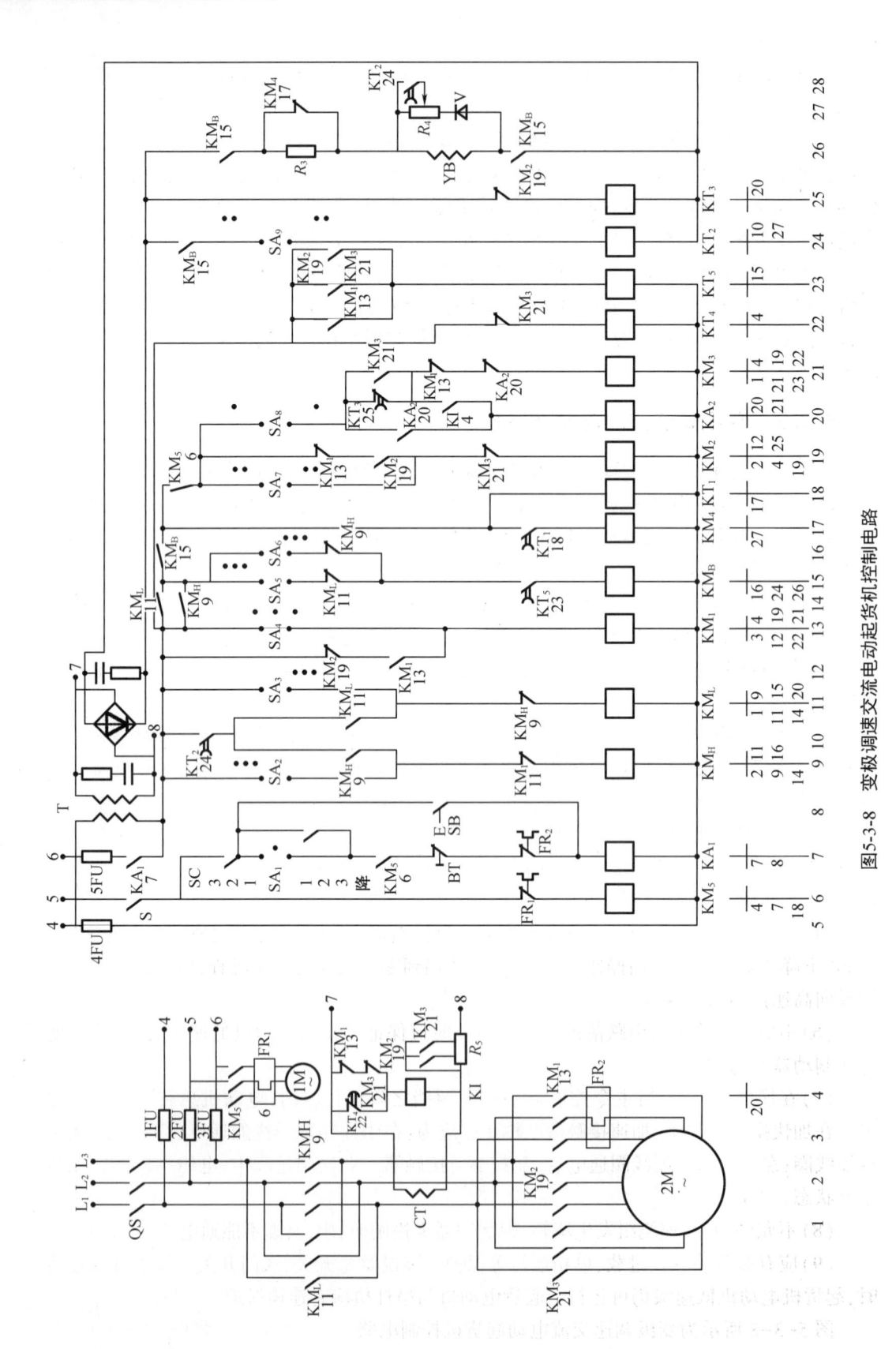

2. 将主令控制器手柄扳到"起货2"位

中速接触器 KM_2 的线圈获电,主触头闭合,4 对极中速绕组接于电网。辅助触头 KM_2(19)闭合,并与 KM_1(19)串联,为在从"起货 2"位到"起货 3"位的变速过程中,起自保 KM_2 线圈的作用。辅助触头 KM_2(25)、KM_2(12)断开,前者使 KT_3 线圈断电,KT_3(20)闭合,为高速接触器 KM_3 线圈获电做准备,这也说明了即使主令控制器手柄快速扳到"起货 3"位,电动机的加速仍按时间顺序进行,与操作者动作快慢无关;后者使 KM_1 的线圈断电,显然这发生在 KM_2 线圈通电之后,KM_1(21)闭合,为高速接触器 KM_3 的线圈获电做好准备。

手柄在"起货 2"位,KM_1 线圈经过由 KM_2(12)和 KM_1(12)触头串联组成的交替电路而获电,只有在"起货 2"位,KM_2 线圈通电之后,由于 KM_2(12)触头打开,才能使 KM_1 线圈断电。这说明电动机的低速绕组只有在中速绕组通电之后才能脱离电网。在这个短暂的时间间隔 Δt(从 KM_2 接触器衔铁吸合到 KM_1 接触器衔铁释放的时间)中,低速、中速绕组都接入电网,如图 5-3-9 所示,电动机运行在 14 对极低速特性曲线 1 和 4 对极中速特性曲线 2 按力矩相加(同一转速下)所得到的特性曲线上的 C 点。经过 Δt 时间后,接触器 KM_1 衔铁释放,14 对极低速绕组脱离电网,电动机便从相加特性曲线(1+2)的 D 点转移到 4 对极中特性曲线 2 的 E 点,然后沿中速特性曲线 2 加速,直到 $T=T_L$ 时,电动机稳定运行于特性曲线 2 的 F 点。在这一挡又有两个电器(KM_2、KT_2)线圈获电动作,而 KM_1、KT_3 的线圈断电。

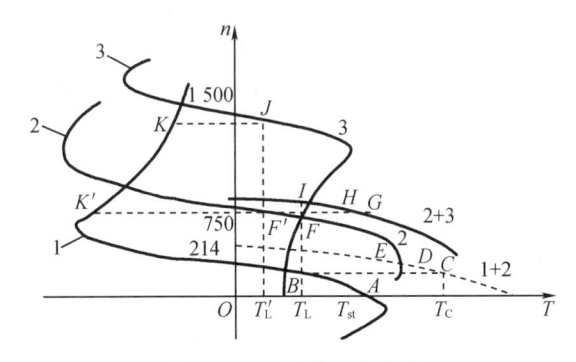

图 5-3-9 机械特性曲线

3. 将主令控制器手柄扳到"起货 3"位

由于常闭触头 KT_3(20)和 KM_1(21)在"起货 2"位已恢复闭合,所以高速接触器 KM_3 的线圈能否获电,取决于中间继电器的常闭触头 KA_2(21)能否恢复闭合;而 KA_2 的触头能否恢复闭合,又取决于负载继电器 KI(20)常开触头能否打开。因此(2 对极)高速绕组同(4 对极)中速绕组是按恒功率 26 kW 设计的。根据齿轮箱的传动比,如果 4 对极的额定吊货质量为 3 t,则 2 对极的额定吊货质量应为 1.5 t。如果 4 对极中速运行时的吊货质量大于 1.5 t,则由电流互感器 CT 检测的负载电流将负载继电器 KI 的衔铁吸合(电流通过串联的常闭触头 KM_1(4)和 KM_3(4),因为常闭触头 KT_4 在零位时已打开),其常开触头 KI(20)闭合,使 KA_2 线圈获电动作,触头 KA_2(20)闭合自保,其常闭触头 KA_2(21)打开,使 KM_3 线圈不能获电,电动机不能进入高速运行;其另一个常闭触头将控制另一台电动机也不能进入高速运行,这就保证了两台双吊杆起货机只能运行于中速。

反之,如果 4 对极中速运行时的吊货质量不足 1.5 t,则 KI 的常开触头 KI(20)仍打开,KA_2 线圈仍断电,KA_2(21)闭合,接通 KM_3 线圈,KM_3 主触头闭合,电动机的高速绕组接入电网;辅助触头$KM_3(21)$闭合,在KT_3线圈通电的情况下自保KM_3线圈通电。另两个辅助触头$KM_3(19)$、$KM_3(22)$打开,前者使KM_2线圈断电,这就保证了只有在高速绕组确实接入电网后,才使中速绕组脱离电网;后者使KT_4线圈断电,其常闭触头$KT_4(4)$延时闭合,使负载继电器KI避开由于在换成高速挡时的冲击电流而产生的误动作。

在高速绕组接入电网而中速绕组尚未脱离电网的时间间隔Δt内,电动机的工作点从中速特性曲线2的F点换接到相加特性曲线(2+3)的G点。经过Δt的时间后,KM_2衔铁释放,4对极中速绕组脱离电网,电动机便从相加曲线(2+3)的H点转移到2对极高速特性曲线3的I点,然后沿高速特性曲线3逐渐加速,直到电动机的电磁力矩与轻载(或空钩)的负载力矩T_L'相平衡,电动机稳定运行于特性曲线的3的J点。

这一挡如果是轻载,则KM_3线圈通电动作,进入高速运行,KM_2线圈断电,KI线圈电流不到动作值;如果是重载,则退回到中速或维持中速运行,KI、KA_2两个继电器动作。

4. 将主令控制器手柄从零位迅速扳到"起货3"位

原来在零位已有4个继电器(KA_1、KT_3、KT_4、KT_5)和2个接触器(KM_5、KM_1)获电动作。如果不考虑手柄经过中间各挡的操作时间,则控制电路的工作情况是:起货接触器KM_H获电动作,其主触头闭合低速绕组接入电网,因电磁制动器尚未松闸,所以电动机处于低速堵转状态,待$KM_H(14)$闭合后,KM_B线圈才接通电源,$KM_B(16)$、$KM_B(24)$、$KM_B(26)$闭合使KM_2和YB线圈同时接通电源。通常由于制动器YB的惯性较大,其衔铁吸合(松闸)的时间略长于接触器KM_2的固有动作时间,因此将会出现极短的中速堵转。待电磁制动器松闸后,电动机中速启动,$KM_2(12)$、$KM_2(25)$打开,前者使KM_1线圈断电,低速绕组脱离电网;后者使KT_3线圈断电,约经过0.5 s延时后$KT_3(20)$恢复闭合。若吊货质量不足1.5 t,则负载继电器KI的衔铁不吸合,KA_2线圈不通电,KM_3线圈获电动作,KM_2线圈断电,电动机由中速运行过渡到高速运行。

5. 将主令控制器手柄从"起货3(或2)"位迅速扳到零位

由于原来在"起货3(或2)"位时,KT_2线圈已通电,$KT_2(10)$已处于闭合状态,KM_H线圈由SA_2支路和$KT_2(10)$、$KM_H(9)$自保支路两路接入电网。KT_2是实现回馈制动的时间继电器。主令控制器手柄迅速由"起货3(或2)"位回到零位时:①SA_9打开,KT_2线圈断电,触头$KT_2(10)$要延时后才断开,所以KM_H线圈经由自保支路仍通电;②SA_4已闭合,KM_1线圈通电,使电动机从高速(或中速)绕组通电转移到低速绕组通电,其工作点由第一象限的$J(F)$转到第二象限低速特性曲线1的K(或K')点,回馈制动开始,电动机转速沿曲线1下降;③虽然SA_5开,KM_B线圈断电,但由于电磁制动器YB线圈有较大电感,电流不能突变,将通过二极管V、R_4和触头$KT_2(27)$构成放电回路。放电电流将使YB延时制动。通常KT_2的延时应调整在进入第一象限的低速电动状态前动作,使低速绕组断电;而YB的延时(调节R_4)刹车则应发生在回馈制动结束前,以实现三级制动停车过程,即回馈制动、回馈与机械联合制动和最后的机械制动,直到停车。

6. 落货

将主令控制器手柄从零位慢速逐渐扳到"落货"各挡位,从零位快速扳到"落货3"位,以及从"落货3(或2)"位快速扳到零位的动作情况与"起货"时相似。其差别是,落货时是落货接触器KM_L线圈通电,电动机反转,而且在重载落货时,电动机运行于回馈制动状态。

应指出的是,由于落货时的摩擦力矩T_0与电磁力矩T同方向,共同平衡负载力矩T_L(即T_0+

$T=T_\mathrm{L}$),而起货时的 T_0 与 T_L 同方向,共同被 T 平衡(即 $T=T_0+T_\mathrm{L}$),由此可见,在起落质量相同的情况下,落货时的定子电流比起货时的要小些,因此落货的高速挡不要负载继电器 KI 来控制。图 5-3-8 中与 KA_2 线圈串联的 KM_L(20)在落货时已打开,KA_2(21)闭合,只要手柄在"落货3"位,电动机即可进入高速运行。

7. 将主令控制器手柄从"起货3"位迅速扳到"落货3"位

该控制电路能保证首先实现起货机从"起货3"位迅速到零位的制动,然后再实现从零位到"落货3"位按时间原则的自动启动,可以避免反接制动。

其动作情况如下:SA_9 从"起货2"位后到"落货2"位前是断开的,KT_2 线圈断电,在其延时范围(如 0.75 s)内,其触头 KT_2(10)尚未打开,KM_H 线圈通过自保触头 KM_H(9)仍继续通电,其常闭触头 KM_H(11)、KM_H(16)仍不闭合。由于 KM_H(11)触头未闭合,落货接触器 KM_L 线圈仍不能立即通电,这就避免了反接制动。由于 KM_H(16)触头未闭合,KM_B 线圈也不能立即通电,其常开触头 KM_B(24)、KM_B(16)、KM_B(26)仍是断开的。第一个触头 KM_B(24)的断开,保证 KT_2 线圈不会在手柄快速操作过程中在断电后又立即通电;第二个触头 KM_B(16)的断开,保证 KM_2、KM_3 线圈不会立即通电;第三个触头 KM_B(26)的断开,又保证制动器 YB 线圈不会立即通电松闸。

另外,在手柄快速操作过程中,KM_1 线圈通电,并经由触头 KM_2(12)、KM_1(12)保持其通电,所以,当主令控制器手柄由"起货3"位迅速扳到"落货3"时,首先是 KT_2、KM_B 线圈断电,在 KT_2 的延时范围内,14 对极低速绕组正向(按起货方向)接入电网。YB 线圈断电,由于它有放电回路,将延时机械刹车,此时电动机进行回馈制动,当转速迅速降低到接近 214 r/min 时,YB 电磁铁释放而刹车,使电动机停转(但仍是 14 对极低速绕组正向接入电网,电动机堵转)。再经过一个更短暂的时间,KT_2 延时结束,断开其触头 KT_2(10),起货接触器 KM_H 线圈断电,落货接触器 KM_L 线圈通电,14 对极低速绕组经过极短暂的时间,反向接入电网,电动机堵转之后,KM_B 线圈通电,KM_2 和 YB 线圈相继通电,松开刹车后,电动机开始中速反向启动。再经过 KT_3 的延时之后,KM_3 线圈通电,电动机加速至"落货3"速度。

上述将主令控制器手柄从"起货3"位迅速扳到"落货3"位(或相反)的过程是按照"先制动停车,再反向启动"的程序自动完成的。这种线路布置称为逆转矩控制,它可以防止反接制动,保证能够迅速来回扳动手柄,而且反转过程不受手柄操作速度的影响。

8. 保护措施

本控制电路除了上述"超速起货,自动返回中速"和"逆转矩控制"外尚有以下保护:失压保护由零压继电器 KA_1 实现。控制电路短路保护由熔断器 4FU、5FU 实现。风扇电动机过热保护由 FR_1 实现。短路保护由 1FU~3FU 实现。风机停转后,不允许起货机继续运行,因此用 KM_5 的常开辅助触头(7)和(18)进行连锁保护使控制电路和 KM_2、KM_3 线圈断电。为了保护吊在半空中的货物能放到地面,可以按紧急按钮 SB 使 KM_1、KM_L 线圈通电,让货物缓慢落地。热继电器 FR_2 用以保护低速绕组的过载和堵转。温度继电器 BT 以双金属片为敏感元件,每套绕组内各埋有 2 只且互相串联。当电动机温度超过 $(130±10\%)℃$ 时,BT 触头断开使 KA_1 线圈断电,电动机停止运行。

9. 负载继电器 KI 的连接

在"4"中已述及,当将主令控制器手柄扳到"起货3"位时,电动机能否进入高速运行要由负载继电器 KI 检测和执行。由于异步电动机的空载电流大,功率因数低,其空载电流与满载电流在数值大小上相差不大,而功率因数却相差很大,如图5-3-10(a)中的 $\dot{I}_{BO}$、$\dot{I}_B$ 的长度和相位所示。所以若仅用 KI 的线圈来检测某一线电流(如 $\dot{I}_B$)并使之从空载到满载,改变衔铁的状态是困难的。为此,可把 KI 线圈接成如图 5-3-10(b)所示的检测电路。这样流经 KI 线圈的电流就是 B 相相电流与 CA 线电压和纯电阻 R_5 所确定的电流的相量和,即满载时 $\dot{I}_{F} = \dot{I}_{CA} + \dot{I}_B$,空载时为 $\dot{I}_{FO} = \dot{I}_{CA} + \dot{I}_{BO}$。可见,$\dot{I}_F$ 比 $\dot{I}_{FO}$ 大得多。所以空载时 KI 衔铁不吸合,满载时衔铁一定吸合,根据这一开关状态,来决定起货机能否进入高速运行。

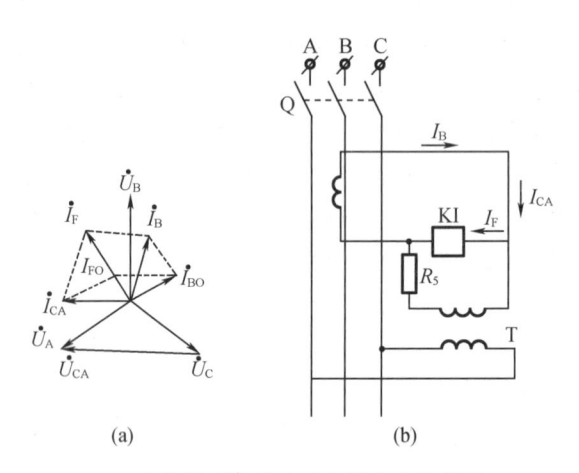

图 5-3-10　负载继电器的电流相量图和连接图

【随堂练习】

选择题

(1)关于电力拖动起货机的电动机与控制设备,下列说法中错误的是(　　)。

A. 起货机的电动机宜选用重复短期工作制的电动机

B. 起货机的电动机采用防水式电动机

C. 起货机的启动加速过程应与操纵主令电器的速度有关

D. 起货机控制电路中应设有零压保护环节

(2)关于电力拖动起货机的电动机与控制设备,下列说法中错误的是(　　)。

A. 起货机的电动机机电机械特性较软

B. 起货机的电动机过载性能差,故控制电路要有过载保护

C. 起货机启动加速过程应与操纵主令电器的速度无关

D. 起货机的电动机调速范围较宽

(3)交流三速电动起货机是笼型异步电动机,定子上有 3 套各自独立的绕组,其极对数分别是 2、4、14,电源频率为 50 Hz,则该电机的同步转速分别为(　　)r/min。

A. 1 500、750、214

B. 750、375、107

C. 1 000、500、150

D. 3 000、1 500、428

(4)如图所示为交流起货机控制电路的一部分,SA 是具有控制手柄的主令控制器,操作时手柄有明确的空间位置,KM_1 与 KM_2 为控制起货机提升、下放货物的接触器,该电路中由_____来实现失(欠)压保护,当电源恢复正常时手柄在回_____位置后,才能进行其他起落货操作。(　　)

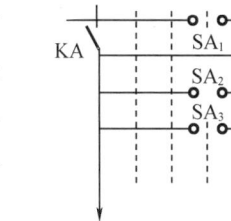

A. KA、零位

B. KM_1、"+1"位

C. KM_1、KM_2、零位

D. KA、"+1"位或"-1"位

第(4)题图

(5)采用交流变极多速电动起货机,当操作主令控制器手柄从高速到停车时,一般采用三级制动,制动过程是(　　)。

A. 能耗制动→回馈制动与机械制动→机械制动

B. 回馈制动→回馈制动与机械制动→机械制动

C. 反接制动→能耗制动→机械制动

D. 回馈制动→机械制动→能耗制动

(6)起货机控制电路上有直流电磁制动器,下列关于其工作原理的说法中正确的是(　　)。

A. 当起货机启动时,首先必须切断电磁制动器的励磁线圈供电,使其松闸

B. 当起货机启动时,首先必须接通电磁制动器的励磁线圈供电,做到强励松闸

C. 当起货机启动时,首先必须接通电磁制动器的励磁线圈供电,做到弱励松闸

D. 当起货机启动时,首先弱励松闸,不成功再强励松闸

【任务实施】

1. 实训目的

(1)按照交流电动起货机控制电路(图 5-3-11)对其进行接线安装。

(2)在指导教师的指导下对控制箱进行通电调试。

(3)学生自己动手排除控制箱的各种故障。

2. 器材

(1)成品:交流电动起货机控制箱、模拟显示盒。

(2)元器件:熔断器、断路器、接触器、热继电器、晶体管时间继电器、电流继电器、整流桥、变压器、压敏电阻、电流互感器、主令控制器。

(3)仪器仪表及电工工具。

(4)其他:定位片、电缆线、叉子、扎带、端子、紧固件、线槽。

3. 实训步骤

(1)布置小组工作任务。

(2)小组成员分别收集整理方案的资料,独立思考;小组讨论并确定工作计划。

(3)小组利用各种教学资源独立学习,先弄懂双速交流电动起货机控制电路图,然后小组讨论并确定安装与调试的方案。

(4)按照既定的方案实施,记录实施过程中的现象和数据。

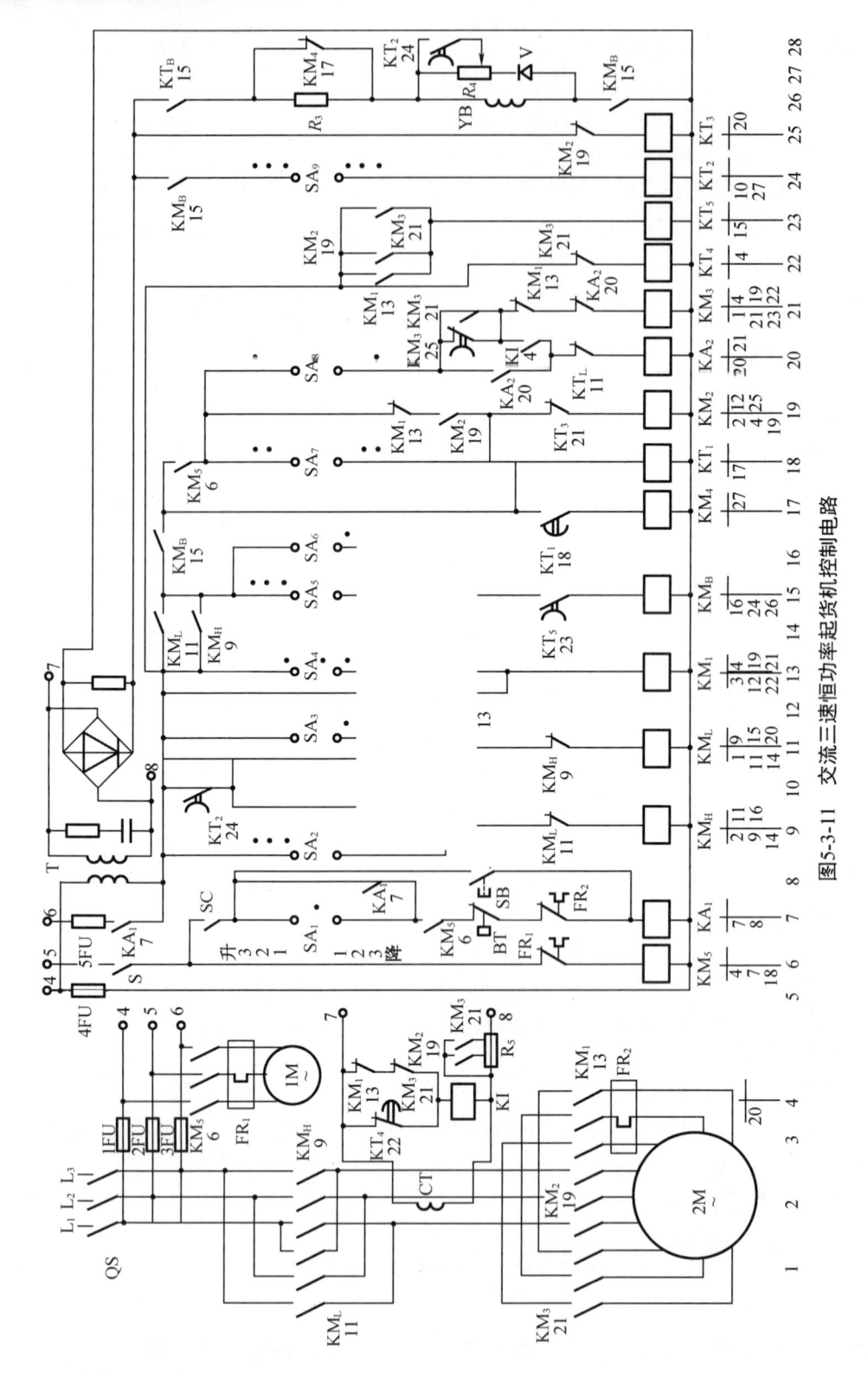

图5-3-11 交流三速恒功率起货机控制电路

(5)按照职业标准进行检查,小组讨论并总结工作完成过程中较好的部分和存在的不足。

(6)组织学生进行自评和互评,教师对学生进行评价。

4. 主要内容

(1)合理布置、安装配线板上的元件、行线槽板等。

(2)按工艺要求进行配线、接线。

(3)通电试车。

(4)排除故障。

项 目 作 业

5-1　试画出起货机分类图。

5-2　对起货机控制电路一般有哪些要求?

5-3　速度继电器在控制电路中的作用是什么?

5-4　船舶"克令吊"起货机控制系统与吊杆式起货机控制系统有何不同?

5-5　过电压继电器与过电流继电器的整定范围各是多少?

5-6　电动液压起货机的电动机与一般电动起货机的电动机有何不同?

5-7　试述图 5-3-4 中 KT_1 和 KT_2 延时的作用。

5-8　在图 5-3-4 中,当将主令控制器手柄从高速挡迅速扳到低速挡时,电动机在减速过程中工作于什么状态? 整个系统(包括交流电动机)的能量关系是怎样的?

附录　随堂练习参考答案

项目1　变压器的拆装与检测

任务1.1　变压器的拆卸和装配

选择题

(1)D；(2)A；(3)C；(4)B；(5)C；(6)A；(7)A；(8)D；(9)D；(10)A

任务1.2　变压器绕组的绕制和测试

选择题

(1)B；(2)A；(3)A；(4)A；(5)A；(6)D；(7)B；(8)D；(9)A；(10)A；(11)C；(12)A；(13)D；(14)D；(15)C

任务1.3　变压器故障测试与排除

选择题

(1)B；(2)A；(3)D；(4)A；(5)A；(6)D；(7)AC；(8)A；(9)C；(10)A

项目2　船舶直流电机的勘验与故障排除

任务2.1　船舶直流电机的勘验

1. 选择题

(1)B；(2)A；(3)A；(4)A；(5)C；(6)A；(7)B；(8)D；(9)B；(10)D

2. 填空题

(1)单独改变励磁电流的方向、单独改变电枢电流的方向；(2)动力、控制；(3)电、机械、机械、电

任务2.2　船舶直流电机的绕制和组装

选择题

(1)A；(2)A；(3)A；(4)A；(5)C；(6)B；(7)C；(8)B；(9)D

任务2.3　直流电机系统故障诊断及排除

选择题

(1)D；(2)B；(3)A；(4)C；(5)D；6、D；(7)C；(8)ABC；(9)B；(10)C；(11)A；(12)B

项目3 船舶交流电机的拆装与故障排除

任务3.1 船舶交流电机的拆装和勘验

选择题

(1)C;(2)D;(3)B;(4)B;(5)B;(6)A;(7)B;(8)C;(9)B;(10)B;(11)C;(12)B;(13)B;(14)A

任务3.2 船舶交流电机绕组的重绕

1. 选择题

(1)B;(2)C;(3)C;(4)B;(5)A;(6)A;(7)B

2. 设计题

略

任务3.3 船舶交流电机的维护和运行监视

选择题

(1)A;(2)C;(3)B;(4)A;(5)C;(6)A;(7)C;(8)A;(9)A;(10)D;(11)B;(12)A;(13)D;(14)B;(15)A

任务3.4 船舶交流电机的常规故障排除

选择题

(1)C;(2)A;(3)C;(4)A;(5)B;(6)C;(7)A;(8)C;(9)A;(10)B;(11)C;(12)C;(13)D

项目4 船用锚机的拆装与调试

任务4.1 船用锚机低压控制电器的拆装

1. 选择题

(1)A;(2)A;(3)A;(4)B;(5)A;(6)B;(7)A;(8)A、C;(9)A;(10)C

2. 判断题

(1)×;(2)×;(3)√

任务4.2 船用锚机单元控制电路的拆装

选择题

(1)A;(2)A;(3)D;(4)A;(5)C;(6)B;(7)A;(8)D

任务4.3 船用锚机整体控制电路的安装和调试

选择题

(1)D;(2)C;(3)B;(4)D;(5)A;(6)A;(7)D;(8)C

项目5 船舶电动起货机的拆装与故障排除

任务5.1 船舶电动起货机低压电器的拆装和检测

选择题

(1)C;(2)A;(3)B;(4)A;(5)D;(6)D;(7)A;(8)C;(9)C;(10)B

任务5.2 船舶电动起货机控制单元电路的拆装

1. 选择题

(1)D;(2)C;(3)A

2. 分析画图题

略

任务5.3 船舶电动起货机控制系统的故障诊断与排除

选择题

(1)C;(2)B;(3)A;(4)A;(5)B;(6)B

参 考 文 献

[1] 祝福.船舶电力拖动[M].哈尔滨:哈尔滨工程大学出版社,2009.
[2] 宋谦.船舶电力拖动Ⅰ:电机及拖动[M].北京:机械工业出版社,2014.
[3] 赵军有,王东瑞,谢冬梅,等.电机学[M].北京:中国电力出版社,2011.
[4] 刘慧娟.电机学[M].北京:北京交通大学出版社,2012.
[5] 祝福,李秉玉.中级维修电工实训指导[M].哈尔滨:哈尔滨工程大学出版社,2008.
[6] 李秉玉,祝福.初级维修电工实训指导[M].哈尔滨:哈尔滨工程大学出版社,2008.